国家出版基金项目
NATIONAL PUBLICATION FOUNDATION

中央苏区革命史
调查资料汇编

卷五

吴永明 / 主编

戴利朝 / 编

江西人民出版社
Jiangxi People's Publishing House
全国百佳出版社

本卷说明

　　本卷主要收录抚州市宜黄、崇仁、乐安、南丰、广昌等 5 个县的调查访问资料。这批资料，是由"赣东南中央苏区革命史料调查工作队"（以下简称"调查工作队"）在 1958 年 12 月至 1959 年 1 月间赴实地调查后整理完成的，后收藏于江西省档案馆。本卷所整理的资料，出自该馆所藏的以下 6 个卷宗：（1）《宜黄县革命斗争调查记录》（全宗号 014，目录号 1，案卷号 129），《宜黄黄陂等地区革命斗争调查记录》（全宗号 014，目录号 1，案卷号 130）；（2）《崇仁调查材料（革命斗争）》（全宗号 014，目录号 1，案卷号 122）；（3）《乐安招栖区革命史调查材料和汇编初稿》（全宗号 X014，目录号 1，案卷号 127）；（4）《南丰县人民革命斗争调查材料》（全宗号 X014，目录号 1，案卷号 128）；（5）《广昌县新安、水南、头陂、驿前、赤水等乡人民革命斗争和保卫中央苏区北大门战役史等调查材料》（全宗号 X014，目录号 1，案卷号 108）。这些档案编排的顺序，大体是以县份为序，每个县的集中在一块。我们整理时也以案卷号为序，依照各个案卷号原有的页码顺序进行辑录。

　　从资料内容来看，主要分为三类：一是调查工作队对单个受访人的访谈记录，二是调查工作队邀请多位对象参与座谈会的记录，三是调查工作队在调研后整理而成的材料。而且，省里派出的调查工作队在地方进行实地调查，通常都得到县里党史部门的支持与配合。例如,《鄱阳乡人民革命斗争史资料》(亦名《鄱阳乡斗争史(初稿)》)是由中共南丰县委党史调查工作队和中共江西省委党史调查工作组于 1959 年 1 月 23 日完成的。这类整理材料又分为两种:一是综合性的,通常会系统地介绍当地的行政区划,地理状况,党组织的建设、发展和活动情形,红军及武装斗争情况,苏维埃政权建设,群团组织发展情形,生产、经济建设及文教卫生情形,打土豪、分田地情形,苏区人民的生活,当地的游击战争及后苏区时期国民党的统治,发生在当地的重要战役等;二是专题性的,如侧重于政权建设或某场战役等专题的资料。

需要说明的是,这批资料的辨认、录入和编纂,对于我们而言是很大的挑战和宝贵的学习机会。调访资料大部分是手写而成,只有少数是刻印版,整体的辨认难度非常大。体现如后:(1)字体多样。20 世纪 50 年代末正是繁体字向简体字转化的过渡期,资料原件通常是繁体字与简体字并存。同时,也有不少当时通行的异体字。(2)写法问题。有些字、词的写法在当时通行且众所周知,但现在却不再使用。由于工作队成员往往有自己独特的书写风格,有的字迹较为潦草,或由于当时墨水不足及复写纸问题,字迹模糊。在人名和地名上,经常使用同音字或同形字,致使一个人名、地名有多种写法。(3)方言问题。更为普遍的是,由于大部分受访人文化程度有限,大多使用方言,而大部分访谈人和记录人并不是本地人,只能听音辨字。(4)记忆问题。访谈对象的记忆与表述存在一些错乱及前后不同之处。(5)校对问题。资料整理人来不及核对有关信息,包括人名地名在内,很多用词并不确切,甚至也无法保持一致。档案原文有不少涂改之处。(6)时间问题。资料存放了 60 多年,字迹的淡化、模糊以及纸张的残破现象难以避免。(7)整理规范问题。当时,调查队的规范未能完全统一,各人(组)做法不一,导致档案材料的规范化程度不一,如有的连受访人、整理人等基本信息都缺乏;有的有访问对象的名字,但没有个人简介;有的有访问时间,但没有地点;有的整理人和时间在文本之前,有的在文本末尾；等等。

对上述问题，我们反复讨论和细加辨别，请教老一辈专家学者、结合其他史料反复求证，甚至进行实地考察。在此基础上，原文照录，只做字体的统一或少量信息的补充。如果确实有问题，我们就予以调整，如果拿捏不准，就尽量录此存照。例如，对于同一个人名或地名出现多个表述的现象，我们在整理时采取原文照录之法，如"余福山"和"余福生"可能是指一个人，但我们无法判断何者为准，就使两种并存。而对于字迹不清、残缺不全之处，也做如是处理。对于上述这些问题，我们无法苛求前人，也无法回避。我们的原则是尊重资料原文，兼顾阅读使用上的方便，具体操作规范见"凡例"。所谓录此存照，在保留原文的同时，更具体的考订工作留待日后。总之，由于我们水平有限及一些客观困难，错谬与不足仍在所难免。现不揣谫陋，将资料汇编成册，以嘉惠学林，并切盼各界的指教。

本卷资料的查询、搜集、整理、录入和校对工作，主要由戴利朝，江西师范大学历史系硕士研究生余莉、黄秀、陈华、封真真、江志斌，南昌大学历史系硕士研究生郭祥宇、汤雅婷等共同完成。

编者

2022 年 10 月

目 录

一、

宜黄县革命斗争
调查记录①

---

① 出自《宜黄黄陂等地区革命斗争调查记录》。标题的序号为编者所加。

（一）黄陂（黄陂区）唐圩^①、刘宅、十都、黄陂、罗家湾^②、安槎、白竹、牛田原始材料

1. 塘圩乡苏维埃历史资料

访问对象：徐堂福（54 岁）、陈早生（62 岁）

乡苏维埃建立的经过和组织的情况：

1932 年四月十四至十五【日】，红军胡祝裕、李韶九带领军队来到塘圩，在塘圩各块墙壁上写标语，并召集群众开会，帮助建立乡政府。到五月初六〈日〉，反动派的义勇队来了，红军便撤走了，前后只有 22 天的时间。

乡主席是徐玉兰，分田委员李吉甫，财经陈被生，委员李德生。当时虽然确定〈的〉了乡【政】府人员，但由于是新区，距敌区又很近，群众觉悟不高，〈有〉地主的狗腿子李德生混入，他〈会〉为地主通风报信，要两面手法，认为红军白军都一样，后被发觉，红军把他杀了。

红军在时，乡苏维埃曾进行过打土豪工作，打过徐光绪兄弟的

---

① 在档案中，"唐圩""塘圩"并用。应统一为"塘圩"。见《江西省宜黄县地名志》（内部资料），1985 年版，第 106 页。

② 查当时苏区地图，"罗家湾"应为"罗湾"。另见《江西省宜黄县地名志》（内部资料），1985 年版，第 105 页。

土豪，分土豪的衣服给群众，杀猪分给群众吃。

红军走后，敌义勇队【队】长徐光绪率领军队来，便进行清乡，捉拿【在】苏维埃政府做过工作的人员，并捉到乡主席徐玉兰，采取报复手段给予杀害，其他的人罚款具保，李国章【因】在乡苏维埃参加过开会、吃过饭被捉，罚 30 元，没有钱的人也要 3—5 元具保方能获放。

红军走后塘圩成了游击区，有时有红军来打游击，但没有再建立乡政府，因敌义勇队【队】长徐光绪是塘圩人，老百姓很怕徐光绪报复，顾虑很大，有些穷人有时也会逃〈躲〉到深山里去。

附：塘圩墙壁上残留的红军标语

1. 医治白军伤病兵
2. 优待白军俘虏兵
3. 苏维埃中口〔国〕万岁
4. 打倒帝口〔国〕主义
5. 欢迎白军过来当红军
6. 建立工农兵代表会
7. 红军是无产阶级的军队（红军条例）
8. 红军是工人农民的军队
9. 白军士兵是工农出身，不要拿枪替军阀杀工农
10. 国民党说"他是抗日反帝的、为什么把东三省送给日本"
11. 反对白军拉夫拉人
12. 清洗苏维埃政府中的富农和流氓份子
13. 打倒出卖自己权利的口〔国〕民党
14. 消灭地主武装
15. 没收地主土地分给贫苦农民耕种
16. 建立工农兵代表会议苏维埃政府
17. 打土豪分田地
18. 活捉蒋介石（红军争胜）

19. 打倒高抬谷价的地主行商

20. 粉碎敌人大举进攻

21. 贫苦工农自动的〔地〕加入红军

22. 白军士兵拖枪过来当红军

（访问人：李金水）

2. 刘宅乡苏维埃政府革命史料

访问对象：胡春林（54岁，事务长）、胡步龙（交通）、李声发（乡代表）

（一）乡苏维埃建立经过及组织情况

1930年红军由于都来到刘宅，刘宅老百姓推举胡春林燃鞭炮欢迎，红军来后由参加员曾发动帮助群众建立乡政权，乡主席由群众大会通过选举产生，先提名通过群众征求意见，群众无意见便确定了主席。后来改村政府，属车平乡管，1934年撤走。

乡主席：袁春香（已死）

秘书：胡福生（已死，曾任伪甲长）

财经：胡庆祥（已死）

分田委员：刘允生（已死）

事务长：胡春林（伪甲长）

交通：胡步龙

炊事员：邓文华（已死）

组织：邓眉仔（已死）

当时参加担任乡苏维埃政权的全部成员都是贫农无产者。

乡苏维埃成立后各乡都产生乡代表，那山的代表是李声发。

（二）乡苏维埃工作的情况

1. 打土豪。把一些有钱的人都当土豪办，事先是乡里开会研究，然后派游击队捉拿，有时也会出现提错人的现象，但事后经群众证明或调查属实便放走。

2. 分田地。曾进行过查田分田，事先查实田亩，事后进行分田，没收地主衣物，分给贫苦群众。

3. 扩大红军。先是开会宣传扩大红军的意义，号召大家自愿参加。刘宅有胡清香、胡兴荣、胡步全、胡标生等四人参加。车平乡全乡共有 20 人参加红军，红军入伍开会欢迎。

4. 组织游击队。由于都调来游击队 20 来人，负责提土豪、提坏人，站岗放哨，捉地主、富农集中。

5. 组织担架队支援前线。当蛟湖战役时，曾派人当〔组织〕担架队、运输队、担运伤病员和军需。

6. 发行公债：全乡发行公债 150 元，一般是认购一元，先发公债券后收钱。

7. 宣传婚姻自由，宣传妇女剪发、放脚。

8. 组织发动群众。搞生产要群众积极生产多打粮食。当时因逃走了一些人，有些田荒了没人耕种，政府鼓励谁种谁得。

9. 优待红军家属：各乡红军家属的田由各乡派人耕种。

10. 开展反逃兵运动。宣传红军不要逃跑，发现有逃跑回来的【第】一、二次劝告，【第】三次要严办。

（三）红军走后的白色恐怖

1. 乡苏维埃的干部都被当做土匪看待，当然有好多人逃〈走〉到山里躲避的，被捉拿到的要罚款、挨打、写自新书。多数人都先后写了自新书、具保结，有的人还被罚款，家中衣物被抢搜一光〔空〕。

2. 各地建立了联保联甲，进行清乡工作。

（访问人：李金水）

3. 十都革命史料

访问对象：刘早生、刘光汗、陈任光

（一）乡苏维埃政府的建立及组织情况

1932 年由红军胡祝裕和李韶九帮助群众把乡苏维埃政府建立起来，1933 年撤去。

乡主席：徐朝贵、黄定吉、邹龙章、刘早生、陈润寿

秘书兼财粮：邹贵芳

伙夫：黄发生

委员：刘礼光

游击队长：王遭生

少年先锋队长：陈润光

（二）乡苏维埃政府的活动情况

乡苏维埃政府成立后，〈但〉局势不够稳定，时常有敌义勇队来，乡主席徐明〔朝〕贵曾被敌捉到宜黄坐牢，后红军打进宜黄城才把他放出来，回家【后】因身体受伤病死。

当时参加苏维埃政府工作的干部有的也存在思想顾虑，怕红军走了白军来了不好办，在打土豪中做得不彻底。有替土豪隐瞒家财的，分土豪的东西也只是分破衣烂物、吃些酒、杀些猪，事先还会有人通知土豪逃走。曾进行过分田，每人分到四担半田。

组织游击队、打土豪、站岗放哨，土豪要挂符号。

发行过公债，不要土豪认购，由干部和贫农无产者等认购。

（三）白色恐怖给革命带来的损失

红军撤走后，白匪首捕杀乡主席黄定吉，伙夫黄发生，游击队员徐朝生、刘世仔，并抄苏区干部家产，乡主席徐朝贵被捕坐牢，家中鸡鸭被吃光，衣物被抢光，游击队长王遭生被罚款 50 元，全

家抢光。

地主对贫苦农民迫索欠租欠债，还不出要被迫用田作抵押，袁中生因欠地主彭文献的租还不起，拿田作抵押。

敌人捉拿革命干部是利用保长出面请酒诱杀，刘世仔便是由保长黄子精出面请酒进行诱杀的，被国民党拆毁烧毁房屋8栋。

（访问人：李金水）

4. 黄陂革命史资料

访问对象：邓书发（乡主席）、尹发生

（一）乡苏维埃政权建立时间及组织情况

建立时间：1932年

组织情况：

主席：陈德生、李德生、邓书发

书记：戴歪仔、李益发（伪保长）、黄长△

财经：彭细仔

分田委员：黄德兰

游击队长：梅家仔

少先队长：戴寿生的弟弟

管辖地区：黄陂、下背岭、少原、欧阳家、章家、坪上

（二）县区苏维埃组织情况

区主席：封弟渣①（霍沅人）

军事部长：李金淢、邓书华②（最后代理一个短时期）

---

① 原文不清楚。

② 原文如此，前面为"邓书发"，疑误。

县主席：肖贵才（宁都人）[①]

内务部长：肖梅生

保卫局：张旅成

军事部[②]　肃反部　　　保卫队

财政部　　土地部　　　保卫团

（三）县政府迁移情况

1932年由东陂→黄陂→罗家湾→白竹→上保→黄竹→金都

（四）黄陂乡苏维埃的工作情况

1.打土豪：先进行开会，研究土豪对象，摸清土豪家底，然后进行打土豪。

2.分田地：插了分田牌，每人分田三亩半，事先经过查田。

3.废租废债。

4.扩大红军：全县扩大红军12人，自愿报名，没有一定的任务。

5.实行赤色戒严：游击队放哨，派侦探到敌区去侦探情【况】，检查过路人。

6.发行公债：曾发行过一次，数额100元。

7.实行禁赌禁烟：宣传大家不要赌和吸鸦片。

8.宣传婚姻自由、宣传妇女放脚剪发。

9.支援前线工作，派妇女做鞋子，派壮年人担担架。

（五）黄陂在革命中的代价

1933年9月8日，黄陂受到敌机轰炸，死50余人，烧毁房屋30多栋。

在打游击中乡主席陈德生被义勇队捉到，在霍沅被杀掉。

―――――――――

① 1931年11月，宜黄县革命委员会在宁都吴村召开了宜黄县第一次工农兵苏维埃大会，成立了宜黄县苏维埃政府，徐忠贵任主席、徐施恩任副主席。见《中央革命根据地词典》，档案出版社1993年版，第190页。

② 后无具体人员，下同。

乡主席李保生，书记戴三仔、黄长寿，游击队员黄长福在红军走后被白军所杀，乡主席邓书华被捉，罚做苦工一个月，罚款100元。分田委员黄德兰被监禁半个月，罚款几十元，均由人代保才获释。

（六）其他

乡主席邓书华是一个从〔自〕幼丧失父母的孤儿，为地主做过18年长工，做过一切被人认为是贱的劳役，吃尽苦头，红军来了，他就积极参加革命，从乡主席到代理军事部长。红军走后，敌人捉他罚劳役一个月、罚款100元，还受拷打，但他没有屈服，没有写自新书，最后由人担保才放出来，现在65岁了，但还是很爱参加劳动。

乡代表黄水生父子三人都一同参加了革命，大儿黄长福参加游击队，次子黄长△任文书，两个儿子被国民党所杀。

黄陂曾开过一次规模很大的会，会后杀了几个都保。

在黄陂还先后访问过蛟湖区乡主席李槐生，区书记余春云，黄陂乡分田委员黄德兰，红军胡春林，乡主席陈德生的母亲〈是〉李细伢，代表黄水生，乡主席李保生的哥哥李春生和尹发生等七人，他们说的情况都综合在里面。

（访问人：李金水）

5. 罗家湾革命历史资料

访问对象：刘贵祥、张新保

（一）政权建立情况及组织机构

1. 罗家湾属白竹乡管辖，白竹乡属黄陂区

1932年建立白竹乡政府

白竹乡主席：廖家师、邓万生、邓华生、郝任生、邓才生、罗保生

财粮：△丙生（叛徒）

书记：张新保（系伪保长）

分田委员：罗色望

游击队长：邓任协（叛徒，带枪投敌）

班长：邓禄生（富农叛变）

指导员：邓协华（白竹人）

赤卫队（35—45 岁）

少年先锋队（15—20【岁】）

儿童团（9—15 岁）

2.1932 年黄陂区政府由黄陂迁到罗家湾

区主席：林第渣（霍沅人）

妇女主任：罗保珠

1932 年宜黄县政府由黄陂迁到罗家湾

县主席：邓华生（白竹人）、肖贵才（宁都岳口或肖田）

财政部　裁判部

保安局　土地局

军事部　肃反委员会

保安团　保安队

县工联　少共书记罗玉标

县妇联

（二）开展工作情况

1. 打土豪分田地。乡里首先研究土豪对象，然后派游击队捉拿。1932 年进行查田分田，但没有好久便撤退了。

2. 扩大红军。通过群众宣传，由群众自愿报名，罗家湾有 3 个人自愿报名参加红军。

3. 织组〔组织〕游击队：负责打土豪、站岗、放哨。

4. 组织少先队员负责守哨、查路条。

5. 组织敌后侦察，负责到白区去侦察敌情，肖龙生和管被生都是当时的侦探，他们装作打鱼的人到敌区侦察敌情。

6. 支援前线由乡负担〔责〕发动群众、做鞋子、送鸡蛋,多少不计。组织担架队和运输队,支援前线 70,80,90[①] 参加支前担架工作。

7. 拥军优属工作:红军家属受到照顾,田派人代耕,柴派人代砍。

8. 发行公债:公债券分 1 元、11 元两种,总额不知。

(三)白色恐怖下情况

1. 捕杀革命同志:区妇女主任罗保珠,侦探员管被生、肖龙生,均被捕。因坚持革命拒不自新被杀害。

2. 推行软化自新,要苏区干部向敌人写自新书并具保结。

3. 精神上的虐待:把苏区干部统一当土匪看待,使之永远抬【不】起头来。

(四)其他

1. 蛟湖战役:1932 年十月,在蛟湖窑华寨围歼敌五十二师,活捉师长李明,杀死在△△墈。

2. 草鞋岗战役:1932 年一月,在草鞋岗【歼】敌十一师缴步枪八九千支,机枪 120 枝〔挺〕,迫击炮 50 枝〔门〕,参加这次战役时〔的〕红军是第一军团。

3. 乡妇女主任罗保珠是一个童养媳,爱人年龄较大,公婆又待她刻薄,红军来后她积极参加革命,摆脱婆家,在娘家进行革命工作。后在白竹被敌人捉到,虽经严刑不肯屈服,没有给敌人任何招供,【最】终〈于〉光荣牺牲在黄坡〔陂〕。

(访问人:李金水)

----

① 原文如此。

6. 安槎革命历史资料

访问对象：游击队长李秋阳，炊事员李明甫，代表陈尖晚、李冬生

（一）建立情况

苏维埃乡政府建立时间：1932 年，乡政府设在安槎。

乡主席：李南丰、陈明顺、曾儿仔、邓艾子

游击队长：李秋阳

代表：陈兴晚[①]、李冬生

炊事员：李明甫、陈水牛

书记：陈为英

分田委员：[②]

少年先锋队长：精怪子

财粮：[③]

赤卫队长：李任伍

（二）苏维埃政府的工作情况

1. 打土豪分田地：最初是选择上千粮户作土豪打。后来几百甚至几十的也有被捉做土豪来打的，各乡代表都要参加打土豪的会议，当时是由宁都人主持会议，群众称他为参加员。也进行过分田，并发了土地证，是根据谁种谁得进行分。

2. 扩大红军：由乡里召开群众大会，号召群众参加红军，由红军自愿签名，但一经签名就一定要去，共有 4 人参加红军。

---

① 与上文的"陈尖晚"疑为同一人。

② 原文缺具体人名。

③ 原文缺具体人名。

3. 宣传婚姻自由，宣传女人剪发、放脚。

4. 支援前线，派担架队、运输队。

（三）游击队活动情况及任务

任务：守岗、放哨、游击、打土豪

活动情况：1933 年担任游击队长，带领游击队员 30 人到宁都，曾到黄陂王花桥祠堂里受过七天训，到金都住了两夜，开会不敢讲话，怕讲错，到永丰被冲散，回家又任代表。

（四）安槎乡管辖范围

桥头、帽坑、安槎、标魂坑、油条山、荣家、山培前、下庄等村。

（五）其他

1. 黄陂区主席封被生（霍沅人）。

2. 罗家湾设有保卫团团长邓枪西（白竹人）。

3. 黄陂县政府由黄陂迁黄竹，再迁上保。

4. 1932 年七月间由宁都、永丰、乐安等□调来大批红军，在安槎、帽坑、桥头、蛟湖一带与白匪大战，大败白匪。以〔在〕蛟湖一带歼白匪五十二师，捉李明师长。[①] 在△△塅杀死。

5. 红军在安槎前后的三年，当时□□被敌人封锁，不易□到，大商业家都逃走，做生意的少，谷价很便宜，一块钱一担，肉很便宜，一元钱可买十斤，食盐一元钱可买三四两。

6. 到达安槎、蛟湖一带的红军是一、三、五军团和独立师、独立营、独立团等部队。

---

① 1933 年 2 月 27 日至 28 日，周恩来、朱德率领红一、三、五军团第二十一、二十二、十二军以及江西军区独立第四师、五师、宜黄新、老独立团，于黄陂地区大龙坪至登仙桥一线及霍源一线，围歼罗卓英部的第五十二师、五十九师，俘获敌师长李明（后因伤重毙命）、陈时骥及以下官兵 1.6 万余名，史称"黄陂战役"。见《中央革命根据地词典》，档案出版社 1993 年版，第 79 页。

（六）白色恐怖下的情况

1. 迫债勒索：红军走后，白匪和地主回来时对贫苦农民进行迫债勒索。特别是对苏维埃政府做过事的人更严厉。捉到了要关。帽坑陈尖晚当过乡苏维埃的代表，因欠地主李豪宾的钱曾被迫嫁老婆，最后虽未嫁老婆，但被迫卖掉所有山地还债，以后苛捐杂税征兵接连而来，贫苦农民不堪压迫，不少农民采取逃亡办法表示消极抵抗。

2. 精神上虐待：把□□做过事的干部统称作"土匪"，使之抬不起头来。

3. 建立联保联甲等反动组织，进行清乡。

4. 实行软化政策：要苏区干部写自新书，具保结，有□钱的要罚款，负重要责任的人被杀。

（七）红军给群众的印象

这一带群众普〔遍〕反映说，那时红军和现在一样，经过地方不捣乱，向老百姓借东西能送还，买东西一定给钱。在蛟湖战役前一夜，红军由四面八方来，因为是深夜来到，大队红军便是坐在老百姓屋檐下过夜，清早老百姓不知道，给老百姓留下一个深刻的印象。

（访问人：李金水）

7. 调访白竹乡苏维埃政府的原始资料

访问对象：张新保（乡秘书）、曾祖田（乡代表）

（一）白竹乡苏维埃政府成立的时间和组织人员

白竹乡是在 1931 年秋天成立的（1933 年红军就走了），是受东陂乡管辖。政府工作人员的产生是由红军指定和群众举手同意相结合产生的。

乡政府设有：

主席：邓发招→邓才生→夏思生

财政：邓发招、夏炳生

秘书：张实发、张新保、邓（廖加老）

分田委员：

游击队长：

交通：姓李（绰号：精怪）

赤卫队长：曾叔富

优待红军家属主任：曾祖△^①、胡良田、邓清和

（二）乡政府工作

打土豪：抓到土豪后要他自己写钱，不写就打，写少了不合实际的也打。打土豪时也要调查清楚，抓到哪一村的土豪就到哪一村的群众中去问他家有多少财产，如果是没有什么钱的、抓错了的就放回去，打到的钱都往上送，有的土豪都〔被〕介〔解〕到宁都去修飞机场（？）。土豪的衣物、家具全分给农民。

分田：1932年正月分田。将地主、富农、祠堂里所有的田都没收。路费田也没收一部分，每人可分三亩半田。分得的田在田中都插有牌子。而且发有土地证，交了土地税，七亩田交了六桶谷。

发行公债：一年发行一次（1932.10、1933），三块钱起交（起码），完全是自愿买，买公债的人很多，不买的人也不少，占1/3的样子。有的是没有钱而不买，有的人是不愿买，因为快要过年了，要留着钱过年用。

优待红军家属：乡政府设有专门的干部来做优属工作，经常要派人到红军家属中去挑水、砍柴、包耕包收，过年过节就要到各家收集东西送到红军家属中去，送的东西多少不等，收到多少送多少。最多的送到一桶多糯米的麻糍，还有肉、蛋、粽子等。只要红军家属有困难就进行帮助。

扩军：经常有青年参加游击队和参加红军。宣传红军的好处，

---

① 疑为"国"或者"园"。

在我做乡干部时，大概扩大过四个红军，他们一直都没有回来，年轻的、身体好的、胆子大的、没有家庭顾虑的就乐意去参加红军，有家庭负担的就不大愿去。

派担架：我们这里派的担架量不多。红军说要担到哪里就担到哪里。绝不会要你多走一里路。而且还有钱给，五角钱一天。

组织各种群众性组织：儿童团、少先队，任务是放哨、守在村口查路条、打土豪。赤卫队担任各种工作，要他们做什么就做什么（打土豪，担架，放哨，做侦探，到白军中去卖菜、卖柴来〔打〕探〈究〉消息），平时还是参加生产。游击队也是打土豪、放哨、做侦探，只有梭镖、土枪，后来也有快枪。

没有成立妇女会：经常有参加员来召开妇女〈开〉会，宣传婚姻自由、剪发、放脚、做鞋慰问红军，都是自愿，【对】带小孩的妇女和老人家〈不〉做鞋的数量没有规定，做多少就多少，两家也可合做一双，都是用布做的。妇女还是在家里，没有出来参加生产。

（三）商业情况

黄陂区是有私人开店的，东西也有不少，那时红军也说了你们原来做什么还是可以做什么，也有保获〔护〕工商业的说法。

合作社说是说要起，但没有起成，因为国民党打来了，那时我们还出了股份钱，一股是两块钱，也可以几个人合买一股，也可以一人买几股。

（四）肃反情况

参加员经常宣传要我们注意反革命分子和土豪，知道哪里有反革命就要向政府报告，杀了不少的反革命，也示有罪状，但有杀错了的，也有报私仇的，但是很少，有赤色戒严时有一些好人被误为探子杀了。如：有一个看风水的人（陈德生），在山上看葬墓的地形而被误为探子杀了，在赤色戒严时人民都不敢出去，也不大敢和许多人在一块闲谈，因为许多人在一起闲谈就有红军来问你们谈什么，可能是有坏分子在里面召开的，所以就都不敢集在一起了。

（五）其他

实行了自由结婚，只要双方自愿到乡政府来登记一下就行。双方都不要花钱。自愿地做一两桌酒，有【的】乡有十几对自由结婚的（邓发生、夏思生、邓早生等），有的寡妇也结婚了，没有什么人干涉。

设有学校，所以小孩也有书读。

县政府迁移的地方：东陂→黄陂→樟〔章〕坊→罗家湾→水口→三百田。

区政府迁移的地方：黄陂→章坊→陈坊（区政府要比县政府后迁移一步）。

（六）在苏维埃政府时〔期〕间人民的生活

人民的生活要比革命前好些，因为实行了抗租、抗债、分得了田，所以收到一粒谷就得到一粒谷。只要向政府交一点点土地税（七亩田交了六桶谷），其余全是自己的。所以那时粮食很多，卖不出去，因敌人封锁了，每家都有饱饭吃，而且吃肉鱼很多，但就是没有钱用，因为卖不出去，单位面积产量没有什么提高，因为缺少肥料。张新保说，我作〔种〕了一园好菜，所以增加了收入，头年只买三块钱公债，第二年就买了十块钱公债。在政府上也没有谁压迫谁的现象，干部由群众选举产生，群众认为哪个干部做得不好，就有参加员来主持改选，所以乡主席换了几个，但也有的是自己不愿干了，有顾虑，有的是上调了，所以换了乡主席。

（七）红军走后的白色恐怖情况

地主回来后，把田里的禾全部收割掉。农民不仅要打，被分得的东西拿去，而且不是地主的，他也说是他的。我们也不敢和他争，只好让他拿走。经常骂我们"土匪"。白军来后，我们都往山上逃。躲了几个月才回来。后来因为反动政府说，只要你们自新，好好生产，不要做"坏事"，向政府保证自新就可回来生产。并向我们讲，不管哪一个来管理国家，你们都同样是要劳动的。所以你们今后要老老实实地搞好生产，不要去再做"土匪"，要我们每个人都请四五个保人写自新书，以后再也不敢"犯事"了。进行"清乡"政策，组织保甲，杀了一些人，但不多（具体数目不知道）。

（整理者：邹燕平）

8.【牛田乡】座谈会原始材料整理

访问对象：姜冬生（赤卫军连长）、何春生（九都乡主席）、李九生（独立营战士）、邹国生

（一）政府成立的时间与活动

1930 年成立九都乡苏维埃政府，是由上面派参加员李竹生、李文彬等同志来参加起局的，参加员是经常调换的。

乡政府工作人员：

主席：宁祖云→邓早生→邹洪启→何春生→邹炤益→张冬伙（这是主席调换的顺序）

【副】主席：邹洪启（何春生做正主席时）

财粮：邹道益

分田委员：邹宁生、刘竹生

秘书长：邹夏生

少先队长：张大生

游击队长：陈兰生

各村各个村代表和一个小主席。

在 1932 年前乡政府不稳定，经常要调动和迁移，有时一晚都迁动几次，政府工作人员都在一块吃饭，但不在一起住。因为随时都有白军抓他们。政府的经费是靠打土豪而来，打土豪的钱上缴60%。余下的由政府开支。

政府工作：①打土豪分田地。不管哪里的土豪都可抓来，抓到万户，值到两百户的土豪都要拿钱来赎，百户就自动写钱，如果

没有在国民【党】中办事的土豪不打，只要他出钱，若不自动出钱还是要打，如果抓到在国民党中办事的人或是国民党员就要打而且都往上解。打来的钱60%往上送，在这里有一个钟田宁的万户，陈二礼共抓过七次，打了他7000多块光洋，抓土豪是由游击队、赤卫队去抓，抓来的人由游击队政委、赤卫队〈正〉政委、乡政府人员来识别和调查抓来的人是否土豪和国民党员，如果不是就释放。□□□田未分成国民【党】就来了，只是登记全乡田和人口的总数，插了一下牌子，地主富农都没有分田，因为他们逃的逃了，抓的抓了。②扩大红军。上面分配任务指示要多少人去当红军我们就去动员，在我做乡主席时（何春生任主席一年半1932年上半年①）扩大过一次红军，共六人，妇女和少先队都要参加欢送当红军的，而且是敲锣打鼓的欢送，有的人也从红军中逃回来，就由我们政府工作人员及妇女去劝说他回到红军中去，不打他，如果逃回来几次就把他捉去。③发行公债：在我做主席时（何春生）发过两次，一共400块，3—5年还清。首先是动员宣传买公债的好处，采取自愿，五块十块不等，公债数额由区规定下来，我们都完成了任务。④派长期夫（3—5年）和短期夫。短期夫派了许多次。⑤办学校。小孩来读书的不多，因为飞机轰炸得厉害。家长都不放心他们来学校，教师由识字的农民担任，不要知识分子担任，教师没有一定的薪金，政府有钱就给，没有钱就不给。政府工作人员每年检查学校两次，上面发课本下来。⑥组织模范少队、赤卫队。⑦捐献飞机大炮一年三次，捐米钱都可以，有的人愿捐，有的人不愿捐。

（二）各种群众性的组织

1. 游击队：队长陈兰生，打土豪、放哨。

2. 模范少队：15—18【岁】，放哨与查路条。

3. 少先队：队长张大生、李竹生，由13—15岁的小孩组成，担任放哨与查路条、问过路人来去何地和事由。

---

① 原文如此。

4. 赤卫军：在前线站岗放哨，25—35 岁【的】人组成。

5. 儿童团：8—12 岁，主要是去读书。

6. 妇联会：主席是李金秀（宁都人），任务：〔是〕做布鞋和草鞋，每月一人做三双，欢送男人参加红军，慰问伤病员，伤病员来了她们要唱歌和抚抹伤口。

7. 农民协会：主席曾冬生，规定农民都要参加。

（三）商业情况

没有私商。由政府办消费合作社与粮食合作社。消费合作社设在黄陂，但东西不多。粮食合作社每个乡政府都有，没收地主的粮米都放在粮库中。政府吃粮、大红军来要供粮，都由这粮仓中取得。

（四）党组织

成立了党组织。邹宁生、刘九生和我（何春生）都在 1934（？）年加入共产党。由邓玉生和张景标（区军事部长）两人介绍的。入党时要填表和发誓。（誓言忘了）还有党证。

（五）战争情况

我是参加独立营（1930 年，李九生【总绩】），队长姓王，共有八九十个人，1930 年在四都和蛟湖的白军与□〔国〕民党的靖卫团打过一仗。这时靖卫团有几百人被我们冲散了。1931 年四、五月间在宜黄打过一次仗没有打进去。我们每个人都有枪，每天要训话。内容：打土豪，消灭靖卫团。

姜冬生说：1930 年四、五月间我们 23 个人 18 支枪在一个晚上爬竹竿进宜黄城的。没有与□〔国〕民党打仗。只是当天打了几枪，国民党就走了，因为他们不知道我们有多少人。在城内挑了六七担东西（盐、布、纸等）当晚就回到宁都。领导我们进去打的队长是李文彬。

我们教练团共有 100 多人。团长李文彬（他 13 岁参加革命），团下分三连，连长陈德发、李金玉、赖浩生。连下分三个排，排下分三个班。我们是属第一军管，军长胡竹生，胡竹生过去是白军的连长，但他带有 20 多个人 20 多支枪反水过来参加革命。就在宁都打土豪分田地，招收兵士有 800 多人。就在宁都的△△与白军一个师打了一仗，活捉师长张辉瓒，缴了 1 万多支枪。所以他就升为军长。

（六）其他

实行过赤色戒严，就是在白色和红色交界地实行戒严。镇反、抓反水户。

补充：乡政府管〈：〉胡区村、属山村、孙期村、双原村、下园村、坪上村。

（整理者：邹燕平）

9. 调访牛田乡苏维埃政府史料整理

访问对象：何春生及其他群众

（一）牛田乡政府成立与组织情况

1930 年就成立了乡苏维埃政府，但是政府非常不稳定。□〔国〕民党经常来侵袭，所以乡苏政府〈所以乡苏政府〉有时一年只在这一带住个把月时间。政府这时的工作就是打土豪，直到1932、1933 年我（何春生）做主席时才稳定下来。在我做主席以前换了几个主席：宁祖云→邓早生→邹洪启。我做主席后还有邹炤益、张九文也先后当主席。主席经常调放〔换〕的原因是〈因为〉有些主席做得不好。大红军就派参加员来召开群众大会选过主席，乡主席的产生还是由各村的村代表和小主席来选举产生。□□到1934 年三、四月间国民党来了，政府才解散了。

我做主席时的政府工作人员：

主席：我（何春生）

副主席：邹洪启

财粮：邹迢益 ①

分田委员：邹宁生、刘竹生

秘书：邹夏生

做主席的人多半是手工业者。我就是一个篾匠。其他几个也有的是手工业【者】，其余的政府工作人员都是贫雇农。

每个月要召开几次村代表会，时间不一定。只要参加员同志来了要开就开，参加员同志没有来就不开。开代表会的内容就是要起模范营、要打土豪、肃清反革命等。（其他的不记得了）

政府的经济来源主要是靠打土豪，打土豪来的钱除掉伙食费（每人每天一角三分）外都上缴，到 1933、1934 年没有什么土豪打的时候，政府经费可到区政府去领。只有伙食费领，一月领一次，政府工作人员都是脱离生产的。

（二）乡苏政府工作

打土豪分田地。到 1933 年没有大地主打了，就捉到百户的也打。只要有钱的就打。1933 年下半年才分田，只分地主富农的土地，首先是调查地主富农有多少田，再调查贫雇农有多少，大概每人分得地主富农的田一亩多一点，地主富农不分田，中农的田未分。但那时也没有划什么成分，只插一下牌子国民党就来了。

参加员经常跟我们干部开会研究（内容不记得），经常要我们注意捉拿土豪和反革命分子。多半是谈肃反工作，在开群众大会前要与我们内部（干部）研究再召开（具体内容不记得）。开大会是分东西。把没收地主的东西在群众大会上散发给群众，群众就在下面拣，没有规定谁得什么，拣得多少得多少。当时有些群众有顾虑，不敢来分东西。分得的东西也拿回给地主。干部不能分东西，如果自己没有衣服穿，经过参加员和干部同意，才可分得衣服。

政府也要做宣传工作，开群众大会，讲打土豪分田地参加革命才有吃有穿。再有是由秘书写布告和标语。如 1933 年我军抚州附

① 疑与前文"邹道益"为同一人。

近的林风渡打过一次胜仗。如是〔在〕我们各村都贴标语，写上这次胜仗缴了多少枪（18 排〔支〕枪）、捉了多少俘虏。在东陂草鞋岗打鼓岭的一次胜仗也写了标语（其他内容就不记得了）。

在未分田前政府号召农民抗租、抗息、抗粮。

扩大红军和扩大游击队。我做主席时只扩大【了】6 个红军，但也有的后来开小差回来了，动员农民参加红军时有好些人不大愿去，只是参加游击队和模范营，但也不巩固，被国民党一冲就散回来了。

优待红军家属和长期夫家属。每个月都要派五六个人去帮助耕作、砍柴、挑水等。政府工作人员不去，没有星期六条例。

派长期夫一次只派过一个人（名字不记得），去跟大红军担东西，时间要四五年才能回来，是采取自愿【方式】。短期夫派了许多次。

在我做主席一年半时【间】发行过两次公债，公债是一年发行一次，第一次发行 200 块，规定三【至】四年还清。第二次也发行 200 块，规定八年还清。我们是分配到各村代表去发行，思想好的只要一说他就买。不好的你总宣传他也是不买，还说"我们饭都不够吃哪还有钱买公债"。买公债是自愿，这两次发行公债都完成了任务，在我做主席以前也发行过，具体数目不知道。

（三）党的建设

当地建立了党组织，1933 年我做主席后就参加了党。共九人，有李竹生、陈兰生、曾冬生、刘九生、邹雨生、邹夏△等。由邓玉生、张景标两人介绍在一个房间里宣誓。也要填表，也有党证（是黑谷子，很小），每月缴党费一角二，党员也开会。上面来的参加同志（不记得名字）要开就开（内容不记得），没有一定的时间，不准别人参加。

没有建立团的组织。

（四）其他群众性组织

赤卫队有 36 人，队长姓刘，主要是抓土豪、抓反革命。晚上放哨，白天守地主上操，每个人都有枪，每人有十余来发子弹。少先队儿童团都组织了（详细情况上交资料有）。

组织了妇女会，主席李金秀，任务是欢送参军的，慰问伤病员（唱歌、吹笛、拉二胡，鼓励安慰），每月做鞋 2—8 双（草、布），宣传剪发、放脚。

（五）肃反工作

肃反时杀了许多人，主要是杀反革命分子和反水分子。有的参加革命不老实，勾结国民党的或反革命分子都要杀掉。如第一个乡主席宁祖云因为贪污（地主给钱他）而被杀掉了。杀人也要出罪状。上面写明他犯了什么罪，捉到的反革命分子【被】解到区政府的代管部，再到肃反委员会（会长邓发生），最后到武装部（保役队）。

在黄陂的罗家湾，每个月都要开一次群众大会，每一个乡都要派许多男男女女老老少少去参加（30—60 岁）。去参加的少先队要戴红领巾，排队走前头，还要打锣打鼓去参加。开会时，就宣布反革命分子的罪恶，再问群众要不要杀，要杀的举手。有时一次杀几个，最少也是一个，在会上也演文明戏。肃反时也有个别报私仇的，但很少。那时人民看见杀人有些害怕。

（六）文教事业

开办了小学，叫农民小学，教师都是能识字的农民。不要知识分子，没有什么薪水，政府有钱就给，没有钱就不给。课本由上发下来（内容不知），学生不要缴书费与学费。学生不多，因飞机炸得很厉害。

（七）其他

县代表会一年开 3 次，在 1933 年大概是 3、4 月间在黄陂的云梯庵开了一次县代表会。我乡有 3 个人参加，共有代表四五百人，本来打算开七天七晚的大会，后来因为飞机炸得厉害，只开三日三夜就散了。会上有几个人讲话（人名不记得），主要内容：要我们大家都热心起来，打败国民党的第五次"围剿"，一定要打败他们，我们才有好日子过。要肃清反革命分子和跟国民党报信的人，要我们回来扩军，要召集人开会，有坏人都要捉起来，回来后我不记得做了些什么工作。还是开了会要他们注意捉反革命分子。总而言之，那时对捉反革命分子抓得很紧。

颁布了婚姻法，内容不记得了。在我们乡政府有一对自由结婚的人，一个是九都的，一个是四都的。一男一女（年轻人）早七八天就到乡政府来打介绍条子，再到区政府去登记。最后还是用轿子把女的接到男方来，双方都不要出钱，但介绍人还得了两块钱，做了一桌把酒。大多数人都说这种结婚好，但也有的女方说不好，因为没有了礼金，过去结婚男方最少要下五六块钱礼金。

（八）游击队的情况

1931 年建立游击队，30 多个人，只有两支枪，其余都是梭镖、土枪。主要是放哨、抓土豪，打火很少。队长张大生。其他情况我不知道。

（九）红军到来前后的政府经济情况

红军来前我们这里贫农还是很多（具体数字不记得），设有督总①，主要是管纠纷等事的。交租是对分②，高利贷额不等，1/2、4/10、2/6，月月算息的都有。红军走后，设立保甲，参加红军工作的要自首自新，③"犯罪重"的要请上十个人保才行，其余的也要三四个保人。这里被国民党杀的人有，但不很多。地主回来后没有倒算，经常说我们是"土匪"，我们不敢反抗他，一反抗就要杀头。农民没有盐吃，一块钱只能买四两盐，而且还买不到，十天有八九天没盐吃。

（整理：邹燕平）

---

① 督总，此制度待考。

② "对分"两个字属于疑似。

③ 此处分页，但后面这页未标注页码。

10. 黄陂老革命同志座谈会记录

参加座谈会的成员：邓书华（65 岁，黄陂乡苏维埃主席）、胡春生（49 岁，〈大〉红军战士）、陈润兴（49 岁，十都乡苏维埃少年先锋队长）、陈润寿（59 岁，十都乡苏维埃主席）、余长明（源桐游击队员，后来曾出家当和尚）、余春云（蛟湖区文书，后曾任伪保长）

甲、十都乡苏维埃建立的经过

1931 年十月间，大红军由黄陂经过十都，帮助十都群众建立乡苏维埃政府，乡主席是徐朝【贵】。他在职将【近】一年，后被敌义勇队逮捕，解去宜黄坐牢，由黄同志接任主席，黄因病死后，由刘早生任主席，刘礼光任秘书，最后由陈润寿任主席，时在 1933 年正月。到这年 11 月间，敌九〇师袭击五都，陈润寿被提解到三都坐牢半个月，罚去 50 元，由家乡群众担保才放出。陈任主席时，邹桂芳任书记。

十都乡苏维埃建立后，进行过打土豪，到 1933 年下半年曾进行过分田，只插过分田牌。1934 年五、六月间，红军撤离黄陂去白竹，十都乡苏维埃宣告结束。

十都乡苏维埃常〈是〉处在不稳定状态，敌义勇队常会来窜扰。

乙、苏维埃建立后的几项主要工作

1. 扩大苏区：曾先后两次攻打宜黄城。

①第一次是在 1932 年七月，先是由红军三、五两军团攻打（每一军团有三个军），未打下，后红军一军团由乐安赶来，与三、五军团合攻。只打一天，便打进了城。红军进城不扰民，商人照常经商，在城内驻了一个星期，便下到龙首渡。后又转攻南丰，这次

战后缴获很多，拖了十排^①敌人的衣被，三排敌人的枪炮。

②第二次是在 1933 年二月与敌三十二师战。敌闭城防守，城内敌人曾用酒瓶装炸药当炮弹打。城上到处点有灯火，白天还有敌机来。红军使用楼梯爬城。上头扎树叶，□□^②前后打了 13 天，没有打进城，红军有牺牲。后来红军转移了阵地。

2. 扩大红军：这是当时一项经常性的中心工作。经常开会，都要宣传。1932 年蛟湖区有 50 多人参加红军。扩大红军的做法，是先开干部会，号召干部带头报名，然后开群众大会号召自愿报名。入伍时要杀猪弄酒欢送。

3. 优待军干属：红军家属的田，派人代耕，不要供饭，包种包收；干部家属的田派人代耕，要供饭，过时节还要【给】红军家属送东西。

4. 宣传勤俭搞生产：勤俭搞生产也是当时一项经常性的中心工作，经常开会都要宣传群众勤俭生产，【对于】二流子、懒汉，先是教育批评，最后不改，便要受到处分。

5. 禁烟禁赌、禁止乱搞男女关系：抓到赌博和吸烟的，要罚款和罚劳役。乱搞男女关系特别是搞军人家属的要受到死刑。

6. 发行公债：1933 年五月曾发行过一次公债，不要土豪富农认购，只要贫雇中农和工人、干部等〈人〉认购。强调干部带头，先发给公债券，说明收割时缴款，也可以实物抵数。1933 年下半年因局势不够稳定，散出的公债券没有全部收到款。

7. 建立反帝拥苏同盟委员会：在蛟湖区建立了这个组织，由区主席领导，宣传自愿参加。参加的人领有月费单，每月缴交月费一角钱，由财政部管理。

8. 举办互济会：区苏维埃还举办了互济会。自愿参加，每月要缴会费，多少不计。这个会的作用，是集款准备救济天灾人祸。全

---

① "排"字上面还有一个竹字头偏旁。后面的"排"字同。
② 前框系表示原文空格，后框表示原字不清晰。

部款由财经部①统一管理。

9. 组织游击队：各乡苏维埃都组织有游击队，负责守岗放哨、查路条、拦土豪等。

10. 打土豪：当时万户千户都是土豪，土豪的衣物分给穷人，罚款要上缴，猪和家禽要杀吃，逃走【的】土豪劣绅全部家财没收。打土豪得的款要上缴。

丙、其他〈其〉

1. 县苏维埃原设在东陂。1932 年五月由东陂迁来黄陂。由于敌义勇队常来窜扰黄陂近郊，县苏维埃经常迁动，先后曾迁到少原、罗家湾、白竹等处。

2. 黄陂区 1932 年正月建立，1932 年十一月区政府迁【至】罗家湾，1933 年二月间敌人袭击罗家湾，又迁白竹。

3. 红军未来前，反动派的地方政权：黄陂设有团总，各乡有都保和仕〔士〕绅，都是直接做着压迫老百姓的工作。

4. 十都陈润寿在红军未来前，耕种地主 40 多担谷田，年收谷 34 担，要交地主租谷 17 担，一家三口，每年要借债 8 担，红军来后，废租废债，一家食衣没有问题。

（整理人：李金水）

11. 访问烈士家属李细仔的材料

李细仔，烈士陈德生的母【亲】，现在 75 岁。陈德生曾任黄陂乡主席。

（一）陈德生参加革命经过

【如在世，】陈德生现年【应为】56 岁，29 岁（1931 年）时红

---

① 疑为与上文后"财政部"为同一组织。

军经过黄陂，他热爱革命，自愿参加红军，跟随红军离黄陂，他去①。第二年即30岁（1932年2月）又随红军来到黄陂。红军帮助黄陂群众建立乡苏维埃，他被提名，经群众通过任乡苏维埃主席。1933年五月在霍源工作，被敌义勇队捉到，解到塘圩跳水逃脱，再回到霍源，又被敌义勇队捉到，杀死在霍源，砍落头拿去宜黄。

　　1933年六月白匪二十一师进到黄陂，敌捉到烈士母亲，用绳捆，用枪打，后经老百姓说她没有得儿子什么东西，担保才获释放。敌二十一师到黄陂只□②个把星期又败走了。

　　（二）苏维埃政权建立期间的工作情况

　　1. 打土豪：选择有钱的人当土豪办，要土豪的钱，分土豪的衣物给穷人。

　　2. 支援红军工作：发动妇女做鞋子。有做一双的，也有做一只的，派妇女替红军洗衣。

　　3. 商业情况：大商家都已逃走，没有大商家只有小商贩，油盐很贵。一块钱只能买四两半，由政府出售。

　　4. 宣传婚姻自由，宣传女人剪发、放脚。

　　5. 禁烟禁赌禁嫖。

（整理人：李金水）

12. 访问李槐生的材料

　　李槐生，现年48岁。曾任蛟湖乡主席、区主席、区内务部长等职。后来带枪叛变，投降敌义勇队。

　　李槐生现年48岁，20岁时（即1930年冬）红军游击队十几

---

① 原文如此。
② 疑为"待"。

人由乐安小金都来到丁山，帮助群众建立村政府。村主席是李众才，也组织了游击队。他自己参加了游击队组织，那时队长是李龙生。全队约 20 人，同时蛟湖也建了村政府。

1930 年十二月，蛟湖设乡政府。丁山属蛟湖乡管。乡主席是李大华，1931 年正月，村、乡政府都曾一度散了。因为没有参加员①来。到四月间，水口区政府迁来蛟湖，余学松为区委书记，杨昌寿为乡主席。要建乡政权，曾召开群众大会，约有 30—40 人参加。会上选李如珠为乡主席。没有过很久，区、乡政府又曾一度散了。到七月间，上级派戴家声来蛟湖领导群众在杨梅嶂开会，成立区政府，再建乡政府，由李槐生当乡主席，后调任区主席，再后调任区内务部长。

蛟湖区曾由蛟湖迁丁山，后又由丁山迁蛟湖。时常迁来迁去。原因是受敌人的侵袭。

蛟湖设区后，黄陂、南沅都曾先后建区。以前东陂早已设区，南沅区设在霍沅②封家。蛟湖李△都曾任南沅区肃反部长。

丁山建立村政权后，曾进行打土豪。当时上级规定，要有上万元的家当的人才算土豪。没上万元的就不算土豪。但实际上未上万元的也当土豪办了。

蛟湖区属宜黄县管辖。中共书记是戴家声。后戴家声调【任】县委书记。由卢华央任区委书记，区主席是余早生，后由李振生担任，再后是张兹才接任。

1932 年李槐生任区主席时，曾到黄陂县政府开会，住了一夜说是要去博生县开会。后来未去成。第二天照原【路】回蛟湖去了。八月间又到黄陂参加县委召开的会议。开了一天一晚。会议内容记不清，没有好久，又到少原参加县召开的干部大会。开了六七

① 参加员，出现多次。此制度待考。
② "霍沅"，应为"霍源"，后文写作"霍源"。见《江西省宜黄县地名志》（内部资料），1985 年版，第 106 页。

天，会议内容主要是反县委书记黄日升的右倾机会主义。参加会议人员对黄日升进行了发言斗争，并选举戴家声为县委书记。

县苏维埃由黄陂迁罗家湾后，李槐生任区内务部长时（1932年上半年），到罗家湾参加内务部会议三次，第一次会议是布置扩大红军任务。有50—60人参加，开了一天一夜。第二次会议是由县内务部长召开的。内务部长是习梅生，亲自主持，布置做鞋子慰劳红军。当时，蛟湖区还有李月明、李三伢、李声发等人参加了这次会。第三次会议内容记不清楚。

苏维埃乡级政权的干部都没有待遇，只有饭吃，主要吃债谷和各地的谷粮。没有向老百姓征粮。

1932年2—3月，曾进行查田分田，查实地富的田。好田搭坏田，每人分得八担谷田。那时老百姓还有顾虑，表面上耕了地主的田，但暗中还有留谷给地主交租的。

1932年11—12月，曾把各地地主富农集中，解到宁都去服劳役。

1932年6—7月，曾发行过一次公债，公债券票面额分一元、二元、五元三种。先发公债券，后收款，有钱人多买，不要地主土豪富农买。干部要带头。

1932年冬，曾宣传扩大红军。干部带头报名。当时李槐生、李月明、李三伢等都曾带头报名参加。对红军家属有优待，送年节、代耕种、代砍柴、【代】挑水。入伍时，放鞭炮开会欢送，并曾发动妇女做布鞋赠送红军。当时丁山得〔有〕9人参加红军。蛟湖有十来人参加。

1933年3月李槐生带枪离开蛟湖，到二都向敌义勇队投降。4月间随敌义勇队由塘圩经十都打黄陂的黄花桥△△山。头天未打进，义勇队死一人。第二天，敌三十一师使用钢炮打，红军撤走，敌军进黄陂。当时到黄陂的敌义勇队有三个中队，共有270人，第一中队队长【是】余中培。中队副余和△、李槐生编在第一中队，大队长章普余是霍沅人。

敌义勇队对苏区干部的做法，是有钱者生，无钱者死。蛟湖区干部何老众，就是这时被敌义勇队用洋油泼头燃烧致死的。何老众临死未屈。敌规定每一个苏区干部都要写自新书，每人还要缴〈交〉三块钱。敌义勇队八月曾由黄陂去霍沅，十一月又去宜黄，后编为保卫二十三团，曾到棠阴神岗等处守仓库。1934 年 7 月 23 日李槐生又由保卫团开小差回家。

李槐生谈到后一阶段自己投降敌人叛变革命的经历，存在有思想顾虑，对白色恐怖下的情况不敢大胆谈，这是他亲自参加过的事，照理应谈得具体，可是却谈得很少。

1931 年 1 月间一个蒙蒙的雨天，红军由乐安金都来，与敌五十二师战于蛟湖，大败敌五十二师，杀死敌师长李明。这一战役后，蛟湖设区趋于稳定。

（整理人：李金水）

（二）黄陂（南源区）山前、南源、二都原始材料

1. 南源区访问记录

刘△^①臣，男，50 岁，住二都山前村，基本群众。

1933 年 4 月，红军第三军团来到山前，转了四五十天，开展打土豪和建立苏维埃政府的活动。1933 年五月，打了霍源以后，在下南源罗家起乡苏维埃政府。董义生当秘书，有游击队长曾祥才，队员 10 多人。

成立乡政府以前，独立师和独立团常来打游击。自从打了霍源、草鞋冈以后，就不来了，乡政府也跟着散了，共待了半年左右。

除南源乡外，未建立过区政府。当时南源乡辖上南沅、下南源、山前、聂家寮几个村。

游击队和反动义勇队都常来山前游击，碰着就打，打的时间不长，打过后就走开。义勇队有时连吃饭睡觉也不敢，双方经常来去不定，老百姓很害怕。义勇队来了，说我们是红军，红军来了说我们是反动，我们左右为难，因此既不敢参加义勇队，也不敢参加红军。如果参加红军，二都的保卫团来了，就会把家里人杀掉或者烧

---

① 疑为"苟"或"荀"。

掉他的房子，甚至在行动上被认为有红军嫌疑的也会被捉来吊打。有一次，义勇队到的时候，跟游击队打火。老百姓很害怕，都跑光了，黄△田和他的妻子躲在被窝不跑，被义勇队发现了，硬说他是红军，他的老婆是土匪婆，被捉起来用扁担打得半死，后来找了保人才保了出来，同时被捉打的有吴子龙。

红军来了，一些贫中农也被捉，因为他们都害怕逃走。如下南源小队长的老婆便被捉去，因为她逃走，红军以为她是土豪，便捉起来。被捉的贫中农，红军问清楚不是土豪便都放回。

红军不乱打人，买卖都给钱，叫人做了工作都给钱。我娘有一次帮红军补鞋洗衣。他问要多少钱，我娘说给钱就不做，但是做好以后红军还是给钱或烟和盐作酬劳。因此我娘是会吃烟的，当时这里的食盐是缺乏的，很昂贵，一块钱只能买六两（二都能买五斤）。反动派【说】这是土匪区不许运盐进来，有些人到二都贩盐，都被反动派杀死。

乡政府动员过大家参【加】红军，但正如上面所说的，老百姓都害怕，所以没有人敢当红军，没有分过田、打过土豪。土豪跑了，就分他家的东西，但是红军走了以后，他们就回来了。土豪强迫各家归还原物，连吃饭的碗都要交出来。如果谁不肯交出，谁就被当为土匪法办。农民分到的东西大部【分】交还土豪。

反动派来了红军走了，在乡政府做事的人都躲到山里不敢出来，曾祥才被义勇队捉去杀了。乡干部最后回到家里要向保甲长写保结才能回来。

（整理：陈毅然）

2. 访问宁德顺同志记录（一）

宁德顺，男，50岁，曾任区苏调解委员，现住二都山前大队上南源。

在 1933 年四月二十九日，红军〈里〉派了姓杨和姓高等三位同志来这里〈来〉开辟工作。首先在下南源罗家建立了区政府，并在阎盘殿①、上际②、西源建立了乡政府，山前没起乡政府，都并在区政府内，因为那时候是刚开辟〔展〕工作，参加工作的人也不多，所以没有设乡政府。当时区的范围包括上际、白石、南源、北源、山前、邹子塅、阎盘殿、聂家寮这些地方。

六月初儿，反动派军队占据了河口一带。我们这里就有被截断的危险，故区政府就迁到黄陂（当时我留在家没去，区里负责同志写信叫我去黄陂，所以区政府我知道迁去黄陂了，原先区政府准备迁去霍源）。

当时区政府主席是陈元明，分田委员宁菊生，调查委员是我，治安委员宁早生，秘书董义生，还有游击队员，队长曾祥才，班长许龙标，三个班共十三四个人。

后八月至十一月又起了乡政府，当时是由红军派来的曾德祥同志指导，乡主席是欧阳石子。后又因敌人迫近，时常进扰，所以乡政府也只得三个多月就被敌人冲散了。自十一月起至第二年十一月这个〔段〕时间里，只是我们红军游击队经常来打游击，反动派的宁都保卫团、霍源张普金的义勇队、乐安黄信和的兵也经常到这里来，碰到了就打仗，打了又散掉。到 1934 年十一月，国民党的军队大批开来了，红军就再没有来了。

（整理：黄彬生）

---

① "阎盘殿"应为"阎半天"，后文写作"阎半天"。见《江西省宜黄县地名志》（内部资料），1985 年版，第 68 页。
② "上际"应为"上礤（qì）"，后文写作"上礤"。注：上礤系大队驻地，位于二都西南 1515 里山坳上。以地势较高（方言上）、石礤甚多而得名。见《江西省宜黄县地名志》（内部资料），1985 年版，第 67 页。

3. 访问宁德顺同志记录（二）

宁德顺，男，50 岁，区苏调解委员，现住二都山前大队上南源。

我在 24 岁时参加革命，任区苏维埃政府调解委员。南源区政府是在 1933 年四月（农历）成立的。主席陈元明（圭峰人，是我的亲戚，已死），秘书黄义生（已死），分田委员宁菊生，还有肃反、军事等委员（名字忘记了），有游击队，队长许龙标（下南沅人，已死）和曾祥才（已死），队员每村 2 人，共 10 多人。有少年先锋队。妇女会未组织好。区【政】府共有 10 多人，干部也兼游击队员，队员都有步枪。

区政府是由五军团派来的李团长（湖南人）帮助成立的。李团长走后，红军又派杨、欧、高等三位同志来区领导工作。

南源区【政】府辖阎半天、西源、上礁 3 个乡。没有分田。曾到高顶、电话山、河口、漠源、梁山等地打土豪。独立师规定有 1 万花边才算土豪，但游击队打土豪的时候并没有按照这个标准。有 1000 元的就打，100 元的也打，甚至 10 元的也不放过。当时有一句话，打小土豪叫做"解饭钱"（向他取开饭用的款）。土豪的衣服、被窝、饭碗等物件分给穷人，现款则交杨、欧、高 3 位同志上解。

这年六月初十，南源区政府搬到黄陂。因为二都住满了义勇队，二都离南源十多二十里，很近，他们经常来这里扰乱，区【政】府枪又不多，不搬不行。

1933 年八月，再起南源乡政府。主席欧阳石子（聂家寮人，被反动派打杀），秘书董义生。乡政府共有四五人，没有游击队。南源乡政府属黄陂区管辖。11 月，乡政府散了。共待了 4 个多月。

义勇队来了，欧阳石子、陈元明等躲到山里，欧、陈二人被敌在乱枪中打死，董义生被捕杀害。

这里常有游击队来往出没。顶〔汀〕山、麻坑、塘圩、蛟湖、圭峰等地的游击队都先后到过这里打土豪，他们打了土豪就回去了。独立师也在这里打过土豪。

红军到来后，穷人都分得衣服、被窝等物，并且有 2 年不要交租和还债〈的〉。地主跑光了，不敢回来要租要债。当时这里耕 2 亩半田要缴纳 2 担谷的租（2 亩半田最多能割到 6 担谷子）。高利贷则加 2，即今年春借 10 元，明年春就要还 12 元，还不清，息上加息，年年增下去。

革命前上南源有 170 人左右（约 40 来户），革命后，死的死了，被反动派抓去当兵的也渺无音讯，总共失去了 30 多人。

（整理：陈毅然）

4. 访问曾润生同志的记录

曾润生，现年 48 岁，游击队战士，住山前。

红军从宁都出来，在下南源刘家起了一个乡政府，主席宁菊生，文书董士奇，游击队长曾祥才（被伪保安团杀了）。

红军来了将近三四个月才起了乡政府，以为是只走过见过起①。乡政府只待七八个月。以后白军每打一处就筑碉堡。

五军团派了曾德祥（可能是营政治委员）、赖义太到这里来工作的。阎半天也起了乡政府。

我们游击队也打过高宁几个土豪。

宁都保安团（驻二都），还有保卫第三师都经常来这里。

白军在打霍源先是自己打自己，打死了几千人后，红军又来把白军打败了，国民党连夜退出去了。

---

① 原文不甚清楚，意思不通。

1932 年 5 月三军第九师打开城，从城里来的，在下南源起政府，主席陈文明。下南源□苏维埃政府包括：上南源、下南源、山前、聂家寮、北源、阎半天等地。

（整理：黄冰生）

5. 访问曾润生、曾友梭记录

独立师在这里打过仗，游击队在这也和白兵打过仗，但大红军在这里没有打过仗。

经常到山前打游击的有蛟湖游击队、圭峰游击队（属乐安）、欧坊游击队（属黄陂河口）、麻坑游击队、汀山游击【队】。他们的人数不多，最多的七八十人，最少的五六十人，人人有步枪，个别的还有手榴弹，没有机枪。

常到这里打游击的反动军队有保安团、保卫第三师、义勇队等，义勇队的队长徐光绪。二都住着许多保卫团。

南源游击队 10 多人，8 支枪，红军和其他游击队来了就帮助他们带路打【听】消息。曾到过二都七家山、上坪等地带路和探听消息。

反动派的义勇队、保安团来了，曾在这里挖战壕、筑碉堡。碉堡是用拆民房得来的砖筑成的。当时山前有 4 间房子被反动派拆作碉堡。这些房子都是穷人的，有钱人的不拆，捉老百姓□□个人捉过，国民党军队常常抢东西。1931 年他们在这里过阳历年，没有东西吃，就到老百姓家里抢，主要抢穷人的，有钱人的也抢一些。他【们】所抢的是猪肉、酒、鸭等，平时强迫老百姓买东西给他们，不肯就抢，抢了还要打。有时完全不问老百姓，看到场子上有猪鸡牛鸭等就随便集拢起来杀掉。当时山前村没有一户人家不曾被反动军队抢过东西的。

□□□□□□□□□□□□□□□□□□□□□□□□□□□□□□□

（整理：陈毅然）

6. 访问三都黄桂元、黄小锋材料

黄桂元，86 岁；黄小锋，53 岁，三都生产队社员。

三都下接二都。宜黄是白匪的巢穴，上近黄陂苏匪〔区〕，是红军的一个阵地，红军怀疑白匪会潜藏【在】三都地带，白匪又畏惧红军的游击战术，那时候红、白〈二兵〉双方不敢在三都长久驻扎。只是时来时去游击一下，来时是零星的，三三两两，最多不到 30 人。

他们来都是化装，红军化白匪，白匪装红军，互相探问都称土匪在那里（除自己）。

不但这里没有设局，就是河口、南源、山前都没有起局，只有归风〔圭峰〕、鹿冈、云峰一带有乡政府。鹿冈设村政府，不久，〔过〕只待 8 天就被白匪打散了。

1934 年五月间，三都小打一次，红军打伤一人，白匪打死两个，双方散了大约〈只了〉半个钟头的样子，两边的人不多，五六十个人一边。

三都老百姓最苦是在 1934 年七月间，白匪抓伕非常厉害，见人就捉，不分【青红】皂白，捉到就担枪炮、子弹和运送粮食，一经送到宁都，我们走不动，匪兵骂我们是装假，用皮鞭【打】我们，有的人把肩膀挑烂了，他毫无怜悯，捉去，不放回。如三都廖仲仔至今未来〔回〕，老婆也早就饿死了（解放前），那次捉夫三都抓苦了，男人三股抓到两股去，很多人请求他们，不放，就走。他们见我们走就捉，捉到就打，以后我们就在吃饭的时候〈走〉脱逃，大多数是这样走回的。

（访问人：邹庆余）

7.访问曾有才同志记录

曾有才，男，62岁，游击队员，现住二都山前大队。

1933年五月间，红军来我这个地方，群众要我出来打招呼：山前落三军团，五军团落在上南源、下南源。在下南源罗家建立了苏维埃乡政府，过一年后改为区政府，管辖上南源、下南源、聂家寮、白石、西源、山前各个乡政府。宁菊生是主席，后换欧阳石子，董义生是书记，曾祥才是秘书。红军里曾派曾德祥指导整个区政府工作（与曾同来的一共有2个人），全区【政】府有8个工作人员，有游击队，共14个人、8条枪，我在游击队内。经常开会，再就是打土豪。

红军大部队一来，区政府的人负责搞好米、菜、柴，还派人带路。

游击队经常配合曾德祥所指挥的麻坑游击队、圭峰游击队（属乐安）、东坡游击队与由县城开往二都的保安团战斗于山前南面山上（经常有小型战斗）。独立师、独立团也经常到这儿来，我们要负责弄饭给他们吃，还带路，调查土豪，每天都要到各个路口去侦察情况，如到二都的路上、七家山、上坪等几条路去了解敌情，回来向曾德祥汇报。

后来建立区政府只待1年左右，就为〔被〕敌人占领。曾德祥同志被反动派杀害了，还有欧阳石仔、曾祥才等也被保安团捉去杀了。我躲在山上足足一年，经常挨饿得要死，一年没有吃上食盐，以后慢慢才回到家里。

（整理：黄彬生）

8. 访问甘桂清、章菊生

甘桂清，鹿冈人，是鹿冈生产队的社干；章菊生，共产党员，公社社员，住鹿冈。

事隔多年，记得不十分清楚，好像在1933年九月间，张发生到我们四都开过会，设立过一次村政府，当时在对河邓家祠堂内开会。一边散发衣服，一边选举了毛庭中做村主席。李仕勋、罗余保、陈学明做委员，李其详做秘书。一天后，白匪打来那一个师忆不到①的政府就散了。到1934【年】间，四都的乡主席毛庭中和各个委员、秘书都【被】捉到城里去枪毙了，收尸回来，铁链子都还在脚上。

白匪非常残酷，□房□杀无恶不作。我的妻舅曹三仔是纯良的好百姓，一日来四都卖菜被白匪捉住，硬说是探子，用香烧死（此话是【甘】桂清讲的）。

白匪到我四都来仅一两次，徐光烤的兵（即伪义勇队）时来随往，专和△水的游击队开会（章菊生讲的）。

我地〔们这〕的老革命有的枪毙了，有的死掉了。我们对红军的事不晓得几多，你去问张发生、邓其生、吴桂保，他们或者清楚的。

（访问人：邹庆余）

9. 访问吴桂保

吴桂保，现年49岁，麻坑人，曾任独立师第二排排长。

---

① 原文如此。

我是 1932 年五月间在麻坑当赤卫队【员】，专打土豪。7 月间孙连仲的反动派打来，我和红军中的三军九师陈连长同路进去宁都。走到小田，遇到他们阻击，把我们打散了，我们逃回麻坑。

同年八月间，应铭石当伪神冈区长，带人来清乡，罚了我 20 块钱。1933 年二月间，独立第四师来到麻坑起局，我在那里当交通队员，主席是陈开国。到 5 月间演口成立了区政府，区主席是吴袍鸡，大量组织游击队。我又在演口当游击队〈去〉【员】。那时专和反动二十四师、九〇、四十六师和预备第五师与〈及〉伪义勇队、难民团等在李塔①、新丰街、棠阴（阳谷坳）一带作战。

独立师的师长姓戴，陈光渲是肃反委员，他们很辛苦，和弟兄一样打仗，走前不怕死，真勇敢。

1934【年】间，戴师长带我们到里塔和二十四师一个团作战，反动团长姓吴，和一个富农被我们捉到，他们【被】打垮了，躲在暗沟里，老百姓好，带我到捉。

我们能够打胜白匪，主要是老百姓好，能够帮红军带路，我们师长好，来打仗先开会，里塔是这样打的。

我们先驻在徐△，隔里塔 25 里，白匪一个团，我们约 800 人。白匪在里塔做了很多碉堡，我们几次都没有打进去。这一次是徐△群众装扮到里塔卖柴，看好了白匪在里塔只有一个团的队伍。后带我们向南丰一条小路弯过去占领一个山头，比里塔的碉堡要高。这支队伍只有 200 人的样子。这个山头能够直打里塔，由中路一支队伍，400 人冲进里塔，左边也是我们的队伍。打得进去，敌人吃不消，以为是大红军，向南丰退却，被我们打垮。缴到两挺机关枪，100 多支步枪，捉到俘虏 100 多人，团长被我们活捉并杀了。

同年八月间打棠阴、阳谷坳，我们登焦坑嵊的山上，那时我当第二排的排长，我们独立师一个师 1000 多人，和反动四十六师一个师一万多人打仗。白军怕死，不敢和我们打，向我们来投诚，

---

① 文中又作"里塔"。

敌四十六师的师长也是姓戴，我们代理师长陈光渲向我们讲明，□□□□打仗可以枪向天上放，反动派通知我们愿意投降缴枪。我们听了师长的讲话后，向天放了几十发枪〔子弹〕，就过山港去缴他们的枪。将近他们身边，敌人机枪横扫过来，我带一排军队及时回转头来登焦坑嵊打掩护，使同志们退却。敌人排枪扫射，我左手受伤，也退却了，这一仗红军吃亏，损伤不小。

本来，伪四十六师是准备投降的，被伪区长应铭西知道，当晚报告县里撤回了四十六师，调预备第五师赶到和我们打，我们因此吃亏。我们的代理师【长】陈光渲也在这一仗受伤了，我因流血过多，不会〔能〕走，也就从此掉队，当时躲在麻坑一个山上，叫竹叶坑。送饭的是我表兄冯全树。

我老婆在固源。我偷偷摸摸到固源后，被张绍弓知道，他是伪清乡委员，住白竹坑，在神冈工作，带领保丁来捉我们。我走到廖九寨，被他们捉到，捆在固源，问哄逼，打断了两根扁担，保丁细焖面良心很恶，打断了两根扁担后，把我反绑，捆吊在一间房子内。

反动保长叫下南仔，和我有点亲戚关系。他搬凳子给我坐，轻轻对我说："老仔姑父，你来世要做好人，对不起，这是上级命令，要杀你。"我说："我为了革命，为了无产阶级翻身，我不怕死。"

伪政府人员准备送我到区去枪毙，公文拟到半夜，敌人监视很紧，三重门放了哨。约在四更时候，哨兵睡着了，我咳了一声，没有动静，我就脱出了绳索，抓定跳下去，摸到离固源三里许的韩家庙，在空树里躲了两天两夜，第三天黄昏〈尽〉出来，碰见一个妇女，叫黄凤妆，她指点我的路，向竹林下走去。我装扮牧牛的人，走到焦坑，最后在桃花山当和尚。

（访问人：邹庆余）

10. 访问张发生

张发生，蓝水人，现年 57 岁，现住鹿冈嵊云山，曾任五都区主席。

我是在 29 岁时即 1932 年参加革命的。当时我做白竹坪村分田委员，主席是吴桂亮。那时五都没有区政府，邹坊[①]、蓝水等地都是村政府，是黄陂的陈书记来担任的。到 1933 年 3 月间，黄陂的肖书记又到五都成立区政府，见我工作积极就派我做区主席。区组织系□和各地一样，我的职权大得很，有生杀之权，各乡各村所打的土豪都要和我商量，打多少钱都要我开口。杀人要我批准，有两支驳壳【枪】跟着我。我打的土豪也多，如罗义升、吴光保、邹福兴、万家仔、芦秀孙、里子仔……等共 27 个，都是我自己带【人】去打的。打的最多是 1000 元，最少的 10 元或 20—50 元都有。

我帮助建立村乡政府，如四都村政府，是我带游击队到开会建立的。约 1933 年秋天到四都打到土豪，毛成龙、欧阳祥仁是在桃花坑捉到的，得 2000 元现洋，把土豪的所有衣物分给群众，现洋不分〈给〉。当时选举了毛庭中做四都村主席。这里只待一两天就散了，没有实行分田。

发动扩大红军是我们经常的工作，我做主席只约一年多一点。在 1934 年八月间，白匪九十师从烟宁打到五都，我就走到黄土△，躲在山洞整整 8 天。那一仗红军吃了亏，打败了。

五都被白匪占去，我回白竹坪去。我的区主席就这样结束了。

（访问人：邹庆余）

---

① "邹坊"应为"周坊"，后文写作"周坊"。见《江西省宜黄县地名志》（内部资料），1985 年版，第 124 页。

（三）黄陂（蓝水区）原始材料

1. 蓝水革命史原始资料整理

访问对象：张发生（区苏维埃主席）

（一）苏维埃政府的成立和组成情况

在1930年，这一带就有来去不定的小红军。我（张发生）就在1930年七月二十八日跟〔给〕红军带路，从白竹坪带到六坪凹下，当时还未成立苏维埃政府。

1931年冬成立苏维埃政府，政府设在街上，罗家屋内。【苏维埃】政府工作人员：

主席：黄以文

财粮：黄贵生、宁冬德

分田：丁△发

秘书：吴茂中

赤卫队长：刘大恩

管武装：黄二分

1932年春（2月间）成立乡政府，乡苏政府所在地【是】五都下街。

乡政府工作人员：

主席：张发生

主任：黄男生

财粮：黄贵生

侦探：邱发国

政府工作人员的产生是由红军指定〔导〕召开群众大会，对群众说："某某做主席，好不好？"群众说一声"好"，就产生了主席。政府工作人员都是贫雇农，主席多是手工业者。

我在乡政府工作一个多月，就调到蓝水区当区主席，乡主席为钟大仔，区政府设在五都街罗家屋里。区政府一切工作人员，除我 1 人是本地人，其余都是宁都人，区政府的工作人员和设有何部〔部门〕不记得了。有一个陈书记和邵书记，两人掌握〔管〕区政府一切工作。区政府的一切工作都要问过他[1]，和他商量。我的私章和区政府公章都在他手里，由他盖就是。

蓝水区苏维埃政府管辖：

泽坊乡：主席　谢金△

四都乡：主席　罗冬发

蓝水乡：主席　张发兴

高山乡：主席　黄雨久

周坊乡：主席　罗产高

区政府经费都由打土豪而来，但打土豪的钱要要上缴，再按规定每人每天伙食费一角七分钱向上领取。

1934 年九、十月间国民党打来，政府解散，红军走了。

（二）苏区〔区苏〕维埃政府工作

打土豪：首先是开秘密会，研究〈讨论〉哪些是土豪，怎样捉，而且工作队的同志说："不准露风【声】，露了风【声】就要杀头。"参加〈开〉秘密会的，有工作队的李同志和黎同志两人，还有肃反委员（名字不记得）、游击队长、主席。抓来的土豪不管大小都要打。土豪没有什么标准，五六十块的也作土豪打过，土豪不拿钱就往上解。劣绅一例〔律〕解到县里去。打土豪的钱往上解

---

① 原文如此。前句提到两个人，这里只说一个人，因此前后不一致。

【缴】，收到土豪的衣物就开群众大会，分给农民（事先研究好，哪些人得哪些东西，最贫的得最好的），杀猪给贫农吃，但是有些贫农不敢来吃，来吃得也不多。有的人分到土豪的东西又偷偷地送还给土豪，怕苏维埃政府不可能长期存在，所以不敢留下分得的东西。干部没有东西分。工作队的同志对我们讲："东西要分给无产阶级，不要为个人发展。"大土豪劣绅都跑到县城去了，所以几十块、百把块的土豪也打了。

分田地：1933 年春季开始分田，没有划分成分。那时只有无产阶级的〔与〕土豪劣绅的区别，没有什么贫农、雇农、地主、富农的名词，按人数分田，□是分土豪劣绅富农的田，路费田、桥费田也分。土豪家在〔有〕劳动力的也分田，劣绅没有分，分田只插了一下牌子。不久，国民党就来了，所以没有收割。分好田后就杀了猪，开庆祝大会，各村村代表都来，代表身上不戴〈有〉红条子（开会内容不记得）。

组织游击队、少先队、赤卫队：乡苏维【埃】游击队，有 20来个人，队长谢禾生，没有枪，只有梭镖、棒子、马刀。区游击队共有四五十个人，班长黄发生，都没有枪，只有梭镖、马刀之类。游击队主要是捉土豪、放哨，化装成便衣队到边界〈上〉去做探子，化装成挑盐的到宜黄去做探子。有时游击队也参加生产。赤卫队长刘古根。20 多个【人】。赤卫队也是放哨、打土豪、参加生产。少先队有 20 多个人（队长不知），少先队的任务是放哨、查条子（没有条子，只要手上盖上一个主席的私章也行，"因为主席不知道写字的缘故"），做宣传工作，就是在赶集的那天，少先队打锣打鼓在街口宣传，站在桌子上讲话，宣传苏维埃政府的好处，要抓土豪、分田地，注意土豪和反革命分子，知道反革命分子要向政府报告。

组织担架队：有时派一次担架队，达到七八十个之多。经常要担架队去担枪、挑粮、抬伤员，多般〔半〕是到南丰县和东岗去担枪过来。派伕时，一般群众都会去，但也有不愿去的，讲怪话，背面说："你们这样声声色色地做什么，看你声得多久，看你座〔做〕得多久。"若是要派伕，我就不管他们在做什么事，拉得了就去。1933年派了许多人在东头的石坊和固子头各筑了一个碉堡。

妇女会还未组织起来，因为妇女不肯出来，没有人负责，所以没有成功。

宣传工作：开大会，要老百姓不要害怕，向群众进行阶级教育（地主怎样剥削你们，地主生活过得怎样好，等等），要他们打土豪、分田地，讲苏维【埃】政府的好处等。

抗租抗息没进行得怎样好，政府说了不要向地主交租交息，但是农民不敢这样做，有的还是偷偷地向地主交租。

安定社会秩序方面：主要是抓嫖客和抽鸦片烟的人，把他们抓去坐禁闭、做苦工，悔过了以后放回来，对赌钱的不大捉，但是没有什么赌钱的了。

（三）肃反方面

区里设有肃反委员（宁都人，不记得名字了）。他经常问我："这里有多少土豪、劣绅、反革命？他们逃到哪里去了？"共杀了许多反革命，杀人时也出罪状。罪状上盖有我的私章，杀的人都是坏分子，但也有杀错了的：如黄四季是个贫农，到处流〔游〕荡，而政府把他当作探子杀了。还有一个叶大生，也是贫农，因说错了话就【被】杀掉了。所以我也怕讲错话，无产阶级也不敢出来做事，对工作冷淡。

（四）其他

没有办学校，街上的商人都跑了。政府也未起合作社，没有发行公债，没有党团的组织，没有互救〔济〕会。

区里面的陈书记也跟游击队员们讲过，要他们参加红军，但是没有人去，没有军属，没有什么优待红军家属。

（五）革命前后人民的经济〈政府〉生活

革命前这里的生活勉强可以过，贫农还是多，我无田无地。地主总是压迫我们。苏维埃政府成立时，人民生活过得好一些，土豪的谷都吃不完，这时农民的生产情况亩产不知道。白军来这里后杀了二三十个人，逃跑的后来都回来了，做了干部的和游击队等人都要自新。国民党组织了保甲，地主骂我老土匪，但贫农对我很好，知道我是老实人。

注：这个人记忆力差，谈不出什么具体的东西。

附：芦之兰是村主席，白军杀了他，白军捉到他时，要他交工作证和文件，要他讲出打了多少土豪，但他只是说没有。白军又要他带路，他也不肯，反动派就割掉他一只耳朵。但他还是不说，结果走了七里路后，因失血过多而死。

1932 年，政府规定每村要派一个【人】去当红军。我乡（白竹坪）有 16 个村，所以派了 16 个人，我就是这次在游击队中派去的，在独立营搞了 3 年。独立团主要是打土豪，有时也打仗（不记得在何地打），军队纪律严，不准随便拿人家的东西，不带武器，开一两次〈开〉小差的抓回来罚苦工，但到了第三次就要枪毙。带武器开小差【的】，第一次就要枪毙。军队伙食是每人每天一角二分，打到土豪的吃土豪的，所以伙食费有结余，一星期可分得伙食费 4—6 角（吴兰亮口述）。

红军来后，做生意的人都跑了，所以没有什么商店，但是有无产阶级（贫农）担菜、肉、鱼、酒等东西出来卖，生意不太好，有时地主与商人的东西也通过贫农挑出来卖。食盐很缺乏，一块钱只能卖〔买〕六两盐，主要是无产阶级晚上到宜黄【县】城去偷运，有的就用米桶做成夹底去偷运，有的是用棺材去偷运，再把盐卖给苏维埃政府和群众。

那时有好些人有顾虑，不敢出来工作，有的贫农还包庇土豪劣绅，如吴发珍、徐王生两个劣绅，就是躲在下街的贫农家里，给贫农一些钱，到白军来后才出来。

分田是贫农自己说要哪里就分哪里。每人大概分了 8 亩。打到土豪的东西开〈会〉群众大会散发。拣不到的老实贫农还可到台上去领。

那时，这里的贫农很多，占【比】强，地主也不少，所以打到许多现洋。地主回来后，分得的东西全部拿回去，经常骂我们是土匪，田里的禾他也全部割掉。贫农只有做零工和借债维生。高利贷是一担还三箩。一块现洋过五个月后就要还十块（芦才秀口述）。

最初干部产生的方式：红军来后，在戏台上散发土豪的东西。那时去分东西的人只有十几个，红军就把分得东西的贫雇农和手工业者的名字登记起来，后来找我们这几个人开会，说成立政府你们愿担任什么干部，可自己报，结果最后一个主席没有人担任。红军就指定我做，我说自己不会写字、不会说话，是老实人。红军说就是要这种人担任主席。"你是无产阶级（手工业【者】）担任主席更好，不会写字，我们有人帮助你写。"就这样成立了政府。（孙发实口述）

（整理者：邹燕平）

2. 访问邹祥生材料整理

邹祥生，45 岁，宜黄黄陂人民公社六都人，现住六都，【曾任】少先队长。

1931 年，独立师罗师长在六都组织了村苏维埃政府。主席为胡炳桂，财粮委员为金树文，粮食委员为陈冬生（被国民党杀死）。独立师一来就宣传，贴标语，如"不完粮，不交租，自己吃，自己收"等，说明打土豪、分田地的好处。

1933 年十月间，罗师长领导的独立师与白军九十师在六都、五都打了一仗。红军独立师是从宁都经东黄陂过来的，白军【是】从宜黄县城来的。当时，正是刮着微风，下着细雨，天气很冷，还下了一点干□。红军一个个穿着蓑衣，戴着斗笠，脚下穿着草鞋，向五都前进，走在前面的是便衣队。有老百姓带路。邹祥生也带了路，便衣队要邹带路，问他乐意不乐意，邹说："乐意"，并告诉独立师的便衣队"五都有白军，应该往山上走"，并带到蛇坑脑上。后面大队伍也赶到，登上了蛇坑脑山，占据了蛇山一带的山头。（正是快要天亮之时）白军去莲花石庙，布有岗哨。红军一到，就撤退了岗哨（莲花石庙在五【都】、六都之间【的】河旁）。天一亮，红军向白军开火。此时白军九十师盘踞在蛇坑脑上的对面山头。第一、二、三天，双方对打，没有冲锋，不分胜负。第四天，白军有 2 个排向蛇山冲了几次，没有冲上，白军营长被打死，红军本想冲下来，因对面白军吊了两个【门】迫击炮，就未冲下来。第七天【早】上，天气已清，战斗进入激烈阶段，从清早打到半夜。国民党的飞机也来了。白军又向红军【占】据的山头投了迫击炮，打退了红军，占领了蛇山。红军退到东黄陂去了。

战斗时，各苏维埃政府派了担架队，每村 2 个。这时，老百姓有的藏在山里，有的躲在屋子里不敢出来。

白军占领蛇山后，就在蛇山口筑起 3 个碉堡，在六都、五都实行清乡、屠杀、自首等。邹拿出了 20 块钱才保出来了。村苏维埃主席被国民党弄得家破人亡，30 担谷田充了公，本人也被抓去当壮丁。

六都在革命前有 100 来户，两家地主，五六家富农，二三十家中农，贫雇农占多数，土地集中于地主富农，贫雇农只有少田、坏田或无田。地租一般是四六成（地主拿六成），高利贷很重，借谷还担米，借钱抽 20% 的利息。

3. 访问卢才寿的材料

卢才寿，57 岁，宜黄黄陂公社蓝水人，现住蓝水街上，【曾任】少先队长。

1933年十月间，红军独立师与白军九十师在五都、六都打了一仗。打了三天三晚才结束。参加战斗的红军有独立师、独立团（后又说三个军团，并有三个军长）。白军是九十师，有两个师长，红军从宁都、乐安经过东黄陂过来的，白军是从南丰、南城经过神岗、潢岭来到高山、奇山一带。双方都有老百姓带路。红军是由东黄陂那边人带路，向五都前进。白军是强迫神岗、潢【岭】那边老百姓带路，首先是双方的探子在五都附近打听消息，红军探子来得早一点，因此红军比白军早来一个小时，占领了蛇坑脑上和附近一带山头，红军布满山头，有十几里路远。蛇山对面以河为界，靠五都这边山头布满【白军】九十师军队。双方都未进村。白军带有大件武器，高射炮、迫击炮等。后来，国民党还派了十几架飞机援助白军，投运弹药、粮食，经常有四五支〔架〕飞机挨树飞得较低，盯住红军占领的山头。（一般飞机来的时间是吃完早饭来，下午就飞走了）红军用水机关、花机关等武器反击但无炮。因此，红军多是在晚上、清早，摸黑的时间（飞机没来）袭击白军，白天就躲避在壕沟里，上面堆上茅草，躲避敌人飞机的轰炸（临时挖的，飞机没来，一面打仗，一面挖沟）。战斗第一天，白军有一个排，冲到蛇山，被独立师打退，只剩两个伙夫下来。第二天，有一部分白军想从六都包围蛇坑脑上，因对面山上的白军准备用迫击炮轰炸蛇山，因没带好，带了六七个在六都，把企图想包围红军的这部分白军全部打垮，白军死伤百余人，同时这天敌人的飞机飞到另一个山头，用水机关扫射进攻的白军，加上白军自己打自己，损失不少。[①]第三天，飞机又来了，在白军营中投了大批物资，白军又向蛇山吊了几个〔门〕迫击炮，打退了红军。（据他说红军独立师师长罗坚持还要打，弟兄不肯，被属下一个人打死）【白军】占领了蛇山、五都、六都。双方都有损失，红军死伤100多人，白军死伤200多人。排长山上的死了二十几个。红军是在第三天晚上退的，天亮就

---

① 此句不通，原文如此。

退完了。（退到东黄陂）

红军一走，白军就进五都村。第二天，就抬了 20 多付红漆棺材，安葬白匪首，还杀猪杀羊祭祖，并用围墙围起来。白军在五都驻扎了一个多月，实行了清乡，屠杀红军干部、家属。如黄道安的母亲被杀死，说她儿子是红军。张发发光的嫂嫂也被杀死，说她告诉红军在哪里打土豪。女的被杀有十几个。再如红军侦探到白军区的□□，一面打听消息，被抓，白军用香烧他，并割下他的耳朵塞进他的口里，逼他口供。

1959 年 1 月 19 日晚材料补充

1933 年十【月】初六七，红军与白军在五都打了一仗[①]，红军是一、三、五军团，从宁都、乐安来的，经过东黄陂。白军是五十九师，和九十师第四师，军长是吴奇伟，从南丰、南城来的。白军先到，红军从河口、八都包围白军，红军占领蛇坑岭上。白军在山下，有几排人，向上冲，被红军打退，打死了一个营长（又说团长）。停火后，才来了飞机，飞机没丢什么炸弹，因山下是白军，丢了几次反而炸死白军。战争结束后，双方损失很大，白军有 80 多个将领被打死。

4. 访问蓝水区苏维埃原始资料整理

黄道安，在第三军七师做宣传员，现年 51 岁，社员。

---

① 此仗指 1933 年 2 月的黄陂战役。敌军系第一纵队罗卓英部的三个师。分别是五十二师，师长李明；五十九师，师长陈时骥；十一师，师长肖乾。见《中央革命根据地历史资料文库·军事系统Ⅱ》，中央文献出版社、江西人民出版社 2015 年版，第 2067 页。

在 1929 年（我 21 岁）三月，红军第三军（军长黄公略）第七师（师长陈伯钧、秘书戴其）从宁都那边来到五都。马上就成立乡苏维埃政府。我是乡主席兼游击队长。文化吴生文，还有财粮等（不记得了）。政府只成立 2 个月的样子，到五月间大批的白军进行包围，红军就进到宁都、瑞金去了，苏维埃政府也就散了，一直到好几年后才第二次〈又〉成立苏维埃政府。

白军走后，我就跟着红军走到宁都去了。就在第七师做宣传员。直到 1933 年十月（我 25 岁）间，正是五都蛇山大战的时候又回到蓝水来做宣传工作。但在双十日（战争结束的那天）我就被抓了。一直坐了五年牢。解到宜黄、抚州、南昌、九江、湖北才回来。

1929 年五月间，红军又退〈回〉到宁都后一年（1930 年〈阴历〉正月我 22 岁时），我和 200 多人又到五都抓过一次土豪。以后我就一直没有到五都来，直到 1933 年 10 月才回来。

五都（蓝水）第一次成立乡苏维埃政府（1929 年三月）时，黄陂也成立了区苏维埃政府，工作人员都是宁都人（我不知名【字】），东陂也成立了，都是第三军，第七、八、九师在这一带主持成立的。都在五月间被白军包围而散了，那时我【在】乡苏维埃政府【的】工作是打土豪、分田地。但未分成白军就来了。组织了游击队共 40 多个人，都有枪。

那时宜黄组织了 30 多支^①游击队，第一支是党口游击队，包括神冈在内，第二支是蓝水游击队，第三支是东陂游击队，共有人数一百二三十个，都有枪。

（整理者：邹燕平）

---

① 原文如此，疑为"三支"。

5. 访问蓝水在土地革命后白色恐怖的情况

——〈在〉1937 年 8 月间人民群众杀掉反动区长黄子澄

甘道才，现 26 岁，蓝水生产管理区收发员；熊秋英，现 52 岁，甘道才娘；梅桂生，现 66 岁，社员。

1934 年红军北上抗日后，国民党统治此地，那时是黄子澄做反动派区政府的区长。（区政府设在黄陂）【黄子澄】家住蓝水，是当地的大地主恶霸，是秀才出身，又名叫七相公。他家每年可收千多担租，又在南昌开过牛奶公司，人家都叫他是金菩萨。这人为人非常恶劣，横行霸道，开口就骂人，动手就打人，一点不合意后说上两三句话就打。因他是一个学了打的人，力气很大，又高又大，手里经常拿着一根"文明棍"，〈即〉就是一根打人棍。有一次，梅田玉晚上放哨，无意中走了火（因为脚无意碰动了马枪的扳机就响了一枪）。黄子澄就不管三七二十一，没说上一两句话就用"文明棍"将梅田玉的屎都打出来了。当地农民都非常怕他，也非常恨他，在他面前讲话都得小声小气，谁也不敢去向他借钱。他家的地租收得重，都要对半收，又吃了许多冤枉，〈所以〉捐税名目多而重，如月捐、棉衣捐、烟酒税、杀猪税，杀一头猪要纳四五块钱税，这样不仅农民恨之入骨，就是小商【贩】也非常恨他，尤其是抓丁抓得厉害。所以全区〈的〉人民都非常恨他，想铲除这样一个害人之物，周坊、黄陂、东港、蓝水等地的人民都团结起来【想】要杀掉他。

1937 年壮丁抽得很厉害。八月间，反动派的区长黄子澄亲自带人回到蓝水来抓丁，并且说"除了我自己的儿子外，全部的人都要去当壮丁。要在蓝水乡抓 100 多名壮丁"。三村就要抓 90 个。而三村合规格的壮丁一共都只有 70 个。有一个甲一共都只有 20 个合格的壮丁，而他要在这甲抓 40 个丁。他为了使抓丁进行得很顺利，向上立功请赏，而采取狡猾毒辣的手段，想先从自己本家族（黄家）抓起，而更好抓全乡的人。为了增加壮丁的名额，而主持判决黄光田离婚，使他成为一个单身汉而符合壮丁的标准就将他抓起来。这样本家族的人也更加恨他。这样全蓝水乡的人民都因抓丁而感到不安，人心惶惶。当地人民本来就被区长压迫得喘不过气来，仇恨在心，这次抓丁真是火上添油，所以就在 1937 年八月十六日晚上，由吴志高（地方上的绅士）、甘盛学（杀猪的）等贫苦农民壮丁领头，带领七八十个壮丁，在天快亮的时间，包围黄子澄的房子，由甘盛学（身高力大）爬屋跳进黄子澄的卧房，用大镰刀把他杀死，杀死区长后，就到乡公所抢了几十支枪（也有说是三四支）逃到山上，并想往宁都逃走。

第二天一早，国民党的保卫团就来抓人了。在二十三日甘盛学回到家里来收禾，正好那天在家里，被反动派知道而包围他家。甘盛学就躲在厕〔侧〕堂里的禾里面，因他力气大，保卫团的人不敢近前，就打了三枪，甘被打死，他妻子熊秋英就抱着丈夫哭，而国民党就用枪头打她，并把她抓到乡公所坐牢，第二天【熊秋英被】解往宜黄坐牢两个星期。每天受审两次，要她说出她丈夫杀区长的活动和同谋者。又问她认不认识其他几个被捕的人，她始终〈是〉坚持说不知道、不认识。结果自己的手、脸都被国民党打肿了，家里的全部东西都被国民党抢光了，连一个盛酒的瓶子都打碎了。"我 5 岁的儿子（甘道才）若不是躲在山里的陈书记家里（现在大队中的党支书），也要被国民党杀掉，因为国民党实行斩草要除根的恶毒手段。我回来后，靠亲戚朋友的帮助过活还账（出牢时用了 18 块光洋）。我的家族又迫我出嫁（想占去我仅有的二三十担谷田），我不肯，家族就将田没收。我〈的〉因为坚决不肯，和他们闹，如是只没收一部分，我就出去做干娘（大嫂）①。儿子8岁了，就天天砍柴卖。"

杀了这区长以后，参加者都不敢在家躲在山上。国民党的兵进行包山，但还是抓不到他们。如是就用欺骗的可耻手法，说："人已死了也就算了，只要你们把枪送回来，没事了。若是不送枪来，事情就还要搞下去，你们走也走不了……"等人民送还枪时，就抓起几个来，将"守犯""窝匪"（在他家躲藏过的人）先后共逮捕了7人，梅桂生、张文田、李加神、吴志高、张△仔、黄发龙、黄长明，在牢内关了5年，〈实行〉严刑拷打，黄长明被跪在碎玻璃上，要他招同杀了区长。张△仔坐牢回来后病死，吴志高坐牢后〈的〉眼睛都弄瞎了，梅桂生被捕时国民党将他老婆用枪头打死，15岁的儿子也被国民党打伤而死。

（整理者：邹燕平）

---

① 原文如此。

（四）黄陂（七都区）原始材料

1. 黄凤全访问记录

黄凤全，男，74岁，水尾墩村人。

我大概在44岁（1930年）的那年七月间，水尾墩就成立了乡苏维埃政府，最初的乡主席是邹枚清，他只当了几个月就由我接手负责。我一共做了1年零7个月的乡政府主席。当时和我在乡政府一起工作过的，现在还记得的有黄龙生（财经委员）、黄子祥（肃反委员）和李连长（他是负责领导乡苏一切工作的）。

乡苏维埃政府的主要工作：

①打土豪、分田地：这是最主要的工作。当时大土豪都跑光了，但他们的东西搬不动，我们就把他们留在家里的东西分给贫苦农民。大土豪跑光了，我们就打小的。最小的土豪有四五十元的，也有三四十元的。从土豪那里得来的钱和衣服，都分给贫苦农民，农民分到了东西，都非常高兴，大家都说"红军真好"。

田没有分成，只是在田里插了牌子，实际上农民并没有在分到给自己的土地上耕种过。因为那时候国民党孙连仲的部队打来了。

②扩大红军：乡苏维埃【政府】都组织了赤卫队和游击队，人数忘记了。帮助政府动员青年农民参加红军，大〔水〕尾墩乡一共扩了5个红军。富农是不许参加红军的。

③发行公债：大〔水〕尾墩乡卖过一次公债，我买了两元，群

众也买，但一共买〔卖〕了多少就忘记了。

④欢迎和慰劳红军：红军第一次来到水尾塅的时候，老百姓很怕，后来看到红军来了打土豪分东西，对老百姓有好处，就不怕了。以后每次红军到来，老百姓都高高兴兴地去欢迎他们，有一次还杀了大猪慰劳红军。

⑤禁烟禁赌：红军到来以前，大〔水〕尾塅村及附近一带地方吸食鸦片和赌博的风气很盛，被烟赌所害的人也不少。如水尾塅村本来有十七八户人家，因吸鸦片和赌博败家死亡的就有四五户。乡苏维埃政府对烟赌实行严禁。常常派出少先队和赤卫队到各村去了解和捕捉烟鬼、赌徒。吸烟和赌博的人被捉到后就要做〔坐〕班房。经过乡政府的大力查禁，后来吸烟和赌钱的人都渐渐减少了，最后甚至没有了。不过白军来了以后，吸烟和赌博的人又慢慢地多起来了。

⑥宣传党的政策法令：乡苏维埃政府常常召开群众大会，利用开会时间向老百姓宣传党的各项政策法令，如发动群众实行废债减租运动。这就是说，向地主借了债的，现在不必还给他，在这时候留在家里的地主也不敢向农民追租逼债了。还发动过妇女剪头发、放足，号召青年自由结婚，但是收效不大，只有少数几个娘子〈人〉放了足，剪头发和自由结婚没有实行。

⑦组织妇女会（主席忘记了）：妇女会的主要任务是管娘子〈人〉的事情，我们男〈子〉人很少过问，知道得不很清楚，记得有一两次妇女会曾发动妇女给红军做军鞋，两个人合做一双，支援红军打仗。

⑧入党的问题：确实【切】的年代也记得不清楚了，似乎是在我当了乡主席后三四个月〈的时间〉，李连长曾经叫我参加共产党，我很愿意。记得在某一天，我和黄子祥、黄龙生3个人被李连长叫到一栋房子里开会。这栋房子就在水尾塅村，有一〔两〕层楼，我们到楼上开会。会场周围的门窗都严密地关上了，不让任何人知道我们在这里开会。会场的正面挂着一面红旗，旗子上绣着三个

青色的洋字。这三个洋字叫什么记不清楚了。（这时访问者曾写出C.P.C. 给他看，他说大概是这样）开会的时候，大家面对着红旗，李连长领导我们举起手，并讲了很多话，这些话是什么话，因为李连长是湖北人，听不清楚，只记得最后有一句是"毛主席万岁"。开完会后就说是参加了共产党。以后交了3次党费，每次5个铜板，其中有两次是交给李连长，一次交给吴副官。没有过组织生活，后来也没有任何联系。

1933年，反动派来了，红军走了。红军去了以后，穷苦人家都希望他们再回来，因为红军来打土豪、分田地、分东西，对穷人有好处，有钱人家就不希望他们回来。

白军来了以后，我逃跑到宜黄去了，在那里躲了一年多才敢回家。回来以后，保长要我写自新书。那时，我心里很失望，共产党〈不知〉哪里去了？红军还会回来吗？我无可奈何地写了自新书。心想以后当个老百姓好了。但我当时没有说出自己是党员。

写了自新书也抬不起头来，保长和土豪都说我们是"土匪""犯人"。

反动派义勇队把黄子祥捉去吊打，但黄子祥也没有说出自己是共【产】党员，后来越狱逃走了。

（访问者：余新玉、陈毅然、何隆高；整理：陈毅然）

2. 李亦乐访问记录

李亦乐，男，60岁，原中保[①]人（现迁住水尾墩村）。

在我30岁（1930【年】）那年，红军由宁都经东陂来到中堡

---

① "中保"应为"中堡"，后文写作"中堡"。见《江西省宜黄县地名志》（内部资料），1985年版，第112页。

一带，开展打土豪、建苏维埃政府的革命活动。那年（1930【年】）七月，在中堡村成立了中堡乡苏维埃政府。在乡政府工作的有好几个人，现在只记得下面几个：李红红（主席）、赖长生（副主席）、朱田明（土地委员）、李亦乐（财粮委员，即本人）。

中堡乡受七都区政府领导，区政府有哪些人，忘记了。

在成立乡政府的同时，组织了赤卫队和少先队、游击队。中堡乡政府当时有：赤卫队【员】2人，少先队【员】10多人，游击队【员】5人。他们都没有枪，只有梭镖、棍棒之类。少先队的任务是调查土豪、放哨、查路条；赤卫队和游击队的任务是打土豪、放哨、到敌人里侦探消息和为红军带路等。

打土豪是乡政府的重要工作。红军初来时曾经打过，乡政府成立以后就由他领导去打。当时打土豪是没有标准的。有钱人就算是土豪，是土豪就打。所以有二三百元的打，有一二百元的也打，有五六十元的都打。在打土豪以前，首先派少先队去调查哪里有土豪，接着就开会研究怎样打。开会的时候，乡政府的干部、少先队、赤卫队、游击队等〈人〉都参加，上级派在乡里的工作队也参加。会后，不许任何人走漏打土豪的消息。由赤卫队和游击队把土豪捉来。这些土豪都是很顽固的，不会一下子就拿出钱来，必须先把他【们】打一顿才行。于是凡捉来的土豪都要打，打不出，就夹手指尖。的确是没有的，就放他回去。有一次，一个土豪被打出了250元，我们把这些钱都分了，每人得5元。打土豪得来的〈衣服和〉衣物，分给贫苦农民。

分田也是乡政府的重要工作之一。中堡乡分了田，没有富农和中农，只有土豪劣绅和农民，分土豪劣绅、祖□、庙会等的田。田不是分给每一个农民，主要是分给没有田的无产阶级，至于有田地的农民，就少分〈给〉或者暂时不分〈给〉。按照人口和田地的数目分田，好田搭坏田，农民分到好田，也分到坏田。

中堡乡曾发行公债，共发行过四次。公债券最大的是5元，3元的也有，2元的最多。乡政府的干部首先带头买，大家都买了，我买了两次，头一次是 5 元，第二次是 3 元。我们区还发动老百姓买，但当时的群众觉【悟】不高，买的人很少。

乡政府的一切工作，上级都派人来领导，这些领导同志像工作队，以宁都人最多，本县的也有。他们的名字都忘了。只记得应高文曾在中堡乡工作，他是神冈人，主要负责肃反工作，也领导其他工作。应高文后来被反动派捉去破〔剖〕腹牺牲了。

1933 年 7 月，白军来了，乡政府也就散了，共维持了 3 年。

（访问者：余新玉、陈毅然、何隆高；整理：陈毅然）

（五）黄陂（蛟湖区）原始材料

1. 余保生等访问记录

访问对象：余保生、余元生、余冬生（现住宜黄大龙坪）

1931 年 11 月间成立乡苏维埃政府。

主席：余早【生】，财粮委员：余保生

土地委员：余永章

秘书：余福生

交通员：余冬生

代表：余道星、张宝华、余文华、余冬珍、余荣宜、余云华

当时的工作：

1. 分田：主要分土豪、富农的田和公田，差不多每人分得有一亩半〈田〉左右。

2. 划阶级：土豪劣绅、富农、中农，其他都称无产阶级，打土豪要经过肃反委员会的批准。

3. 组织游击队：条件是年青〔轻〕，身体健康，会走路的，当时大龙坪参加游击队的有 10 余人，起初没有队长，由乡主席领导，区苏维埃政府由水口过来以后，队长就是彭金生。

4. 组织少年先锋队和模范营：少年先锋队【员】7—15 岁，参加的少年都是在学校读书的学生，共 10 余人，由老师张子木领导，工作是守哨、查路条。

5. 模范营：15 岁—18 岁，当时参加的有 10 余人，和少年先锋队搭配在一起守哨、查路条。

6. 扩大红军：主要是在游击【队】里选拔，当时游击队里有 2 名〔人〕参加红军。

7. 发行公债：前后发行过公债两次，票面是 1 元、2 元、5 元 3 种。差不多每户都买了公债，买最多的是余文□，一次拾元（共发行三百多元公债）。

1932 年□月区政府由水口迁到大龙坪，当时，中共书记戴家孙，少共书记□□□，主席杨昌秀〔寿〕，土地部长庐【卢】传捨〔拾〕，军事部长余光富，肃反部长陈老识〔织〕，财政部长余福生，收发部【长】余春云。财政部管钱，军事部管枪支子弹，指挥游击队出发，收发【部】管收发文件。同年十月间区政府由大龙坪迁到汀山，11 月又由汀山迁至蛟湖，最后迁至金竹。

大龙坪素来有 140 多户，人口 400 多，土地 800 多亩。红军北上抗日以后，在国民党的白色恐怖下，户口只剩下一半，人口减少 150 多（直接被国民党杀【死】的有 40 多，饿死【的】有 20 多人，一半因犯传染病死），土地荒去 600 多亩，耕牛减少一半。

老革命根据地对敌斗争中是英勇不屈的，许多可歌可泣的事迹，至今还留在人们的心〈目〉中：区苏维埃事务长何老栋被国民党俘虏后，敌人要他承认自己是土匪，他坚决不承认，并说"要杀就杀，土匪〈是〉不能承认"。如是敌人将洋油倒在他身上，点着火，〈虽〉强迫他自己拿扇子扇火〈来〉企图迫使他承认，可是他仍然坚持没有承认，最后无耻的敌人竟用枪把他打死。乡苏维埃主席余先告被国民党军捉去后，敌人要他说出自己同志的名单，他一个字也没有吐露，敌人严刑拷打他，可是都没有使他害怕，直到临死的一秒钟，他仍然〈是〉坚持和敌人斗争。

坳头原有 50 余户，300 多人口，由于国民党的残杀和摧残，户口减少一半，人口只剩 100 多。余玉书一家 20 多口，只剩下 4 个，17 所房屋只剩下 7 所。

2. 李绍宜访问资料

李绍宜，46 岁，现住宜黄蛟湖，第二次国内革命战争时期是少先队员

第二次国内革命战争时期（1930—1934 年），蛟湖先后成立过乡苏维埃和区苏维埃政府。曾发行过苏维埃公债，〈一次〉票面是 1、2、5 元 3 种。群众购买公债很踊跃，差不多每户都买了，买最多的有十几元。扩大红军主要是从游击队、少先队里面选送（自愿）。当时本村参加红军的有 10 多人，参加游击队的〈有〉也有 10 多人〈左右〉。

蛟湖原来【有】80 多户人家，300 多人口，1000 多亩田。红军北上抗日后，国民党的势力重新统治这里。一两年间户口减少 20 多，人口减少近百（被国民党杀害的有 20 多人），逃亡外地因〔饥〕寒冷交迫、不服水土、犯传染病死的 30 多人，其他无音讯。田荒去 200 多亩，其他的田虽然栽了禾，但收成非常浅薄，亩产最多的是 100 多斤，绝大部分只是亩产几十斤、十几斤的，耕牛减少三分之一，猪及其他家畜全部被国民党吃光了，房屋也同样被破坏、倒塌二〈十〉三十栋。

国民党对老革命根据地的人民，一方面采取残酷的屠杀政策，另【一】方面也实行强迫自新，并把本地划做"匪区"，加强保甲统治，清查户口，每户户口都挂上户口牌，上面写有人口数。

〈第二次国内革命战争时期是乡财政委员

区调查部长：[①]

内容：〉1931 年五月间红军来此（大龙坪）以后即成立乡区

---

① 原文如此。

苏维埃政府。

乡苏维埃主席：余早生

财政委员：余保生

土地委员：[①]

文　书：余福生

交通员：余福生

区苏维埃主席：杨昌寿

总务部：余早生

调查部：李细雅、余保生

收发部：余香文

土地部：【卢】传拾

军事部：余光富

教育部：李大眼

劳动部：李光明

肃反部：陈老织

事务部：何老栋

书记：余福生、王葵龙

少共书记：康为全

中共书记：戴家孙（乐安人，红军）

肃反部包括两个队：区游击队 30 多人，队长余富生；少年先锋队 30 多人，队长[②]。

本区所辖范围：包括 4 个乡，即水口乡（在乐安）、大龙坪乡、蛟湖乡、霍源乡，及 14 个地方。霍源、西源、罗山□、上丁山、蛟湖、大龙坪、□头和乐安的马坑、鲁南水口、来严沅。

区苏维埃的政府本来在乐安县的水口，1932 年六月间搬到大龙坪。区主席原来是杨昌寿，不久便调余早生做区主席。1932 年，

因大龙坪地处〔方〕四面高，常遭敌人义勇队的破坏，如是区政府便由大龙坪迁到蛟湖，十一月间由蛟湖迁至汀山，1934年冬最后又迁到金竹。

区里的工作：发行公债，打土豪分田，派担架队，组织少先队、模范队、游击队。少先队【员】8—14岁，模范队【员】14—17岁，游【击】队【员】18岁以上，优待红军家属（砍柴、挑水、代耕、肃反、扩大红军），主要是宣传。

分田：主要是分土豪、富农的田及公田，中农一般自己都有田，如果他们田有多，也不抽出，不够的要补上，分田方法主要是按片。

（记录：何隆高）

3. 李开元访问资料

李开元，37岁，现住宜黄蛟湖，第二次国内革命战争时期是少先队【员】，曾随红军到达福建。

1930年红军一、三、五军团由乐安到过蛟湖一次，当时建立了苏维埃政权，不久国民党反动势力重新□伸入蛟湖，乡苏维埃政府工作只得被迫暂时停〈止〉下来。1932年红军第二次来蛟湖，再度成立了乡苏维埃政府，直至1934年冬。

少先队成立时有30多人，队长余福生做些看守土豪劣绅、守哨的工作，后来归肃反部领导。1934年红军离开此地，绝大部分少先队员都随红军到乐安、宁都，进入福建后，红军准备由广西北上，当时李开元和其他5个少先队员因年【纪】小，上级要他们回家，留在后方做些工作。

1933年二月间，国民党反动派五十二师和五十九师由崇仁经灯芯桥分为两路，五十二师来蛟湖，五十九师来霍源，当时据国民党五十二师、五十九师所发出的长途电报被红军获悉，如是红军星夜兼程，由三路包抄国民党军队，一路由宁都经东陂截断敌人前路，一路由乐安往金竹到丁山插入敌五十二师左侧，一路由大平圩结〔经〕丁〔灯〕蕊桥至大龙坪断敌人后路，把敌五十二师、五十九师全部包围在蛟湖、霍源、安槎一带。敌五十二师到达蛟湖是上午8点钟前后，正值那天雾大，敌人连饭还未做好，红军从四面包围蛟湖〈住〉，战斗从当天上午10点钟开始到第二天早上5点钟止，敌五十二师全部被红军消灭，俘【虏】70%，活捉敌五十二师师长李明（在蛟湖李宗祠屋背，缴敌武器、物资无数）。

敌五十九师在霍源边同时被我红军消灭。

4. 李怀生访问记录

李怀生，现住宜黄黄陂。

1931年我在汀山参加了由金竹过来的游击队，队长李龙生，有二三十人。1931年四月二十八日在汀山成立了乡苏维埃政权，同年六七月移到蛟湖。主席金信春（又名二都）、副主席李怀生。同年6月大龙坪成立区苏维埃政府，中共区委书【记】戴加新（宁都人），主席李怀生，财政部长李光明，军事部长余光崇，内务部长后来是李怀生，土地部长李传拾，教育部长李贵生，肃反部陈老织（乐安来平沅人），特派员余萌贵（属肃反部），少共书记卢却生，儿童团书记刘大义，妇女主席钟方标。

军事部：宣传扩大红军，当时区里扩大了红军几十名，仅蛟湖乡就有十余人，去当红军的非常光荣，每到一地都有人放鞭炮、杀猪欢迎，家属受到优待，田由群众代耕（包种包收）、送年节、【代】砍柴、【代】挑水等。

土地部：管粮食和分田，分田以人口计称，每人3亩左右，中贫农如果自己有田的（按人口计算不必进田）则不分田，土豪富农也同样分一份。粮食主要是土豪家里的和地方上的积谷。粮食的用途，供给军属和政府干部用。

财政部：发行公债，分配公债数字是看那个地方殷实户多，就多配一些（靠地方干部了解情况），共发行过两次公债，最多的买三四十元。

教育部：宣传，写标语。

内务部：管理结婚、离婚（结婚、离婚要到区政府登记），宣传婚姻自由，管理环境卫生、修桥、补路。

肃反部：调查土豪、富农、劣绅、反革命及审判案件。曾由省里派过一次到区里，据说是省肃反部的，在当地判决了两个敌探。肃反部共有30多人，游击队和少先队属肃反部领导。

1932年冬，县里召开过一次人民代表大会，地点是黄陂区的邹沅，时间原来议定7天，后来只开了3天，参加会议的有30多桌人吃饭，会上由县委书记戴加新作报告，内容是讲反机会路线（记不清楚），还调换了县委书记黄尔声。由戴加新（原蛟湖区委书记）担任县委书记。

反对敌人"围剿"时，发动群众守哨，把要吃的粮食带走。

5. 余元生访问记录

余元生，49岁，现住宜黄大龙坪，第二次国内革命战争时期是区游击队班长。

1931年，乐安游击队独立师、独立团经常在大龙坪、蛟湖一带活动，是年冬天在游击队的帮助下，大龙坪成立了乡政府。主席是△兰坊的余早生。

1932年〈阴历〉二月初四，国民党五十四师在蛟湖被我红军第一、三、五军团全部歼灭，活捉师长李明。六月间，区苏维埃政府由乐安水口迁到大龙坪，当时的区主席是杨昌寿。七月间，余早生提升为区主席。

余元生是1933年十月十四日在大龙坪参加游击队的，十一月间即在蛟湖区政府集中，成立30多人的游击队。起初队长是彭金生，后来调余富生当队长。少先队、游击队一起都归肃反部领导，所做的工作主要是抓犯人、打土豪。当时活动的范围包括蛟湖、安槎、罗家湾、霍源、西源、白石、白竹、无竹、上堡、金竹等地。当时游击队也有三操二讲，军纪很好，现在还能记得一些，"上门板，捆禾草，房子扫干净，借了东西要送还，损坏要赔偿（不管在什么地方扎营，临走时一定要做好这些工作），莫搜俘虏房身"。

当时国民党在地方的武装，有本地土豪劣绅组织的义勇队，人数在三四百名左右，队长徐光迪（霍源人），副队长是张加善。

6. 李桂名等访问记录

李桂名（60岁）、李明寿（65岁）、李光辉（66岁），第二次国内革命战争时期是村苏维埃代表，现住宜黄汀山。

1931年，红军来后，这里就成立了村苏维埃政府。
村主席：李种太
财政委员：李月明
土地委员：李龙生
代表：李桂名、李明寿、李光辉
乡苏维埃政府成立时原来设在蛟湖，后来迁到汀山。
乡主席：李怀生
财政委员：杨显忠
文书：李福才

游击队长：李友瑞

那时政府的工作主要是调查识别好人坏人，派担架队，发行苏维埃公债，公债票面1—5元，最多的买了20多元，帮助红军带路，打土豪分田，划阶级，支前（发动妇女做鞋，规定一双半斤重）。

7. 邹祥生访问记录

邹祥生，45岁，现住宜黄六都。

1931年五月，六都成立了乡苏维埃政府，主席是吴炳柱，粮食委员陈冬生，财政委员金文元，少年先锋队队长邹祥生。（其他干部已想不起）1933年，反动派孙连仲的兵打来，政府就被冲散了。乡里的工作，除本地有这些干部外，红军的吴师长、罗师长也会经常来这里指导。

乡里除了有游击队、少年先锋队外，还有赤卫队，当时有7【个】班，每班12人，共86人[①]。

乡苏维埃政府所做的工作：打土豪，事先研究好，由游击队、少先队去捉，捉来以后要他写款，如果捉来的是劣绅，便押送上去。分田是按人口计算的，每人分到1亩多田。发行过两次公债，全乡多少数字现在记不起来，我自己买过两块钱。宣传自由婚姻、剪发、放足。

我到黄陂开过三次会，会议主要是讲打土豪的事，主持会议的是红军〈里〉的师长。

红军来时把土豪的衣服、粮食都分给群众。

红军北上抗日以后，国民党回来就"清乡"。

当时苏区很多参加革命的同志被杀害，没有被杀的都被迫自

---

① 原文如此。

新，我被迫自新还送去 4 块钱。

8.霍源乡访问情况记录

访问对象：颜凤生、杨龙生、杨桂香

颜凤生说：在 1931 年六月间，在霍源的云路头①成立过区政府。当时有欧阳才生和我在区内工作，我自己当主席。待了一年多一些时间，到 1932 年四月间就散了。由于反动义勇队打上来了，我们就躲在山上，后来又由云露头搬到上△，上△搬到南源，由南源又搬到上南源，上南源又搬到白石，由白石又搬到云露头来。区政府的工作人员有曾常德（宁都人）当文书，还有一个姓洪的当采买，当时区政府有 6 个人做事。由于那时不稳没有分工，当时一切事都由我负责。那时有游击队，30 多人，驻在云露头。每个人都有枪，出发打游击事先有研究。由曾德常②指挥。到上△开过群众大会，发过东西给群众。那时的主要任务是打土豪，到上△、山前打过土豪。打来的钱往上面缴，东西就分给群众。没有分田。我没有在区内〔里〕工作以后，就没有成立政府。那时黄陂、白竹、蛟湖都成立了区政府。在云露头成立政府，主要是保卫霍源。因为时常有反动派来，虽然成立了政府，只写了一些宣传标语。

那时曾常德时常会领导游击队去外面打游击。当时本地有 10 多人参加游击队。那时主要是搞前线工作。有白匪来也通知老百姓走。

（访问者：何隆高、余蓝玉）

---

① "云路头"应为"云露头"，后文写作"云露头"。见《江西省宜黄县地名志》（内部资料），1985 年版，第 100 页。

② 前为曾常德。

9. 访问老革命同志张兹才的记录

张兹才，55 岁，住霍源村田西街。

张兹才原是霍源乡苏维埃政府的代表，是群众选举出来的。选他当代表以后，在 1933 年六月八日【他】就到宁都博生县开会。会议开了 7 天，那时还有曾山主席作了报告。在会议中学习了许多东西：

（一）如何分田、分山、分房子。

（二）如何划分土豪、劣绅、富农、中农、贫农。

（三）分配全省公债任务 400 万元。

（四）打土豪杀劣绅的政策。

（五）扩大铁的红军 100 万人。

（六）建立武装：县独立团、区独立营、乡游击队、少年先锋队、儿童团、模范营、赤卫军（7—15 岁儿童团、15—24 岁少先队、25—34 岁模范营、35—45 岁为赤卫军）。

（七）建立担架队、运输队（区 1000 人，乡 400 人，村 100 人）。

张在宁都开会回来以后，回到霍源就做什么〔宣传〕工作。宣传的政治内容是阶级政策，无产阶级要向资产阶级斗争，宣传打土豪和分田，打杀劣绅不留情。在霍源开会〔过〕三次群众大会，叫大家造人口册子，组织赤卫队、模范营、少年先锋队、儿童团和妇女工作。那时全省分配 400 万元的任务，霍源乡分了 300 元到群众中去。

在霍源待了 3 个月左右，即到 1933 年十月左右，张兹才调在〔到〕黄陂县政府工作，在梁必西部下工作。梁必西是县内的副主席，在县内也是做宣传工作，内容是打土豪、分田、分山、分房子，组织游击队、赤卫军、少年先锋队、儿童团、独立团，还宣传各地要办学校。

在黄陂县政府待了 4 个月左右。1934 年十月^① 间又调到蛟湖区政府工作，在宣传部的张松山部下当宣传员，也是宣传打土豪和分田的政策。当宣传员待了半年，又当蛟湖区政府的主席，区内书记是兴国人。我是接余早生的手当主席的，当了一年多一些。当时的区政府设在汀山、下堡、上堡，时常搬来搬去。后来被白匪冲散了。待了一个月，在山上到处躲，回到霍源来，被张桃方告我，说我打坏了土豪分坏了田，白匪就捉我到田西孝先公厅下，叫我坦白，我交代了一些事就放了我。我没待一天，张桃方又告我，我又被捉，捆了一夜。解我到黄陂，反动派又迫我。我又坦白了一些事，后由张兹龙保我，但没有放我，又解我到李必昌、李寿乡那里，叫我找保才放了我。

我在霍源乡是乡代表。那时霍源乡的主席是张盛煌，文书黄福仁，财粮张经生，还有乐光明、张威福、杨桂香是乡代表。先锋队由张传志负责。在霍源乡当时的主要任务是分田、分房子分山和造人口册。但田虽然分了，没有作〔种〕。〈被〉白匪打来了。〈在〉当时分田时，我分到 17 担谷田。（是分张桃方和张学才二人的田）当时本地游击队有 10 人，是 1 个班，有几条枪。本地有 9 个人参加。35—45 岁为赤卫队。本地有 40—50 人，都是本地人，没有枪，好像现在的民兵一样。到南源圳头、大龙坪各地都打过土豪。发行过两次公债，是在 1933 年发行的，两次霍源乡共有 800 元左右。有 1 元、2 元、5 元的券面。我共买了 3 元，个别富农也买了一些。同时在霍源还打过仗。打了三天三夜，红军打败了白匪五十九师。群众会欢迎红军，送粮食给红军吃，帮红军带路。我带过路到廖坑。妇女工作没有专门人搞，都由我一下结合做。那时在霍源大祠堂内办有小学，老师由群众请，学生 20 多人。

---

① 原文如此。时间可能有误。

我调到黄陂县政府工作时,那时县政府的工作人员有姓张的,姓曾的,姓涂的(麻坑人),有黄良周、杨长寿、卢元贵(宁都人),还有一个姓肖的(小港人)和我自己。还有中共书记李付准,少共书记(卢元贵的仔)。在县里还有肃反部(姓涂的)、裁判部(于都人)、财政部、教育部、军事部、劳动部、粮食部(金竹人)、土地部(金竹人)、宣传部(梁必西)。我记得梁必西是县内的副主席,年纪还不算老。县政府还分有几个部门,主要有:

肃反部:管理土豪劣绅和调查反动派的侦探;

裁判部:批准杀人和打土豪的交款等决定;

财政部:专管各区交来的各土豪劣绅的索款;

粮食部:管理粮食工作。工作人员有秤饭吃,用草篓做好的,每顿饭一斤二两;

教育部:管办理学校的事;

宣传部:专管各项政策的宣传;

军事部:建立军事组织,县建立独立团,区建立独立营,乡建立游击队。

黄陂县政府在黄陂待了4个月左右。由黄陂搬到白竹,在白竹待了1个多月,就搬到罗家湾来。在罗家湾待了6个月左右。戴加兴是县委书记。还有一个李付准也是书记。

1934年蛟湖区由大龙坪搬到蛟湖,后又搬到茶坪。当时有张松山(宣传部长,兼秘书)。张兹才也在宣传部内工作。土地部是李克明。杨长寿是负责人。余早生是区内的主席。余保生是财粮。余春云是收发。后来由李准生接余早生当主席。张兹才又接李准生的手当主席。一直当到红军北上后,才解散了。那时区内的机构是:

肃反部:镇压反革命,分田地、打土豪等;

土地部:分田、分山、分房子,以人口、土地多少进行分田,以乡为单位分配。把土豪劣绅、富农、众田分给没有田的人。桥会路会的田不分掉,工作人员和农民一样不能多分田;

教育部:办小学,宣传子女要读书。办夜校,提倡扫除文盲,但没有办起来；

内务部：发行报纸和宣传材料，管理婚姻的事。提倡男女平等。管理修桥修路。发动群众搞好卫生；

财政部：打土豪来的钱由财政部收。向各乡布置财政工作，每月结一次钱并发行公债；

军事部：组织游击队、独立营，扩大红军，在蛟湖扩军10多人；

宣传部：宣传各种政策，开各种会议。在蛟湖大龙坪经常开群众大会；

妇女部：提倡婚姻自由、男女平等，发动妇女放脚、剪发，动员妇女做饭和搞卫生。

那时我由卢元贵介绍入了党，但没有什么证件，也没有什么记号。时间和地点都记不得。那时蛟湖区管的范围〈内〉有：蛟湖乡、大龙坪乡、霍源乡、坪坑乡（坪坑是乐安）。

那时在政治和经济方面采取了许多措施，主要是：

1. 扩大红军。办法主要是：①宣传动员，说明红军是无产阶级的队伍，不打不骂。②说明红军有优待，参军后家属生活没有影响。对参军的家属有包种包收。③扩大红军坚决做到自愿。④〈在〉扩大红军动员的主要对象是在游击队内选拔整批的青年参加，霍源一个地方扩到20多个。富农成分的不要参加红军。

2. 在敌人后方开展游击活动。办法是派人到敌人内部去，帮助游击队带路，组织力量到敌人内部去做买卖，了解土豪劣绅的下落和经济情况，如到二都、河口、南源等地去，或者由乡内指定人。利用游击队假装白军，深入敌人内部，利用妇女做买卖，卖角椒等东西，或者利用妇女探亲的办法，了解敌人的情况，或者是利用当地的革命分子互相串联，帮助介绍情况。采用各种办法了解情况后，回来就向政府禀报。深夜就出发，围屋围山捉土豪。

3. 大量组织赤卫军。35—45岁的都参加。有梭镖、鸟枪、大镰等武器。担任守岗放哨，每晚轮流。深夜到外面去打听消息，及时回来禀报。全区共有赤卫军 1000 多人。3 人【为】一小组，10人为一班，直接由乡内领导。

4. 发动群众藏粮和多种什粮。在田西、大龙坪和水口一带都开过群众大会。发动群众多栽薯芋、大豆等什粮。并发动群众揭发富农藏谷子在山上。如蛟湖的下保村，有一个农民带路，在山上搜到谷子 4 担，蛟湖还专门组织了粮食搬运队。政府在哪里，粮食就搬运到哪里去。

5. 关于肃反方面：划清阶级政策。把土豪劣绅、富农分清出来，要杀的杀，要打土豪的向他索款。富农不要他当兵，红军和政府内部也开展肃反。向敌人投降者一次教育，多次者则杀，拖枪投敌者则杀，捉到白军探子也杀，最坏的土豪劣绅都杀掉。严禁赌博、抽大烟和搞不正当的男女关系。蛟湖有一个因搞关系被杀了。

6. 组织群众修路修桥，赤卫军全都参加。并由乡内领导负责。桥会路会的田不分掉，以备修桥修路之用。不好走的路都要修好，如大龙坪上蛟湖的路，好像马路一样大。

7. 组织赤卫军破坏敌人的电线和碉堡。如到河口、南源、山前等地，赤卫军都到过。

8. 1933 年冬就划有阶级。土豪就是有很多田出租给别人，以土地剥削别人，并且有钱有势。劣绅就是有钱有势，又有很多土地，但是从来没有穿过蓑衣，又在反动政府做事。富农就是有很多土地，自己作了一部分或者大部分出租。中农有田自己耕作。贫农没有田，专作别人的田。还有一种叫勒绅，就是光吃不做，吃大烟、赌博、吃冤枉为生活的。

（访问整理：余蓝玉）

10. 杨龙生访问记录

杨龙生，曾任霍源乡苏维埃政府代表。

我是均坪村内的代表，主要是做宣传工作。派游击队和先锋队还要派人去受训。去瑞金受训要青年人，17—20 岁的，有几兄弟的就要去，两兄弟要去一个，五兄弟要派两个人去受训。另外经常要去罗加湾开会，研究工作。还有少年先锋队去外面打游击，派了均坪的两个人（杨田兆、黄长生）去受训，受训回来后，仍在家作田。

红军来了就帮助买米买菜，杀猪接红军。一个下午杀了 7 只〔头〕猪。那时我想跟红军去，但有父母，那时均坪有 30 多户，现在只有 22 户，荒了 150 多亩田。栽下去的禾那年也没有割。人死亡在 30 人以上，损失很大。

（访问人：何隆高、余蓝玉）

11. 岳青华访问记录

访问对象：岳青华（57 岁），钟成景（56 岁，原村代表，西源人），熊家相（57 岁）

1932 年二月四日在西源、霍源一带打了一仗。白军是五十九师，从崇仁凤岗东山岭经△凤到西源。红军有两支【队伍】：一支从黄陂而来，另一支从南源过来。首先，白军有 20 多人扮装便衣队（红军），头上戴着红军帽子，在西源时捉到了钟成景带路。刚带到霍源时遇上了红军，于是就打起来了。红军把白军包围了，把白军分成两段，一段在霍源打，一段在西源打。因为这天有大雾微雨，故白军一遇到红军就乱了。乱抢山头，白军后头部队听到前方有枪声，不知从哪里打来的。因有雾故也看不到前面的部队。因此，白军就乱打起来。后号声响了，方才各归各领导占领山头。这一次，在西源打了 9 昼夜，白军在东峰桥边打边筑了很多工事，这 9 天火没有停过。老百姓都上山了。打火结束后，红军就打宁都，接着，白军七师、五十一师就来了。十五六日就到太平市，群众在十七八号才回来。在这半月中，白军杀了老百姓 20 多条〔头〕牛、鸡 900 只，吃了几十担酒、谷无数，就连猫也吃光了。另外，白军把老百姓的仓库板、床、凳子……都烧了，老百姓回来后，家内什么也没有了。也没有吃的，有的人就到亲戚家去借，有的到坂岭、谷岗、太平市△△△，到黄陂、二都一带打零工。一天 4 斗米（是小斗尺 4 斤），得到的米就送到家内吃，吃完了又去作。

国民党义勇军在这里时，四处捉人、拉夫、派壮丁、摊款，好吃的东西都拿走了，并且要当过红军的村代表的人写自新书，还要交钱。每人要交四块光洋。

因此，自红军走后，老百姓都盼望着红军早日来到，把白军赶走。

（材料整理：杨绍武）

12. 李裕谋访问记录

李裕谋，43 岁，蛟湖人，原少先队长，区委宣传部工作，国民党时当过伪保长。

1932 年 10 月起游击队 100 余人，多为宁都人，队长姓肖（宁都人）。

1932 年冬起黄陂乡政府。主席邓属华、文书戴湾德、财政陈尚舒、土地部长彭细德（彭和生）、少先队长李裕谋。

1933 年春起黄陂区政府。主席封△△（霍源人），后调到县当县【委】主席。有土地部长、肃反部长、宣传部长、教育部长、财政部长，负责人多为宁都人。

区委书记邓如伯、宣传部长赖好昆，其他负责人：李学义、李裕谋、伍△秀。肃反部长：邓华△（入国民【党】牢、死），副部长：游明才，原是白竹区委书记，后又调到公安局工作。少工〔共〕书记：肖△△（宁都人）。

1933年冬，成立县政府。主席封△△，公安局长王△△（宁都人），县委书记胡立超。

黄陂区、乡所辖范围：

区：安槎、霍源、九都、洛家湾

乡：黄陂圩、少沅、下边岭、坪上、党欧

黄陂乡政府所在地：黄陂圩（建两年）、罗湾（半年）、白竹（2月）

黄陂区政府所在地：黄陂圩、秀源

1933年5月国民党自卫团打来就散了。政府工作：

打土豪：首先由负责人商量哪些是土豪，然后由少先队长带领队员去捉，捉来后由负责人审问、划款，划了就放。审不出来，就在乡政府坐牢3天。审不出来，又送到区肃反部、公安局，最后押到宁都。

分田地：有分田委员会。首先召集负责人【开】会，商量有多少土地，然后按人口分到四五担谷田，参加红军游击队、贫雇农分好田。负责人分一半。

发行公债两次：1933年冬和1934年春。买公债多为负责人、代表（2—5块），其次是较富裕的农民（1—2块）。发行公债，首先召开代表大会，说明买公债意义，"现在买公债，是为建设国家，建设国家都是为了无产阶级"，〈然后〉根据自愿购买，然后代表就到群众家宣传后就要群众买。公债是三五年为一期，到期政府给本还息，息是百分之五。

（整理：杨绍武）

13. 李禄华等访问记录

访问对象：李禄华（43 岁，少先队员），李鹏寿（66 岁，代表），李桂名（61 岁，代表），李光辉（67 岁，代表），李文天（65岁，炊事员），李红飞（66 岁，炊事员），杨天宣（50 岁，炊事员）

第二次国内革命战争以前，汀山土地占有和阶级关系对比的情况：土地革命前夕，汀山共有 40 户 212 人，土地 825 石谷田，其中地主富农 5 户共 28 人，土地 402 石谷田，占土地总数 50%，人口只有 13%；中农 5 户 16 人，土地 75 石谷田，占土地总数 10%，人口占 7%；贫农 30 户共 168 人，土地 198 石谷田，只占土地总数20%，人口却占总数 80%。公田 150 石谷田，包括祠堂、庙宇、桥会、路会，占土地总数 16%。

几种主要剥削形式：①常年性的借谷和借钱，利息 20%，如果当年不能还，到第二年则息上加息，5 年内利息为本金的一倍多。地主李树兴、李广大就是靠这种高利贷发家，买了 100 多石谷的田。②墟钱，3 元为一借期，利息 10%，如果 3 天之内不能还，则又加息 10%，一月之内利息为本金的 3 倍。③典当钱，譬如一件东西，值价 10 元，拿到有钱的人家去当，只付 5 元，限期 1 月，到期无法还款，则此物永远不能取回。④青苗钱，每年快要割禾的时候，农民需要一点钱用，便到地主家去借青苗钱，分明市面上的谷价是 5 块钱 1 石，但地主只给 2 块钱，收割后便要给他 1 石谷子。⑤地租，四六交租，即地主拿收获量的 6 份，种田的人拿 4 份。

在地租和高利贷的盘剥之下，群众生活苦不堪言：如李金生一家 4 口人吃饭，自己全年参加劳动，本来刚够糊口，由于一次害病开始借债，往后就逐年被高利贷压得抬不起头来，债务愈累愈多，每年都在 100 元（银圆）以上，生活十分困难。衣服有上身无下身，有前面无后面，称为八裰衣。李良辉一家大小 10 口，每年辛苦种出来的粮食，都不够偿还债务，一年到头吃红薯，只有秋收时才有一点大米下肚。禾刀挂上壁，照样没得吃，寒冬腊月，三四个小孩没有一件棉衣，只得围着炭取暖。

土地革命时，红军来了，经过废租废债、打土豪、分田地，群众生活得到改善。如李金生家原来每年欠债 100 多元，红军来了以后，不仅租债全部废除，一家 4 口并分到 6 亩田，年年可以收割十五六石谷子，还分到衣服。李良辉他一家 10 口分到土地十四五亩，每年可以收割 40 多石谷子。过去连吃红薯度日也难维持，现在吃饭问题完全解决，在衣着方面也添置了不少。

红军北上抗日以后，在国民党白色恐怖统治之下，土地占有情况恢复到原来的旧样，债务也恢复了：李金生、李良辉在土地革命时期分到的田地被地主富农夺了回去，债主也经常来向他们逼债，群众生活的疾苦一天天加深。国民党的苛捐杂税、抓壮丁，不仅使得贫苦农民无法生活，就是中农也同样破产，如中农杨天和家，雇一次壮丁，将两座山、牛、猪连同 20 多石谷田全部卖光，最后自己只得租种地主的土地，用人力去调换别人的牛耕田。在剥削压迫交错进行之下，中贫农原有土地的三分之一转入地主富农手中，租佃关系，除四六交租外，还有比这更重的，地主来收租，必须杀鸡、买肉弄很好的饭给他吃。【有】一年，地主李智生、李洪生到李文华、李文秀家收租，因为一点饭吃得不满意，便夺了李文华、李文秀的佃。

（记录人：何隆高）

14. 李禄华、杨天宣访问记录

李禄华，43 岁，【原】少先队员；杨天宣，50 岁，【原】炊事员，现住汀山。

1933 年二月初，国民党五十二师由崇仁经谷岗、灯芯桥、小龙坪、大龙坪来蛟湖。当时即被我红军一、三、五军团三路包围：一路由乐安金竹经小港、跃龙坪、下堡至汀山，一路由金竹经胡竹坪、火嵊、水口来平沅，至苦芝凹，一路由大平墟经猪坑、灯芯桥、小龙坪至大龙坪。战斗从上午 10 点钟前后开始，经过三天三夜急〔激〕战，由于敌人在地理位置上占优势，未攻下。第四天早晨，汀山群众杨进明带一支红军由元厚经过石罗庵、瑶花泰（山名），从敌人后面攻入蛟湖。在战斗过程中，汀山群众紧密配合了红军作战，供给了红军所需要的粮食，并由游击队班长李发贵专门负责，派人做饭送饭给山上作战的红军吃，又本地苏维埃代表帮助派人抬伤员至金竹，参加这个工作的群众有 10 余人，带路及〔直〕至战斗胜利，又帮助派人将缴获敌人的武器送到金竹，仅枪机柄就有 10 担以上，战场的打扫工作也是汀山和蛟湖两地的群众负责战斗开始时，蛟湖群众四五十人被国民党军队关在一栋房子里。反击战斗胜利结束，红军进入蛟湖，群众才出来。

红军攻入蛟湖后，活捉敌五【十】二师师长李明，消灭敌人全部。缴获武器不计其数，仅各种枪支的机柄就有谷萝 10 余担。敌五【十】二师副师长△△△，战斗时，在苦芝凹被我红军打伤后，便自己用枪打死自己。缴获银圆也为数甚巨。

战斗结束，红军即回宁都。三四天后，国民党第囗师又进入蛟湖，该师一旅驻扎汀山，到处破坏，耕牛、农具、家畜、粮食损失无法计算，群众恨之入骨，人人都希望红军来把这师〔支〕国民党军队消灭。

（记录人：何隆高）

15. 吴云名访问记录

吴云名，57 岁，乡代表，住霍源黄泥村。

那时霍源分两个乡，田西以上叫霍溪乡，田西以下叫源溪乡（属黄陂），主席是封福生。1932 年我在乡内当代表，是五月间进去的，一共待了 3 年多一些。打大仗的一年是四月初八，现已 26 年。打仗那时，红军叫我送了一担米到宁都，回来时被反动派十一师捉到，在均坪捆了一夜。1933 年十月间，张步金的义勇队就驻在路下，待了 3 个多月，在过年时才走了。那几年霍源的政府都不稳。义勇队经常会来，但是我们还进行工作，我们主要的工作办法是：

1. 义勇队一来就走上山，走了就又集中工作。

2. 经常派赤卫队探听义勇队的情况。有一次张司成到谷岗探消息，碰到白匪伪装红军，被张司成识破。但白军也知道张司成是红军探子，就把张司成抓起来，被张司成走脱了险境。

3. 当地家人轮流去探听消息，到黄陂等地。

4. 对张步金的老婆，压制她，不准她到什么地方去，叫她开会，好像现在对待地主一样。

5. 经常来蛟湖联系，配合行动。有一次吃晚饭以后，独立营和义勇队在黄陂攻下，打过一次，未能多久，红军【被】打死了 2 人，被缴 2 支枪。我看到两个被打死的红军，我埋了他们。

6. 配合南源区的游击队，驻在洛下①，到仙华山、南源、上坪、河口嵊上打过一次，义勇队、乡苏人员都到。

7. 组织一批游击队，到黄陂打过一次，张步金的义勇队在黄泥去坳头大龙坪进行反革命，并捉到坳头余先告（乡主席）在黄陂杀了，何老众用洋油烧死，在霍源并捉到乐光白杀了，黄福仁也被捉到和严刑拷打，同时在霍源抢走 30 条【头】牛、鸭、鸡、猪吃光，并强迫穷人做碉堡，挖战壕，不去就杀。

那时乡里都把谷子装好，把糙米送到黄陂区政府去，我乡内一共造了几千斤，区内用大木桶装好并运送到宁都去给红军吃。

---

① "洛下"应为"路下"，后文写作"路下"。见《江西省宜黄县地名志》(内部资料)，1985 年版，第 100 页。

16. 王守贵访问记录

王守贵，45岁，乡代表，住霍源翁家嵊。

霍源虽然有苏维埃政府，但是靠近前方，很不稳定。在河口、南源、山前一带，〈住〉有以张步金、余东培为首的"剿共"义勇队进行活动，并经常到霍源来破坏，义勇队去大龙坪及崇仁等地进行反革命活动。在这样的情况下，还是进行革命，那时苏维埃政府主要采取的办法是：

1. 义勇队匪军一来就走上山，他们走了就又集中进行工作。苏维埃政府的工作人员提出"做一天待一天，万一站不住脚就跟红军走，安排离乡别祖"，如张盛福当时就跟红军走了，因为张步金提出要杀他。

2. 张步金到霍源来强迫老百姓说出哪些人曾在苏维埃政府做事的，老百姓一个名字也不说出来。

3. 穷人拥护红军，义勇队一来就有人报信。如有一次义勇队在大龙坪下来，张司成就来政府报信，我们就上山，在山上看到义勇队牵老百姓的牛，抢老百姓的东西，说老百姓都是"土匪"。

4. 那时有乐安的独立营经常到霍源来，蛟湖的游击队也会来。我们虽然人少，但是还是进行工作。有的土匪走了，我们就在附近打土豪，有钱的殷实户叫他自己写钱，解决吃饭的问题。

5. 白天和晚上都派人守哨。一见有生人就向政府报告。

6. 黄陂区内还经常有人来，叫我们要克服困难，要继续打土豪，并问我们革命到底还是怎样，我们回答坚决革命到底，万一不稳，就跟红军去。

7. 我们都把粮食装起来，放在黑暗的楼上或山上。义勇队一来，连乡内的锅也拿走，怕义勇队打烂了。

8. 义勇队来了，把可靠的或年纪较老的走不动的留在家里，以观察义勇队的情况。义勇队走了后就把情况告诉政府，有多少人，有多少枪，向什么地方走了。

9. 派人到河口探听义勇队的下落，假装买卖，摸义勇队的情况，侦察员回来就把情况报到乡内，乡内马上写信去汀山，汀山的游击队就下来。在1933年10月间的小半夜，义勇队从黄陂上霍源，红军游击队由蛟湖下来在霍源田墩的郑家打了起来。游击队有60多人，把义勇队打退了，滚下黄陂去了。红军就退到霍源乡政府吃饭。

17. 徐松生访问记录

徐松生，66岁，源溪乡分田委员，住百田墩。

我在39岁时，在坪上乡政府工作。我当分田委员，待了2年，最初是封福生当主席，他后调黄陂区政府当主席。圩上乡政府属黄陂区政府管辖，那时主要工作是打土豪、分田地，照人口分田，每人分田约1亩，只分土豪劣绅的田，众田没有分，发行了3次公债，共有200多元，我自己买了16元，把米送去区政府抵交公债。政府到1934年四月间就完全散了。那时张步金的义勇队经常到霍源来，说在家的老百姓都是土匪。当时我吓得在外面躲了半个多月，五六天没有吃饭，不敢出来。自从在1933年四月初二打了一次大仗以后，政府虽然不稳，义勇队经常来，但是乡苏维埃政府还坚持了一年多，对义勇队展开了斗争，办法是：

1. 义勇队来我们就上山，晚上也不在乡内住。一个晚上住四个地方，乡内有十多支鸟枪，我们就带在身边，义勇队走了，我们又出来研究工作。

2. 我们经常派人去河口、南源、山前等地探消息，打听义勇队的下落,知道情况后又到南源、上际各地打土豪,我们经常假装挑米去河口卖。如徐清菊就到几次,当天去当天回,回来后,知道游击队不在河口,就到际上①打土豪,约60元。

3. 有时乐安的独立营经常会来霍源,约100人,驻在乡内,我们配合独立营打义勇队。如有一次在河口宁下站凤桥边和义勇队打过一次,把义勇队中队长余东培的脚打断了,我们想活捉,但敌人过多。

4. 利用土豪的亲戚或家属去二都、河口买东西,回来交情况。缴了款就放土豪。

5. 对张步金的家属暗中监督,不准他乱活动。

6. 依靠贫苦群众。一有什么消息,群众就向政府报告。打土豪的东西也经常分给群众。

18. 余辅国访问记录

余辅国,45岁,义勇队文书,住霍源罗家。

1932年二、三月间,宜黄就组织了"剿共义勇队",我是五月间才进去的,最初在宜黄城内组织,大队长徐光绪,副大队长李大庚,下设3个中队。第一中队长余东培,第二中队长徐××,第三中队长是吴勋民,每个中队有100人的编制。义勇队的来源,有部分是收集来的有钱人,少部分是红军游击队内叛变过来的,如徐光福在坳头亭边守哨【叛】变过来的,霍源张××也是由红军变过来的,并带了十多人过来,在义勇队内当班长。最初驻在宜黄,逐渐上二都、河口。1933年五月间就驻在黄陂欧家,后又搬到黄陂街上。后余东培和张步金的兵并驻在霍源段下一带,待了3个月

---

① 前文为"上际"。

左右，后回宜黄，编江西保安团。那时红军的游击队很勇敢，有一次在洪门，宁下义勇队和红军游击队打过一次，有好几百人，义勇队【被】打退了，中队长还被打伤了，红军还想活捉余东培，后因崇仁的义勇队也过来了，红军才没有办法。

那时霍源一带还有政权，我们义勇队虽然经常去扰乱，但苏维埃政府的工作人员还是进行工作，我们义勇队去霍源，也不敢久留，最多一个钟头就跑了。我们对红军和苏维埃政府都没有办法，他们反对义勇队的主要办法是：

1. 驻地不固定，义勇队很难了解情况。

2. 义勇队一进村就有人报信。苏【维埃政府】工作人员就说游击队红军走了，苏维埃政府工作人员，不单独行动，游击队有枪。

3. 乡苏【维埃政府】派有赤卫军守哨，一见义勇军来就报信，他们就跑了。

4. 经常有红军派人到义勇队这边来了解情况。

5. 乡苏【维埃政府】人员与蛟湖有联系，和游击队配合进行工作。在 1933 年五月间，义勇队由黄陂来霍源，有 50—60 人，吃了晚饭以后才出发的，在霍源王泥路下碰到红军游击队，在那里打了一下，红军打死了【对方】几个人，还缴到了几条枪，后来红军退了，义勇队第二天才回黄陂。

那时义勇队住在霍源路下，主要是：

1. 去乐安、登仙桥各地打游击。

2. 强迫苏维埃政府工作人员自新。

3. 抓到余先告（大龙坪主席）、何老众（乡文书）在黄陂杀了，霍源的主席黄福仁也被捕到河口，严刑拷打，成疾致死。

4. 抢老百姓的东西，耕牛数十头。

5. 调查苏维埃政府工作人员的名单。

6. 强迫群众在霍源附近山上挖战壕，不去就罚。

19. 朱振邦访问记录

朱振邦（光明），59 岁，住霍源坪上村，区乡文书。

我在 1932—1933 年间，在云露头、坪上当乡文书，待了一年多，那时叫源溪乡，属黄陂区管。后调黄陂区【政】府当文书。封福生是区政府的主席，在黄陂当了 1 年多的文书，区【政】府设在"梦成号店内"，由宁都人负责。文书的主要工作是写信发通知。黄陂区管十都、塘坪、安槎、黄陂、源溪 5 个地方。

1933 年二月初四，早饭后进攻，白匪是从归峰、板岭下来的。红军从黄陂过来，经十都过塘坪上佛家，再到上林，白石过西源。东西源打起火来，白兵死了无数。红军一个人要打白军六七个人。白军送枪给红军。白军在西源杀了十几头耕牛吃。打了大仗以后，义勇队经常来。那时各户的米都给红军吃，油盐也给红军吃。进行打土豪，并派人到下面去探消息。装做卖米，去南源、山前、河口一带，徐△和就到过探消息。

20. 余云生访问记录

余云生，44 岁，群众，当过"铲共"义勇队【队员】，住霍源罗家

1934 年七月二十日左右，义勇队住在黄陂鸥〔欧〕家。待十多天，又住在黄陂街上、下街广大屋内。八月中旬，在黄陂过了中秋节，就驻在霍源、路下、王泥一带。待了 1 个月左右，以后是吴勋民的义勇队。又在路下住了 3 个多月，约有 100 人左右，我驻在

欧家时有 40 多人，经常出发到霍源打游击，5 月间在霍源、王泥、路下南边打过一次，是吃了晚【饭】后的事。黄陂游击队在蛟湖下来，在北坑，在解上碰到头就打了一下，红军缴到一条枪，但没有打死人，打了后我们就住在路下，第二天清早下黄陂，在霍源还捉到一个当主席的，名字叫做乐考夫，在河口杀了，主要是张家善要杀他。那时义勇队一来就牵牛走，一次 14 头。我们问群众都哪些人在苏维埃政府当事，群众都不说名字，有钱的人（天老爷，张成灿等）见到义勇队一进村就打爆竹。红军经常会派人到义勇队探消息。余文华被发〔认〕出抓过一次，捆了一夜，然后【被】杀了。还派人守哨，见到义勇队来就报告苏维埃政府，政府的人就上山去。

（六）东陂原始材料（一）

1. 宜黄革命补充材料

侯坊在 1927 年三月间组织过农民协会，当年七月（阴历）间，朱德同志由抚州经宜黄而下东陂、八都到侯坊，往宁都去。侯坊农协在 1927 年下半年进行过打土豪的活动，但反动派地主勾结当地靖卫团，镇压农民协会。1928 年四月，侯坊的邓武标，干溪的戴金华、戴金生、戴早生、戴春华、邓观音、陈早生、林龙生等 30 余人，迁往宁都的肖田。肖田区苏维埃主席肖仁九讲〔奖〕给他们 60 斗米，帮助他们打土豪，并号召肖田区各乡农民帮助他们，第一次打土豪得到 600 元银圆。邓武标、戴金华、曾明和 3 人从肖田到宁都东桥办事处联系。该处给他们 22 支枪。成立宜黄革命委员会，其中有委员戴金华、戴金生、曾明和等人，委员长是邓武标①，大队长徐叔文，秘书戴金华，领导游击队。侦探队长徐四仔，副队长刘德胜，事务长管伙公。副官保管打土豪得之钱。1928 年十一月间，由吉安的红军处派王楫到革命委员会任书记。喜宾任连长，

---

① 1931 年 3 月，中共赣西南特区委员会领导人赴宁都视察工作时，恢复了宜黄县革命委员会筹备委员会，邓武林任委员长。同年 4 月，正式成立了宜黄县革命委员会，曾德胜任主任，徐施恩任副主任，下辖 6 个区苏维埃政府。见《中央革命根据地词典》，档案出版社 1993 年版，第 190 页。

教练游击队员，并指挥作战，1928 年六月间到宜黄的芦涧①、小李坊、侯坊、东门、东陂、岭上、蔡下、下溪、黄陂进行游击活动，打土豪，准备在各地建立村苏维埃政权，遇反动派来骚扰时，又退回宁都。1929 年十一月间革命委员会□□。

1930 年 8 月间，徐叔文、饶钦珠、徐四仔、戴业甫、徐叔文在宁都的埃上带兵反水。革委游击队枪支被其夺去。

2. 邹兴龙访问记录②

邹兴龙，58 岁，现住宜黄东陂。

东陂乡苏维埃主席只有 3 个月。国民党五十师就打到东陂来了。

乡里没有游击队，所以进行打土豪的工作主要是区里做。区里有游击队，分田以人口计算，我们这里每人分得有 6 石谷田，田分好以后，国民党军队就打来了，所以群众都没有种。

当时地方上有参加红军的，他们的家属都得到苏维埃政府的优待。缺少什么就给什么，田也由群众代耕（包耕包收）。

红军北上后，凡是在苏区当过红军和当过干部的，都被国民党的保甲长强迫自新，并【每】缴去 4 块钱。

---

① "芦涧" 应为 "炉鉴"，后文写作 "炉鉴"。见《江西省宜黄县地名志》（内部资料），1985 年版，第 137 页。
② 原文无标题。下同。

3. 邓春生访问记录

邓春生，45 岁，现住宜黄东陂。

1932 年二、三月间，东陂成立了乡苏维埃政府。我自己是主席，秘书廖学求，邓文贤书记，少先队长毛瑶生。财粮委员、政府的、根苗是由宁都、东陂迁来的[①]。1933 年，国民党九十师回来，政府被冲散。

打土豪，主要在东坪、上坪、中坪一带，捉到土豪就写款，写得多的有 100 多元，分田按人口记〔计〕算，好搭坏，每人分到一亩多田，乡里组织了一支少年先锋队，有十一二个人，发过两次公债，全乡多少数字现在记不起来。我一次买过 2 元，一次买过 3 元，时间是 1934 年 7 月。

上级派人到乡里来主要是布置打土豪工作。教育干部不要包庇，要划清敌我界线。

红军来东坪时，群众杀猪欢迎。

4. 黎永寿访问材料整理

黎永寿，管坊乡主席，70 岁。

1931 年八月底九月初，东陂区主席肖传忠来管坊起局。1930 年六月间李大庚一〔的〕义勇队在这里进行反革命活动。第一任乡主席是叶福保，因其贪财，乱打土豪，破坏政策，1932 年 12 月间

---

① 此句不完整，标点符号均系原文。

召开群众【大会】，将其撤职并枪决，后选黎永寿为主席并〔兼〕财粮【委员】，乡少共书记黄先才（据说没团员），秘书黎春生（后任保长），其他宣传、土地委员由乡代表兼。管辖区域为庙下、管坊、丝坪、枚家湾①、罗家、上堡、沙坑、沉〔源〕头、邬溪、长坪、岳家庄、引山坪、范家、黄岭坑、坑头、水南、邱芳〔坊〕。1932年二月间进行分田，写表册，插牌子，好坏搭匀，计口分田，约十五六担谷，以村进行，干部红军与贫雇农分好田，歹田给地主富农。种了2年，交了2年土地税（1932年，1933年），（谷物）以亩计征。1931年9月就打了30个土豪，他们都跑到城里去了。并发行过3次公债。

乡政府坚持了3年，这里是苏区边缘地带，故乡政府未挂牌子。随时将表册、文件放在身边。被服背在背上到外边去睡。流动不定，有过赤色戒严。1934年五月白军三十一师在此停了7个月，李大庚的义勇队亦来清乡。叫我们为"土匪"，他们杀了四五条〔头〕牛，猪、鸡全杀光了，菜也吃完了。衣服、帐被拿好的做鞋子，又起保甲。抓兵，敲诈勒逼，逼得人卖妻卖子，颠沛无告。

游击队归区管，队长李先英，124人，80支枪，后强迫部下去县城投敌。但是也有弟兄偷回来的。

白军来，群众逃上山去达半年。

赤卫队属区领导【的】临时组织。

5. 彭桃生访问记录整理

彭桃生，战士。

---

① "枚家湾"应为"梅湾"，后文写作"梅湾"。见《江西省宜黄县地名志》（内部资料），1985年版，第125页。

1930年11月红军一军团第一次来到黄陂，这时黄陂还没有县、区、乡政府，至县城打了两天不开，乃过黄陂，住七八天回乐安。当时【我】就参加了一军团第四军十二师三十四团九连任战士，一军团来此并打薪户吴等（官名营德行）老婆获1000多块。据说当时城里是白军九十师。

12月初由南城到乐安龙岗打张辉瓒。一天两点钟吃饭，晚上静静行至龙岗。由十师打右翼，十二师打左翼，十一师打正面。半夜包围，拂晓打背后打，四面开始打，到10点钟结束，活捉他一师人。把俘虏压到龙岗，张辉瓒化装伙夫，然其士兵指出他，缴枪一万，马匹、光洋、轻重武器无数。俘虏不愿当兵的，每个人发5块钱路费。队伍开到宁都黄陂，停了3天，开大会，将张戴高帽，其原来士兵控诉他3月不发饷，讨小老婆，压迫士兵，要打他，我们人说不要打。最后，朱德总指挥讲话，敌人官长穿得好吃得胖，与士兵不同，然而我们官长同士【兵】一样生活，并问我们对士兵好不好，台下齐声叫好。会后并枪决了几个AB团分子，又将张押到瑞金，开会游街，杀后将头放在板上，写上名，放在河中，顺流而下到吉安让国民党看。

当时一军团有万余人。武器弹药不足，有的用梭镖，每人两三排子弹。自此战后缴到汉阳造补充。一军团总指挥是朱德，第四军【军】长林彪，十二【师】师长萧克①，三军团总指挥是彭德怀，五军团是黄公略（？）②，共有四五万人。1931年六月四军新增十三师。

---

① 1930年6月，中国工农红军第一军团成立。辖第四军，军长林彪；第三军，军长黄生略；第十二军，军长伍中豪。此外，赣西南的红二十军和红二十二军亦归红一军团指挥。全军团共2万余人。见《中央革命根据地词典》，档案出版社1993年版，第219页。

② 1931年12月15日，中国工农红军第五军团成立，由国民党第二十六路军宁都起义部队改编而成。军团总指挥季振同，政治委员萧劲光，副总指挥董振堂，参谋长赵博生，政治部主任刘伯坚。1932年6月董振堂继任军团总指挥。见《中央革命根据地词典》，档案出版社1993年版，第220页。

随后队伍由宁都黄陂（？）到永丰周树岭，老人旁（1931年六月），白军三师人先在这一带烧掉了全部房子，打了一昼夜，消灭共将近一师人，缴枪8000支，白军退往吉安，在此休息3天，后到宁都廖坊、石山、△银田寨打靖卫团。围了很久，1931年八月，捉了有钱人获得光洋几千，十二月开往广东打会昌，三日后（一军团打）二军经过会昌打兴城（十二月）后一天，克之。城内是广东军阀陈济棠一个团，缴轻机【枪】3挺、步枪400【支】，1932年正月打梅岭、韶关、南安、南雄，一昼夜未克。城内有几师敌人，三月到瑞金休整3个月，后一、三、五军团一同开往宁都、石城，1932年六月，孙连仲两旅兵在宁都州起义（原来其是由宜黄东陂去的）。编成十五军（？）以后就在宁都、会昌打转。1932年七月开往福建，首先在定州编队，林彪是总指挥。打龙岩州一天消灭敌人一旅。八月，一、三、五军团同时攻打樟〔漳〕州府。[①] 城内白军两师。消灭其两旅，缴获一只〔架〕坏飞机送到宁都，当时每人发了两套军衣，三瓶罐头，又打陈家公司获得胶鞋每人两双。停了一个月又回到宁都。打红沙寨，与宁都难民团打，十月在塘口、坪上开了三四天运动大会。中学生都参加，项目：田径、刺枪、射击、木马、杠子、劈刀、拳术，赏鞋子、衣服、袜子、笔、本子。后到打到于都、兴国、乐安沙溪杏田到宜黄。十一月攻城，一天即克，城内是三十一师，即退往抚州，红军回南丰，游击队在城内做工作。

军中有互济会，捐款调口士兵，只是送衣服等，互济会送了四军每人一个银牌为志。

（整理者：邓道华）

---

① 漳州战役，1932年3月下旬，由红军第一、五军团组成的东路军由赣入闽活动。4月19—20日，东路军主力围歼国民党军第四十九师2个旅大部，并占领漳州及其附近一些城镇。此役，红军攻占城镇10余座，俘国民党军2300余人，缴枪5000余支，飞机2架，巩固和扩大了闽西苏区，发展了闽南的游击战争。见郑仲侠编著：《大辞海·军事卷》，上海辞书出版社2007年版，第397—398页。

6. 邓桃秀访问记录

邓桃秀（宁都人），村妇女代表。

当时我在宁都工作，当村妇女代表，做的工作是派草鞋，要大家都做草鞋，做好交给苏维埃政府，当时很辛苦，日夜做草鞋。我还当过慰劳队，把一些草鞋、布鞋、盐腌菜、果子、手巾……送给红军，给红军的伤兵洗面、洗手。

有一次，我给红军送草鞋。在路上听到枪响，说是白军来了，就跑，结果我摔了跤，把左手摔断了，现在还不能做事。现在我还是打草鞋，8分钱一双，看到同志没有草鞋穿，不能生产，我的草鞋，有钱也拿，没钱也拿。我不能生产，只能做一些小事。给大家穿，钱都不管，只要我能劳动，我就为大家做些小事。

我28岁过宜黄来。改了嫁，原来的老公在县苏工作，他主要是打〈侦〉探，哪里有白军知道了就报告政府。后来红军走了，他被国民党杀了，我就逃到宜黄来了。来宜后，地方上老百姓都很好。当时"铲共"义勇队的，见了我就骂："土匪婆子，滚回宁都去。"见了他们不敢抬头，低着脑袋，真是难过日子。现在毛主席来了，才看得我起，共产党、新同志才看得我起。

我老公被国民党杀了，我打〔评〕烈属不上，因为改了嫁，只能合老革命一条，我现在已经入了党，人老了，不能为大家办事。

原来苏区（宁都）有学校，也有生产队长。

当时哪个红军、干部老婆害病，妇【女】代表就要去看她、问她。

（访问者：黄文华、杨德义）

7. 肖步生访问记录

访问对象：肖步生（模范营战士）

无竹设了乡（设无竹），主席是桂旺良，财经桂汉龙，赤卫队长桂长生，副主席桂许发。模范营设班长，10人1班，无竹共有5个班。

那时苏币和银圆同时同〔使〕用，模范营吃1角钱1天。盐很贵1元1斤，而米1元还有几十斤。

模范营看守犯人（多是土豪）。土豪有南丰的，有本县的，还有南城的，那时打土豪没有一定地界。土豪抓来后，假如用款来赎便放他出去，没有赎，关了几个月也就算了。土豪每天吃两餐。

（整理者：黄文华、杨德义）

8. 邓友贤访问记录

访问对象：邓友贤（新丰区财经部长）

我25岁（即□□年），红军彭德怀的兵打到新丰，解放了这里。当时国民党第七师孙连仲被打得望风逃跑。红军派陈鲁到这儿组织政府，先起村政府，后起乡、区政府，〈区〉苏维埃政府和区委会，设区委1人，区主席（曾炳文、管碌广）1人①。下分土地、财经（肖桂花）、军事、裁判（何佛生）、组织部。另外还有中共青年团少年书记1人（肖世荣）、妇女会。

---

① 前后矛盾。原文如此。

乡里有主席（邓迎星，又名邓老二）、财经委员。

军事组织有：区设游击队，设队长，有枪。挑年轻力壮的人搞，乡里7—15岁的为儿童团，16—24岁为少先队。另外还有赤卫队（又名模范营）。

我在新丰当过秘书，秘书就是下通知。那时在墙上写了标语，并且演了文明戏。

我们打土豪便是要他多少光洋。钱一部分留下做伙食费（1角1天），其余的给大红军，土豪的衣服便在开会时散给穷人穿。

我后来当了游击队指导员。（宣传党的政策，三大纪律八项注意）驻白都10天后便到打宜黄，没有打开。

为了适应战时性质〔形势〕，〈因此〉战事紧张时就组担架队、运输队等组织。

当时苏区流行苏币、银圆两种币制。银圆1元斫7斤肉，苏币斫3斤。

白军来了便杀人。我被捉到九江感化院坐了两年。

（整理者：黄文华、杨德义）

9. 肖薄文访问资料整理

肖薄文，地主，原混入新丰乡苏维埃政府当秘书。

红军在民国十八年旧历十一月二十一日解放了新丰，过了六七天便成立了村政府。各村政府成立之后待十几天，便成立了新丰乡苏维埃政府，到民国十九年旧历三月间成立了新丰区苏维埃政府。当时新丰区包括18个村，即新丰、南源、龙元〔源〕、水元、三行、葛仙坪、上陈、肖家湾、彭家湾、刘村、廖坊、鱼山、下谢〔斜〕、东门、侯坊、李坊等村。

区政府只成立了3天，因为李耘禾兵打来了，便搬到芦下，乡苏【政府】也搬到芦下。

红军初来时，由红军队伍打土豪，后村政府一成立便由村政府打。当初土豪没定一定的规定，什么户是土豪，因此凡有钱的就打。后来陈鲁（师部宣传部长，工作同志）开会规定，凡有100担谷田的、有几只猪便为土豪。当然，主要还是要看田，假如你有几只猪，但田少也不算土豪，你的猪也不杀你的。

这里没有分田，只插了牌，分田只分到卢〔炉〕鉴。

当时另外还发行了公债（新丰发行了一次）。先由区分到乡再分到村。开会动员大家买，不买的便上缴回去。

当时不准嫖姑娘、赌博、抽鸦片，捉到了便教育，提保结，再吃便要罚苦工。但有的抽烟不改的人，怕抓到受处罚，便逃跑到白区。

当红军来时，大商家都跑了，小商【家】照常做生意，红军不会为难他们，并且什么税也没有抽。

当时新丰乡的参加人有邓老二（乡主席），我是乡秘书。

区苏主席管大伩，秘书邹万春，赤卫队内有队长一人、教练一人，有裁判部、组织部。

那时银圆，1元斫7斤肉，苏币斫3斤肉，买谷也用银分。

五次反"围剿"前，新丰区组织3个游击中队（新丰、卢坊、干溪各一中队），3个中队为1个大队，只有鸟铳，在新丰集合了几天，由于搞吃的很困难，便又分开了。不久，国民党打来了，便散了伙。

（整理者：杨德义、黄文华）

10. 邓任生、戴来生访问资料整理（干溪区）

邓任生、戴来生。前者【曾任】区肃反委员会秘书，后者【曾任】区国民经济部长。

早在 1929 年时，贫苦农民遭受地主的剥削和压迫。当时有一个贫农叫廖乐波，不忍压迫，激起反抗，烧了地主的山。地主趁此机会向农民进行敲诈，无钱的农民当然没有钱。他们很不高兴，恼羞成怒，地主联合起来打农民。农民联合起来抵抗他们，地主又联合靖卫团，农民不能抵抗，于是就向宁都肖田逃跑，投靠宜黄革命委员会。

革命前，地租一般都是对半分，借债都是对本对利。借钱至少是加二，加三，加四，甚至加五。

红军在宁都时，一些打土豪的事情，老百姓都知道，认为打土豪分田很好，农民才有翻身的时【候】，时时盼望红军到来。

1930 年 11 月红军的三军团八军六师九团一营一连的连长何中、政委项亮来到干溪工作，他二人在干溪过年，在 1931 年一月首先建立村苏政府，随之建立乡苏、区苏。

区政府从 1931 年到 1934 年为止，为期 3 年之久，当中在 1933 年十一月【被】靖卫团袭击，打死我们 8 个人，后来我们取得县苏保卫局的支持和帮助，赶走了匪军，1934 年二月白军打来，捉了我们 4 个人去。1934 年四月白军二十四师打来，第五次反"围剿"之中，干溪区各级政权在〔到〕此结束。

干溪区包括：干溪、侯坊、小李坊、黄梅岭①等 4 个乡。

区有区委和区苏两大部分。区委人员，有中共书记（李传寿），少共书记（黄会君），区委总务股长（肖仁风），财经部长（肖会发）。

区苏人员：主席何启祥，国民经济部长戴来生，军事部长邓达寿，土地部长邓英，内务部长邓金生，文教部长丁□□，裁判部长肖会月，粮食部长赖贤茂，互救会部长邓春生，劳动部、肃反委员会直接受县苏保卫局管辖。不受区委、区苏的领导，肃反委员会主

---

① "黄梅岭"应为"黄柏岭"，后文写作"黄柏岭"。见《江西省宜黄县地名志》（内部资料），1985 年版，第 128 页。

任戴叶见、委员兼秘书邓任生、委员何缘生（委员共有 5 人），肃反委员会有 20 个兵，排长桂金明，副排长徐道普。

肃反工作主要是反对阶级异己分子，反机会主义（两边跑的），反对改组第三党，杀 AB 团。AB 团是大红军中的人，我区杀反革命 10 余个之多。

抗债抗租、打土豪、分田地、募捐、发行公债……群众运动。

（整理者：杨德文）

11. 补充材料 [①]

干溪区在革命前夕有 2 个万户，18 个千户，一共有 36 个百户，全干溪区共有 360 户贫雇中农。

干溪区参加红军的有 30 余人，担架队 100 余人。赤卫队 100 余人。全区共发行 1500 元公债。

当国民党反动派第三次"围剿"革命根据地时，侯坊被国民党反动派杀害了 17 人，荒废田地十分之四。

1928 年到 1929 年之间，国民党地方武装叫靖卫团，1930 年改为"铲共"义勇队。1930 年以后又有难民团。

侯坊最早属东陂区管。1931 年干溪区成立，侯坊又划归干溪管。黄柏岭一直是属东陂区管辖。

（整理：吴士军）

12. 访问材料整理

肖桂花，50 岁，区财经委员。

---

① 原文如此。

我是 19 岁参加革命的，最初当村主席，有半年的时间，后调到区政府，任财经委员，22 岁时【那年】的七月间，带 50 名赤卫队【员】到宁都去领枪，没有领到，半月后，回新丰。这时，白军已来到新丰。老百姓逃往山里，三四天只能吃冷饭，匪军见干部就杀。财经委员的工作主要是：收集各乡打土豪的银圆，所有的钱留一些作为伙食费，其余全部上【缴】给三军团。

一般打土豪是白天了解情况，晚上就打，捉到土豪要他拿多少银圆。拿不出来就吊打，老百姓说，打土豪就要重重打，不打不会拿出来。

土改情况：在【我】22 岁时，分了田地，只插了牌子，还没栽禾，白军就来了，红军一来，就开始打土豪，搞了 4 年工作后，才开始搞土改。

在【我】20 岁时，在新丰设立区政府，主席管禄广（解放后受管制）、书记邹万寿、肃反委员林富生、财经委员肖桂花、少先队队长桂绍能，还有青年团有团长。

乡政府与区政府的组织相同，一个赤卫队长由肃反委员兼任，新丰乡是我 20【岁】时〈5〉五、六月间成立，乡主席曾为秀，东门乡、李坊乡①。新丰乡有新丰、邓沅、龙源、郭下村。

大红军打宁都，在宁岗〔冈〕活捉张辉瓒，砍了他的头，到郭下召开群众大会，有三乡的群众共 2000 人参加。大会由陈鲁主持（陈鲁是三军团第六师七连的指导员）。他说，大家要齐心暴动，现在捉到反革命头子，就是我们苏维埃的胜利。

当时乡苏政府，肃反委员兼任赤卫队长，审问土豪，派□□赤卫队了解情况，若有事情和其【他】的委员共同商量研究。

---

① 原文如此。

13. 何发生访问材料整理

访问对象：何发生（〈大〉红军战士）

我 27 岁时，红军来了。起初成立村政府、乡政府。第二年 2 月间，便在街上成立了区苏维埃。那时，南源成立乡政府，主席肖时朝，后换肖观音。

我先在新丰参加游击队，后编到宁都独立团，在龙岗战役受伤。伤愈后，因找不到队伍，【我】便留〈下〉在一军团八师特务连当兵，后打吉水、永丰，后打广东水口缴到反动派几师【的】枪，胜利后，在建宁、大宁休息，后又打浒湾，缴到白军一团人的枪，不久又打黄柏岭。打五都时一粒子弹打穿了我的肺，到十都才发现自己受伤。到黄陂医治后到肖田，红军把我送进医院，不久第五次反"围剿"，红军撤退后，便被遣送回家。反动派四处捉拿。花了 40 元请地主大吃一次，才得幸免。

打黄柏岭是在我 28 岁时二月间打的。

（整理者：黄文华、杨德义）

14. 邓武标采访材料整理

邓武标，宜黄革命委员会委员长，60 岁。

1927 年七月间（阴【历】）朱德同志率红军由八都、东陂到虞坊，打土豪筹款 2000 元，并宣传打土豪分田地，农民得田不用完粮交租，并抽出 400 元作为成立虞坊村苏维埃的经费，村主席虞时兴。

1927 年，村政府曾一度被破坏，1928 年宜黄革命委员会从宁都打回来重建政权，乡主席侯时兴，迭次换过老屯、邓武标、邓金生、文书邓启元，财经委员肖百斗，分田委员虞七生，宣传委员肖会武，1931 年开始分田，以村为单位。每人分 3 亩半，并写牌子插在田中。

政府工作人员大都由群众选举。

政府工作：（1）打土豪分田地，打土豪所得的衣服、猪、谷子都给贫苦群众。（2）支前工作，组织担架队、运输队。（3）发行公债。（4）收土地税，田多多收，田少少收，一般是一两元，最多 3元。（5）募捐，向群众募花生、豆子、蛋、肉慰劳红军。

在少先队里挑选【人员】组织突击队，晚上到老百姓家里去听，假如说红军坏便捉起来，释放贫苦农民。

（整理者：吴士军）

15. 护竹乡访问材料整理

桂明亮，59 岁，【曾任】乡主席。

护竹在革命前夕，包括皮坊、高斜、何坊、谷下 4 个村。全乡约 100 余户，400 余户口，地主豪绅有 4 个，每人最少都占有 50担谷的田。农民租地主的田，种 2 亩田可收 500 余斤谷，要交给地主 200 余斤，高利贷盘剥很厉害，一元钱利息一元（□□）。一担谷一年要【一】桶的利息。伪乡长吴贵金占有 400 余担谷的田。动不动就抓壮丁，派捐派税。交不出就会被捉去吊打，关闭起来。无钱找保释放，便不放出来。

1929 年冬，第三军团彭德怀同志率红军到此，派人帮助组织乡苏维埃政府，乡主席由桂早生担任，财经委员姓桂，绰号罗汉秀才。文书桂凤岗。半年后，李贵贤率保卫团进犯护竹。乡政府迁到山里。1931 年，主席为桂扬春。1932 年主席换了桂明亮。1934 年三月间主席又换桂细管，1934 年四月间，国民党匪军进攻苏区，乡政府随红军迁往宁都。

（整理者：吴士军）

16. 炉鉴访问材料整理

黄任生，52 岁，【曾任】乡主席。

革命前夕，炉涧有庙前、墩上、窑上、田里、老住、千头港、董上①、塞路坑②、谢家市、河老上③、上庄边、下庄边、上五家边、下五家边、何家巷、邓家边等 18【个】村，全乡约 200 余户，600—700 人口，地主有 3 人，全乡土地大约有 1300 亩，贫农早多的只有二三担谷的田，一担谷要交 20 斤的租，亩交 80 斤租，高利贷盘剥厉害，利息最高达到百分之百，借 1 元要还 1 元。

炉鉴乡距宁都只 2—3 里，时常听到红军在宁都打土豪、分田地，抗租抗债，欠债不要还，不交租，希望红军也来炉鉴。

1929 年一月第三军团彭德怀率红军到此，帮建村苏维埃，后改为乡政府，主席肖益清，村里有代表 2 人。

1930 年一月十四日，靖卫团进攻炉鉴，肖益清被杀害，乡政府迁到宁都。一【个】月后，宁都贺梅英同志来帮助组织政府，主席肖细周，书记肖兴邦，秘书肖三寿，分田委员余老五。

---

① "董上"应为"拱上"，后文写作"拱上"。见《江西省宜黄县地名志》（内部资料），1985 年版，第 137 页。

② "塞路坑"应为"铁路坑"，后文写作"铁路坑"。见《江西省宜黄县地名志》（内部资料），1985 年版，第 137 页。

③ "河老上"应为"河脑上"，后文写作"河脑上"。见《江西省宜黄县地名志》（内部资料），1985 年版，第 137 页。

靖卫团时刻来骚扰，1931 年七月（阴历），靖卫团又来进犯，主席肖细周，秘书肖兴邦被杀。随后宁都又派人来组织政权。1931 年十一月黄任生任主席，后换肖细乐。1934 年三月国民党匪军进犯，乡政权被破坏，时任主席肖细乐。当时干部和群众被杀害的有 20 余人，其中有苏节龙、苏贵生、苏凤生、黄大华、肖仁寿、余老五、肖仁明、肖和生、肖仁基、肖来伙等被杀，国民党匪军到处乱抢牛、猪、蚊帐、锡器、镯子。当时，炉鉴乡只剩下六分之一的人口。

乡苏维埃工作：（1）打土豪，分田地（分田数不详）。（2）组织赤卫队和模范营，帮红军带路、送消息、做担架队、运输队。（3）发行公债，自愿购买，1、2、5 元不等。（4）募捐：年节时向群众募花生、豆子、蛋、肉、布鞋，有钱捐钱，慰劳红军。（5）收土地税：一般收谷子，1 亩田照收成收十分之一。（6）禁嫖、【禁】烟、【禁】赌博，捉到犯者罚做苦工。（7）进行赤色戒严，派人到处放哨，没有路条不能通行。

群众组织：（1）妇女会，宣传动员妇女剪发、放脚。（2）少先队，放哨、看守犯人。（3）儿童团。

（整理者：吴士军）

17. 小李坊访问材料整理

周爵芽，【曾任】乡文书。

1929 年〈年〉冬，第三军团彭德怀率红军到此，派人帮组织小李坊乡苏维埃。

革命前夕，小李坊有上潘坊、下潘坊、小李坊、双坪 4 个村。全乡约 140 户。400 多人，土地有 1000 多亩，地主、富农约 10 人。农民租地主的田地，一般是对半交租，坏田一亩交二三担谷。高利贷剥削厉害，借 1 块钱年利息为 20%。

乡苏维埃成立后，主席刘德盛，后换过贺冬生、周春生。财粮林福生且兼秘书，分田委员陈登扬。政府干部由群众选举。

政府工作：（1）打土豪分田地。一般只是中等地主，大地主没有，分田分村为单位，不论男女老幼可分到4亩田。（2）组织赤卫队和模范营，看守地主豪绅、反革命分子，到〈要〉处放哨，没有枪支，只有梭镖、马刀、鸟铳。给红军带路送消息。一般为20—40岁男子参加，参加担架队、运输队。（3）发行公债，一般都是自愿买的，生活富裕的买4或5元，贫困的买1或2元。（4）扩大红军，动员青年人参加红军，此乡有4人参加红军。（5）募捐，逢年节时，向群众募花生、豆子、蛋、布鞋，有钱则捐钱。慰劳红军和游击队。

群众组织：（1）妇女会，宣传男女平等，妇女要剪发、放脚。要参加生产、工作。妇女帮助红军洗衣补衣、打鞋。组织慰劳队送饭、送水给红军。（2）少先队，队长周必生，15—20【岁】的少年参加。放哨、看守土豪。（3）儿童团，6—15的儿童参加，宣传妇女要放脚、剪发。群众分了田，粮食够吃，只是缺少盐，或吃硝盐。

乡里有帮工组，帮红军家庭耕田，干部在农忙时也参加生产。

1934年五月国民党匪军进攻小李坊，乡政府迁往宁都。游击队员有的随红军走了，有的躲到山里不敢回家，有的被反动派杀害。

地主回来凶焰复起，向农民倒算，把从前分的田全部夺回，谷子全部收回。有的卖猪、卖牛还，有的帮地主打苦工，地主就这样凶残贪婪地剥削农民。

18. 林富生访问资料整理

林富生，【曾任】乡财粮委员，现年52岁。

我在 21 岁一月时，大红军（三军团）第一次从宁都过来，去打南丰朱坊圩藕塘村的碉堡（土楼），当时这个碉堡修得非常坚固，红军包【围】了几天几夜，当时是由彭德怀将军亲自指挥。天〈气〉下雪，里面没有粮食吃，里面有枪打出来，外面有枪打进去。经过几天几夜激战，最后红军用棉花搞洋油向里面烧，结果这个堡垒打开了。

当时这个堡垒〈内〉中，躲藏了许多的靖卫团土豪、劣绅，同时还有一些老百姓，这个堡垒里面有 100 多间房子。

红军第二次是从南丰打碉堡后过来的。彭德怀在新丰上街住了个把月，彭德怀的秘书彭雪枫就住在下街。当时彭德怀是军长。毛主席骑着乌黑乌黑的马，到我们这里来过。

当时红军一到我们这里，有一个宣传大队由陈鲁同志负责，组织宣传，找人开会，宣传革命的好处。当时有 12 个青年召开会议进行宣传，到处贴标语。当时红军有很多有文化的人，写的字写得很好。当〈时〉彭德怀到新丰时，叫我带红军队伍打土豪，他对我说："我们打土豪，分田地，有衣穿，打靖卫团，还要剿匪，你是青年人，知道哪里有土豪。"

开会宣传后，马上就组织儿童团（16 岁以下的儿童），少先队（16 岁以上 20 岁以下的），赤卫队（21 岁以上 40 岁以下），担架队（40—50 岁）。

当时赤卫队【队员】左袖子有一个红的袖套，上面写〈的〉有字〔字有〕"赤卫队"，游击队有符号。

红军打南丰过来，是驻扎在芦下①，没有驻扎新丰街上，因为新丰街后面是山，山后是白军，红军就驻扎在路下。若白军来了，红军若打不胜，就往宁都撤退。

1933 年（我 23 岁）。组织区政府，区主席管禄广，乡主席邓

① "芦下"应为"路下"，后文写作"路下"。见《江西省宜黄县地名志》（内部资料），1985 年版，第 100 页。

老二，村主席就是我。区财粮部委员肖桂花，邓佑先是村政府的财粮委员。乡秘书肖薄文。区委书记（死了），区妇女文书（秘书）邓桂秀。乡有赤卫队，组织革命委员会带兵，在这里打过一次仗，乡赤卫队长邓大攸（这里区乡村系指在新丰的）。

当时，打了土豪廖早生，搞了120块光洋，杀了两个〔头〕猪，共有320斤，我们老百姓吃了，一些东西【给】老百姓分了。

当时新丰区，万户有三四个，千户有10余个，百户更多了（系指新丰横直5—10里的范围）。打土豪的钱，区、乡、村政府除抽一部分作伙食费之外，其余一律上缴，杀了猪与红军对分，衣服、蚊帐红军不要，我们大家分了。

当时妇女协会又叫妇联会，有主席、秘书，由10余个妇女组织起来，搞饭吃，召集开会，宣传革命、剪发、放脚，当时有剪发歌、放脚歌、暴动歌。陈鲁同志有歌本，他抄给别人等。

红军来时，做生意的人都跑了，把东西也搬走了，没有搬走的大家分了。当时没有什么税收，红军不允许有苛捐杂税。红军禁止吃鸦片、赌博、嫖女人，捉到了不杀，说服、教育，重犯者坐牢、做苦工。红军有时夜里在老百姓【家】的外面听是否说红军的坏话，听到了说坏话的就杀。有时夜上也问老百姓红军好还是白军好，老百姓就说"都好"或"不晓得"。

当时发行了两次公债，公债券是先发给财经手里，然后向群众卖，有2、3、5、10块的公债券。

当时分田不彻底，老百姓怕要田，而红军又要老百姓要田，有的老百姓明里要了田，暗里交租给地主。我在25岁时分田，分田的第一年没有交租，第二年红军走了，就要向地主交一年半的地租，地主说"听我说，交一年半的租，不听我说，我就要你交两年的租。没有，卖老婆都要你交"。

查田运动没有成功，刚才开始，只有1个月的时间，白军来了。原来准备清查贫雇农分了田是否向地主暗里交过租〈没有〉。

当时杀AB团，真的假的、老的少的都杀。我看见路下杀了两个 AB 团，在路下召集了大会，用马刀杀的，一刀一个，当时我有 24、25 岁〈的时候〉。

红军未来之前，借一块钱，一月后加息一角，借谷一石，一年之后，连本带利还一石五斗，轻点的还一石二斗。

红军到我们新丰时，新丰有 320 余家。红军走后，白军杀了许多〈的〉人，有的害怕就逃走了，只剩下 30 余家。当时做生意的、卖茶的，国民党都杀，国民党说"你们其名〔名为〕做生意、卖茶，其实你们给红军做探子"。这样一些人逃走了，发病了，病死了许多人，当时"铲共"义勇队说我们是土匪。我们苏维埃干部见了他们就低头走路，不敢对他们望。

当时保卫局是捉反革命的，肃反委员是审问反革命的，这两个组织权力极大，反革命要杀就杀，要放就放。

（访问者：黄文华、杨德义；整理者：杨德义、黄文华）

（七）东陂原始材料（二）

1. 徐大良访问记录

徐大良，曾为游击队战士、红军士兵。

1930 年初，红军第一军团经过东陂时，有枪多。说哪个工农出身的想保住东陂的话就来我们这里领枪。结果就有饶明和、饶近珠等七八个人领得 18 支枪。红军并要他们以后继续招人，说红军以后还会给枪给他【们】。

于是在 1930 年二月间红军走后，他们七八个人就驻下在东陂进行暴动，赶走了前来东陂的【国民党】公安队。成立了前方游击队，饶近珠做政治委员，饶明和做秘书，并开始招收人。四月间徐大良就进去，这时已招得有十二三个人，时常抗击来犯的【有】国民党地方小队。同年五月间，红军三军团从宁都到东坡〔陂〕给他们 10 支枪，这时他们已发展到有 40 多人。当时红军看到徐大良、燕子山两人身体强壮，就把他两个人编入三军团三十七师第八团十三连当战士。八月间三十七师（师长是姓郭，该师有 8000 人），派了一部【分】人打进宜黄城，并追到秋溪（徐大良亦参加了这次战斗），即刻回宜黄坐〔住〕了一天，把地主的东西、衣服散发给了穷人，就回到了东陂。（这次打宜黄打了 7 天才打开。守城的是九十师四十八团，共 300 余人）随后我军就从东陂走神岗、党口进福建，后又转回宁都到乐安的乌江打火。1930 年冬天到宁都的津浦、龙岗打了一次，活捉【敌军】张辉瓒师长，随后就退到瑞金。后又在石城县打（这是第五次反"围剿"时）。这次打了七天七夜，因为当地老百姓受国民党欺骗而同国民党连了心，把粮食藏起来了，使红军找不到粮食，因此大家都受饿。当时徐大良的连长陈光辉就对徐大良说："你离家不远（只100多里），年龄快40岁了（当时是39岁）。"因此他就给了徐大良120元红军纸币，【徐大良】回到家里（宜黄小港）。当时大红军已离开了宜黄，东坡〔陂〕和侯坊已被白军占领。小港又有一些小游击队、保卫队等，在徐大良回来（1934年8月）的第四天，上侯坊的【放】义勇队就知道徐大良回来了，因而把徐捉起来了，要了徐80块钱。又把徐的耕牛、猪牵走，说徐是当饱了"土匪"才回来。

1930年2月间戴元山（暴动者之一）介绍徐大良入党。

当时共有党员10—12个（参加暴动的7—8个人皆是党员，在12个中还包括后来走了1个月又参加进来的几个人），饶近珠是支部书记，开过两次会（内容不记得）。后徐大良就【被】编入到红军中去了。

（访问者：徐禹谟）

2. 邓金生访问记录

邓金生，【曾任】独立团新军连班长，共产党员。

当时有三大独立营，即崇、宜、乐，成立江西军区领导，后成立独立团。我在新军连中日夜干，连长【是】邱营标，我是班长，曾在七都塞上打火，敌大〔人〕有百余人，缴获其几十支枪。

革命歌曲第一首：

歌声重重，红旗飘扬，战士们好英勇。

我们大家立正敬礼。唱歌大家来欢迎哎！

送你们前方去，消灭敌人打击威风。

瞄准放！放放放放放放！

勇敢来冲！冲！冲！冲！

杀尽敌人，杀！杀！杀！

革命胜利闹〔喜〕洋洋。

第二首：《红军歌》

同志们快快起来拿到枪，我们是工农的武装，要消灭帝国主义国民党，要创造苏维埃新世界。敌人活捉了，勇敢向前冲！我们苏区的红军，革命道路反革命寒心，结束世界结束世界最后的战争。

第三首：

共产青年团发动礼拜六，帮助红军家属来耕田……（残）

第四首：《十骂国民党》

一骂反革命国民党，军阀豪绅并流氓，压迫穷人受痛苦，欺骗士兵打冲锋，天天做工饭没吃，豪绅地主剥削人……（残）

（访问者：邹庆瑜、邓道华、余美呈）

3. 徐瑞高访问记录

徐瑞高，【曾任】东陂三溪乡财经。

1932 年五、六月间徐瑞高同志在三溪参加革命。肖惠金做第一任三溪乡苏维埃政府主席，由于当地做的事他不做，而不要他做的事他又做，故他只做了将近两年的主席，群众就不要他做主席，〈同时〉后来三溪有一个原本住在三溪的人回来，而他没有向上级报告，故他后被县里的保卫队搞了。徐瑞高是做乡财经，待一年后就当秘书。

财政的工作是管打土豪得来的钱。秘书的工作则相似于今天的文书工作。

（访问者：徐禹谟）

4. 廖和清、廖天久访问记录

访问对象：廖和清、廖天久

县保卫局保卫队的工作是守犯人，保卫局的狱中经常【有】70多个，保卫局的监狱共有4间，每间都要有10多个或20多间〔个〕，皆是土豪劣绅。

白竹乡肃反委员会的主要负责人是邓花生，另外还有3个都和12个战士一班人。

肃反委员会的工作：红军在初来时是宣传成立政府和查看哪个是好人还是坏人，以后就专门查哪个是好人或坏人。

（访问者：徐禹谟）

5. 赖红生访问资料整理

赖红生，【曾是】游击队员。

1928年红军路过侯坊，当时宁都白坑没有区苏政府，并且要我组织东门乡苏政府，最早主席【是】徐富生。不久东门【乡】苏政府被国民党打垮了，乡主席徐富生被杀害了。

1932年东门乡【苏】政府重新建立起来，主席陈△应，秘书杨贤茂，财粮肖六生。东门乡设有模范营，还有一个小游击队。

1932年我到宁都参加游击队。1933年三月从宁都白坑区政府过宜黄来，来到新丰区苏政府，组织新丰游击队，一部分到干溪区组织游击队。

宁都过来的游击队叫老游击队，新组织〈成〉的游击队叫新游击队。新丰区苏的游击队到河口，与河口南源游击队合并，叫作河南游击队。

1933 年〈时〉，河南游击队之中抽出一部分最勇敢的到崇仁县后面去，其余的都调到乐安二分区去了。

1933 年东门开始分田，以村为单位进行，好田坏田都分一点，当时好田都分了。

1934 年国民党来了，东门乡苏【维埃】政府就结束。

（访问者：黄文华、杨德义）

6. 访问肖就红资料

赖红生，【曾是】游击队员。

我是参加儿童团，1933 年在新丰芦下参加游击队，叫新游击队，当时只有 31 人，排长是宁都人。

东门乡苏维埃政府早在 1929 年六、七月间建立，后李乐贤（△乐忠）打来，乡政府被破坏。

在新丰参加游击队之后，我要参加少年共产国际师，要 18 岁青年才能参加，因为我年纪小不要我，以后我到后方照护伤员。

（访问人：黄文华、杨德义）

7. 邓林生访问记录

邓林生，曾任宜黄县金竹区少共书记，现任宜黄县东陂公社屋元大队第一小【队】队长。

金竹区原属乐安县苏【维埃政府】领导，1933年春天，改由宜黄县领导，行政区划归宜黄县境。当时金竹区辖5个乡，金竹、齐溽、茶坪、火崇、下堡等，这时县苏主席为肖传宗（前任为徐贵生）。我当时叫邓学训，区苏主席为尹之标，区中共书记为尹溪才，区委〈有〉由少共书【记】、组织部长、宣传部长、妇女书记等5人组成。

我是党员，但组织不公开，领导全区青年团员与少先队。

宜黄县委书记姓戴，县委当时驻扎罗家湾。

宜黄县苏维埃最初起于东陂，后迁黄陂、五都、罗家湾、白竹、金竹。1934年八月在金竹与崇仁，乐安县合并，县委书记改由李福怀担任，他是原乐安中心县委书记，兼江西军区第二军分区的政治委员。

（访问者：徐炽庆）

8. 邓早生访问资料整理

邓早生，【曾任】九都乡主席。

九都乡苏维埃在民国二十二年建立，主席是邓早生，秘书周碗中，政委张华仔，乡苏有赤卫队。

当时九都乡只〈搞〉待1—2月【个】时间，国民党军就来了。

当时国民党九十七师捉到了我，坐了5年牢，出牢后做了6个月副保长。

革命前夕，九都地租是10石谷田，收租2、3、4、5石不等，借1元，一年收利2角。

九都有万户2个，千户有10—20个，共200多户，600余人，中农有四五十户，贫雇农最多，万户千户土地多。

当时九都打了五六个土豪，打的钱上缴，杀的大家吃，衣服大家分。

当时每人可分到 5 石谷田，分田还没有分好，白军就来了。

九都乡苏属东陂区管。

（访问者：杨德义）

9. 邓林明等访问记录整理

邓林明，【曾任】乡政府大队长；黎永寿，【曾任】乡主席；李百斗，【曾任】乡分田委员；彭桃生，【曾为】红军战士；邓龙祥，【曾为】红军战士、宣传委员；徐六生，【曾为】乡交通【员】。

1932 年二月初旬①，国民党匪军第十一师驻在岭上，第十四师驻在干溪、侯坊、东陂一带，国民党军从宜黄、黄陂而来（五十二师在蛟湖，五十九师在霍源）。模范营副连长李百斗给红军带路。从宁都的益祭〔营磜〕，经宜黄的埃上直冲岭上，左路红军从新丰、东门、侯坊这方面包围过来，右面从宁都的益祭〔营磜〕，经宜黄的上堡、白竹包围过来，包围 30 余里。参加这次战役的一、三、五军团配有轻、重机枪、迫击炮。

1932 年二月初，一夜，双方在黄柏岭开始激战。当天天阴无月，我军发起冲锋，敌人轻【机枪】、重机枪、步枪齐发，我军第一次冲锋一连人只剩 2 人，接上发动第二次冲锋，一连人伤亡只余 3 人，第三次冲锋仍然未冲上，第四次冲上山顶，歼灭敌军第十一师全部，只有 1000 人从八都、七都逃走，因为红军从新丰、卢坊这面包来，路远，未及包上。

---

① 此为"东陂战役"，又称"草鞋岗大捷"或"黄柏岭大捷"，时间为 1933 年 3 月 21 日。见《中央革命根据地词典》，档案出版社 1993 年版，第 80—81 页。

红军冲上山头，俘获敌军，敌军要放下枪，离枪三步，否则打死，然后拆下机柄，让俘虏背枪，敌军连【长】、排长死伤无数。红军在草鞋岗休息了几天，然后把俘虏押到宁都肖田，开了5天会，俘虏要回家的给他3元。

战役结束3天后，区、乡政府才派人把国民党军匪【尸】体掩埋。

当国民党军从宜黄黄陂进犯时，老百姓都逃往山里去了。等到战役开始时，当地群众充任担架队、运输队，帮红军带路。地方武装模范营、赤卫队，与红军配合作战，红军冲锋，模范营战士在后跟上。妇女照顾红军伤员，烧开水，唱歌给红军听。

民国二十年成立县苏维埃，在黄陂遇到白军进犯便迁到东陂，白军退走了，便迁到黄陂。县主席曾换过好几个人，其中有肖传中、黄贵生、徐贵生（任一年），县有保卫局、保安队，区有区委、中共书记、少共书记。

红军的政治委员是帮助群众建立苏维埃政府。

三溪乡：土地革命前夕，共有100余户，300余人，200担谷田的有1个（万户），红军来打土豪，从土豪家、墙上、地下、楼上打到3000块光洋，千户有七八个，每个有100多担谷的田，百户有20—30担谷的田，大约有几十户，穷人无田、山，全靠卖力气、打长工过活，有5—6担谷田的贫农有几十户，无田的或缺田的租万户、千户的田，最高租额是三七分，坏田四六分，最坏的也是对半分租，一亩田作九成的话，地主要得五成，作田的得四成。

高利贷盘剥很重，借1元最高利息是2分、3分，贫雇农没有田、房子，其他东西作抵押便不借。借了债，农民卖油还债原价钱是10元，到冬天地主便把价钱压低到四五元买一担。

国民党民〔军〕占领三溪时，设立保甲制度，又有秘书、军〔保〕卫干事等组织。县【苏】主席黄贵生夫妻被杀害于东陂街上，并放火烧其房子。当时被杀害的有五分之一的人。又有苛捐杂税敲剥〔剥削〕农民，如壮丁费、草鞋钱、猪宰税。

政府禁烟、嫖、赌，捉到了赌钱、抽大烟的人，戴高帽子，插鸡毛，游街，并要说："我犯了法，你们不要学我的样。"

干部不准私打土豪，打到土豪，把衣服散给贫苦农民，干部没有拿，干部只有 8 分钱的伙食费和伙食尾子。

东陂有义勇队，中队长是李大勇（劣绅），辖 3 个分队，共 300 多人，对老百姓有钱敲诈钱财，没有的动不动就〈被〉吊打他们，每人都有枪，并配有轻、重机枪，是国民党军供给他们的。

宜黄独立营经常在八都、四都、二都、三都一带活动。

典型事例：彭桃生（红军战士）住在黄陂，有 3 人，妻，女儿，革命前夕，无 1 亩田，租地主李国桢 20 担谷的田种，每年交 10 担租，租地主的牛，10 担谷的田要交 1 担谷，或者租 1 天牛，给地主做 2 个工，一年要缺半年的口粮，只好吃粥、野菜，或砍柴卖，买些米吃，一床被子睡了 10 年，也买不【起】新的。

红军来了，我家分了 20 担谷的田，不要交租了，粮食是搞些副业，种菜、砍柴、养猪。一年最好可以收入 40—50 元（一元买 6 斤肉，生活是富裕起来了，不愁吃也不愁穿）。

典型事例：土地革命前夕，黄柏岭有一个地主徐元德，占有 500—600 担谷的田，讨两个老婆，每天吃的是肉、鱼、黄花、洋参、高丽参、鹿茸。

在边山有个大地主叫熊书金，占有 1000 多担谷的田，讨两个妻子，雇两个妇女洗衣、煮饭，3 个长工作田。

他女儿出嫁时，陪嫁的是几担箱子，100 件衣服，4 床被子，200 块光洋，一桌锡器，24 担谷的好田。八仙桌，全套家具，连马桶、脚盆都具备。

当时老百姓称他兄弟二人，一个是 48 万，一个是 52 万。

穷人都结不起婚，结婚要彩礼，戒指、镯子、链子、衣服等，讨一个老婆要三四百元，或一二百元，最少也要几十元，只好买童养媳，不要钱。

苏维埃政权成立后，穷人可自由结婚，在乡里登记，写在登记册上。

（访问者：徐炽庆、吴士军）

10. 邓武标、侯竹生访问记录整理

邓武标,【曾任】宜黄革命委员会委员长；侯竹生,群众,68岁。

土地革命前夕，有 270 余户，约 700 人。有两个万户，邓德吉占 1000 担谷的田，在东陂、东门也〔都〕有田，另一个叫邓风和，有 800 担谷的田。有 6 个千户，侯益发有 200 担谷田，岳信发有 200 担谷田，陈先贵有 150 担谷田，邓德春有 300 担谷田，邓太武有 140 担谷的田，邓满宝有 300 担谷田。3 个万户和 6 个千户共占 3090 担谷田。当时侯坊有 5000 担谷的田。他们只占侯坊 3% 的户【口】，而土地却占了 60%。

侯坊共 100 余户不够吃，这 100 多户一亩田都没有，邓满宝剥削穷人最是残酷，他是裁缝出身，是邓德春的狗腿子，靠放月月钱，放秋谷债起家，在 5 月青黄不接时，借谷给穷人，到 8 月收谷时，要取三大桶息（六大桶为一担）。当时老百姓称这为放秋谷债，还有放月月债，借 1 元钱，1 月要角钱的息钱，普通高利贷最高是加三加四，借 1 元，一年要还三四角，还不起明年又是利上加利。当时卢坊有个邓谭明，借了邓满宝 40 元，七八年后，盘剥到 200 元，结果被逼卖掉 80 担谷田才还清，还不起的，他便把欠债【人】的被子、帐子、茶壶、酒壶一起收去。邓满宝也是个无恶不作的恶霸，娶一个老婆，觉得不满意，又把他老婆卖掉，讨过一个，并任意霸占人家的妻女。邓满宝看到炉鉴一个肖玉清的妻子生得漂亮，便想霸占，肖玉清的岳丈肖绿生死不答应，结果被邓满宝用枪打死在街上。

农民作地主的田，对半分租，租 20 担谷的田，真正只收得到

15担，实际上是交三分之二的租。发生旱灾，地主也同样收租，10担最多减1担，租地主的田要交佃租钱，租几担谷的田就交几元。直到你不作他的田才还给你。邓满宝又有靖卫团做靠山，有18条枪，压迫剥削农民。

那时有个雇农侯竹生，家里有7人，父、母、妻、子，及两个兄弟，没有一亩田产，三四代给地主打长工，一年只得九吊六百钱（12元），一年缺两个【月】的粮食，一件棉衣穿七八年，一床被子要盖18—20年，砍柴、烧炭、养猪贴补一些。早上吃稀饭，中午干饭，晚上或者吃薯根、芋头、青菜、杂粮。1932年，红军来了，成立了乡政府。侯竹生分20亩田，一年可收到40担谷，而且也搞副业，砍柴、烧炭，养了一头大猪、二头小猪，一月副业收入可得2、3元，不要交租了，粮食是够吃的，还有点盈余。

黄柏岭7人参加红军，7人参加独立营。

黄柏岭战役，侯坊的侯七生、邓三仔帮红军带路。带红军上三角寨，占领山头（比岑〔岭〕上高）居高临下，地势优越，得以歼灭白军。

凡是16—60岁的男子都帮红军扛枪。

1930年、1931年、1932年，每【年】买一次公债，一次买400元。

侯坊在革命前夕，杀猪要收税，每头猪收两三元，还有草鞋钱，嫁娘子也要收钱，多的100余元，少的也要几十块。

（访问者：徐炽庆、吴士军、杨德义、黄文华）

11. 习梅生访问记录

习梅生，男，60岁，原县苏内务部长，现为公社社员。

宜黄【县】苏维埃政府①是在肖田建立的，在我32岁（1932年）旧历三、四月间迁至东陂。在这时我便担任县苏内务部长。县苏在东陂驻了两个多月，后因红军把宜黄县城打开，便又迁至黄陂。几【个】月后又迁至五都，只在该地驻了一天，由于那里有反动派军队骚扰，便搬回黄陂，后迁至黄陂少元村过阳历年。过年后不久又回黄陂。继又迁黄陂罗家湾、猪顶下、近坊等村。在罗家湾时间较久，约待半年。敌人【第】五次"围剿"时，由于敌人打来，便迁至东陂的白竹、上堡，反动派打到上堡，又迁至金竹（今乐安管）。

宜黄县在黄柏岭战役前包括：东陂、新丰、干溪、金竹、肖田、吴村等6个区。黄柏岭战役后，除上述区外，尚增加黄陂、神岗、麻坑等区。

县领导机关有县委会、县苏维埃政府②。县委会有中共书记（戴家兴）、少共书记，组织部、宣传部。共40来个工作人员。县苏政府设县主席（先是肖传忠，后换徐贵生、邓柏生），内务部（部长邓柏生，后提拔当主席，由习林生任，习林生后调别部工作，后由习梅生任部长），财政部（部长邓达寿），工农检察部（部长张德仑），国民经济部（部长黄炳炎），土地部（部长肖泰生），教育部、劳动部、裁判部、军事部、肃反委员会。另外有保卫局、县工会、妇女协会、邮信局（局长习金生）。

1932年春、冬在黄陂各开了一次全县代表大会。有各区乡派来的代表。开会时有主席团，会议由中共书记作了报告。后由县主

① 1931年11月，宜黄县革命委员会在宁都吴村召开了宜黄县第一次工农兵代表大会，成立了宜黄县苏维埃政府，徐忠贵任主席，徐施恩任副主席。会后，县苏维埃政府驻地迁至宜黄县东陂。见《中央革命根据地词典》，档案出版社1993年版，第190页。
② 1931年8月，中共赣东村委决定将宜黄工委改为中共宜黄县委，李靖继任书记。村委设在宜黄东陂，隶属中共赣东特委。见《中央革命根据地词典》，档案出版社1993年版，第161页。

席及各部部长讲了话，内容是扩大红军、优待红军家属、做好代耕工作。

内务部管理结婚、离婚登记、优属〔待〕军属等工作。军事部管理模范营、管枪、管军队。

当时工作任务首先是由县委布置县苏政府，再由县苏政府布置各区乡执行。

当时吸收干部条件：（1）要贫雇农；（2）工作积极，为人忠厚老实；（3）对干部要求：①对群众要和气，不能强迫命令，工作要向群众宣传；②不能贪污，若贪污少量，便要罚做苦工，重则杀头；③不能乱搞妇女。

干部只有伙食费，没有衣服发，下乡工作便在乡政府吃饭，每餐吃6两米。一日三餐，每餐给几分钱。

阶级划分为：雇农（打长工的）、贫农（田地少，不够吃的）、中农（够吃的，不做便没吃的）、富农（有田出租，或雇长工，自己也参加劳动）、豪绅地主（在反动派内做官或在地方上做绅士，吃冤枉，又雇长工，专靠地租、高利贷生活的）、地主（与豪绅地主大致相同，只是没有在反动派里做官或做绅士）、商家（工商业），红军来时，大多数商家都跑了、流氓地痞（即好吃懒做、赌博的人）。

土改时把所有的土地集中分为几等，平均按人口分配，红军家属、贫雇农分好田。干部家属无优待，富农分坏田，地主一般跑了，不分田。中农田拿出来，缺少便补给他。

肃反出了一些偏差。如当时抓到五都的一个反动绅士罗××，当时审问他还有哪些人是他的同伙AB团，他便咬定了县苏维埃好多〈好多〉工作人员，结果把这一批同志错杀了。

当时（在32岁时）我在三溪参加了共产党，同入党的共有4人，两人作介绍，以后下乡到别支部区开会，都开介绍信。支部书记是由乡主席或其他工作人员兼任，党的活动在当时是秘密的。

我当时入党填了表，如姓名、家庭人口、成分等。

（访问者：杨德义、黄文华；整理者：黄文华、杨德义）

12. 习梅生补充材料

我 31 岁（1930 年）在三溪乡当财经，后来原主席肖老端调走（最先主席是姓熊的），便由我任乡主席。我 32 岁（1931 年）到县内务部当文书，后原内务部长调升，便由我任内务部长。

我在 31 岁时在三溪加入中国共产党，介绍人是邓柏生、黄桂生二人，当时入党是秘密的。三溪乡建立了党支部，党支书是由乡文书邱木生兼任，党员有黄桂生、邓柏生、邱木生、习梅生、肖老端等 6 人。当时开会是人静后秘密地开，上级告诉我们领导党的是马克思，领导团的是列宁，支部会议内容一般是动员人当红军，要党员做宣传工作，要带头，要革命到底。

支部会议时间一般不作规定，大约一个月开一至两次。我曾经介绍过陈桂生、习林生入党。党支部在全县很少建立，只有三溪乡有，因为三溪较稳定。

在我 32 岁时，七八月间在黄陂开了一次全县苏维埃代表会议，选举了县主席，确定了区级干部。1933 年春天，又开过一次县代表会议，划分行政区，把乐安的金竹，宁都的肖田、吴村等区划归宜黄管。两次代表会议都传达了扩大红军、模范营和优待红军家属等问题。

宜黄河口、五都、七都都起了区，但极不稳定，起了几天便垮了。如五都区苏，当红军独立营在当地，政府便起在当地，红军一开走，白军进五都，五都区苏政府又只得跟红军撤到黄陂去。

（访问整理者：徐炽庆、黄文华、吴士军、杨德义）

13. 访问老同志吴裕祥连长的记录整理

1933 年 5 月间，国民党第五军军长罗卓英率领三个师，由永丰至禾口，西由广昌出发，企图切断我乐安和宁都的联系。当时红军独立第四师被围困于乐安南村，为了与宁都取得联系，便派独立第二营偷过白军封锁线。从此，一场曲折的游击战就开始了。

独立第二营奉师部命令，当晚由乐安南村出发，路过太坪西，爬山越岭，到崇仁礼陂桥，被国民党义勇队发觉。枪弹从敌阵碉堡内不断地向我们射来。那残缺的义勇队怎是我们的敌手？只放了两颗手榴弹，哄咚，哄咚，敌人碉堡完蛋了，机枪不再响了。一声"冲呀"，敌人吓得拖着枪，滚爪〔瓜〕而跑，刹〔霎〕时村庄被我们团团包围了。还在取乐的光头区长，吓得躲在房内的一个米缸后面，浑身发抖，把旁边的衣橱都震动了。这时，我们凶凶地撞进房中，往衣橱边走去，那该死的狗区长刚把手枪举起，就被我们抓住了。

第二天，我们继续由崇仁礼陂桥出发，翻过一山又一山，好【不】容易来到孤岭。谁知那残缺的义勇队会同崇仁县城白军一个连，迎面而来。久经锻炼的红军在未被敌人发觉之前，早就悄悄地分西北两路闪入附近的树林里。那奸猾的残兵发现我们西路部队闪入树林，便偷偷地摸过来。我西路部队借此向敌人猛烈地直冲过去，北路部队也机警地往后迅速包围上来。在敌人后面射了一阵机枪，咯……敌人如倒树似的死去了十多个。一场前后夹攻的战果，打得敌人蒙头转向，有的拖着枪向树丛里乱钻，有的把枪扔掉，往山坡乱滚。当时崇仁县伪县长邹溪听到这个消息后，立即亲赴宜黄县城，与国民党第四十三师联系。

我们得胜后，由孤岭直往岔路口走去。国民党第四十三师却由官昌到孤岭。企图把我们全部消灭。我们得此消息，即由岔口返回孤岭，狠狠地和他们打了一仗，当时由于敌强我弱，被敌人围困在孤岭。我们铁练的红军，怎肯在敌人面前示弱，还是以顽强的精神，固守阵地，接连和敌人战斗了六天六夜，歼敌一个团，白军在这一战斗中屡战屡败，他们见此情况不妙便收兵停战，将剩下的两个团紧紧地把我们重围孤岭。这时，我们只剩200多人，所带干粮也吃光了，又没有接继，怎么办？有的主张遣散回家，有的主张坚持战斗，在这样〔种〕情况下，陈营长（山灿）作了一个动员报告，通过一场尖锐的思想斗争，决定"以冷水、竹草充饥，坚持战斗，设法找出敌人的缺口，冲过封锁线，往岔路口，越过崇仁到宁都中山坝"。于是派了一个班侦察敌情，在敌营中，除站岗哨的之外，困的困，赌博的赌博，一团漆黑。我们便乘着这个机会，将全营分为东、中、西三路，冲出白军岗哨，顺利越过崇仁境界，到达红军主力居【住】地——瑞金中山坝。

（整理：余美显）

14. 关于黄柏岭战役的访谈资料

徐太保（【曾任】东陂区模范营第一支队【队】长）、李裕来（【曾任】东陂乡苏维埃主席）、曾冬生（【曾任】宜黄独立团传令兵）、徐太勋（【曾任】黄柏岭少先队【队】长）。

在1931年七月间，第三次反"围剿"击溃国民党孙连仲部队，收复乐安、宜黄一带，苏区红军便集中于宁都中山坝。黄柏岭的农民群众听闻红军获胜回宁都，由徐宇红、徐菊保、徐万保、徐细发等前往接头。红军便派黄义光同志前来帮助建立了苏维埃政权地方武装和群众团体，领导农民进行秋收，打土豪，分田地。从此农民群众摆脱了封建枷锁，自己掌握了政权、土地，还了老家，生活得到了很大改善，生产热情空前高涨。近半年之久，国民党第五军军

〔长〕罗卓英率领部下主力军第五、九、十一师，由乐安横击于广昌，企图切断我泰和、宁都地区与南昌的联络。这时黄义光同志根据县委指示，在东陂、暮下、黄柏岭、三溪一带猛烈扩大红军。这一带群众积极响应号召，踊跃参加红军，父送子、妻送夫，锣鼓喧天。据统计，当时参军的有 70 多人，同时，还将赤卫队、少先队的 100 多人组成一支地方游击队（东陂），在附近山间进行活动。不久，劣绅徐蕙生率领义勇队（宁广难民团改编的），约 100 多人，仗白军之势，在这一带疯狂地敲诈农民，反坝〔攻〕倒算。建立宁广游击队（200 多人）【并】开往这一带，会同东陂游击队一道展开游击活动，经常敌激①国民党义勇队，并向驻东陂的敌军引战，当时想引敌追过宁都、埃上，全歼敌人。可是那狡猾的敌军以为我们是大红军却按兵不动，暗暗地召开师长会议，研究战役计划（第五师驻东陂附近的山岭，第九师驻干溪附近山岭，第十一师由西源翻过雷家坪到大柏过章山，采取步步包围，层层深入，〈入〉向宁都推进，企图"围剿"我们）。这时，我们派了部分游击队，扮赶圩的、卖柴的、探亲的，潜入敌人阵地做小生意，机智勇敢地进行摸索敌人军力和战略计划。中途敌军第一师到宁都后听闻红军主力驻在宁都中山坝，立即改变原计划曲回驻守黄柏岭。游击队了解这一情况，在傍晚的时候向驻东陂附近山峰的敌军第五师一连放了几枪，便往宁都中山坝与红军主力接头去了，这时敌军第五师即向黄柏岭猛烈地狂射机枪，吊迫击炮由宁都曲回驻黄柏岭的敌军第十一师，以为红军占领东陂山岭，就朝着东陂山峰吊炮，一直打到天明才发觉是自打自，结果伤亡很大，便互相埋怨起来。当天晚上，我们把这一情况向红军总指挥部作了汇报，指挥部便命一、三、五军团各派一部分军队，紧密地依靠游击队和当地群众，深夜分三路围攻。游击队便派陈先富同志为第一军团的向导，带领往郭家地随着朝峰嶂下来，走大路，过徐坊、锯州、上堡到白竹包往黄陂，围歼

---

① 原文如此。

驻东陂的敌军第九师（这条战线有 50 多华里）。当时，由于时间关系，敌军第九师、十一师伤亡部分军队后，就各奔前程。往宜黄县城撤退，只在中途撤断了一个团，歼敌 1000 多人，缴枪 1000 多支。黄发生为第六〔五〕军团的向导，带领从淡水坑走侯坊，向三家寨过左坊下层沉包围驻黄柏岭脚头山的敌军第十一师，同时防御驻干溪敌军第五师的接洽。第三军团中路冲锋，由车边岭走磜上，向望天堂直冲下来。当时，在望天堂和敌军第十一师会合打了一仗，歼敌 1400 多人，缴枪 1400 多支，其余敌军往【黄】柏岭撤退，藏在炮兵阵地——脑头山（师部驻鸟龟山）以猛烈炮火向我军轰击。由于敌军炮击过猛，一时难于冲锋，敌军第五师听到第十一师被打败撤退，立即往乐安跑，我第三军团在第二天乘夜摸过敌人封锁线，在脑头山下的周围焚烧起来，敌军看见山下四周起火，机枪大炮往山下乱扔〔射〕。火越烧越往山岭燃去。这时，敌军只顾逃命，丢了〈一〉枪满山乱窜。我隐闭〔蔽〕在脑头山附近，部队便乘机〈关〉直冲山岭，敌军的重要山脑被我军占领了，山上烧死的敌兵也不少，未烧死的全部缴枪投降了，接着，我第五军团包围了鸟龟山，活捉敌军第十一师正师长陈麻子、副师长李明。第二天，在黄柏岭召开了附近一带村庄的群众大会，大家一致高呼："我们坚决要枪决害人的敌军头子陈麻子和李明！"

黄柏岭这一战役胜利后，宜黄县苏维埃政权才趋于稳固，并大大地得到了发展。

（整理人：余美显）

（八）东陂原始材料（三）

1. 周北斗访问记录

周北斗，现年 49 岁，【曾是】游击队员。

〈记录：〉由于反动靖卫团邓满保（侯坊人），经常来我村抢牛抢东西，我 19 岁（1929 年）5 月间便到南丰抓山苏乡政府接头。同行的有邓德胜和细伢仔。后便在那里当游击队员。7 月间，我们打回小李坊。在小李坊起了乡政府。待一个来月，驻侯坊的靖卫团邓梅花、邓满保部打到这里。我们便转移到肖田去。后虽然经常来，但不稳定，直至黄柏岭打火后才稳定下来。

李坊乡主席邓观音，秘书饶金花。

1930 年这里分了田，得两亩田一个人，后待三年才向地主交租。

红军士官生活一样，五天一刷（即五天算一次账）。

（访问整理：黄文华）

2. 侯六生访问记录

侯六生，【曾是】游击队员。

我开始参加营〔模〕范营，后在 1933 年参加游击队。干溪游击队开始有四五十余人。1932 年十一月间改为黄陂游击队，同年 12 月间又改为河口游击队。1934 年国民党来了，游击队迁过〔往〕宁都去。

革命委员会之前，侯坊无村苏政府。开始国民党有个反动靖卫团。侯坊村政府是在民国十八年建立的。我民国十九年在侯坊参加模范营。

东门与侯坊建立苏【区】政府时间差不多，干溪就要迟一些。

侯坊乡苏政府肖北斗、邓武标、邓金生，秘书邓水生（小名"干鸡老"），干溪区的秘书邓子春。

苏维埃政府工作：打土豪，扩大百万铁的红军，扩红首先动员，〈由〉自愿参加各种武装、大红军、独立师、独立营、游击队、模范营、少先队……各种武装任你参加，毫不强迫。参军时，少先队打锣鼓架饰〔家什〕、欢送。

公债发行了一年。

白军来后，国民党要我们老革命写保证书。内具保法。组织保甲制度，敲诈别人的钱。

（访问整理：黄文华、杨德义）

3. 杨朝份访问资料

访问对象：杨朝份，现年 64 岁

我 26 岁时红军来。当时我当村代表，那次红军来时我开到宁都接头。结果宁都就派人过来，是从宁都肖田过来的红军。红军过来之后，就建立苏维埃政府。（这是东门第二次建苏政府——整理者按）①建政府的第二年，插禾的时候，国民党打来，捉走两个人。

东门苏乡政府管鱼山、水西、象山、下坊等四村。

（访问整理：黄文华、杨德义）

4. 关于干【溪】区零星资料

1. 根据土地革命时期群众所闻、所见及女烈属口述：

这位女烈属老公伍四贤在干溪乡当财经，是 1928 年五月参加革命的，白军游击队捉去，把他杀死在东陂。

红军连长何东，在 1927 年十一月间来干溪工作。在干溪过年，第二年建立村政权，开始是建村政府，随之侯坊、干溪建立了乡苏政府，在干〔溪〕区建立了区政府。

2. 在干溪座谈会上，对干溪建立政权时间作了如下讨论：

革命委员会是 1929 年建立的，何中②连长是 1930 年十一月来到干溪工作的，打土豪，分田地。1931 年六月建立干溪游击队，当时并无新老游击队。

干溪村革命前有 300 余户，革命过后只剩 30 余户。

妇女组织了妇协会，妇女【做】鞋子，慰劳支前线。

政府人员、红军每天伙食费只一角钱。什么人也不能例外。

肃反委员，直接【受】县保卫局领导，不管中共书记、少共书记都可以先斩后奏。

（访问整理：黄文华、杨德义）

---

① 原文如此。

② 上面写作"何东"，有疑。

5.陈光月等调查座谈会材料整理

陈光月,【曾任】农乡政府土地委员、游击队员、东陂区政府主席、军事部长、乐安二分区赤卫司令部第二连连长,是自首,后任了10个月的保长,两年保代表;陈龙生,贫农,【曾任】宜黄游击队员独立营战士、江西军区保卫队警卫连士兵;陈先富,贫农,是〔曾〕任三溪乡政府代表、乡主席、模范营士兵、保卫队士兵、〈保卫队士兵,〉五军团第三连班长;邓辉生,【曾任】国家政治保卫局宜黄县东陂区特派员,〈是〉出席中华苏维埃共和国第一届代表大会后被捕,任过两年伪保长,一直至解放。

因为中间没有中心发言人,故一并整理如下:

在1928年(民国十九年①)十二月,宁都益〔营〕礤乡苏维埃政府主席赖东海来此起局。召集群众会,成立三溪乡政府,主席熊有俊,文书邱木生、李焕义,粮食委员黄桂生、财粮委员邓先发(管账目)、分田委员陈先月、交通熊老生(送信、通知开会等)、宣传委员何明福。因为熊有俊是富农,改由陈先娴(贫农)担任,六七月陈被捉去,乃由黄桂生担任。陈坐了一个月的牢,被释放了,不久黄桂生被义勇队捉去枪毙了,是东陂义勇队,由徐老四(【黄】柏岭人)领导,共有二三十个人,皆为步枪装备。成立时间不详,1929年由邓梅生担任主席(邓柏生为东陂区政府主席,后来打散又做过宜黄县苏维埃政府的主席),1931年后白军就未来过,政权乃巩固起来。

1929年春天开始打土豪。先召集乡政府负责人开会布置。首先到李家山捉到刘菊生的老婆解到营礤,罚了400元(现洋),钱

① 原文如此。民国十九年是公元1930年。

粮尽上缴。后又到白竹一字脑地方分了肖友名的衣着、吃食等物（因人未捉到，故款未得），又到白竹星南，廖春生的老婆廖纪生的崽也被捉到。因警戒不慎而被挖墙逃走。土豪打得多，但记不清楚了。田地分了都很简单，没有划什么成分。此地田多是宁都人众上的即庵堂的，也有是地主的。当时分田是搭匀均分。本地只有中农、贫农，每人分得 10 担的田（约两亩半）。但是我们的口号是抗租抗税、反苛捐杂税，打土豪分田地，过去的劣绅就是现在的恶霸，虽异名而实一。分田地后共耕种了 3 年，也未向苏维埃政府完过一次税，只是一、三、五军团来才供给饭食而已。当时红军战士是分好田，由于优待家属故替其耕种砍柴。

当时打土豪的标准是有 1000 元家财才打，后来地方上百元，二十五元亦打，因为千元大户少。

1930 年 2 月一、三、五军团由南丰来攻打宜黄县城，克之，消灭白军一师（〈约〉二千余），当时曾派担架队抬伤员、搬运粮食。后回到东陂到宁都去了。据说一军团管三军、一军管三师，这是第一次攻打宜黄。

第二次攻打宜黄是 1931 年 6 至 7 月。当时亦是红军一、三、五军团来了，听说朱总司【令】亦来了。城里是白军第七十五旅。当时是【时】打时停，每天有飞机，多在夜间打。共打了 20 余天未克。白军五十九师增援乃退到霍源，白军五十九师亦追至霍源。乃在此打。缴了敌人 2000 支枪，俘房千余人。将俘房解到侯坊，问其是否愿意当红军，不愿者每人发 3 元（纸币，缴获敌人的）遣送回家。后回到东陂回到宁都去了。当时游击队是配合红军行动，但主要在侯坊押解俘房等工作。

1932 年三月清明后三四天发生了黄柏岭战役。当时白军第十师驻东陂，十一师驻黄柏岭村里。停了四五天，一、三、五军团侦得此消息，乃从宁都从东西中三路包抄而来，东路由浪溪到白竹到东陂，西路由侯坊到柏岭，中路由宁都隘山过风亭下到柏岭。当时白军第十师马上走宜黄下去了，只是包围了十一师。费时两小时就包围了东陂。从晚上打起，共打了两天三晚。白天少打，因为有白军飞机。消灭了十一师，打死打伤生俘敌人6000余，缴枪6000，其他还有纸票、米、无线电台、迫击炮、大炮、轻机枪、自动步枪、驳壳【枪】、手榴弹。白军放火烧其死尸，烧了一个山头。红军后又回到宁都去了，从此未就〔来〕。

据说当时毛主席、朱总司令、彭德怀都来了。用五里路外无线【电】指挥战斗。当时，都是群众带路，由各地人带，一路就是有二三十个。对于带【路人】百般优待，让其先吃〈，吃〉饭，吃得好，后遇打飞机均要慰问，以己身来保护。

第一次是南（城）广（昌）独立团，曾与白军一靖卫团（挨户团）打过，红军是参加打岭上元来去①，前后曾有四五年在此活动，约有一千余人。

我们这里是先有游击队再成立独立营、团、师，共有1000多到2000人，有师长、政委。

宜黄县游击队驻东陂，与苏维埃政府同时成立（1928年至1929年间）②。开始有二三十个人，十支步枪。队长戴叶郭（甘溪人，后红军一离开即率队叛变，解放后【被】枪决）、政委尧琴珠（甘溪人）曾到东陂，黄陂五都、四都、二都何溪捉土豪打火。

1933年六、七月【间】重新成立宜黄独立营③，约有300余人，下有三个支队（即连）、一个特务连（即有两个排，四五十个人保卫营部）。营长张国强，政治委员是北方人。三连政治委员是邓国藩。

（访问者：邓道华）

① 原文如此。
② 宜黄游击队于1931年4月成立。见《中央革命根据地词典》，北京：档案出版社1993年版，第252页。
③ 1932年2月，宜黄县苏维埃政府将建立较早的区游击队合并，又一次建立独立营，有300余人，200余支枪。见《中央革命根据地词典》，档案出版社1993年版，第252页。

6. 黄发生访问调查整理初稿

黄发生,【曾任】模范营战士,曾进行过一般自写自新,中农。

1930 年春天成立三溪乡模范营,约十几个人,一二十支步枪,44 支驳壳【枪】。营长何明福(杨梅山人),敌政治委员是宁都人。内有两个排,4 个班。1931 年二月曾在寨上扰乱东陂与义勇队打一次火就退来。我只参加了半个来月就退下来了。其次下堡徐德生亦参加过,还【有】△柏的胡新生。

同时,邓辉生说:"模范营主要是乡里四十【岁】上下【的】人参加的。帮助游击队打火、解土豪、运东西,直接由乡政府管。"

(访问者:邓道华)

7. 陈光月等调查座谈会整理材料初稿

陈光月,中农,【曾任】乡政府土地委员、游击队员、东陂政府主席、军事部长、县干部(个把月),后任乐安二分区赤卫军司令部第二连连长,自首,曾任十个月保长,两年保代表;黄发生,中农,【曾在】模范营中当了一二十天的兵。一般自首;陈龙生,贫农,【曾任】宜黄游击队员、独立营战士、江西军区保卫队中警卫连(在宁都)守犯人一年多。一般自守〔首〕,其妻曾被敌人枪毙;陈先富,贫农,是〔曾〕任三溪乡政府代表、九个月的乡主席、模范营士兵、保卫队士兵、五军团(在白竹)第三连班长。

1933 年十月间成立本县独立团。[①]

乡政府主席委员由上级提名、经群众选举〈的〉。

1929 年 3 月间成立东陂区【政】府。负责人都是宁都人，主席姓李（宁都东桥人）。下有军事部长、裁判部长、粮食部长、经济部长、土地部长、文书等。

区委会有中共书记一人戴家兴，少共书记丁道中，还有组织委员、宣传委员由区政府人员兼任。此地未建立党团支部，也没有党团员。

区政府管辖益磜乡（属宁都）、横石乡（属宁都），还有宜黄的三溪乡、东陂乡、白竹乡、边山乡、八都乡（营坊乡）。

三溪乡管章山、营磜、杨梅山、瘦柏、肖港、下堡、△子坑。

未成立村政府，只是每村选一个村代表（男女均可）。

邓柏生是瘦柏人，起局时【任】乡政府宣传委员，后任区主席、县内务部长。

1930 年三、四月间成立县政府，驻黄陂，1932 年正月迁罗家湾，主席罗章生（宁都人）、军事部长曾德行、总务部长黎书云、文书肖怀宣、经济部长邓达宣、土地部长张德能（兴国人）、保卫局长易厚栋、文书何明佛、内务部长邓柏生，其他还有粮食部、检查部、妇女委员。

保卫局专干肃反，一成立政府即有，共进行了两三年的活动。也有杀错人的，例如张山习生，他原任县内务部长，背枪请假回家，有人报他是 AB 团分子。当时保卫局派人去捉而其背枪上路回县，后【被】捕逮枪决，1958 年已追认为烈士。虽然有杀错人的现象，是因环境被杀，也有时不允许安静长期调查。

打【黄】柏岭时，军队与乡政府接头，由乡政府直接派那村某

---

① 宜黄独立团于 1931 年 6 月成立，中共宜黄工作委员会将宜黄新属地方武装——独立营和游击队合编而成。团长高山，团政委欧阳忠。见《中央革命根据地词典》，档案出版社 1993 年版，第 252 页。

某人去当向导，当时三溪有黄发生、陈先富等人去，皆未得钱，因为红军也苦。

1930年春天，省政府的黄卫夏来领导东陂区第一次选举（起来是宁都人来组成的），三溪代表是管守庆，代表共有六七十个人，开了一天一晚的会。选举了肖传忠为区政府主席。是6个月选举一次。

政府平常工作是肃反、分田，编制模范营、少先队、赤卫军等。

乡组织与〈领导〉赤卫军，大约在成立政府后个多〔把〕月即成立了。赤卫军主要是打土豪，临时可起可散，由乡政府主席指挥。

少先队由15岁以下人组成，共有十多个人。主要是宣传、劝人劳动、摸敌情、放哨。队长是李连生，队员手持梭镖。

儿童团未发生作用，没有列宁小学，瘦柏教私塾也没了（害怕跑了）。

反帝拥苏大同盟未成立（有名无实）。

担架队是40岁以上，十来个人，队长不详，乡政府主席指挥。班长李中保，共两个班。

没有建立团支部，没有团员。

国民党第五次"围剿"时步步做碉堡，做在【黄】柏岭，红军走后，模范营、独立团经常过封锁线扰乱敌人，至九、十月间打散。1934年五月白军来此，群众逃走上山。国民党欺骗宣传写自新。起码要交10元、20元给富农、地主领到自新证。邓相生关了两三年，陈龙生关了两个月，邓凤生亦坐牢，【当】时杀了黄柏生两公婆。烧了黄发生房子4间，牵走30多条〔头〕牛、猪四五十【头】，鸡鸭无数，其他衣着、被服、吃食等物被抢无数。这都是靖卫团干的。白军三十一师也抢了四五十石米去。

宜黄靖卫团是由吴动民、姜辉龙、谢老四、熊厚福领导的。

宁都难民团亦来此。它是由地主、富农、反水人组成的，由李元龙、肖作平领导。

经敌人破坏后，全乡减少 20 余人，地主反攻倒算了 3 年的租，10 担田（两亩半）交 4 担谷，每担折谷 3 元银洋来交。还不起要算息，田、山、房子、猪、油、红薯、猪肉等物都拿去抵。借债是加二加三的息，起保甲抓兵。

政治上被叫做"土匪"，被管制几年不等。

红军北上后，崇（仁）、宜（黄）、乐（安）并为一县。（在金竹）坚持半年才散。

红军来之前，本地就知道红军活动情形，知道龙岗消灭张辉瓒的事情。又得知公略、万戴改为胜利县，宁都改为博生县，8 月 1 日纪念赵博生。宁都游击队在周围一带打土豪，故由本地人邓柏生、李焕义、李顺信去接头、迎接。

红军未来前，我们是不敢反抗地主的，当时地主有熊玉章、李佳发、李邦鸡。富农有李龙生、陈先才、邓先战。

孙牛志亦到过东陂，来到三溪，只向有钱人写捐。

（访问者：邓道华）

8. 邓辉生调查访问记录整理初稿

邓辉生，【曾任】宜黄县国家政治保卫局东陂区特派员，曾出席中华苏维埃第一次代表大会，曾进行过自首自新，担任〈出〉两年多的保长，中农。

在 1929 年春天（19 岁）在乡里当模范先锋队的队员，主要是放哨、检查行人。乡里交通员去游击队后我就担任交通员，约有〔一〕年多后，调到区里收发处做事，后调到县里国家政治保卫局（在黄陂）学习一个月后分到东陂区当特派员。〈红军〉十月到少源参加宜黄县第一次代表大会，开了十来天会。十一月到博生县参加省代表大会，约停留一个月。当时省主席是曾山，后选了刘寄跃①。当时代表有四百多人，宜黄 8 人：黄陂区是付福生，肖田区（在宁都县属）是肖大生，还有曾德行，其次还有蛟湖、五都、乐安等地代表。后曾山调往中央。

红军十二月到瑞金县开中华苏维埃【共】和国全国第一届代表大会。当时有 1200 个代表。会上毛主席报告了四次反"围剿"的情况和扩大百万铁的红军的决议和扩大苏区的决议。②所有扩大红军情况是要【以】做好优待红军家属的工作为前提。刘少奇亦作了政治报告，国家政治保卫局局长邓小平亦做肃反工作的报告，朱德作了军事报告。选举毛泽东为主席，朱德为总司令，刘少奇为委员。

约停留了二十多天到十二月二十三日结束。就又到县保卫局工作，分配到东陂区。1933 年四月间又调到瑞金肃反委员会训练班学习了个把月。训练班共有五六十个人，老师两三个人。当时宜黄只派了我 1 人，其次乐安 1 人，南丰 1 人，崇仁没有。至六月回来被派到宜（黄）乐（安）崇（仁）同三县肃反委员会（乐安金竹），这时保卫局长等人都一起到宁都去了。一至〔到〕家当天晚上，靖卫团吴动民的三中队就把我捉到侯坊去，要什么"收编"自新，出了 50 元大洋放出来（24 岁）。

---

① 1932 年 5 月 1 日，在兴国县城召开苏区江西省第一次工农兵代表大会，选举产生了新的江西省苏执行委员会，曾山继续当选为主席；1933 年 12 月 21 日至 29 日，在宁都县七里村召开全省第二次工农兵代表大会，选举刘启耀为主席，曾山、徐达志为副主席。见《中央革命根据地词典》，档案出版社 1993 年版，第 175 页。

② 中华苏维埃第一次全国代表大会，于 1931 年 11 月 7 日至 20 日在江西瑞金叶坪召开，代表共 610 人，毛泽东苏区中央局的作品政治问题报告、张鼎丞的作品土地法报告、王稼祥所作的少数民族问题的报告、邓广仁所作的工农检察处问题的报告。19 日选举产生了中华苏维埃中央执行委员会，主席毛泽东，副主席项英、张国焘。见《中央革命根据地词典》，档案出版社 1993 年版，第 56 页。

宜黄县保卫局局长是易道栋，文书，还有一个三四十人的保卫队。东陂区特派员除了我还有武孝敬（70 余岁，何溪人），特派员主要是侦察、搜集材料、汇报情况。特派员直接由易局长领导，向其汇报。以用左手指头另〔为〕暗号表示要汇报。特派员名字是公开的，但肃反侦察工作是秘密的。凡是侦察由特派员当，由保卫队抓，县裁判部审判，由保卫局人枪决。

当时杨梅山有一个姓何的是 AB 团，已【被】枪决了。曾任过三溪乡主席的肖会金（住五都一亲戚家中，隐瞒未报）逮捕后死于狱中。杨梅山的张大脑与一红军战士妻子在县府内务部部员之职行动不好①，工作不好，不请假，经常回家。局长说他与五都人有勾结将其逮捕，后逃走往山上去。后还是回家生产了。蛟湖丁山李久生、章山习丁生两人，说他们与陈桂生有勾结一起也枪毙了。而习确实是杀错。

三溪乡变迁人选于下：

乡政府初起（1928 年）在瘦柏，1929—1930 年在仙山下，主席肖会金，因地方田地不好又迁往港背，主席是徐桂生，不是调往区里工作，由管守庆接任，后其辞职，乃选何明早，因其工作能力不强，乃由李中保担任。李为接山下人，被靖卫团抓去，乃由陈先富担任，后其因病请假，由章连生担任。一直至结束政府止，他是病死的。

乡政府组织只有主席 1 人，秘书 1 人，土地委员 1 人，交通 1 人，宣传委员 1 人，伙夫 1 人。

---

① 原文如此。

9. 访问记录整理初稿 [①]

营礁陈先月唱：

《十骂反革命国民党》

一骂反革命国民党唉，军阀豪绅并流氓，压迫穷人受痛苦，屠杀工农不留情。贺龙叶挺上广东，拥护中国共产党。拥护拥护唉中国共产党嘿！（不全）

《暴动歌》

我们大家来暴动，消灭恶地主，农村大革命，打土豪分田地，新军阀反革命，杀它一个不留情。跟上苏维埃，工农来专政，实行共产制，运来时大同，世界革命最后的成功。

《妇女剪发歌》

革命高潮，妇女要剪发。剪发放足样样好。

出门乱步跑，免得失掉金和银难得寻找。比先好得多，省得梳来省的摸，省的出虱婆。不带金来不带银，真诚来革命。免得做油发气臭死别人。

《上前线歌》

跑步联天，上前拼□，想起平岁决战在今朝，我们少年先锋队，英勇的武装上前线，用我们的刺刀枪炮头颅和热血，嘿！用我们的刺刀枪炮头颅和热血，坚决与敌人决死战。开战胜利，并进攻消灭万恶的敌人，夺取那抚州、吉安、南昌等中心城市。用我们的鲜红旗帜插遍全中国，战嘿！用我们的鲜红旗帜插遍全中国，坚决【与】敌人决死战，完成革命的胜【利】。

骂一声蒋介石欺骗我工农兵骑作牛马。出湖南攻下武汉。

---

① 此份材料无访谈时间等信息。

（不全）

《劝兵歌》

当兵就要当红军，处处工农来欢迎。官长士兵全一样，没有人来压迫人。

营礁邓风生唱：

共产党领导真正确，红军打仗真不错，粉碎了国民党的乌龟壳。我们真快乐，我们真快乐。英勇的红色战士，我们的胜利有把握，上前杀敌莫错过，把红旗插遍全中国。

高呼□战斗，我们已经胜利了，打倒了蒋介石，推翻了六个，保护了苏维埃，最后胜利是我们。

10. 邓辉生、陈光月调查访问记录整理初稿

邓辉生，中农，曾任宜黄县国家政治保卫局东陂特派员和伪保长。陈光月，中农，曾任军事部长等职和任伪保长。

宜黄县苏维埃政府主席名次〈表〉：首先是罗章△，次之梁毕地，又次之徐桂生（黄柏岭人），再次之邹显亮（五都人）。

县委会的中共书记是肖怀生，后是戴家兴，少共书记肖△。

东陂区苏维埃政府主席名次：邓柏生（上调），再李△△，再黄桂生（被捕），再曾连生（调动）任职【一】个余〔来〕月，陈光月（又名陈保民，犯法），再△中（横山人，任职久），再章水生，再杨友生（尚在东陂）。

县管东陂区、黄陂区、新丰区。

只有背港有一个村政府，一个月之后即并入三溪乡，△销村政权。

春耕生产队由乡主席、秘书等参加，他们没有事亦参加生产。

打【黄】柏岭红军〈的〉牺牲【有】二百余人。

三军团是彭德【怀】领导。

八月一日纪念赵博生。

1934 年白军三十七师在黄陂、九都、宜黄县城、何溪二都驻扎与活动。白军四十三师在三都靖卫团，义勇队在侯坊、边山、梅岭下一带驻扎和活动。

在 1931 年和 1932 年，共两次曾向宜黄县苏维埃纳过土地税，三溪乡约纳 100 元钱（不纳粮食），不按亩抽，只是摊派。

在 1931 年冬和 1932 年冬，曾发行两次公债。一般是 3 元起码，也有 5 元的，10 元〈的〉顶多。

曾兴有自由恋爱，红军北上后，又全部逼嫁转身。

赤卫军司令部的司令官是曾德行，领导赤卫队、模范营，在安沙山排、猪咀钟、平溪、大湾、〈大湾、〉陆家庄这一带地方活动。模范营有三连（共 200 余人）。其中还有一个特务班，主要任务是扰乱碉堡，捉反水群众。

肖怀宜、李书云解放都【被打】靶了。

宜黄工农银行有跟政府和军队走之分。

红军走后，田地荒芜，草禾杂生。缺粮乃食薯渣度日，而敌人逼租又急。

那些被捕释放的人，回来时都遍体血迹斑斑，骨瘦如柴，不能认其人。

（访问者：邓道华）

11. 邓辉生访问记录整理初稿

邓辉生，中农，曾任宜黄县国家政治保卫局东陂区特派员，后当伪保长至解放。

县苏维埃政府是 1930 年（即 19 岁时，现 46 岁）成立的，第一任县主席是罗章召。秘书李香文、肖怀宣。

崇（仁）、宜（黄）、乐（安）三县并后才有肃反委员会，先只有保卫局。我从瑞金学习回来后派任为主任（即 1933 年 22 岁）。

1931 年（即 20 岁时）当区特派员，当时区主席是肖传中。

1930 年县府先在东陂后迁黄陂，区政府与其同年成立。

首先是 1929 年冬成立三溪乡，1930 年再成立【黄】柏岑〔岭〕乡、暮下（即△沅乡），再灵山乡相继成立。后东陂才有区政府（1930 年）。首先是邓柏生的〔当〕主席。打土豪是先到李家山打李家贵，到其家搜到 1200【元】光洋，是大红军来干的。这时还没有政府（1929 年冬），隔个月才去接头起政府。

接头的〔者〕之一李焕义，当〔担〕任三溪乡秘书，他是富农又吃鸦片。焕信任伙夫，焕龙病死。

黄桂生死。区政府曾散过，这时是六〔五〕个乡：三溪、柏岭、暮下、益磜、横石【等】。打了张辉瓒后才又成立了六个乡，八都营坊乡、边上、甘溪、侯坊、东陂、白竹乡。

1928 年分田，只是评一下说一下某人多少钱。1929 年夏耕再正式分好，只是三溪乡分好了，其他乡未分好。

等宁都肖田区成立（1930 年），横石和益磜两乡调回宁都。

保卫局是从宁都出来的，先在东陂，后迁黄陂。新丰、八都有靖卫团又称义勇队，是李台庚的〔当〕头子，故从 1931 年开【始】肃反。

1930 年冬天，打了一次宜黄城，第二年春天又打了一次宜黄，再打霍源。三区义勇队头子是李大庚。

三溪乡的妇女慰劳队主要是唱【歌】、做鞋、募捐、洗衣，妇女委员是罗七秀。

县财政部长是王久生。县亦有教育部，部长名字不知。三溪边起了儿童小学约一两个月。老师是岳中能，读苏维埃的洋书。

区政府主席名字次第：李△△（宁都人），后调回宁都，黄桂生（被敌枪杀），曾连生（去前线），邓柏生（上调县），陈先月

（又名陈保民）犯法，肖传忠（上调县），杨友生（调动），章水生。

黄陂区下辖五都、黄陂、蛟湖、安槎。

三溪乡红军来之前，有人口七八十户，290 口，红军去后只有六七十户，200 口左右。

地租多为平分，差的田是两亩担租，债息年加二，红军去后日息 10%。

（访问者：谢承祐、邓道华）

12. 徐太沅访问记录整理初稿

徐太沅，游击队【员】。

1930 年成立宜黄游击队。成立时有 120 个人，后生病，走了的只剩下六七十个人。归东陂区领导，9 个班，连长李凤高，指导员是宁都人。共有 3 个排、9 个班。连长、文书、指导员、通讯员组成连部。十个人一班，百把条枪。游击队曾带路到柏岭打。后又帮助拾枪堆到东陂来。曾活动在四都东华，与靖卫团打。缴了其 5 支枪（1931 年六七月），又到四都排缴到一支。活捉了 5 个靖卫团员（1931 年六七月），又到二都石钟寺与难民团打。1931 年七八月进攻黄陂打了一日到夜终，因靖卫团人多而退。到 1931 年九、十月间就扩大，分别编到乐安独立营和宜黄独立营。我编到乐安独立营里去了。到前线配合大红军打。从此就没有游击队的名字了，但有乡的模范营保卫苏维埃社会治安。以后又可扩大。

（访问者：谢承祐、邓道华）

13. 徐德生访问记录整理初稿

徐德生，区军事部长，曾任过伪保代表。

模范营队长是邓国藩，政委邓单保。1930 年在模范营（29 岁，现在 56 岁）。1931 年（30 岁）在游击队，1932 年游击队扩大为宜黄独立营。当时有 80 人，枪 40 支，但以后又有模范营扩大为游击队，然武器是梭镖。1932 年打柏岭（32 岁）后三溪游击队编为独立营。1934 年当区军事部长，此时东陂区管三溪、暮下、柏岭、白竹、西源、八都营坊、甘溪、侯坊。区政府〈由〉移到暮下的安坑，县府由黄陂移到白竹（上堡），又移到乐安金竹，县管区为黄陂、东陂、白竹、新丰、八都神岗（1934 年）。然全县只有东陂、白竹、神岗三区，县府在黄陂只停了两个月。炉鉴起局和这里一样早，乡政府是 1930 年成立的（即 29 岁）。

黄陂起县府在益礤，横石归宜黄领导。先县政府在宁都益礤，后移到东陂（打【黄】柏岭后），再迁到黄陂（打河口至三都再老虎街，先县城，斯时是 1932 年八、九月间在此后才移至黄陂）。

宁都东陶有一个革命委员会，李家山亦有一个，再扩大一个。一个委员会管三县，宜黄由东陶管。

从河口先宜黄游击队在前，独立营、独立师在后，攻开城，大红军才来。打柏岭后才起东陂区，隔了几个月才有县政府。

独立营营长王家山，指导员邓国藩 1933 年（33 岁时）。

（访问者：谢承祐、邓道华）

14. 涂新生访问记录整理初稿

涂新生，贫农，【曾任】贫农团主任、互济县主任。

曾任三溪贫农团主任，当时贫农 20 多户，70 余人，经常工作是派模范营队员、哨队（即少先队）、保卫队、筹款等。乡政府等决议均与贫农团□□。它是 1928 年冬成立。

1928 年冬天又成立互济会，又任主任。与妇女会有联系。参加者有 30 余人，尤以女多。参加者有宣传婚姻条例，解决结、离婚的权力，保养耕力、调解事情、募集慰劳品的权力〔利〕和义务。

商量凡参加上述两组织者均没有什么证明，也不交什么会费。

贫农团亦参加分田、抗租、抗税、反霸等活动。

筹款是向土豪、富农等，视家财而定。钱得之悉数上缴。但多到外面去筹。

1927 年四月三军团①由东陂街来了一连人，到李家贵【家】搜到 6000 元光洋，捉其老婆又获得 2800 元。当时涂新生和李焕信、李焕义、李焕龙、涂先民、涂春生、徐平发、刘洋眼、李邦新招待他们吃了一餐饭。事后召集他们开会，会上其领导人说："你们帮助我们做出了很大的成绩，很大的成功。你们不要怕，我们开到前方去，你们要把工作做好。我们时刻会来。"后沿狭村、甘竹，到南丰回瑞金（即沿马路而去）。

第二天白军来，将我们这些人捉去坐牢、审问、踩杠子。

宁都益礤五军团来此起局。当时是由赖东海、赖宪藩、赖宪生、肖金旺、肖金芽、肖金赫、肖金武（解放后打了地主、流氓），邓国藩来此工作起局。工作好了就回宁都去了。

---

① 原文如此。

起局后筹款多是自动捐的。

三溪乡妇女会主任是陈九秀（邓柏生的爱人），1928 年即成立之，只贫、中农妇女参加。工作是唱歌送新兵入伍，慰劳伤病员，洗衣（队），做草（布）鞋等工作。

党员有李焕信，1929 年入山，是任区军事部长。还有徐桂生也是 1929 年入的。因为通过贫农团调查其历史才得知。

赖贤茂是益礫人，在此当〔担〕任过三溪乡宣传委员。

（访问者：谢承祐、邓道华）

15. 邹新一访问记录

邹新一，【曾任】红军机关枪连班长、战士。

三军第三团机关连有三个排，一排三个班，一班有 12 个人（包括班长），一连有九个班共 108 人，另还有三个排长，三个副排长，三个伙夫（一个机关枪连有两匹马背子弹，每匹马背四箱），两个通讯员，一个司号员，一个事务长，一个连长，一个副连长，一个文书（没有指导员），故机关枪连一共有 126 人。该连曾参加过打张辉瓒。

邹新一是在后来打漳州（福建）时负伤，进定州医院待四个多月，医院里给了一张残疾证、一条路条、30 块红军纸币回黄陂。第二年黄陂就被白军占领。

（访问者：徐禹谟）

16. 黄贵发访问记录

黄贵发，【曾任】东陂区苏维埃政府监察委员。

监察部的工作是：1. 检查别人是否是好人。2. 宣传工作。3. 调查哪个是土豪。4. 调查没有条纸的和从别处来的人。5. 扩大红军（扩大红军是各部门都要做的工作）。

扩大红军的口号是："扩大一百万铁的红军，夺取南昌、九江并武汉。"

扩大红军是一个长期工作，（先是扩游击队，扩到没有人可扩为止。赤卫军也要【出】操，但赤卫军是吃自己的（多是带豆腐、粗菜吃），但是加入游击队就吃公家的。打爆竹欢迎，天天吃猪（是打土豪得来的）。

种田的人员调配是这样的：乡村里若有 30 个人，派 15 个人耕田，派 15 个人【出】操，过了半个月就对调一次。

红军在时，田只耕十之七八。白军来后荒了十之三。

（访问者：徐禹谟）

（九）神岗原始材料（一）

1. 神岗区苏政府老革命同志代表座谈会记录

参加座谈的老革命代表：谢凤保、许富生、吴永福、涂华贵、应再生、陈绍来、谢文国、刘国生、邹先文、吴立礼、廖学贵、黎广兆、陈焕成、丁顺兴

麻坑约有 3 个人为革命而牺牲。

国民党封锁盐，就吃淡的，去买而死的也有很多，吃淡南瓜，淡得瓜牛肉。

开始成立游击队，保卫政府打土豪，不久游击队编入大军，成立模范营、赤卫队，代替游击队的工作。

杀猪散肉，有的穷人不敢要，就从他家的狗洞中塞进去。

缴获归公：枫林邓先道在南丰沙岗上，买菜时拿了人家一床毯子，回来即被关禁，打土豪时如果身上衣服烂了需要换，则可换一身好的，烂的丢掉。

乐家庄早〈上〉在 1932 年年底起了苏维埃（离独立师来后十几天），召开群众【大】会打土豪分田地，打倒帝国主义资本主义，大家团结起来。接着过年，红军出钱买了猪，散肉给大家吃，先召开大会呼口号"打倒帝国主义""反立〔对〕国民党出买〔卖〕东三省"。1933 年二月白军打来了。四月又成立政府。各地普遍成立政府。

第一次主席李桂树（病死），后换李财生（还在龙上），还有江老王（敌死），江甚禾佬父子（敌死），江维△（红军杀）。

造产捐，每月每人百斤谷。

养路捐，修城费，毛猪出口税（未养的也要每年每家七分），盐股金——红军去后的。

派捐讲人情。

红军去后每月2角，担谷每年担息2天劳动。

借地主的钱要人担保，送鸡公写红契，有5担谷可借25元钱，还不起则收取食物，甚至娶人妻女。

1930年未来。

1932年冬天独立师在此游击，在乐家庄成立政府。

1933年二月至三月各地成立政府，托油菜脚菜。

大雄关战役，我十二军五军十四师，敌九十师，从麻坑来，三师、九师从（大雄关来）。

1931年四月神岗乡政府。

1932年底独立师和敌卫□连靖卫团、李贵田打过一仗。

1933年二月和敌打一仗，我退至狭春、都坊圩，出来又打。又进甘坊宁都，四月时又出来在都坊圩吃早饭，赶至崇阴缴到很多盐物，在雷家湾住了几天，回来在神岗居住。先龙上的村苏成立（二至三月间）以后，党口革命委员会成立，后神岗区政府，人都是乐家人，主席邓桂生（乐家庄），带枪投敌（敌杀），应佐伪赤卫【队】队长，财政委员，姓江曰成（带钱逃跑，我杀），李科田（带钱逃跑，江永庆，他们管钱，带钱逃跑被杀，江永灿）。

应方伯在△仔被杀后走掉了。独立师正计划捉他杀。走到李尔圩（邹先文说："我在师部开会说，应方伯走到反革命方面去了，捉到杀他"）。

神岗区政府最先在乐家庄，后在神岗。五月△仔被杀，最后在党沉（和党沉〔源〕党口的村政府合在一起）。

肃反委员会主任应国生。

有 11 人被敌杀。

党口、龙上乡政府，刚成立时称革命委员会。人员齐集后改苏维埃政府。

党口乡政府后移至党源，主席是伍仔、邹先文、汪加行（文书）、谢良盛（土地）。徐闰伙（财务）、黄〈牛〉牲仔、邹花汝。

没有优待红军家属。

东陂第二大队，陂下岱七都是第一大队、神岗第三。除伙夫都有枪。

三军九师时起了游击队。神岗苏维埃游击队（在新丰市编的）队长应伍仔，在新丰市时（六月时）换姓杨的，后换高山，有百多人。

独立师时起游击队，队长编在独立师里，只有个月后，只有70余人，指导员杨成初，排长尧子，二排长不知道（四五月成立），七月十三日编入独立师机关枪连，其中十余人在团部当传令兵。

敌来后一年时未抽壮丁，以后则要做苦工，就叫我们去。

党口乡（党坑龙上、杨坊、蒋坊）牺牲 18 人，病死 1 人。

神岗乡（罗坊、樟岭、小付元等）牺牲 31 人，病死 5 人。

（工作队：许怀林、龚国兴、杨绍武）

2. 访问应方伯同志记录整理 ①

应方伯，神岗人，现年 58 岁，1931 年 4 月参加游击队，同年9 月入党。

第一次访问

---

① 前后一共有四次，但是原文没有按照时间顺序编排，二是第二次在先。整理时，按照时间先后编排。

时间：1958 年 12 月 25 日

1931 年四月成立的区政府在神岗，是"神岗区政府"。没有乡村政府。还是个架子。月余白军即来。

1933 年四月成立的区政府，起初是在党口水西湾。邹家祠堂称为党口革命委员会。因与南丰边界上有土匪李金石的扰乱、有南丰国民党的保卫团，他们翻过山就到了，故在四月底搬到神岗来，也是随独立师行动。独立师活动至崇阴，便搬来神岗。独立师进党口新丰，□搬去党口，六月二十九日去黄陂卢下县府开会。改成党口区政府，属县府领导。筹款解至县，不再解至师部。此次开会内容主要是筹款肃反，筹款是各区乡任务定期解上。而〈与〉区政府自己的开支再由县里拨来。其实并不需要很多。米肉是土豪的，衣服需要的话也可以打土豪得来。肃反：对外是侦察保卫团"铲共"义勇队的成员，把他们捉来交师部，对内是查干部有无亲戚是保卫团的或"铲共"义勇队等反动人物。有则令其出去不要他工作。此时组织了肃反委员会，应方伯是主任，还有副主任一人，杨科长、应国生（已死）等七人是委员，共计九人组成。委员会提出被怀疑者或有问题者进行讨论，决定最后处决意见，由杨科长转师部决定，杨科长是实际负责人。

又重新进行分田，方法和 1931【年】四【月】时一样组织割禾队进行割禾。十月初，白军来退至杨家山乐家庄，前面又来了白军，未跟到军队，各自走散。

1931 年六月至 1934 年六月在南丰西溪井竹帮助包乡田打保卫团，打土豪分田筹款因他们人少枪少。

1932 年七月十七日我军打下乐安。十九日打下宜黄，二十三日打下南丰。应方伯随十五军部（军长高自立）回到神岗，把其留下要他做地方工作。独立师来跟着打游击，时是八至十二月势力逐渐壮大，保卫团吃不消。1933 年又酝酿成立政府，四月成立。独

立师游幼〔击〕的路线大概是：广昌—甘竹—甘坊—猪坊①—谷牛
塅—蒋坊—杨坊—党口—神岗—崇阴〈—崇阴〉—演口—黄陂—东
陂—新丰。应方伯也留下来探情报，向独立师报告，有一次他探知
南丰的敌军八师有一营人七八十条枪会到来沙岗上游击，便扮作挑
箩做人生理样，挑着几十个蛋去五都（独立师正在之地）报信。

1931年五月二十八日白军打来后，应方伯等二百余人，随红
军撤退，成了工农红军，在广昌的三十五师扩大改编成赣东南西北
四独立师，这时这四师都在广昌活动，独立第四师一〇五团四连
连长调来南丰西溪成立南丰警卫营。其是营长，应方伯调任为宣
传员，时为1932年九月，十月扩大成团，应方伯便调任团部宣传
〈员〉主任，成立了宣传队有11至12人，随政治处走。该队成员
都是党、团员，有团支部，文书〈时〉是廖礼芳（吉安人），副支
书应方伯。

团政委向应方伯交代问题，应再传达给各队员。宣传队经常下
到连队上政治课，有课本，宣传形式有文字的、图画的、口头的，
"做"文明戏。"组织搞文娱体育活动。发动参军，成立政府，过去
咱们穷人受压迫，现在有红军保护，又发枪组织政府，掌握权柄，
帮助找政府人选，报请政委批准，打土豪分田，刷封条，在火线上
跟随尖兵到前面去散传单。""士兵不打士兵，穷人不打穷人，优待
俘虏伤兵，医治白军伤病兵。"前面队伍一打下地方，宣传队即下
去贴标语、布告，召开群众大会进行宣传。"我们都是穷人、工农，
我们帮助你们打土豪分田，行军时帮助找向导开路。逢三岔路口时
又〔用〕石灰标明应去途径。"领导唱歌，鼓动士兵，还帮助连队
搞墙报，教识字，教群众唱歌。

团部在党总支。营部是支部，全团党的会议约有四五十人参
加，政委作政治报告，讲国内外形势，教育党员不要脱离群众，不

---

① "猪坊"应为"朱坊"，后文写作"朱坊"。见《江西省宜黄县地名志》（内
部资料），1985年版，第128页。

要违犯〔反〕纪律。

肃反部的工作和肃反委员会的一样。他可以捉人，肃反委员会则不能，肃反部长有权批准杀放，肃反委员会主任则不能。

区等行政机构没有军事部，军队师部才有军事部。

第二次访问

时间：1958 年 12 月 27 日

1931 年四月，红军由新丰来，是为第三军团，军团长黄公略。①三军九师【师】长徐远刚在此主持成立区政府，时四月八日，是为"神岗区政府"。区长应连发（已死）、文书李新玉（已死）、财政部长李高文（已死）、粮食部长应金寿（已死）、肃反部长应团生（已死）、分田委员应迫高（已死）、事务长大干米（是别名，已死），还有宣传部、土地部，并进行了打土豪、分田的工作。土豪应络时、应琴生、白应龙、邓早生、"三亡命"、周细龙仔父子（三亡命是父亲）等都是打的对象，得到几千元钱，这些钱皆大家分用了，未上缴。师部不要，认为"同志们辛苦了！你们拿去用。"按人分田，好坏搭配，每人六担谷田，红军、游击队家属可多得到一些好田，并发给一些钱用，并发动群众准备割禾，为红军、游击队家属挑水、砍柴。

组织妇女会，应菊金为指导员，有几十人，他们做宣传工作，打扫环境卫生，帮助红军洗衣服、找禾草、烧开水、洗澡水，为红军做布鞋、打草鞋。

组织了少先队，团长吴永福（别名干米仔），党口人。他们要放哨、捉吃鸦片烟的。见到抽鸦片的就抢走其烟枪，拉其去区政府。参加者均是 15 岁以下的少年儿童。在街上看见吵嘴的也进行

---

① 中国工农红军第三军团于 1930 年 6 月成立，军团前委书记兼总指挥彭德怀。见《中央革命根据地词典》，档案出版社，1993 年版，第 219 页。

调解，并说："不要〔吵〕好，要好〔吵〕就到区政府去。"也组织了少年先锋队，队长洪道成（以后做过一个多月的伪保长）。

在组织区政府的同时，组织了游击队，有几百人（包括神岗附近各地的人）。队长应玉龙（已死）。应方伯是第一班正班长，副班长是谢文国。当时有3个游击大队，东陂的是第一大队（以后反水了），五都的是第二大队（在不门庵被围牺牲），神岗的是第三大队。

五月二十八日，国民党军队孙连仲的七十五旅从宜黄打来，随即退至杨坊，军部进了洛口，师部在新丰。崇乡的三军团七师李柏岭由黄陂进入新丰，九师进洛口。应方伯等随着去南丰、西溪、苦竹。协助苦竹区工作，该【区】区长是包维田。

八月，国民党军队逐被打退，红军已扩大。南丰警备营成立，营长邓由义（湖南人），应方伯调为营部宣传员，十月改编为南（丰）广（昌）独立团，邓由义为团长，应方伯为团宣传主任。

十二月，由共产党员领导的七十五旅万余人在宁都起义，应方伯等去招待宣传，"士兵不打士兵，穷人不打穷人"。

1932年七月，十二军、二十二军打开南丰，进行筹款：是大商店，先贴上封条，交钱后，撕去封条，给其收条。后又打进株良，前面为毛炳文的第八师所阻，时许克祥的二十四师又进占连昌，抚州又来了国民党军，于是又开回神岗。

1933年二月，独立师、独立团来此，师长戴福胜，政委陈漫远，团长陈璋在〔重〕新成立区政府。独立师派杨远权，一般皆称之为杨科长来领导组织政府。应方伯为区主席，是为党口革命委员会，陆师部领导，后县政府成立，才改为区政府。该区辖10乡，即卢坊乡、神岗乡、杨坊乡、龙上乡、下湾乡、上田乡、党口乡、尧坊乡、蒋坊乡【等】。

十月，国民党进攻，打大雄关①，国民党由麻坑来，是吴奇伟军，九十七师、第三师。双方损失很重，由于国民党人多，我军随至乐安庄。新丰、宁都，区政府也打散了。应方伯等到处跑，躲在山上不敢回家，在乐安亲戚家躲了一些时候，后回家（神岗）时也不敢整天在家，去山上〈去〉躲藏，白色恐怖很厉害。进行清乡，组织了所谓"善后委员会"，在红军中吃过一顿饭的人都要罚8元银圆。

红军宣传的口号有："红军是工农出身，你们在山东、河南苦战得了（很□意）为什么又来打工农红军。""欢迎白军拖枪过来革命。""医治红军伤病兵。""士兵不打士兵，穷人不打穷人。""优待俘虏伤员"。"打到抚州、南昌去，活捉鲁涤平。"

AB团员是土豪、地主们收买的流氓，混入我游击队，当我们打胜了时，枪向上打，并喊叫："不得了，国民党来了。"当我们打败了时，就枪口向着我们游击队员打。以后这种自己感到羞耻，有所觉悟，自首。我们便在关禁其一段时期后，让他当马夫等。在当时没有政治委员在场时，不允许三五个人在一起谈话，否则便疑是AB团分子或在商议开小差。

应方柏②于1931年九月在团部加入中国共产党，由团部邓由义、政委周侦介绍，是在南丰石溪，填表几十张，家庭出身、个人出身、姓名。人名、时间都要写得清清楚楚，宣誓了，誓词中有"不贪财，不怕死，革命牺牲，斗争到底，和群众斗争在一起"等字句。会场布置样式是（略——编者注）。

党员要每月交党费，每月6个铜板，有党证，是图形，铜质，正面有列宁像，反面有号码，以后有纸的党证。3人可成立一个

---

① 大雄关战役发生于1933年11月。见罗瑞卿《大雄关的战斗》，引自江西瑞金文联《中央苏区文艺丛书·中央苏区散文诗歌集》，长江文艺出版社2017年版，第61—62页。

② "应方柏"，文中又写作"应方伯"。

小组，15—21 人又成立支部，有支书 1 人，组织委员、宣传委员、记录组长。团部是总支。7 天或 5 天开一次会，然后再以同样的内容召开群众会，开会时要向组【织】汇报自己的工作。谢凤保是党员，吴永发是团员。

红军来前，神岗有三四百户，土豪、富农约二三十家，收租是：好田 4∶6 分，坏田 7∶3 分。借贷是 10 元月息得 1 元，息上含息。还有筑路捐，盐股（每月一块钱买盐时仍要出钱），警士捐（亩□钱：抓壮丁，把人捆去，不当兵就要出钱给警士们分享）。

第三次访问

时间：1958 年 12 月 29 日

曾在私塾念两年书。

陈毅同志是赣北司令员，经常在崇仁、宜黄边界天华山一带活动。那时生活很苦，他们都曾吃淡南瓜。

在瑞金见过朱德总司令，他很朴素，穿草鞋，背个大斗笠，屁股上吊根旱烟管，三次反"围剿"时自己挑行李。

过去生活很苦，吃不上饭，草鞋经常在脚上，冬天没有棉衣服，把被子披在身上。而被子也只是破棉絮。天冷了只有个〔件〕短旧棉袄。脚下一条短夹裤，冷了便跑步，一直跑得头上冒热气。

应国生是我当区长时的肃反部长，应连官那一□没有肃反部，应宜临是文化部长，应昇文是财政部长，汪朝贵是粮食部长，土地部长、分田委员是黄三米，这些人都不在了。

入党程序第六条"肃反问题是这样进行的"，讨论本部门成员中哪些人言行有问题值得怀疑。有则把他扣起来，禁闭若干时候，或进行审问，"是否是 AB 团的团员？有多少人？谁介绍的？"有时用火烫，问到是 AB 团的团员就杀。有些人受不了烫就乱说别人也是，结果错杀了不少人。有的不知道 AB 团是什么东西，因此混乱地说是，如乞泥仔。结果坐班房几个月，换吊打，打后经我等证明其不是 AB 团成员，是老实农民，还经过多方面的调查后放出来了，未丧命，但降为马夫〔伕〕。三次反"围剿"后处理更慎重，上级也知道有被冤枉的，于是乡〔想〕调查搞自首自新。AB 团分子普遍受到卑〔鄙〕视，其自己也感到耻辱，于是自首是〔自〕新的很多，然后降其职务，令其牵马、挑担子、弄饭。

廖礼芳是党支部书记，应方伯是副支书，团部书记是李我郎。

独立师一〇五团四连连长即是邓由义，应方伯即在他部下。

应连官任区主席时的政府属三军九师领导，县政府是 1933 年成立的。

去苦竹是随三军九师去的，到南丰西溪苦竹后留下了应方伯等 200 余人，□□□由包围田领导帮助进行工作。

是先成立区政府，然后成立乡政府。宁都瑞金是先成立农会。

宣传部写的标语有"保护小商店，取消苛捐杂税，取消一切债务"等内容。还帮助找耳目。找老实农民、受压迫剥削深的人，到田边野外去谈心。如果对方不会抽黄烟，便劝其学会，并要求其以后把本村国民党的虚实用白矾写字在纸上，再用此纸包烟拿来，在抽烟时给我军。

扩大队伍是在南丰时，对象是翻身农民。

由于国民党有所谓保安团"铲共义勇队"守望队（三五个人到处去捉兵、放哨、做探子），故成立了肃反委员会。

当时三军团七、八、九师的分布是：崇乡（五都、四都、蓝水诸地）是李柏岭的七师，南丰是第八师，新丰、神岗这一线是徐远刚的第九师。

大雄关原是我们占领的，国民党以大量的牺牲夺得征〔此〕地。我们因人少才退出。

彭德怀同志是三军团指挥，第五、第八军属之。多湖南人。

第四次访问

时间：1959 年 1 月 11 日

1933 年七月发行了公债，党口乡 340 元。都由区乡干部游击队员等积极参加革命者自愿认购。我只见过 1 元、2 元两种面额的。上注明可作完粮纳税用，生活极困苦者，随时可以兑现金。

1933 年六月去黄陂开会有肃反扩大游击队、到附近白匪去筹款等项内容。

1933 年四月至五月分田，组织过耕禾队、割禾队。

提过借谷的问题，未实施。

当时神岗约有 5/6 的人不在家。其中 7/10 的人参加了革命活动。

（访问人：许怀林）

3. 罗连金访问记录整理

访问对象：罗连金

现年 65 岁，我丈夫是神岗乡政府的分田委员，他名字叫管广兴，神岗政府主席是子龙仔。

杨科长去五都后就没有来，他曾主持修了这里的桥，以后过桥人皆不忘杨科长，以后烂了点就修一点。直至现在，原来的桥为水冲掉，当时豪绅也想主持修桥，但是只为剥削，家家写钱，穷人写不起就借此不修。

另一女同志谈国民党是 1933 年十月二日来攻打神岗的。

4. 访问徐炳辉的一些情况

第一次访问

访问时间：1959 年 1 月 9 日

徐炳辉又名徐经武，曾任红军独立第四师参谋，系黄陂公社十都村人。在红军进入宜黄以后，本人于1931年二月间参加红军七师二十一团二连，担任文书，待2个多月。后因工作不胜任，便派下连当战士，这时的工作主要活动在瑞金、宁都、洛口一带，在1933年春季便调到三军军部当谍报员，主要侦察敌人情况、土豪劣绅情况。同年夏季，军部派他随同第七师进攻福建，打败了敌人张贞部队一个师，我们胜利后，国民党增援了大批军队，红军仍退回瑞金。待了半个多月，军部又派他随同第七师攻打广西〔东〕南雄县的国民党第四师。他担任先锋侦察，当时穿便衣出去，走到广西水口镇，被敌人捉住了，红军赶上和敌人打起来，他这时便逃跑出来，因为负了伤，便回到军部（瑞金），当时没有找到自己的部队。〈军事：〉1931【年】夏徐炳辉（又名经武），便和中国工农红军独立第四师取得联系，师部便留下他当侦察参谋，还有一个参谋，忘记了姓名，直接由师政委和师长领导，经常和他们在一起，师政委叫陈漫远（广西人），师长叫戴福胜（湖南人）。[1] 独立师受江西军区领导，当时司令员是陈毅同志。独立师在宜黄主要活动在神岗、党口、△水、黄陂、东家庄一带，这时的县政府也设在黄陂。独立师的任务有二：一是打游击，二是打土豪筹款，并在神岗一带捉过五六个土豪交到师部。1933年冬季还帮助了乐家庄建立了乡苏维埃政府。独立师没有打过什么大仗，只是1933年秋季在△水和敌人打过一仗，冬季又回到宁都、瑞金、石城一带打游击。自1935年秋季他在石城县受伤，住院半个多月，便被国民党抓住了，这时就在国民党部下当兵，一直是当战士，至1949年便在南京解放了，他又参加了解放军，在1951年便转业回家。现在宜黄钢铁厂第四车间当干部。

（整理人：罗帝庸）

---

[1] 中国工农红军独立第四师，又称红军赣东独立师。1931年6、7月间由宁都、广昌等县红色警卫营和部分游击队编成。龙普霖任师长兼政治委员。见《中央革命根据地词典》，档案出版社1993年版，第226页。

第二次访问

访问时间：1959 年 1 月 19 日

我在 24 岁（1932 年）那年八月间，我们的队伍在广昌军分区开会，司令员号召全体官兵这次要到白区游击筹款。队伍当夜由党口到麻坑，捉到一个保长，并搜到半斤多鸦片。当时就把这个人送到后方（军分区）去了。这天晚上在麻坑住。第二天就在神岗、里塔一带打游击，并在里塔和国民党的第八师打了一仗，部队又开往神岗、党口一带【。】师部多是驻在神岗和党口，进行游击筹款，并在神岗想捉应区长（应名石），但他跑到宜黄去了，以后经过群众报告，便捉到他的区丁。我们对区丁宣传教育了一夜，区丁便带我们找到一支土左轮、五发子弹、一架油印机、一个〔块〕手表。这个手表经陈政委同意，我就拿了。后来又在崇阴一带打过土豪。

十一月间，陈政委布置我到乐家庄建立乡政权。我首先在乐家庄祠堂里召开了一个〔次〕群众会，参加的男女群众有 20 多人，我向他们讲了一些革命道理，要穷人团结起来，打倒国民党，打倒土豪劣绅，实行分田地，穷人不打穷人，等等。开完会说〔后〕，群众很拥护，便成立了乐家庄苏维埃政府，当时选择〔举〕了一个乡主席和一个军事部长，并在乐家庄组织了一个游击队，有 10 多个人，军事部长兼队长，游击队都是拿梭镖保卫本地方的。

1933 年一月间，把乐家庄的军事部长和游击队一齐带到独立师和我们一起到里塔圩打游击，在党口帮助成立了苏维埃区政府，在部队里派了一个人去当中共书记，区主席是乐家庄人（过去吃斋，原是乐家庄的乡主席），因为当时党口是中心区，神岗是游击区。区政府成立后，便组织了赤卫队 20 多人，又把乐家庄的游击队留在党口，扩大有 20 多人，每人都发了步枪，游击队发了枪后我便兼任队长，副队长是姓陈的，是独立师的排长，游击队在党口、神岗一带筹款 800 多元交到师部。在一个多月以后，我便回师部，并带了一个通讯员来，他是乐家庄人，名字叫老仔。

党口区成立以后，上级号召"扩大一百万铁的红军"，并要求每一个人扩大一个，当时崇阴有五六个人参加红军，乐家庄有五六个游击队【员】也参加了红军，分区又补充了二三百人到独立师，原来独立师只有400人，到这时有1100人。

1933年十一月间独立师在黄陂时，我带了几个便衣到△水去打游击，我们的便衣到了桂家坳。我当时肚子痛，蹲在山边解大便，便听到敌人打枪，但队伍还在上、下仙源休息，发现这个情况，我马上派人报告了部队。部队马上登了山头，和国民党打了一个钟头，后面不知怎样。红军第六师（彭德怀的军队）往东陂这边街上来了，从清早打到晚上才停了火。到晚上时△水的民团便把国民党的军队从六都、七都带走了，但我们的军队怕受损失，也就走来黄陂一带。

1933年六、七月间，我们独立师还在党口、神岗一带，我听到说黄陂打到一次大胜仗，缴到敌人很多枪，活捉了敌人的师长。我们都说"可惜错过了这个机会，没有去参加这几次战斗"。

在打△水前2个月（1933年九月），陈政委便调到中央去了，上面派来一个政委兼师长，因为戴师长在里塔圩打游击时左腿负伤，送到后方医院去了，新来的师长忘记了名字。打永兴桥牺牲的是一个作战参谋，打伤了胸部而死的。

（调查人：门渝生、罗帝庸）

5. 周时高访问记录

周时高，男，现年66岁，住神岗村。

红军来的那年，一个交通告诉我几个人，把【这几】个人【送】去当游击队，我在山下刘家参加游击队。这个队共有3个班，我是二班。全队30多人，队长细△子。

邱科长在那里领导游击队。还经常到各乡政府去开会，刘家、麻坑、演口、东方、上贤、枫林、固源都有乡政权，邱科长经常到各乡去开会，带我们几个同志去。

有一次我到固源去，晚上跌倒了，把衣服【给】我换。到各乡去开会，给米票饭钱，每月伙食上面发大约 100 钱一天，一个月吃不掉，还有伙食分。游击队还要放哨。有一次，陈漫远来访哨，我们把他捉到，送到政府，邱科长就笑了，陈漫远也笑，伸大拇指直摇。

独立师一两千人在这儿做事。戴师长、政委陈漫远在刘家，我领一班人放哨，他们打刘家上神岗党口，从麻坑下，间不久又到刘家驻上一夜或几夜，独立师和我们游击队在胡坪寨打了一仗（永兴桥上一点）。打仗时戴师长看见我站在火线上将我按倒，打了以后，双方退去。

我和邱科长到黄陂大政府去开会，到【了】几次，总是吃了夜饭上路。

〈我〉和我们在一起的，还有岱七都陂下游击队二班 20 多人，我们同一个地方住。伙食分开吃，陈漫远在六家，我们和岱七都□游击队轮流放哨。我们游击队到演口捉了几个土豪。游击队经常下操，唱歌，如果声音大，邱科长就说好。同我一起有麻坑、茶园、下山三仔（做篾）。我们游击队同邱科长到新丰，叫我归来说我家人多吃饭，以后又会得到面，头两年参加，第二年回来。

（整理者：黄彬生）

6. 访问涂华贵记录

涂华贵，现年 50 岁。

第一次访问

在麻坑建立乡苏维埃，乡政府待 2 个多月，孙连仲军队进攻，5 月 4 日红军三军九师退走。我当时在乡里当代表。

1932 年阴历十二月间，独立师来麻坑，到 1933 年二月初几成立麻坑区政府。（党口区政府）有主席、区委、财政委员、土地委员、宣传委员、肃反委员、文书、警卫排。区委下面有少先队、妇联会、肃反委员会。有主任、侦察员、审判员、文书，当时区主席是吴暴鸡，财政委员丁胡家仔。我担任肃反主任，调查敌人情况□□坏人，肃反委员会的文书丁省三。肃反委员会侦察员黄贵秋。区委书记邱兴士。区主席后换陈培林。九月初十，九十七师进攻麻坑，区政府搬到东陂磨下。我那时已到宁都，【跟】省保卫局（设宁都城附近大路口）局长娄梦甲学习一个月。回来我被派到蛟湖当肃反特别员。1933 年黄陂起了县政府。1933 年十二月我和县保卫局长易道中到中央瑞金受训，学习肃反工作。待 4 个月，参加了 2 次会议。一次七月间由朱德同志讲话，与会者 200 余人。1934 年十月二十九日，经过半个月准备，瑞金召开了十几万人的大会。毛主席作报告，意思不要在国内作战，要动员创造一百万的红军北上抗日，十一月初九到宁都。易道中任侦察科长，我当科员，担任便衣队【员】。

1935 年二月组织省一级机关，成立临时独立师，也开始长征。到三月敌人攻入宁都，我们过吉安吉水，一次我们便在尖兵夜晚碰上敌人，与部队冲散失了联系，被俘在吉水，坐了 2 个月的班房，解到宜黄，由十家人保了才释放。

1933 年二月间，【与敌】五十三〔二〕师在蛟湖大龙坪、小龙坪打了一仗，活捉【敌】李明师长。

在那时，神岗一带反动区公所起了"铲共"义勇队。队长外地人，应铭石、侯献成、冯横昌、柚儿子都是。各地人都有，经常派侦探来探听情况，仁德仔是经常派到神岗麻坑一带来的侦探（现在黄陂杀猪），县里有保队。经常分两路，派到黄陂和神岗这边来专门捉当红军的游击队【员】。地主豪绅还组织有难民团设在县里，地主土豪逃到那里要领取符号就可以证明通行。

第二次访问

1932 年农历十一月独立师从新丰里面来到麻坑诸地。1933 年一月成立麻坑乡政府。我任乡代表，2 月蛟湖一仗我们消灭了敌人五十〔二〕师。捉师长李明，敌九十师、十一师从麻坑去黄陂过南丰，把这带的苏维埃政府冲散了。随后在二月二十几【日】重新组织了政府。成立了麻坑区政府，起初我任事务员。在区政府组织完善之后，县保卫局李希尧（县保卫局侦察科长，兴国人）来麻坑组织了肃反委员会。我是主任，整个区政府的组织系统是：

区政府 ⎰
    区主席、文书、财政委员、军事委员
    区委：土地委员
    区委：少年先锋队、妇联会、宣传员、儿童团

    肃反委员会：主任一人，委员两人，文书
    警卫排 一人武装七人
    游击队〈人〉是跟独立师走的

1933 年阴历十月初一国民党进攻，初四五苏维埃政府迁至七都东港。半个月后迁至暮下。这时我调到宁都去受训，学习一个月。

肃反委员会的工作是根据群众和各方面提供的材料，要警卫排或游击队去捉人，捉来进行初步审查。如果是被冤枉的或系贫雇农者，情节不重的可以即时作出处理，释放他们；如果是情节重的土豪劣绅，则把材料、人一齐交给独立师，由独立师的特派员和政治委员进行审理，提出处理意见，再交下给我们执行。如果另有材料或与原材料有出入者可以提出意见。

宁都受训后，派往博生县任特派员。这时没有肃反委员会，脱离了独立师。只有一个人进行工作，初步审理工作要会同区主席和

区委书记，下令捉人则不需要。审理不清、当时处理不了的案件交县保卫局审理。

1930 年三月九师来，成立政府，五月下旬国民党打来。直至1932 年才又来独立师。

曾发动群众帮助红军家属栽禾（割了八月白，分土豪的衣服和分田时会给红军家属好的和更多一点）。

1933 年六月发行过公债，面额有 5 元、3 元的，自愿认购，我认购 15 元。

1933 年七月成立模范营（30 岁以下的）。赤卫队（30【岁】以上的）、模范营没有枪。要去打土豪。（麻坑的模范营曾去南城打过土豪）赤卫队只守哨，负责运输担架工作。而抬伤兵等担架工作一般都是由乡政府派人去。

当时留在麻坑的有 80% 的人，其中参加过游击队、苏维埃政府的占 10%。如果包括模范营则占 40%，包括赤卫队的则占 80%。

1933 年国民党组织"铲共"义勇队。神岗地区很多，应铭时（神岗）、侯选成（党口）、洪玄昌（麻坑）等是头子，跟着白军来，帮助搞白军的住膳食。还对红军及家属、苏维埃干部及家属进行迫害，如把麻坑乡苏维埃的财粮委员吴子亮放在油榨上，用油榨尖撞死了，掠去他们家的财产，要他们出钱或写保结等。

麻坑有 9 人牺牲。

（访问人：黄彬生）

7. 应财生、罗道生访问记录

应财生，神岗人，【曾任】游击队员，住神岗；罗道生，群众，住神岗。

应财生于民国十九年参加游击队，待一年多。孙连仲部队来后，我们编进三军九师教导队。经新丰、肖田进宁都、瑞金、会昌，得〔待〕两年。民国二十二年打信丰。我病在信丰安圩医院。三军九师和敌广东第一军二师打了一仗后，走了。我们的医院遭敌攻击。100多人被拉到山上机枪射死，两百多人被俘。敌见我年小，留我当勤务兵，在敌第一军二师五团五连长戴□谋手下。两年后，调到敌第三营营部当传令兵。两年后请假回家。

民国十八年二月，邱云福（崇仁秋溪油顿人）土匪曾到这里，有1200人，900多支枪。

和十三都枫家山的地主武装——称为"联兵"——在尧坊水口上打了一仗，邱云福胜。其老婆便以党口是枫家生〔山〕"联兵"的势力【为由】，把党口街烧掉了。枫家山原是封建堡垒，国民党的收粮官都不敢进去。同年6月，土匪邓德高由李尔圩来，六百余人，三百多条〔支〕枪。

1932年间，国民党军队在神岗周围山上筑了许多工事。

应铭时等地主借债看人，有点家底子、多房屋牲畜的人才给借。他对本地方的人还好（？）。他家的钱多在城里赌博输了。输多了就叫家里的佃户把公粮谷担下城去卖（不给担脚钱），得的钱他就放在口袋里。

（访问者：许怀林）

8. 访问应菊金记录

应菊金，女，现年48岁，住神岗村第一生产大队。

红军来时我21岁，三月间来过三军九师，1930年红军时有来。

1931年三月在柏科长领导【下】，神岗成立妇女会，有12个代表，有20多个妇女参加，群众选我当指导员。妇女会开会宣传，组织妇女打草鞋【60—70】双，做鞋子 20 多双，跟着到处打土豪，分了田地，没有地的分田给他，游击队和红军家属多分 18 担谷田，分土豪的田，富农分了一部分，用竹片插飘飘。当时有这样一句话，"万户走下省，千户□阳等，百户随山窜，穷人把命拼"。

八月间，我跟政府到乐家庄，又到一都、九都，还到东黄陂做了 1 个月后走，到新丰市又和□仔到上去得五夜。十一月回到黄陂，在草鞋岗打仗。各有 1000 多人，打得很激烈，用敌尸做掩护，从半上昼打到太阳下山，在黄陂一个夜晚被冲散了，就从黄陂回家。

以后被敌人捆住，绑在祠堂里要打死我，后恶霸元铅石说"妇女就算了，罚她几十块钱"。结果由辛玉和担保出来，罚了 30 多块钱。

以后凡是到打土豪的，反动派都罚了他们的钱，还杀害了两位同志，国民党反动军队来我家什么都弄掉了，家具少了，打棚在外，山上又被烧了。

当时红军在这里成立有赤卫排、警卫队、担架队、少年先锋队。

9. 访问老革命同志的记录整理

访问对象：赖漆丁、廖春生、黄吉生、李家生等

应铭民、应员中（钟）、洪方仁、洪子怀、周宾孙、应汝枚、应树堂、应仕明、洪能扈、洪象贤、应金□、侯宪成、张家福、应时安、黄寿元，是神岗的绅士恶霸。

红军来前，即有保警队，十余人，应铭时是团总。

有保甲，但有名无实。

有泰来、复兴和万□堂等应铅时投资的商店。

有一小学，亦是有名无实的，学生很少，来者也是有钱人家的子弟，有的请家庭教师，或到宜黄县城或到南昌、抚州去读。校长每学期来一两次，请私塾先生任教。年给收学谷时五成拿三成，学校收保学谷、保学捐。

捐税状况：

保学捐：每家都要，多少不等，至少要每月每家半元。

造产捐：多的每月1元，少的几角，18—45岁都要按人口计。

马路捐：由壮丁出一保中数人出工[①]，全保中其他家负责他们一切的费用。

【还有】灶户捐、草鞋捐、放索礼、棉衣捐、警察捐⋯⋯

上述所有名目（除马路捐、造产捐、保学谷）总合在一起，分成一定的份数，摊派到各捐户（所谓写圈子）。年终时有某家破了产，则将他家所负【担】的份数摊派到其余户上，份数不变，份额随时变动，如县里有某某人来这区里吃了饭、花了钱，就加到各份额中去。

租好田：地主六佃户四，中田对半分，坏田地主四佃户六。

借贷："加二元钱，年利二角，担谷年利一桶，度其家有可能还债者才给借。五年还不了者，实行滚滚债。"

绅士们的儿子在学校毕业了，就各家散帖子，写了帖子就要送礼。

纸票一角、二角的纸张很差，五角、一元的纸张很好。

红军在这里【时，】留下的居民占8/10参加过革命。参加过革命工作的，如担架、放哨的，则几乎【是】全部。

红军在这里的几年都交了租，因经常走动，1933年也是十月走了，此时尚未割禾。

分了田，好歹搭配，按人口分，每人分了3亩。手工业者没有分田，土豪的衣物分散给大家，"协派"等两家杂货店的东西统统分掉了，年高〔老〕的老女人都会送去。

---

① 原文如此。

写过公债，自愿认购，先写后收钱，未来【得】及收钱国民党就打来了。听说是为了办合作社发行的，当时区主席林高文在此主持。

群众的生活"割 3/4 拍净箩，借了吃，收了还，还了借"，如此循环不息。

10. 访问应再生记录整理

应再生，男，神岗人，1933 年参加游击队。

1931 年农历十月，三军九师来到神岗。三军九师走后，国民党反动派就来了。1932 年经常有红军来到神岗。在神岗最多不过停半天就走。

1933 年阴历二月，独立师来到神岗，在神岗成立了区乡苏维埃政府和游击队，游击队的成立是互相宣传。说："当红军好，打土豪分田地，吃得好……"初我是游击队，游击队活动地区：东陂、王陂、五都、新丰一带，七月在演口，我编入第一师二连，九月连长挂了花，我就跟连长到广昌医院去。在医院当招呼员。医院工作人员共有 60 多个。有医官两个，还有看护员和招呼员、洗衣队（妇女参加），当时医院里的医药（西药）都是从国民党那里买来的。我在医院 7 个月后就调到宁都，吹号排学习，在吹号排学习的共有十四五人，在吹号排学习了七八个月因学不会，结果我就回来。这时在神岗驻扎了百把人〔个〕白军，以后只有四五十个。

11. 访问吴永福记录整理 ①

吴永福，男，现年 45 岁，神岗人，1932 年参加少年先锋队，任队长。

1931 年（我 18 岁时）阳历 3 月，三军九师来到神岗，召开了群众大会，成立了乡政府，选举了主席、财政、土地、文化委员，杨科长召集神岗乡的少年开会，成立乡的少年先锋队。队长【是】我，少年先锋队任务是守哨。18 岁以上的人参加，同年 8 月我被调到党口区里少年先锋队，区里是一个少年先锋队大队。乡是一个分队，村是一个小队。乡少年先锋队有印是□的上写了"神岗乡苏维埃政府和少年先锋队队部"字。外出不要介绍信，只有〔要〕在乡掌碗里盖一个字就可。

应方伯介绍我入团，入团秘密开会，入团要知道共产党性质，□□□□站稳工人阶级立场，不要受地主豪绅的拉□、不要风吹两边倒，反革命捉去不要写坦白书、写保证。入团秘密开会，上有会议仪式，有主席团唱歌，团员要立正鞠躬，有红旗，插在门口，旗上写了独立师某某团。□□□会上还高呼了口号："中国共产党万岁！红军万岁！毛主席万岁！苏维埃万岁！共产青年团万岁！打倒国民党！打倒豪绅地主！打倒蒋介石！"

党口区有卢坊乡、龙上乡、□坊乡、神岗乡政府，区有游击队，共 100 多人，有 30 多支枪。

1933 年 9 月（月份阳历），区政府搬到七都。1934 年阳历 3 月国民党包围九都，区政府被打散了。

政府工作：

---

① 原文无标题。前后有两次访问，因为都没有时间和地点，故合并在一起。

写标语，专有写标语的书。

打土豪。每天晚上捉土豪，活动范围：风坑、□□息上下、中山坪、内外中山宝、红岗钱岗。捉土豪前先召集和整队，讲话内容是"出去不□乱□、不惊动〈了〉群众，不受土豪、反革命的贿赂，捉到是女的不和她开玩笑、多话事。违反纪律，一二次教育，第三次就要坐牢。在北坑捉到一个反革命送到黄陂，另有五个坏分子□□，缴获三支枪（排长的一支驳壳枪）。敌人说："红军好苦，没有什么吃，穿乱衣服，好的都是连、营长搞去了。"当时我们还把打土豪得来的衣给他们穿，我们还有对他们宣传，"不跟白狗子走，不受白狗子的欺骗，跟白狗子走没有好处，我们还分田给你们"。

打土豪劣绅所得的钱就交到区里。区交到军部，得来衣、物、肉等，就分给穷人。在分衣服时，首先要召开群众大会（党口、神岗一次，冈坊两次），区主席或军事委员讲话，然后喊口号"打倒国民党！中华苏维埃万岁！扩大红军一百万！反对剥削！青年反对思想法西斯化教育！清除阶级异己分子！"然后捉到土豪，首先要审问，要他拿钱，不拿钱就吊，万一有钱不出的就杀了。假若夜内不去捉，就要到穷户人家去听是否有坏分子在宣传。

红军没有向老百姓借谷，只向区乡政府借。区乡政府就派人打土豪劣绅，反革命灭□背。

政府发了两次公债（年代记不清了，但不是同一年），发行公债只是干部，群众很少。发行前进行宣传："现在要建设国家，而国家又不能救济，大家可以自动捐"。

1933年自动加入青年团，介绍人应方伯，首先要填表，然后立誓，是秘密进行。发展团员，当时神岗区有一个支部，原只有6人（应方伯、邓子龙、吴立福和我自己，党口3个，龙上几个，洋坊11个），支部设有书记，武桥生，宁都人，党员，当三四个月县长。他专搞调查工作，在外发展积极分子入团，组织委员邓子龙开会当记录，也发展团员。宣传委员吴立福，工作：写标语、发文

件到各乡政府（由通讯员或可靠的人送）。团员不交团费，每月 15
【日】以乡为单位开会，每月 29 或 30 日开支部大会，由支部书记
召开，以乡为单位开会，由【专】人负责，宣传委员负责坪上、洋
坊，组织委员负责神岗，杨科长负责党口。

发展团员是秘密的。发展团员，首先要看他是否是贫雇农积极
分子，先后宣传。我们不要受国民党欺骗，坏分子如何剥削腐朽。
捉壮丁，我们有青年应事先带头。再后他同意加入，就写名数填
表，在支部大会通告，由组织委员带头念立誓。

青年团的口〔代〕号：C.C.Y.。

工作：打土豪等，什么都搞。

组织少年先锋队、儿童团。

少年先锋队好像现在机械民兵样工作：守哨。当时少先队队长
吴丘福，共 50 多人。有 4 个班，每班 12 人，有 2 个小队长，1 个
小队长管 2【个】班。

少年先锋队队员有木制的园印（刻有少先队字样），队长、组
长才有红布袖套。

儿童团长是宁都人，管 20 多人。

区文化委员：邹代标（现文书工作）。神岗乡文化委员：应宜
鼎（兼宣传委员）。

12. 访问廖招生记录整理

访问对象：廖招生

1930 年冬季，一、三、五军团从党口、神岗到这里来打游击，
过五都，没有多久又回去。

1931 年又来这里工作。三月间在罗坊（包括刘家）成立村苏
维埃政府，村主席姓罗，分田委员廖启龙，肃反委员刘仕（又兼财

经委员）。四月间村政府迁到刘家，麻坑区枫林、港口、小麻坑、罗坊（刘家）、演口（下南、徐家湾属演口管）、上南、演源等7个村政府。

1931年正月，红军派人在罗坊开群众会，成立游击队，当时参加的有40多人，没有发枪，只有梭镖、鸟枪。队长叫韩玉和，副队长是彭林生，游击队在罗坊刘家本村打土豪、分田地。打土豪是先调查那〔哪〕个土豪有钱，晚上就去捉来吊，然后就开干部会，决定要他多少起来赎。最少要四五十块，一百块、二三百块的也有，对调皮的土豪就要打，他才肯拿钱出来。五月间国民党第三师从南城，九十师从□阴来进攻。游击队就在党口被编入一、三、五军团。我被编到五军团三师特务连当机枪手。连排班长都姓廖，【五】月二十日在党口被打散了。一、三、五军团就开进宁都。地方上的绅士就出来"清乡"。到处抓当红军的，官小的要你把〔交〕钱自首，官大的就枪决。廖启龙、刘仕还被国民党枪杀了。绅士还叫当红军的人为"土匪"，要你找3人担保。

1932年【四五】月间一、三、五军团又从宁都那边来这里，打地方上的保卫团。团长叫应名希（神岗人，解放后被镇压）。保卫团有七八十个人，分3个队，有一个队长叫李贵金（不知怎样被部下打死了），还有一个是南丰人。保卫团一见红军大部队来，就跑到宜黄躲起来。一、三、五军团在神岗住了一个多礼拜后就攻宜黄。随后开过崇仁，两个月以后独立师来到这里，师长姓戴，独立师专门在东陂、黄陂、党口、神岗、麻坑这一带起苏维埃，打土豪，分田地，我村（罗坊村）就由刘年寿当村主席，田又没分成。

1934年7月间，国民党十八师从南丰，四十七、四十八师从宜黄又来进攻。白军在永桥被打败，就退到宜黄。九月间在南城一仗红军被打败了。十月间保安团又回来。白军十八师也来这里做工作，对参加过红军的人要叫担保就不枪决。白军也提口号："士兵不官长和弟兄一样，不写保要押到县政府坐班房，做官不大的关年把两年出来。写保的就要缴四五块钱。"

保卫团一见到红军家里的鸡、猪，就用枪打死搞来吃，见钱、见衣物就抢，强奸妇女，捉老百姓挑东西，称当红军的为"土匪"。

13. 访问何细仔等人

访问对象：何细仔（罗坊人，现年48岁）等3人

在罗坊参加游击队（时间记不清），几天后上神岗，白军打来，我们进新丰住一夜，进苦竹，过了四五【个】月。这时间中，领了枪，进行操练，每天三操两讲。操练科目多系射击、散分队形等。

和新丰市的土匪耘禾（李金锡）打一仗，我们派出尖兵三兵（多系3人），黎明出发，碰到其买药的兵，他便跑回报信。当我们快接近时，敌哨兵开枪，其余敌人皆拖枪逃跑，丢下衣服什物。中午后，又集股向我进攻。

后进到小贤。几天后，白军又来，我们弯山转到路口休息。又进苦竹，休息整两个星期。当时广昌县有白军，离苦竹只有40余里，我们便和老百姓〈在〉一起守哨。几个月后打过一次沙坑，一夜后又回来。

谢凤保曾去宁都领枪，当时政治委员谢德鹏（外面调来的）在此。

〈在〉我们到苦竹后不久，附近山区香菇客（又说不是香菇客）中出现了大刀会组织（没有发现其首领，也未抓到活的，和附近山区的老百姓，香菇客，不知道他们的来龙去脉）。一次约有七八个这样的人向我们进攻，他们头扎青布，左手拿青旗，右手拿大刀（□多长，老百姓说是猪母刀），脑前穿兜辅，说是有五分钟的邪法，在这五分钟内子弹打不进。他们一股劲的朝我们驻地冲来，这突然的袭击使我没有来得及收拾衣服，但他们不拿，只是痴呆似的朝我们冲来。谢凤保同志，把一袋子光洋掉在地上，前面只有一摊

狗血、杂毛，而大刀会的人却不敢过来。翻掉木桥，不敢过港，就绕道下面的石桥向我们进攻，结果被我们打散后，即各自走向深山不见踪迹。被打倒的两个，气息奄奄，神气痴呆，不发一言，我们有一个小战士躲在桥边柴丛中，被发现给砍死了。

后转到东陂，过年无猪肉，事务长到街【上】只买到几斤油豆腐。正月进到东陂、隘上、小贤，几天后跟政党委谢德明到广昌县开会（我只是同去的，非参加会议）。七八天后又回到东陂、隘上。

在新丰市打过几次土豪，沙坑打靖卫团。有一团红军在山崖下打死其很多人。当时敌人有余人，被俘的五六个人缴了枪后就把他们送回去（送至离新丰市四五里路的地方）。

保甲在红军没有来之前就有。白军来后，当过红军、游击队的，在苏维埃政府做过事的人都要出钱，我也是在参加的第二年4月开小差回来的，我怕到别的远处去当兵（当时队伍要往广昌）。回家后，应铭时保卫团即来，叫喊"土匪回来了，土匪回来了"。先问我带枪来否（未带枪逃跑，放在部队里）。到第二年正月，国民党来捉我的兵，"你既然能当红军，那就也能当白军"，于是被抓去操了五个月，到五月二十日（约）才回来（何细仔老婆补充）。

在我回来〈后〉一年多后，红军又来过一次，帮助我们割禾，几天后就走了。

何凤保自动走来发言：国民党军队是第九十七师、第七师、【第】九十师、第三师。都是从麻坑上来的，此后九十七师坐在党口圩，其余三个师进到东陂、黄陂。应铭时也随着回来，带着百余个保卫团【成员】。后来到处捐，当过红军的游击队的要写保结出钱。九十七师进到这里时，并不怎么坏（？），碰到他们听说没盐吃时，还会给一汤匙盐给我们吃。

我也是赤卫队，曾到麻坑去担茶子、谷到党口去。

从红军中走回来的人被保卫队发现查出，要在神岗扫三天街。

（参加访问者：许怀林、黄彬生、龚国兴；记录整理：许怀林）

（十）神岗原始材料（二）

1. 访问谢凤保记录整理

谢凤保，男，49 岁，罗坊吴边人，曾任红军排长。

第一次访问
时间：1959 年 1 月 6 日

1929 年冬，红军来过神岗，从宁都来，进行过筹款，罗坊吴植只被筹 2000 多元。

1931 年四月三军九师来罗坊、演口、党口等地。四月初四我参加游击队，进行筹款、打土豪的工作。神岗、罗坊、演口、麻坑、党口等地都组织了游击队，是属于第三游击大队。大队长起初是应伍仔，后（五月十几日）改为高山。罗坊游击队长彭林生（现在二都）是条硬汉，打土豪积极，上山被捕，固〔故〕以后土豪极仇恨他。朱月生、朱月茂二人后来赶得他在家存不了身。罗坊乡主席是刘年寿（现在是地主），进行扩军宣传，宣传内容是：两个阶级斗争，无产阶级要团结，打倒土豪资产阶级。罗坊乡参加红军游击队的共约 30 多个。

五月底，孙连仲队伍打来，政府散了。我跟三军九师经神岗、党口、龙上、新丰、狭春、长陂到苦竹，把我们神岗、党口诸地的 50 余人留下，并留 700 多元钱，是为一个游击队。队长高山，政治委员谢德鹏，南广独立团团长邓由义教操。当时我和应方伯、邹贤文皆是班长，【由】游击队〈的〉领导。关系是高、谢两人属〔熟〕，邓由义领导。邓属第一分区（辖宜黄、乐安、崇仁、临川、南丰、广昌）指挥，谢维〔唯〕俊领导。谢属中央领导。南丰县长是包维田 [①]（听说他后来反水了）。谢维〔唯〕俊领导该分区的县政府独立师、独立团、游击队、模范营。

在苦竹待了七个余月，十二月二十九日到黄陂过年，吃四两母猪肉，此时身上还只有七两重的棉衣，穿短裤，放哨时裹毡子。在此七个月中，受训的内容是三操两讲：操射击技术、打地堡方法、爬山进攻等，讲马列主义，讲中国是农业国、散慢〔漫〕性、帝国主义在中国的侵略等。

1932 年春夏间（此时只要穿单衣），在宁都改编成"宜黄独立团"。开始时我们只有四五十人，后来我建议不要杀掉，抓来的为白军挑东西的神岗等地的老百姓，留下他们在游击队中。于是人多了，故改编之，此时有 240 多名，分三个连，除炊事员外都有步枪。此时，谢德鹏因通土豪婆子【被】调到广昌去，高山【被】调回队伍，团长改由三军九师的机枪连路连长（名不知）担任，政治委员姓艾（名不知，在狭春打罗磨仔时牺牲了），1933 年二月打霍源缴到敌一连人的枪。计：自动枪 2、花机关 3、驳壳 4、步枪 80余。新丰都坊圩、侯坊、东陂、白竹、谷冈、港下等【为】主要战场。

1933 年二月底打草台岗。三月清明天【，】独立团在神岗厚田王家编入十二军，军长谢唯俊。[②] 此时我下放在神岗区政府工作。

[①] 1930 年 4 月，南丰县第一次苏维埃代表大会在高池召开，正式成立了南丰县苏维埃政府，包维贤任主席。见《中央革命根据地词典》，档案出版社 1993 年版，第 189 页。

[②] "谢维俊"应为"谢唯俊"，后文作"谢唯俊"。中国工农红军第十二军，1930 年 5 月由闽红九军改称，军长邓毅刚，后为伍中豪。1931 年 9 月，十二军军长罗炳辉。见《中央革命根据地词典》，档案出版社 1993 年版，第 215 页。

1933年五月任区代表，此时区主席是应方伯，五月底我任军事部长，区主席改为邓桂生（应方伯因应少仔被杀一事而骇〔害〕怕，离开区政府不干工作了）。八月底到博生县开会（军事委员，主席代表会），同去的还有演口的邹远中、吴立初（别名抢鸡），麻坑的黄细佬。会期8天，内容主要是：①要划清土豪、富农的成分；②各代表汇报工作。划土豪、富农的标准是：有50块银圆资本，靠剥削为生者是土豪；有200—300元银圆参加劳动者是富农，可抽其150—200元。贫雇农也要分清，虽有百余块钱，但是几年的长工，无家室的人仍算贫农（因为娶亲后钱就没有了）。老少者虽有些钱也不能抽。干部不能庇护有钱的亲属。这种人也不能以亲属是干部而不筹款。我汇报工作的内容主要是杨科长的作风：杨科长是神岗区的实质负责者，杀人随便，报复性强。他曾把吴边的富农邓钜怀当土豪办，没收其全部财产，烂了脚也要令其晚上去劳动。杨科长杀应少仔主观包办，未经详细调查和区里讨论。应少仔原有一个野老婆，后杨科长也到她那里去，杨怕群众说他的坏话，怕应少仔告他，便借口把他杀掉。借口是当时食盐供应极缺，有应口兰王（"口兰王"是说流口水厉害的人写口音）去棠阴，路熟且有熟人在棠阴，区里开会决定由他携带40元伪币去买些盐来。写了条子让其出境，限期七天赶回（无论买到与否）。到了第七天上【午】他却没有回来，下午杨科长便把应少仔抓起来，第九天早上把他杀掉，理由是他放走应口兰王等40余人去参加国民党的"难民团"，把我们的一切真况都告诉了敌人。可是该天下午，应口兰王就回来了。（未买到盐）听到少仔被杀的消息马上逃回棠阴避难去了。带去的40元钱交四文书应宜临。实际上自神岗成立政府后就不断有家底好的中农和劳动力强的人（在神岗又不能一心参加生产劳动）外逃，与应少仔无关，杨科长于是在8月底调回。

1933年十月初间，敌人打来，独立师先只告诉我们你们要走开一下，我们已走惯了，不在乎各自走散，我和姓朱的逃到吴边后面的梅树兜下，两个余月【后】回村。

当时，吴边保长邓右生是 50 余岁的老人，对人尚和气，同时是本村人，没有对我怎样。而那个姓朱的人又在他家做长工，他也就满足了。

以后，国民党捉过我 7 次壮丁，共花去光洋 400 多元，捉我义务兵 3 次，挑夫 1 次，这次从棠阴港里排上我拖上米挑到凤港，不但不给钱，饭也不给吃。敌连长还要我挑 20 里路，我不肯，他便打了我两耳光。这时刚好敌营长走来，我便报告之。营长便叫我回家，并给我了 1 升米。

一次捉壮丁，神岗熊区长下令每保要 20 个。当时神岗有四五个双丁跑下来告诉我：邓祖兰等两警士将会押两名壮丁下来到此要人。此时东坊、罗坊、吴边等地约 30 多个双丁都躲到我这里来了，我便告诉大家："邓祖兰原是我手下的士兵（当时谢凤保当排长），枪法如何我知道，不要怕，把他的枪拿下来，干他一场。"于是我们就坐在吴边桥头去守他来。时有一警士第四班长上神岗，看见我们并没有什么表示。而东坊的电话兵李子孟（富农）却上神岗去报告："不得了。吴边在造反，喜得我们未押人下去，他们正坐在桥上要缴我们的枪。"我知他不是好人，在这个时候上神岗去干嘛？于是站到桥中间去监视他。不久〈呆〉见神岗，路上跑下 20 多人，我便叫大家赶【紧】走上山。敌打了两枪追至山脚下，我率领大家在上面扔石头，敌班长应大佬（吴边人）赶紧叫"你们莫打石头下来"！我们便乘机跑进卢家顿山寮里，住了两晚，准备用酒瓶装炸药和敌〈区政府〉干一场。他们也很害怕我们（原来是警士的应菊生也在我们之中，他对敌人势力情况很清楚），全部躲到神岗王家老（顶上的意思）上住了两天，神岗绅士应铭时、周宾树、应汝梅等人赶紧到吴边来了解我们有多少人，怕人多了成大事吃不消，要保长叫我们下来。大家讲和，一保出一个人了事。于是我们就下来了，但还是防备敌人的阴谋诡计，晚上不在家睡，我则是几年来都是用手瞄弹、梭镖枕脑。

第二次访问

时间：1959 年 1 月 13 日

应方伯很调皮，调去团部（南广独立团）。于 1933 年三月至四月间回家。当神岗区政府主席。那时我正当乡代表。个【把】月后，应少仔被杀，应方伯逃走至李尔圩、南丰，同去的还有应连官。当时应铭时、应汝梅等人都在南方，应连官去后即被敌杀害了。应方伯则直到十月间独立师退出神岗后才回来。以后未做什么事（本无正业，只是管山业、祠产，现是做豆腐）。

应方伯是在南广独立团，我是在宜黄独立团，独立师（戴福胜为师长的老独立师）在七、八月间编为新十二军，宜黄独立团、南广独立团、宁都独立营都编入。

第一分区党总支，谢唯俊负责，南广独立团、宜黄独立团等都是支部，连部只有小组。团下面无营。路杰在开始时兼政委、支部书记。入党宣誓时的大会程序中第六项"肃反问题"就是政委报告，大家讨论，决定处分等。

南广独立团宣传队也只有两个人，即应方伯一个，另一个是南丰人。

应方伯未去黄陂开会，4 月神岗乡政府主席被杀，他即逃往南丰。

神岗区政府先于乡政府成立。主席先是应方伯，后是邓桂生。土地委员应乃宰，文化委员应宜临，文书李新玉，财政委员应昇文，军事部长谢凤保，事务部长应左麻仍，粮食委员应金寿（兼侦探，是共产党员，在敌班房拖死，儿子随红军未得回来，当时还有林高文，是共产党员，在东陂被敌破〔剖〕腹）。肃反委员应国生、宣传委员是宁都人，姓名不知。还有应△服、齐生、吴六仔。

东陂游击队有时是队长反水，有时是指导员反水。神岗游击大队长是应伍仔，后是高山。编成宜黄独立团时，神岗游击大队、东陂游击大队、宁都的东朝游击队都编入。

如果包括担架队、交通队、赤卫队、送饭送禾草的人约有 7/10（除去逃跑的人）的人参加。

党费是自愿交，党证是纸的，很小，入党约两个余月后才发给我。

AB 团一方面是乱说别人是同党，另一方面是破坏武器。

（访问记录整理：许怀林）

2. 访问邹裕生同志记录整理

邹裕生，男，现年 45 岁，老家是罗坊，现住党源塞家边村，1933 年阴历四月参加独立师。

我 18 岁时（1933 年）独立师来到罗坊。上到党口，下到圳口，都是独立师驻的地区。【19】33 年阴历四月我进独立师。师长姓戴，参谋长陈漫远，团长姓刘（宁都人），十五连连长姓邹，我在十二团十三营十五连。

我 19 岁时打新丰街（属南城县），在新丰街打了一日一夜。参加打丰街的国民党是第三军。我军是独立师，十二军这一仗我军获胜。缴获了它 100 余支枪。俘虏它 30 余人，老百姓说打它好多人，它失败就退到建昌去了。

在棠阴与国民党军队打了一仗，国民党一个师驻在棠阴。师长姓戴。我独立师驻在圳口。初我军没有与驻在棠阴的国民党军队打。后我们士兵就说两个师长都是姓戴，莫【非】戴师长（我们的）有顾虑，结果戴师长就下令打棠阴，士兵拼命打，打进了棠阴。

大雄关一仗，我们驻在党口（独立师），国民党第九十师由张岭下弯来。第三师、十师由罗坊神岗来，大雄关一仗我军未守去，后大军就退到宁都去了。

3. 访问老革命同志记录整理

谢文国，男，今年 46 岁，曾任游击队排长、班长等职，住神岗罗坊。

1931 年十月二十九日，三军九师到这里，我参加了乡游击队，乡政府设在罗坊。乡主席是刘年寿（地主），不久游击队由乡编到神岗区公社。罗坊去了 30 几个人。神岗集中有百余人，白军来了退到党口，我在党口升为副班长。发了枪每天操练，打了土豪，又开到新丰市，进石坑狭村，过苦竹约两三个月时，三班正班长打新丰，李金锡（耕禾仔）的靖卫团被我们消灭了。以后编入独立团。1932 年九月时，排长原在一连，后到三连当排长，和谢德鹏到安福领枪。当时谢是政治委员。回来把枪发给士兵进肖田洛口。【19】32 年春在肖田打了一仗，退到东朝休息两天，又过隘打白竹。回东陂开进侯坊，与地主武装应铭石 100 多人打了一仗，回到肖田休整，又返回宜黄。在黄陂打了三天三夜，敌人第十师一驻黄陂街上，我们独立团 300 余人在隔河的山顶工事里。敌人打了两天未进一步，敌佯退，团长见敌退，下令过河追击敌人，抬用机枪掩护冲街，牺牲 3 人，团长负伤退到东陂。

1933 年三月，霍源敌人一个连守在碉堡工事内。我们先派人探好情况，留 100【人】四下围住山头，各处掩护。另外四五十人向山上进攻。几个人先上山，一时到处响枪，敌人不知我军有多少。【敌】连长被杀，其余全部投降。

1933 年十一月二十九日，落在黄陂。团长下令晚上出发向河口搜索，走前河口二都有个老百姓，担萝仔上来。我们第三连走前，我向来人问，二都有多少敌人。他说一连人哨后在街上。全连住在一只〔间〕大屋内。我马上把情况告诉团长，通讯员回来，团长决定打。命令我三连继续前进，一排长带一半人走前，他化装穿便衣，头戴笠。走到哨兵跟前兵才发觉，见后有带枪的人，跟着即放了两枪便跑了，我们拾了枪，派二班迅速到村头截断敌人后路，其余各排迅速冲至敌人驻营的大院。敌连长刚准备关门被我一足踢开，敌连长见我军已包围好而带领一部分敌人从后门逃出去（30余个），我们冲进大院。敌人已退到楼上，我军在□□一时未能迅速歼灭敌人，一排长在门口被楼上敌人【从】窗口袭击，牺牲了。我立即令战士从街上取回煤油倒在干壁上。一方面向楼上守敌劝降。敌人继续准备挣扎，下去后即点火。敌人见火势汹〔凶〕，唯恐被焚灭，即宣布缴械投降。令其脱光衣服放下武器下楼。俘敌共50多人。缴枪共50多支。由三排三班押送俘房返回黄陂。

1933年六月二十几【日】，红军与游击队进攻宜黄，红军尖兵连了解敌人，一个连守南门。重机关枪对着大城内，我红军尖刀连全部脱光衣服，每人带马刀一把，手枪一支，手榴弹两个，从城南壕沟乘夜进城去。迅速接近城南守卫。连投以手榴弹，把城门口敌人全部消灭。等在城外的红军从城门进入城内，全歼敌一团。缴枪千余支，俘敌1000多。敌团长及伪县长躲入居民家家中床底下，始得免以被歼。

4. 访问谢文国同志记录之一部分

一、打二都

我们当时是独立团，我是连的三排长，我们排走前，由宜黄去黄陂。快到二都时，碰到一个挑担子的，被我们拦住盘路，得知二都街上祠巷里有百余人白军（约一连人）。我请示连长后，决定消灭这些人。

到了街口，敌哨兵见我们来了。打了一枪便丢了枪逃跑。我随即追上，但没有追着。只捡到枪，我即令一班朝街赶下去，阻住街那一头，我自带十余人，拐向街左边，冲到敌人住的祠堂门口。敌连长还在关门，我一个箭步冲上，匪连长随往后跑走，这时后面的人已把手榴弹扔进了祠堂，屋内硝烟正浓，当即有四五人【被】炸死。匪连长在此时口沉，朝后门跑掉了（尚未把后门台围上），其余敌人已退上楼，有的敌兵从光洞内（这种开在墙上的内宽外小的狭长的透光的洞），瞄准我一排长开了一枪。我从这边大门向那边大门走去，想查看楼上的情况，左脚刚踏过门，一支上有四棱刺的枪就戳下来了，但戳偏了。我惊叫："有敌人。"跟着后面的班长提手一枪，白军"哎呀"一声倒下了。我抢上一步拿过他的枪。一看敌人还没有死，便顺手补了一枪，结束了狗性命。

楼上的敌人怎么办？我高喊："白军兄弟们，不要再打枪了，快缴枪投降，红军优待俘虏。"敌人却不哼声。冲上楼是不行的，敌人可在楼门口用马刀对付我们。大概敌人也没想到这一着。我脑子一转，叫小鬼去买洋油来，把这祠堂烧掉了。其实小鬼只买来几两洋油，我便把油倒在楼门口墙上，点上火柴，即烧得呼呼着响，"不下来，就烧死你们"，我威严地说着。这时躲在楼角上的敌人赶快叫嚷："别烧别烧，我们缴枪投降。"

"丢下枪，脱光衣服，举起双手走下楼来！"

50多个白狗子乖乖地低头下楼来。

"还有没有人？"

"没有。"

"留有一个人我把你们全部打死。"

上楼看时，只有50多条枪堆在那里。我卸下各枪机装在防空带里背上。让他们背着空枪，在三班的监视下朝黄陂路上走了。这时我们后面的队伍才赶到，整个战斗不过一刻钟，灭敌6人，俘敌50余。我们只牺牲一排长，连长挂了花。

到黄陂已傍晚了。休息时，我脱下棉衣洗脸，背上穿了一个洞，原是一颗子弹飞进我宽袖子，往背上穿出去了。可是在当时根本没有觉察到。

二、打宜黄

1933 年农历六月二十几【日】，我红军由黄陂直下抵宜黄南【县城】门边，城内有一团敌军，死守四路城门。尤其是南门，有一连人守着，敌紧闭城门，城墙上架有机枪，看来硬攻不易，派出尖兵，得知小南门可以下兵。傍晚便令几十个人脱〔光〕着身子，带上马刀、驳壳和两个手榴弹，潜入城防壕沟，此壕沟和〔可〕直通里面。而在城外一段上面和沿河上都长着杂草，更不容易发现。

□□后，突如其来的手榴弹□，结果了守门的几十个白匪军的生命。城门开了，涌进的我军兄弟们，把敌全团俘虏，但团长逃走了，县长也逃走了。据说是躲在人家里面避过"难"的，缴得的枪支，光机枪就装了两麻袋，还有一架无线电、两架留声机。

（记录整理：许怀林）

5. 访问刘国生同志记录整理

刘国生，东坊人，47 岁。

1931 年五月在罗坊参加游击队。罗坊是乡政府。一星期后到神岗受训，一星期之后白军即来，我们进新丰，广昌的苦竹，受训半年，编为宜黄游击大队。在东口打了几次，两个月后，改编为宜黄独立团。原来的大队改为三个连。与南广独立团、独立师联合在一起，由第一分区指挥谢维〔唯〕俊领导。担任宜（黄）、崇（仁）、乐（安）、广（昌）、宁（都）六〔五〕县的游击战争。独立团【团】长路杰，政委谢德鹏，第一连【连】长高山。

1933 年三月，我等诸人被留下在神岗，开始时（七月）我在罗坊乡政府当交通队。1 个月后国民党来，我们即被冲散。乡政府在各山寮里迁移了数月。十月（正吃湿谷）国民党步步进逼，到处筑碉堡，而解散。在外躲了三年后，我回家，后又捉了我四次壮丁，一次即花了 80 块光洋。

国民党来后，罚钱，捉人坐班房。张炳初被拉挑东西，路过神岗，为应铭时捉下坐班房，拖到快死时，逼他出 220 元放人，结果出来几即死去。神岗有"清乡委员会"应铭时，洪介仁是头目，他们挨家去清查，在苏维埃政府吃过饭的都要罚钱。打过土豪的被杀头，为刘家的廖启龙（三伢），刘郑家仔。

在宜黄的是独立第四师，一般叫独立师。在东陂的是独立第五师。

宜黄游击大队队长开始时是姓杨的（湖南人）。个【把】月后因为他作风不好，改为高山。此时有 100 多人，都是神岗这一片的人。改编成独立团后是为第一连。五都的游击大队是第二连，东陂的游击队是第三连。独立团有 300 多人，除炊事员外都有枪，还有两架花机关。1933 年 2 月打霍源，缴得 2 架自动枪、12 支驳壳。打霍源时，宜黄【独】立团担任警戒，在霍源顶上，防止崇仁来敌。

（记录整理：许怀林）

6. 访问记录整理

谢良进、洪春生、谢西明，年龄 70 岁以上，都是党源村人。

三军九师没来之前，党源村有 70 多户人家，都是贫雇中农，有一个地主叫邓草茂，有百多石谷子的田，富农也只有一个叫梨花子。多数都是神岗应家祠堂的田，收租好田四六分，中等田平分，〈四五分，〉坏田倒四六分。灾荒年也是按成分。借钱五块息一块，一石谷息六斗。还有起债的一年统一年，有田的逼你把田，没田的就卖儿子，卖猪仔还债，什么东西都没有的，卖身当长工。

国民党按甲乙丙丁等派捐。甲是地主，乙等是上中农，丙丁等是贫雇农，一年收三□一次至少收一块多钱。多仔就多出。捐的名目记不来。有草鞋费、警察捐、保学捐、棉衣捐，还有保学谷（30石抽1石）、壮丁捐，也要几多就把几多。洪春生雇了一个壮丁花了300多块。家里的东西都卖光了。

三军九师冬天来的。第二年插秧时（四月间）起苏维埃。有钱的叫资产阶级，没有钱的叫无产阶级。打梨花子（富农叫他资产阶级）总在百块钱以上。分了田，自己要哪一块就分哪一块，写上自己的名插好牌子。九月间白军十八师、九十师从大雄关打过来，三军九师就进宁都。白军一进村就抢好东西。强迫人家卖猪、卖牛。不卖就不行。四处拆庙、拆祠堂，做碉堡，抓老百姓挑砖土。对起局的人没有杀。有30多个游击队【员】一起都跟三军九师走了。

三军九师走后一年，红军白军来来往往，搞不清楚，又打棠阴，又打南丰。

就是〔直到〕隔年二月间，独立师来，师长姓戴。三、四月间起党源乡政府。区政府起在神岗。邓桂生当主席，还〈又〉起了游击队、赤卫队、担架队、少年先锋队。负责人记不得。大家争好田，就没分成，贫雇农得了一些衣服和猪肉。贫雇农都没走，都参加工作。有送饭、站岗、扛伤兵。乡主席派什么就做什么。担架队把土豪的钱担到杨坊、新丰市去。贫雇农还要帮当事的、参加游击队的家里种田。

我表弟谢四明（徐仁伲做乡财政委员）把公债给我看，还说："过几天就要发给你。"我当时买了40块，没存多久，表弟就调到黄陂去了。乡政府又摇摇动，结果公债都没发。十月初一白军十八师打来。当事的人藏了东西没有叫老百姓藏。有30多个参加游击队的跟到独立师去东坊了。国民党来也没杀人、烧房子，没有叫起局的人写结讨保。

（整理者：门渝生）

7. 访问邹先文记录整理

邹先文，男，50岁，党源人，1931年参加革命，【曾】任党源村主席，1933年任党口乡苏主席。

第一次访问

1931年3月，三军九师在党口驻有一个月，四月初回党源，选举苏维埃村政府。选举方法由红军干部指名在会议上问群众：他是不是无产阶级？可以不可以当干部？大家说可以，就由红军干部宣布所担任职务。党源村主席是我，分田打土豪，到杨坊捉两个土豪，还到扛猪、担谷。本地的一般是捐款。党口起了乡政府，主席廖良汉（已故），分田给无产阶级，谁冒〔没〕田就分给谁，大概十担谷田一个人，祠产庙宇都分了。五月初五，三军九师在永兴桥打一仗就撤到新丰去了。

1932年设有红军驻在这里，只看到红军担好多布往神岗过新丰，我记得还是涨大水那几天，帮红军送一次布到龙上。给了一匹半白布、七八扎线、银洋一块，在那里住宿了一晚，没有吃饭的用具，拿军官的食层和拿香骨作筷子吃，第二天就回来。

1933年独立师七八月来，十一月起党口乡政府，主席吴五仔，区政府设在神岗，主席应少仔后被杀，听说是放回十个人去棠阴运盐。过了时间没回来，杨科长说他放了人投到棠阴的敌人那里去。第二天挑盐的就回来。回来了后换邓桂生，1934年二月，神岗区政府和党口乡政府搬到党源，原因是神岗和党口都不好转移，又靠前线。当时我是党源乡财务委员，乡土地委员谢良成，文化委员汪家行，后是我担任党口乡主席。区里有警卫排、赤卫队。司务长人记不清，独立师派徐参谋指导党口乡政府工作。杨科长指导神岗区政府工作。陈漫远是独立师政委，到过党口，我到他那里开过几次会，会场四周有手提机关枪看守，当时不知道做什么。会议主要内容是调查劣绅，查反动派的侦探。

1934年十一月十七日，国民党第三师等三个师在大雄关与我一、三、五军团从头天晚上打起，打到第二天晚上。敌人驻麻坑，我军从澳溪往党源占塞头山。敌人从张岭进攻，我军居高临下，伤亡很大后，敌人占领□山，两相对峙兵力大伤，我军伤亡增大，始退往新丰，此次以后红军不再来过。

关于土豪划分，光收租放债就是土豪，保长以上吃冤枉是劣绅，作田又雇工、放债为富农，筹他的款。

（整理：黄彬生）

第二次访问

1931年农历四月，三军九师来，来的第二日就召开群众大会，在党源成立了村政府。我是主席，在党口成立乡政府。党口乡政府管党源、尧坊、前坊、卢坊、大山口、龙上、杨坊村政府。划分了阶级，有中农、上富农、下富农、土豪劣绅、无产阶级之分。分了田，把土豪劣绅、祠堂庙宇的土地全部没收，分给无地或少地的农民。无田的农民每人可分得十二三石谷田。不足十二三石谷的无产阶级或中农可补足，山塘讲是讲分，但未分，三军九师来了一个工作组，划分阶级分田地，成立了赤卫队。三军九师来，没有成立区政府，只有乡、村政府。5月孙连仲军队打来，三军九师回到宁都去了。

1932年农历六七月，一、三、五军团打宜黄回宁都经过这里，1932年农历十一月，独立师来。十一、十二月在党口搞乡政府。乡主席初是吴伍仔，后是我。1933年正二月在神岗成立区政府，区主席应绍仔①（他是反革命，和劣绅搞在一起，被独立师杀）〈应〉被杀后，区主席是邓瓒生②。区政府在神岗只有两个月，就搬到党源，神岗区包括党口乡、卢坊乡、龙上乡、杨坊乡〈区〉政府，有文化委员、财务、土地组织、宣传委员、秘书王稼杭。独立师来也分了田，分田的情况与三军九师来分田情况一样。以村为单位，独立师来，没有成立村政府。

区里成立警卫排，有 25 人。党口乡准备成立妇女会、儿童团、少年先锋队，但未成立，党口乡有五六百户，贫农占 80% 以上，担架队、扛架队贫农都参加了。乡苏维埃对革命家属进行优待工作，在农忙时派人耕种。

1933 年七八月，独立师准备在党口，党组织陈漫远秘密召开〔集〕邓瓒生、我、岳家岳一个姓江的开会。陈漫远说毛主席下决心扩大红军一百万，组织政府入党怎样，将打到南昌、九江去。说打土豪问富农筹款。说反动派快要来，把政府搬到山上去。十月国民党第三师、九十师、十四师来。后九十七师在这里驻防。

（整理者：龚国兴）

8. 访问张良盛记录整理

张良盛，52 岁，鬼打△村人。

独立师在 1932 年十一月从东山坝来。1933 年二月，党口成立乡苏维埃政府。是杨科长在此主持的，乡主席吴梓生（又名吴伍，病死），秘书汪加行（病故），财粮徐闰仍（病故），分田委员谢良盛，赤卫队长陈四仔（已故）。八月初神岗区政府驻卢坊，主席是

---

① "应绍仔"，文中又写作 "应少仔"。
② "邓瓒生"，文中又写作 "邓桂生"。

邓贵生^①，党口乡政府移往党源，和党源村政席〔府〕合并。主席是黄永生（牛牲子在七都）。此时我调往黄陂，任县政府的检查委员。凡是打土豪回来的人在进村水口边都要经过我检查。得到有什么东西都要交下登记，然后由我统一交给看司长（是红军〈里面〉派来的看守审问犯人土豪，他放他们也要经过他手）还负责压送土豪犯人、钱款去宁都、瑞金。十一月间在九都沿山（又名无陂）打了一仗，找到队伍，我就跑回家：路近而熟，正是好机会。

曾去弱岭打过一次土豪。我们有二三十个。不巧，李尔圩西丰国民党的公安队打来，立即有两个小鬼受伤，抬至斜南洲坊排上，他们两人还未死。又回去打，但敌人还未退，只好回到斜南洲坊排。此时他们两人已死。同队中有这里人，知道有一家比较好，便打开他家门进去。楼上有两副棺木，我们要，但其老头子死也不答应，后把他的儿子找来才答应下来。他的儿子还杀了一个〔头〕百斤重的猪、煮了饭给我们吃。结果给了他 10 元猪钱及 4 元棺木钱、两元饭钱（皆是我经手）。然后写了张条子贴在他家门上，以后我们的人就不会再上他家的门。

曾分过田，但时间不多，只插了标签。

少年先锋队守犯人、土豪，也是警卫排。

国民党军队是十月初三来的。

以前的捐税很多，有选产捐、草鞋捐、放索礼等。开始种田不纳粮，因为都是自己开的荒山、梯田。后国民党来丈了田，就要纳粮了。

9. 访问廖承玉同志记录整理

廖承玉，男，现年 40 岁，1933 年 3 月（我 15 岁）加入少年先

① "邓贵生"，文中又写作"邓桂生"。

锋队，同年编入区游击队。原尧坊人氏，现住党口。

独立师在 1932 年十一月由新丰到尧坊，一个傍晚时，突然包围了尧坊的村庄，捉了土豪、反革命分子。召开了会议，说："不怕，打土豪分田地……"在会上把有钱人的东西散给了各人。这回独立师来的只有几百人，当天就走了。但这回来〈后〉过后，以后经常进进出出。驻一两夜就走。

1933 年二月独立师到，三月我参加了少年先锋队，任班长在守哨的路上杨科长看到我。他给了一件花衣服我。他说："到我这里来嘛！"我说来，后编入区游击队。区游击队只有 30 多人（都是各村派来的），分 4 个班，共有一二十支枪，区游击队是由杨科长负责成立的（1933 年四五月成立的）。队长〈：〉陈△△（独立师的，宁都人）。区游击队主要任务【是】保卫区政府，捉土豪、反革命，捉到的反革命分子就杀，杀了两个（其中一个是伪区长的岳父），我捉了荀山、石谷的土豪。

1933 年十一月，游击队与肖排长（新丰人）保卫团的人打了一仗，被包围而打散，我就离开革命。

1933 年二月独立师来后，留下了 200 多人在地方上搞工作，成立政府，组织游击队，在岳家庄成立了区政府。贵生仔当主席，分田委员潘立冬，后区政府搬到神岗。区政府打了土豪分了田（在栽禾后分的），老百姓未得分给的田，仍然耕种原田。

神岗区范围：下到麻坑，上到杨坊。区政府成立后在各地成立了少先队、妇女会、赤卫队、儿童团、担架队，15【岁】以上、20 岁以下的入少年先锋队，14 岁以下参加儿童团，尧坊有十几个少年先锋队【队】员。我是班长，少年先锋队主要任务是守哨。25 岁以上 45 岁以下的加入赤卫队，赤卫队组织有连、排、班。45 岁以上 50 岁以下参加担架队，担架队主要工作是担子弹、扛伤兵，担架队受赤卫队领导。

1933 年 8 月，神岗区政府搬到党源（原因是神岗国民党扰乱），同年十月初一国民党打来，区政府就跟红军走，后没有跟上。区主席贵生仔被捉到，区政府就解【散】了。

农历十月初一〈日〉，国民党来后，在神岗成立了区政府，区长张家福（张坊人），伪区政府成立后，到处捉参加过红军及游击队的人（捉到的，有的被打掉，有的坐监牢），对参加红军或游击队的自己要去请保人，有钱的要出四五十元，无钱的也得出二三十元钱。

独立师走后，国民党征收的税〈收〉很重，名堂很多。有学堂捐。各家按月出，一般出几角钱。脱产税，每年一个劳动出谷两担。赋税捐，一年一头猪交一元钱。此外还有其他苛捐杂税。对以上各种捐税不交，就要被索绑，关在区政府，每天还要出一块钱（说是伙食钱）。还有草鞋费块把钱。

尧坊村有 30 多户贫农，占总农户 40%，贫农、中农又有 40% 以上的粮食不够吃。地主放债：10% 月息，租谷上等田每【亩】两石租，中等田每亩一担，下等田每亩两桶租谷。

10.〈老年〉群众座谈会记录整理

熊东生，男，现年 58 岁；吴立文，男，现年 51 岁；洪德吉，男，现年 44 岁；谢永福，男，现年 58 岁。他们都是党口人。

1. 土地革命前党口有 90 多户。豪绅 1 户，千富的 4 户，千富的一般有土地 50 来亩，出租是剥削主要方式，有四六分（土豪六农民四），有对半分。还有放谷剥削，利息 1/3 或 1/2。当时捐税名目很多，有造产捐、营业捐、学堂谷、马路捐、赋税捐、印花税（商人交的）、草鞋费。贫农占党口总人数的 70%。全部贫农每年粮食不够吃。

2.（1）三军九师在党口成立了乡政府，党口乡政府包括党源、卢坊、尧坊3个村，分了田，每人分9担谷田。每村都有游击队，乡里游击队有3个班，队长徐应伢。有担架队、扛架队、少年先锋队，乡主席廖林汉。

（2）国民党来，在党口打了1个人（党口乡苏的）。对参加过革命的有钱出钱，无钱的请保人，要三到五个保人。国民党在党口起了一个乡政府。

（3）独立师来到党口起了乡政府，分了田，成立了少年先锋队、担架队、扛架队，每人都担过或扛过。在党口发行了公债。有钱人要买公债，在党口还刷过纸票。独立师对工商业保护，独立师来开店的人都走了，独立师要他们回来。结果开小店的商人回来了，仍开店。

3. 国民党第十师、三师、九师来，独立师就走了，九十七师后来在这里驻防，后八师在这里驻防。在党口筑了9个碉堡，还用树干做了围子，每一壮丁要砍10根〔棵〕树。在神岗有义勇队、保卫警队。对参加过革命的要罚钱。国民党在党口打掉一个给红军作介绍的，红军过长征后国民党搞了一下"救济"（衣服、食物），说是美国来的。

4. 其他

1930年曹世家的军队，从宁都到棠阴经过党口，有千把人，军幅有镰刀锤子[1]的符号。

1927年贺龙的军队在党口过了五日五夜【，】说是左派的军队。

（整理：龚国兴）

11. 访问陈绍来同志记录整理

陈绍来，男，现年50岁，神岗村人，现住党口。

---

[1] 原文此处是党徽的图形，用"镰刀锤子"替代。

整理：许怀林

1931 年（23 岁）时在神岗和应方伯、谢凤保等一道参加游击队。游击队是由来到此地的独立师【师】长戴福胜、政委陈漫远组织的。

早在我 16 岁时（即 1924 年，不一定对）见过〈走〉贺龙军，时称之为左派军。他们是从宜黄下面上来，进广东，他本人是坐玻璃轿，4 人抬。其军队的最前面是学生军，是女的。过了三天三夜不停。20 岁（1928 年）时赵世家的军队（说是红军）从此过。21 岁（1929 年）时，红军又到过这里。23 岁（1931 年）【时】，三军九师在栽禾时（约为 4 月）来到这里。召开群众会，组织各级苏维埃政府，先成立乡、村苏维埃政府，后成立区苏维埃政府。

神岗游击队包括罗坊、田阳等村落。是一大队，大队长是应尺仔，分三连，一连是罗坊的，连长为应左仇（为难民团杀害）；二连是四队的，连长应延高（为难民团杀害）；三连是神岗的，连长是陈绍来，有百余人。游击队皆属于陈漫远独立师领导。游击队到第二年（1932 年）10 月散。在这一年多时间，游击【队】的工作是打土豪、派担架队。当红军打仗时为其带路，曾到过新丰、李尔圩、棠阴。一次去打棠阴，红军只百余人，到达时即分散登山。只去十余人，国民党军队见我登山，即大批人马涌来，排枪扫射之。我十余人则散藏敌周围的山上，在敌人停下射击的间隙里即曰散排射。四面八方，前前后后，敌于是慌乱一团，败阵逃走，这次共缴得敌人 80 余支枪。俘敌一二十人，我伤六七人。

神岗区政府主席最先是应方伯，两个月余，他跟三军九师走了后，改为应少仔，后又改为江贵生①（乐家庄人，被敌破〔剖〕腹而死）。

---

① "应少仔"后，神岗区政府主席的名字，文中有"邓桂生""邓贵生""江贵生"等不同的写法。

财政委员，应三仂；分田委员，应延高；军事委员……

区属范围包括罗坊、麻坑、演口、军溪、龙上、党口等。

应少仔是为陈漫远亲手杀掉的。事情是这样：敌人封锁我苏区，禁止食盐运进神岗。当时神岗有 40 多人要求他开证明条，准许〈让〉他们到棠阴去私买盐。他即答应期限 3 天，可是过了 6 天，仍未见人回来。陈漫远派人探知，他们全部参加了"难民团"（地主豪绅武装），把神岗的一切都报告给敌人了，陈漫远便令我□队全部调齐，游击队、少先队、儿童团全都排好了队，陈漫远便令我把应少仔捆起来。"呀！捆区主席？为什么？"我实在吃惊。"捆紧些！""还要捆紧些？"我其实不知他犯了何错，人马全都齐〔集〕中到大祠堂。陈漫远便问大家："你们知道为什么把他捆起来么？他把四十多人全部放走。让他们加入'难民团'，把我们这里的一切都告诉了他们，谁干什么谁干什么，敌人全部知道。你们大家说这种人要得要不得？""要不得！""应怎么办？""杀！"第二天，应少仔就被解到神岗港背州尔上，陈漫远亲手用钢刀杀掉他。

第二年（1932 年，不一定对）十月二十九【日，】"难民团"从麻坑打来，国民党飞机每天十几架在神岗附近上空盘旋轰炸。我们就各自逃走了。陈漫远曾叫我一起走，我拒绝了。怕一旦做错了事，落了和应少仔一样的下场。我跑到仰坪香菇厂。在我七爷家躲了两个半月。后终究为国民党知道了，他们逼我七爷七娘交人。没有办法，我只得离开，是到神岗的一大祠堂里，心想已过了两个多月，国民党又出了字（写了标语），说"回来者是好人"。那哪知饭都没吃饱，就来了两支枪把我捆到了"难民团"（"难民【团】团长应铭时，队长洪成钧"），说要把我解到宜黄去坐牢。应铭时原是我家邻居，和我父亲又还好，这时出来讲情，不让把我送去，只要我出几块草鞋钱，结果去了 60 元光洋（这当然是估计了他能出得起的）。应家模（应钟明的儿子）是洋学生，这时又出来捞"坦白书"写，去了 4 元钱。最后还请了一桌"和平酒"，敌人就是这样敲竹杠、软化、麻痹群众的斗争意志、阶级意识。

那时对商业（店）没有什么政策，大商店令其交钱（有一家交了千元钱），然后让其自由营业，小商店则不动，而实质这些商店都把布匹等东西藏起来了。

圳口是前线，我们有军队且夜驻守。余家山、东华山、贡原等都是军事据点。

在1932年9月，有1000多红军曾在神岗的大场子上开会，陈漫远叫我参加了，会上有30多人讲了话。据邹贤文说，邵省长和朱总司令是这30多人的成员之一。谢凤保也知道这回事（是他们去南昌开会时邵省长告诉他们的）。会后唱了一支歌，这30余人指挥，其余坐地用两块石头击拍。

△来仔的字名是李贵田。

12. 访问洪玉泰记录

洪玉泰，党口西湾人，57岁。

大概是在28岁时参加赤卫队，是在该军四月间在党口参加的。任队长，为期9个月。到南丰汤村打过一土豪，未达目的，如果打到，就把其全家捉来。

第二年10月间独立团来。我改为村苏维埃政府的分田委员。第二年后，国民党来，被捉为担夫。到过宁都、于都、兴国共六七个月，以后回家种田，我家被国民党罚了20元钱，10个苦工。

党口乡苏政府包括党口、杨坊、龙上、卢坊等村。是在独立师的那年4月间起的。乡主席廖良旱（又叫大擦子，不在），卢坊村政府主席吴克铭（不在）。

毛主席曾随方面军从东黄陂经演溪过党口进新丰、宁都、东固山。

国民党对待我们是罚苦工，只要吃了餐饭也要罚。最后还要写保结。三人连结保。"难民团"是随国民党军同时来的，捉人杀人，无所不为。

以前盛行过各种苛捐什税："月月钱"，借一元期限一月还两元，过期不还到第二期还四元"滚滚债"，区长上任要草鞋费，他们吃花不够就造名目要钱；"放掌礼"，欠债欠捐的任保警队随意捆人，放掉你则要出钱。

田租：好田地主六成，佃户四成。坏田地主四成，佃户六成。

（访问人：许怀林）

13. 访问甯春添记录整理

甯春添，男，龙上高坪人。

1933年一、三、五军团在时参加少年先锋队。是在神岗参加的，连长、队长都是外地人。待了3个月，打火病了回家。

一次（8月间）去新丰打白军一排人。主要目的是搞盐、搞布。我们3个便衣，头戴瓜皮帽，身穿绸长袍，驳壳屁股背，大队伍埋伏在街上头，这三个便满街跑，大叫"红军从下面打来了"。于是满街均往上来跑，结果全为我俘捉。得到二百多斤盐、百多匹布。

国民党来后，我去了15元钱，写了保结。

1932年分了田，挑土豪的好田，分每人约两亩，乐家庄也分了田并得了谷吃。

（整理：许怀林）

14. 访问宁德顺同志记录整理

宁德顺，男，现年51岁，龙上高坪人（年岁以农历计）。

1931 年（我 23 岁）四月中旬，红军来，第二年（1932 年）九月一、三、五军团来此，该年 5 月龙上村政府成立。村主席：陈福生（龙上村人，已死）。财政：张长庚。秘书：徐细伢。分田委员：周细伢仂。粮食委员不详。

村苏工作是派人给红军担谷、担米、送伤兵，搬运打土豪得来的东西。九月时〈局〉散了。以后常有红军从崇乡出来。曾在龙上村口打过一次，时 2 月正在下雪，徐参谋带领 60 多人包围了敌陈绍和 30 余人，打死他十几个，陈绍和回去被缴枪后吞金死了。

1932 年四月第二次起局，由戴师长主持。七月间一、三、五军团又来。十月十五日国民党军队打来。红军退走〈以〉后，独立师还来过一次，得〔待〕个余月（进出都走乐家庄）。

另一老农民在证实说：第一次起局离现在 26 年，即 1932 年，该年我老婆死了。

注：年是讲公历。月是讲农历。年龄以农历计。公历以 1958 年为标准。

（整理：许怀林）

15. 访问【黎广兆】记录【资料】

黎广兆，龙上村人，现住大山口，【曾任】独立师传令兵。

1931 年年底，老独立师从宁都出来，师部设在杨家山。独立【师】师长戴福胜，政治委员陈漫远，参谋徐绍武（现在里阴矿山上）。杨科长是独立师第二团的科长，调出来掌握游击队的。

宣传员常到我们家来宣传：当红军好，打土豪分田地，有肉吃，有自由。正月，我和谢金华同志（他在甘竹牺牲了）同进去（在龙山进的）了。谢金华在副官武清泉手下当通讯员，我在徐参谋手下当通讯员。同年十一月，调到师部当传令兵，第三年在李尔圩打败，我病回家。

1932年正月半，师部下党口。二月间白军打来，退至广昌、瑞金。八月间，由都坊圩回来。二月间，乐家庄、龙上、杨坊起过一次政府，以后各地普遍成立政府。

八月底乐家庄乡政府成立。主席李财生，后改为李科田，江日成也是乡政府干部。

九月初，党源区政府成立，管辖党口、神岗、麻坑、演口、圳口等地的乡、村政府。区主席邓桂生（乐家庄人，在敌班房，拖死），副官（管钱）李科田（现在下龙上，富农），军事部长江日成（乐家庄人，已死）。

乐家庄在同时成立了游击队，队长江日成，副队长黎桂标。40多人，20多支枪。曾到余家山、君山等地打过土豪，后调到区。各处都有人在，右军是乐家庄一地的人。

还有少年先锋队、担架队、妇女会（宣传邓大妆，已死）、农会、分田委员会（主任江永灿）。

乐家庄在七八月间分了田，十月白军来，未种。

独立师有特务连、侦察队、宣传部等机构。独立师原来只有300多人，是为独立第二团。1932年四月，于瑞金把南丰独立团、宁都独立营等编入，再加上新参军的，便成为独立师。同年冬天某晚，棠阴曾有12人来麻坑（当时师部在此）参加独立师。

神岗游击大队属独立师的编制，故派杨科长来领导。

1933年，独立师人数最多时达3000多人，有两个团，一团长陈光灿，二团长肖永生，每团三营，每营三连。

打仗时多系早晨和傍晚，前面是便衣，其次是尖兵，枪一响，后面的人就分开趴下，四五在一起，打到最困难的时候才用机枪，师长监位打。

1933年十月，独立师走掉，十一月尚有游击队来进行游击。

对敌俘虏优待。在李尔圩时，曾有国民党第八师的12人投到我们这边来。我们放爆竹欢迎，请其抽烟吃烟（他们在白军中搞惯了，这样做是为了使他们安心），拿下其枪弹，分散编制他们，让他们干勤杂事务性的工作，打火不让他们上火线。

对逃兵只进行教育。

（访问者：许怀林）

16. 李科贤所谈的一些情况

李科贤，现年 69 岁，成分富农，现住下龙上。

1933 年四月十四日，独立师戴师长、委员陈漫远领导独立师由岳家庄过五都，由演岭过永新桥，由罗坊上神岗。地方上叫我当乡主席，我担任主席时发给我一个长印，一个方印、一个圆印，是区长发的。当时区主席是应方伯，后换邓贵生，我也调到区政府，在神岗区政府，当肃反委员，还代了几个月的财政委员职务。当时区【政】府除了打土豪、分田地外，还要为红军办理粮草，有时几天几夜冒〔没〕睡觉。

1934 年有一次来了 20000 多人，这些红军装备特别好。毛主席骑一只〔头〕驴子，草台是洋头绳打的，枪都是闪亮的。戴师长曾带我到李圩打过一次仗，宁都尧叫我专门查坏人，捉到的就进行审问。我在神岗待了两年。那时把土豪的田分了。富农一般是抽田和筹款，我还到宁都受过半月训，主要是打土豪分田地，要彻底，要做到。捉到吃洋烟的就杀。我 45 岁那年病了，在家待十多天，后来区政府就搬到岳家庄。后来 700 多人，都往里去。我就留在那里。在山上躲了一个多月，罚了 40 元。

17. 访问周朗万记录整理

周朗万，男，杨坊人，现年 46 岁。

民国十九年（1930 年）春天，三军九师从新丰出来。我在 4 月于党口参加游击队，由三军九师组织的。杨坊参加游击队的是三天一换，临我那天刚好出发进新丰，打了一火进宁都。经常走动，打靖卫团，约三【天】后回来〔到〕黄陂二都。预先了解二都的敌人就傍晚出发，到黎明时回东黄陂。打霍源（敌五十九师、五十二师），打了五天五夜，回宁都休息了 20 多天后，打草台岗（敌十一师）消灭了它，我带花回后方。半年后，到福建上杭押西药上司付（一营人去）后和白军十九路军打仗，败敌。后又和国民党的广东军队打，约 3 年后回瑞金宁都，最后在永丰打火受伤。在安福医院修养半月后，白军打来，队伍开走，我掉队。

和耘禾仔多是打冷仗。一次从小田到新丰来打他，直追到杨坊，他走小路逃跑。

打霍源，我们分三路：乐安一路，由小田到东陂是一路，另一路记不清，随黄陂进，仔岭脚下打起五天五夜，直打到二都背后，完全消灭了敌人，夜行军不准有一点声音，哪怕你已跌伤。我们是游击队扩大的队伍，属于第一方面军。三军军部设在黄陂街上。据说敌师部传令兵走错了路，到我们司令部来，于是押着他带到了山沟里，捉来敌人两个师长，其中一个后是吞金死了。

打霍源后 20 多天，接着打草台岗，我们也分三路：东陂、小田、侯坊。从早饭边打到傍晚结束。当时敌人飞机很多。据说有一团国民党的军队未举旗号，结果【被】敌机炸死，我们在头上背包上插满树枝伪装自己。

据说在【和】福建和广东军队打仗时，毛主席扮成炊事员到白军阵地去收菜盆子，侦察敌人的内部情况。另一次在路上和敌人相遇，主席随即捡起路旁一担箩挑上，扮成炊事员脱身。

打宜黄时，把河口、二都一带的楼梯、禾草都拿光了。进城三天后退出。情况紧急，往去黄陂的南门一条路退。当时有很多被挤到河里去了。

在〔和〕福建和广东队伍打，一次从早上直打到下午两点，还未攻下敌人一个碉堡。师部司令部在背后山头拼命吹冲锋号，前面的敌人队伍却上去不了。敌人碉堡原是三道铁丝网上通电按了倒挂钩。师部便吹号调各营长开会。下令今天决心攻下敌人碉堡，不达目的，全师死在这里。营长走前面，副营长在后，连长在前，副连长在后，班长在前，副班长在后，正的牺牲了，副的马上补去。谁不去就即时枪毙谁。随后又分别召开了各营战士兵会，传达师部决定，大家下定决心，不拿下敌人碉堡誓不休。老百姓的长柄锄头、锹等铁器家具统统借来了。再一次发起冲锋。一群又一群的手榴弹投了过去，乘着浓烟，红军战士们冲了上去，铁丝被锄头、锹等打开了，碉堡里的敌人已被打得哇哇叫。由于强烈的仇恨心，进了碉堡的战士对敌人毫无〔不〕留情，一枪一个打得敌人直求饶，跪在地上等着缴枪，一敌连【长】只好自杀了事。前面的 3 个碉堡打开了，后面的 12 个碉堡就【不】用打了，虽然每个碉堡中至少都有一连敌兵把守着。这一仗我们牺牲了大约 1/4 的同志。晚上睡觉不时警醒，刚合上眼又跑得老高。第二天一首歌〈子〉传下来了："共产党领导真正确，烽燧〔粉碎〕了国民党的乌龟壳，我们真快乐，我们真快乐，亲爱的英勇红军哥，我们胜利有把握，向前冲锋，莫错过把我们红旗插满全中国，插满全中国。"

打二都一仗，我和另两同志打先锋，刚走到石壁边，就被敌哨兵发现，打了 3 枪，我们便不走正街，转到近山的场子上，恰好敌人正退至此并发现了，当即有两人被打死。我也便借势滚倒壕沟里，刚好下面有一床新棉絮，在下面垫着，敌人急急上山，脚步声不停地从我头上响过，半个多钟头后响声稀少了，便大着胆子慢慢抬起头来，果见后面只有七八个敌人走来，我便架起枪瞄准，一连打倒敌人四五个，然后捡起同伴的枪和敌人的枪支，在石壁上睡了一个多钟头，营部才回来了。

在南丰塔春街打过一次大刀会，是罗唐仔、胡竹等人组织的（根据老百姓说）。罗等有十余人，前面由 15 个大刀会的打先锋，这次又来袭击我们。团长急令我们过桥，自己站在桥头。他们刚冲到离团长只有两尺距离〈的〉时，他便跳过来，把桥使劲一拖，两丈余长、三尺宽的木头桥即被拖离对岸。大刀会过不来又不敢过河，便绕过〔道〕从下面的石桥过来。我们随即过墩退上山。山脚下有一祠堂是我们的驻地，前夜打吃的狗毛狗血尚在，他们冲了进去，吃了一碗饭的功夫就退了，后来后面即吹起了海螺下令收兵。团长知道敌妖法已被狗毛狗血厌掉了（他们的妖法最多只能维持五分钟，此事当真？）我们一连人便冲下去，打死他三人，活捉到一个，其余的跑掉了，这个人始终不说话，用扁担打他没有用，他会"作布"（大概是使阴劲的意思），于是就把他吊在梁上，冷水淋之，其身上毛孔即竖起来，然后用竹枝抽打，连打两天才死去。大刀会【会】员们左手拿一小红旗在额前晃动，右腋下夹一梭镖，枪尖向下（人大腿位置）。胸前穿青色兜付，衣服是一般老百姓的，脚穿布鞋或草鞋，兜付下缘用丝线织有八个人头，正中是一口袋，内有一张四方白纸，四角写满黑字，有什么"茅山法"之类的东西，中间空白，走路是跳跃式的。他们多系浙江人。

一次在宜临公路上打到敌一辆汽车，在前面的十一土车食盐也缴到了。司机及车夫逃走了。汽车及其装的棉衣被烧掉，盐和一支枪则带走了，全连人都把干粮袋里的干粮倒了，而灌满食盐。

（整理：许怀林）

（十一）神岗麻坑原始资料

1. 访问吴立礼记录

吴立礼，47 岁，演口人。

1931 年三四月间三军九师陈华堂团长来圳口起局，主席叫仁汝，秘书叫熊瑞德。演口下南刘家也起了局。徐家湾没有起，演口乡主席叫杨金林（杨老三），粮食委员叫黎新雄。

1933 年三月红军〔十二〕军团由乐安、宁都过来。接着独立师也来到演口（独立师团长戴△△ ^①，政治委员陈漫远），1934 年红军走了。独立师来到演口，很快地成立了演口乡政府。

乡主席吴立春又名吴立桂，不久就到宁都开会，回来就当了区主席。

吴乡礼又叫吴立冬，是吴立春的弟弟。他哥哥到宁都开会时由他代）。

枏老三，吴立礼当了一个多星期村主席，就当了事务长，然后由枏老三替代。

秘书：杨钦玉

肃反委员：吴九汝

土地委员：邓文邦

---

① 原文如此。

财政委员：胡化朋

分田委员：杨金林（杨老三）

裁判委员：邹博仿

军事委员：杨招生

干部的产生：由红军派来的人（△科长，刘科长）召开群众大会，由群众提名，民主产生。

1933 年三、四月初，就成立了麻坑区政府。

区主席吴立春由红军负责人提拔。

麻坑区所包括范围：枫林、麻坑、上南、刘家、演口、徐家湾（村主席邹远宗）、下南（村主席廖春盛）。

乡政府工作：四月初红军派来邱科长（不久调到区政府），就组织了群众成立了游击队。有队长□指导员，参加游击队的有 10 多人。□□□枪。都是些【梭】镖，本村游击队调到区政府后有 100 来人，有 100 多【支】枪。游击队成立后，有些队员在自愿原则下参加了大红军。在红军内有枪，也发新衣服。

打土豪分田地：参加游击队的红军分特好田，政府并派人代耕。贫雇农分好田，分哪一块，就用牌子插在哪里内。因本地有钱人都走了，到永兴桥等地打土豪，夜内到山上去抓。抓到了就押到区政府，及□抓到的就将他东西分掉。

干部每天一角二分钱，米肉等都是打土豪得来的。打土豪得到的钱就交到区政府。区政府再上交红军，红军就发枪、衣服给区政府，打土豪得来的东西分给贫雇农。

宣传开群众大会，"打倒帝国主义！""打倒国民党！""国民党是卖【国】贼！""中华苏维埃政府万岁！"

军民关系：妇女帮助红军洗衣服（老百姓多少钱，红军就给多少），老百姓都争先当担架队。

红军纪律很好：借了东西一定要还；搞坏东西要赔偿；住了老百姓的房子，在临走前要上好门板，打扫清洁。

红军来前人民生活：国民党的捐很多，草鞋费、壮丁费、警察捐（一年收四次，一次收一至十元保费）。一年收两次壮丁捐，地主收租有四六分、平分，坏田就三分之一。贫雇【农】整年是饱一顿饿一顿。有时□身给地主做长工（30—70块钱），有时上山砍柴换米来吃，地主也有时"割张三补李四"，以表示自己对贫雇农好（替地主做长工，过年过节贫雇农也没向地主送礼，以表□恩。其实这是地主的花样）。

国民党军队经常抓人到区里，捉到当【过】红军游击队【员】的就杀。

（材料整理：杨绍武）

2. 访问吴允忠记录整理

吴允忠，曾任苏维埃宣委。

我26岁那年，首先是三军九师来到麻坑，开展打土豪，并在大麻坑、小麻坑建立苏维埃政府，【在】枫扑、上贤、固元、顿口、演口建立村政府，由红军易连长、段委员掌握，我当时担任贫农委员。

1932年阳历11月14日，独立师没有正式来麻坑，半夜□袭捉到连保主任吴彩云，打土豪。

独立师首先在麻坑建立乡政府。五月间麻坑成立五方苏维埃政府，主席吴暴喝，后换陈盛林，七月间五方区政府搬到刘家，九月间搬到演口。区政府□□委员李希【尧】，中共书记邱尖士，土地委员吴桂盛，文化委员丁月龙，我先接替李希尧组织委员，后调任游击队指导员。肃反委员涂华桂，军事委员□招生。

1934年一月十五日在三区做工作，被冲散。

参加游击队的是双丁区，一个年龄是20岁以上40岁以下做担架，35岁至45岁做赤卫队，十五六岁为少年先锋队。

李希尧、戴家升（县委书记）二【人】在我参加黄陂开会时介绍我参加入党。党证后埋在刘家。

3. 访问汤党定记录整理

汤党定，【曾是】苏区独立师战士，现住下南。

1931 年五月，一、三、五军团从宁都新丰来这里搞赤卫队，参加的有 50 多人，没有枪，只有梭镖，住了将近个把月，在月底就开往宁都。

1932 年十二月独立师从宁都来，师长姓戴，政治委员陈漫远，独立师有 1000 多人，没有做什么工作。

1932 年三月间，独立师开始做工作，起苏维埃、〈起〉少先队、游击队、赤卫队，儿童团和妇女会没有起。当时起了演口乡苏维埃，还起了下南、演源、罗坊、小麻坑、大麻坑，大麻坑还有个区政府，港口、固源也起了，没起多久。

在四月半起游击队，下南有七八个人参加，麻坑区一共有 60 多人，一起都编进独立师。指导员姓杨，排长是宁都人，有两【个】排，六个班。在区里吃了一顿饭，就跟指导员到南丰沙岗上、圳口、永新桥、白竹坪、神岗、党口，这一路打土豪分田地。在五月中旬才在麻坑发步枪。

七月十二【日】跟大军走，十三日在南丰斜村与白军十八师打火，我方十二军有万把人，独立师有 1000 多人。一直打了五六天。十四日捉到俘虏 31 人，缴了 10 多支步枪，10 多包炮弹。七月十七日打南丰的新丰，白军还是十八师，打了一天，没捉到俘虏。

八月初一二，在永新桥碰到白军四十六师，两下〔方〕打了两天火。

1933 年十月一日，白军十三师、九十师从南丰斜村来打神岗，

一、三、五军团从黎川过来，两方在麻坑、罗坊之间的永机山打了一夜一日的火。

（访问人：门瑜生）

4. 访问邓承保、邓启光记录

邓承保、邓启光，81 岁，【曾任】演口乡事务长，基本群众。

1932 年 11 月独立师独立团从宁都过来打土豪讨房子。1933 年三月邱科长在这里做工作。四、五月搞筹备，6 月间起演源乡苏维埃（在徐家湾），乡主席邹远中。10 月间国民党先是十三师来，后是九十师来。

5. 访问章玉保、吴允顺记录整理

章玉保、吴允顺，49 岁、69 岁，【曾任】少先队【队】长、担架队【队】长。

先当赤卫军，后当少先队队长。日夜派人守哨。少先队员共有 30 多个，分下南、溪口、拱家山三个小队。苏维埃派人送信要自愿。

我当担架队副队长，正队长洪三毛，担架队是把打土豪的东西押送新丰。要多少人送，就搞多少人送。沿路有饭吃，回来没有钱。

6. 访问许富生资料整理

许富生，现年 60 岁，曾任游击队【队】长。

1931 年三军九师来到徐溪成立村政府，一星期的样子，三军九师就开走了。成立村政府待年把时间。三军九师又来是五月间，就在徐溪演口、麻坑、枫林、上贤、官坊、故〔固〕源建立乡政府。在王泥起了区政府，主席邹远东，还有钱粮委员、审判员、分田委员。待个把月，因反动派常来进攻，区政府移到贯坑晒庄嵊。演口乡政府移到源里。1932 年成立了游击队。

1933 年四月初几独立师开入演口神岗一带，我担任游击队队长，300 多个游击队编到独立师里去，有 1000 来人，我担任两个月游击队队长，独立师把我调到宁都去□枪，后多在东陂县政府。1934 年九月间，反动派第三师、十一师、九十师进来了，由南城进攻新丰，第三师由麻坑过演溪，九十师由演口过五都，与红军在七都边山下进行了激烈的战斗，一个山窝全被敌人和我军炮火激烈的轰击下，树木变成了光秃秃的，灰黑色的枯枝败叶，又在黄柏岭包【围】了敌十一师，消灭反动派一个师。当时战斗开始，我们分两边包上，中间空出敌人进来后，我军后撤，飞机一来在原地轰炸，结果将敌一团炸垮了，我们再一打敌人就打垮了。我就在那次战斗中冲散了，在外面躲了半年，过年是躲在山洞里，有七八个人，财粮、主席、审判、分田委员都在那里。审判员草皮搭和徐纪生在年前〈前〉大胆地归来，结果被捉去杀害了。有些人回来，有给 30 块、20 块、10 块，我娘替我写了保结，给了 3 块钱。

（访问者：黄彬生）

7. 访邹远中记录

邹远中，63 岁，徐家湾人。

1933 年五月独立师从神岗、麻坑那来，共 1000 多人。十月初就到麻坑、七都一带，国民党九十师来了。

1933 年六月邱科长领导当地群众成立了演源乡政府。乡主席甘立冬（七月就调到区政府，搞财经工作，主席由我担任）、分田委员兼土地委员廖任春、财经委员徐兆鼠、军事委员杨招生（亦说是演口军事委员）。

乡政府工作：打土豪分田地。打土豪所得的钱就送到区政府，其他东西就分给穷人，分田一人能得到两亩并插竹牌子。分田时不□参加红军的、游击队的或是贫雇农，上中下三等田都有。富农自耕农田不分，多的田就分。公用田用来修路的、修桥的等公共事业的就不分。这些田仍由贫雇农代耕，由于十月间白军就来了，故得到的谷子亦然给〈把〉地主了。另外，帮助红军筹粮（米是打土豪来的，要柴就用钱买）。

还成立区赤卫队（30—40【岁】的贫雇农参加）、儿童团（7—10 岁）、少年先锋队（10—16 岁）。队长吴金龙，队员每人有一块红布佩带〔戴〕手上，也成立了妇女会。有担架队、游击队，贫雇农都参加工作，帮助红军运军火，其次将打土豪所得的东西抬到区政府。□有担架队，跟随红军抬伤员，送到五都，抬到了目的地，有饭吃，还有钱（要多少给多少）。

附：

在 1931 年五月，一、三、五军团从神岗过来，主要工作是封地主的房子。封了房子，就要地主出钱，不出钱就要烧他的房子（当时烧了徐家湾洪有元、演口吴兆雄的房子）。3 月下旬红军就走了。

1930 年十月红军来过一次。

麻坑区：演口（包括下南），演源（包括徐家湾）、周沅、上南、小麻坑、罗坊（包括到刘家）、枫林（包括港口）。枫林乡主席徐△△①（亦名：杨页仔）。

（材料整理：杨绍武）

8. 访廖学贵记录

廖学贵，44 岁，演口人。

1931 年五月，一、三、五军团从南丰过来。同年，我就参加了红军，编入三军团九师。

红军在南下时，就成立了村政府（五月），我在南下只 20 多天，就到了神岗。于是我被编入三军团九师十一团交通连一排当勤务员（当时团长姓李，连长姓周，排长姓李）。不久就到了宁都，半年光景就到赣州。在赣州就成为战士编入五军团十三师二团三营三连三排。在赣州只住了三天，就到福建漳州打国民党的靖卫团。

1932 年三月又回到江西的宁都、乐安、丰城、樟树、东陂、黄陂一带和白军打火。其主要战役：

□四、五月间东黄陂草鞋岗打一仗，我军有一、三、五、十二军团的四个师。白军有三个师，打了三天三夜，消灭了白军两个师。俘虏数千人，又消灭了东五都的白军一个团。战斗结束后，十二军团把俘虏兵押到宁都。一、三、五军团就到赣州。白军逃往宜黄去。

十月间，在谷岗又打了一仗，有 30 多里路【长】的战线。当

---

① 原文如此。

时红军有一、三、五、十二军团，白军是二十六路军的三个师，战火打了五天，结果，消灭了白军三个师，其中一个师长李明在厕所里自决了。战斗结束后，白军分两路，逃到宜黄、赣州。一、三、五军团就追到赣州，十二军团就把俘虏押送到宁都。我在谷岗被打散，故编入了十二军三团三营三连三排三班（连长姓陈，排长罗生福，班长姓吴）。

1934年四月间又在南城德良打一仗。当时，我军有十二军团和独立师。白军是十八师，仅一天时间，由于我军硬冲锋，白军又有准备，筑了许多碉堡工事。因此我军冲锋一连人全部牺牲。于是红军退到神岗，白军就到麻坑去了。

红军的纪律好，借了老百姓的东西要还，损坏要赔，买老百姓的东西，不强迫，要多少给多少。当时还有这样一支歌："相禾草草，上门板，建设苏维埃。借了要还清，损坏要赔偿……"

红军到各地也做宣传工作。用说服方法，说明打土豪分田地的好处，也帮助某地成立苏维埃政府，写标语，贴布告。

当时捉到俘虏，也向他们宣传，说明打土豪分田地的好处。我们红军官兵一致，不分阶级，官长吃什么士兵也吃什么。这样大部分的俘虏都愿当兵，一月后，思想好的就发枪，但也有少数不愿当兵，不愿者每人【发】3块钱作路费回家。

（材料整理者：杨绍武）

9. 访李学生记录

李学生，59岁，屯口人。

1931年四月间，三军九师从神岗而来。5月（阴历四月十九日），就成立了圳口村政府（包括下南）。区主席洪瑞兵，副主席许凤仁，秘书熊△德。只一个多月红军就走了。

1933 年二月间独立师独立团从神岗过来，五月间成立了圳口乡苏维埃政府。五月二十九日，白军十三师来了，政府也就散了，独立师、【独立】团到宁都。

乡政府主席陈龙发，秘书兼分田委员胡化平（胡武仔）。区政府撤到演口时是由吴玉春（吴连发）领导。当时包括范围：罗坊（包括上南）、徐家湾（包括演源）、固源、圳口（包括下南）。不包括小麻坑、枫林。

其他组织：18—20 岁的参加游击队，专门打火；20 岁以上的参加赤卫队，专打土豪，另外把打土豪分得的米运到区政府（当时在党源，主席邓贵生），当时赤卫队共 20 多人，尽是梭镖。

由于白军上午打"游击"，红军下午打游击，故政府经常转移到演口。当时分田，大家都争要分好田，故未分成。

（材料整理者：杨绍武）

10. 访问圳口记录整理

邹国兴，39 岁。

1930 年冬季割晚禾时（我当时 10 岁），就参加三军九师，三四【个】月后，就被调到独立师（在黄陂）。九月间，进宁都广昌学习，下场练习打靶，过了两〈个〉年才出来。

1933 年 5 月在南丰白石〔舍〕打火。国民党是十七师，独立师有三连人，打了三天三夜，我们打胜了，尽吃猪肉、鱼、香菇，缴了许多枪、子弹，叫我们伙夫帮助挑。

7 月间在南城府打火，国民党是十三师、十七师，打了两天，红军被打败了，都退进宁都。

8 月间独立师在神岗帮助起区政府，我当时在师部当小鬼。

七八月间，红军和白军两下〔方〕在永新桥碰到就打火，独立师副师长被打死，名字不知道。

注：三连连长姓陈，三排【排】长叫谢凤保。

（整理记录：门渝生）

11. 访邹石生记录

邹石生，现年 48 岁，男性，老家是南丰县，现住宜黄圳口，原名叫熊福十。

民国十九年阳历 5 月，三军七师由南昌往湖南浏阳、长沙，经过高安、宜丰，宣传队对我说："小鬼，你当兵吗？当将有新衣服穿，有现洋，吃得好。"当时与我只有 3 个人报名参加。就在部队里吃夜，当天晚上半夜部队就出发。出发就到湖南浏阳，就在那里一个山坡上与反动派冯偕时一个团的军队打仗。我军守在离浏阳几十里路远一个关。我军打了胜仗，打死他们几十个人。俘虏 10 多界〔个〕，缴获了 160 支枪。他们失败就下到长沙去了。我军就驻在浏阳县，在浏阳有我军医院，在这一仗，我军伤了几十人，也在医院医治。以后在长沙一仗，挂了花的也抬到浏阳医院去（浏阳一仗是在民国十九年阳历 5 月初旬）。

在浏阳与国民党打了一仗后，我三军七师又在长沙与国民党军队开火。同年五月，我军由浏阳出发，先头部队到达长沙城外，山上与驻在长沙的国民党军队有几千人开火。我后面的军队相差 30 里。就赶上了 30 里。国民党驻在长沙的军队有几千人。我三军十师也有几千人。我们一个班只一支枪。都是棒、镖、马刀。在长沙一仗打了半个月，后国民党增加了湖北来的军队，包围我们。我们走到△△。这一仗我军死伤很多。我军在过长江、湘口大桥时被打死好多在江里。这仗中，国民党用了飞机，每日都有十几架飞机跟着我们。我们子弹也不足。每军最多有排子弹。我们的武器有步枪、花机关、水机关，迫击炮、手弹、榴弹。在长沙一仗后，我军就由湖南到江西，过萍乡、袁州、分宜、新余，民国十九年到达吉安。在吉安与反动派打了一天一晚，天亮时我军打进了城。我们进城时老百姓打爆竹迎接我们。这一仗国民党失败。打死了国民党几十个人，活捉了他几十人。缴获机枪几百，国民党失败坐船到赣州去了。先打吉安一仗，我三军七师，国民党共千把人。我军在吉安街上住了二十多天，把吉安街上做衣服的机器集拢起来做红军的衣服（当时红军衣服是蓝色的），也把铁厂店集拢来打镖。在吉安还进行扩大红军工作。招了男女30余人参加红军。宣传"穷人不打穷人""士兵不打士兵""我们都是一家人""打土豪分田地"。

在没有打仗期间，早上要操练、唱歌，上午上政治课，吃饭后做游戏。

红军（三军七师）就【在】吉安驻26天后，到宁都瑞金。7月间到达东固山（龙岗头），我们部队在东固山碰到元与它接火。我军三军九师（我军中间的对面），左右是八师、九师。后面的是彭德怀的军队，在这仗中张辉瓒先驻在东固山龙岗头，我们全部消灭【敌人】，师长张辉瓒被我军活捉①。活捉张辉瓒是这样的，首先他的士兵全部被俘了，张辉瓒就扮作一个做伙夫的，穿老百姓的衣服，脸上涂黑了，红军问俘虏："你们的师长呢？"他回答："这个就是（指张），几个月饷都未发。"先把张交给苏维埃政府，老百姓、妇女用刀割死了他，把他的脑袋割下来钉在木板上，丢到河里。

我们对白军俘虏是优待的，他们愿当红军就当，不愿当红军的就发3块钱回家。对缴了21支枪的白军士兵也是同样的政策。

打张辉瓒后两三个月（已过阴历年），在赣州有十几万国民党的军队（都是由广东过来的）。我们也有十多万军队，一、三军团

① 1930年12月30日，龙冈战斗开始，活捉国民党军第十八师师长张辉瓒。见《中央革命根据地词典》，档案出版社1993年版，第42页。

都参加了。打了一二十天，在赣州城外，国民党做了三层铁丝网。我们打开了他两层铁丝网，后国民党增加军队（由原几万增至十几万），我军就过到福建去。国民党军仍在赣州。

民国二十一年（1932年）吃南瓜时，阴历六月国民党十九【路】军由赣州到△口，到宁都，把老百姓的东西吃掉，一见红军医院、老百姓房子就烧掉。当时烧掉几十个村的房子，然后我们的一军团，第三军七、八、九师和三军团由福建樟〔漳〕州、厦门开到△口。在△口一条沙河里，与十九路军打了三天三夜。我们在河东，敌在河西，这一仗双方都损失很大。我们一连只剩下几十人，不知死了多少人。尸体像木头一样投在河里。沙河的水都染成了红色，老百姓缺水，连水都不敢喝。这一仗双方都退了，我们仍退到福建漳州、厦门一带。十九路军仍退到赣州。

参加这一战的是一军团、三军团，共有一二十个师十多万人，一军团总司令朱德，政委是毛泽东。三军团的总司令是彭德怀。国民党只有十九路军（广东的）。

三军七师（属第一军团）自民国十九年由吉安来到石山县后，在那里成立了区乡村县政府，第二年成立了省中央政府，县府设在瑞金，中央政府设在石山县（坪得台），中央主席是毛泽东，总司令朱德。村政府有主席一人，有粮食（财政）、分田委员、有文书。

民国二【十】一年十二月份（阳历），在那里进行打土豪分田的工作，分田是按人口分的，对参加红军游击队的，家属分近田、分好田。山地也分了，几家人共分一只〔座〕山。

红军来后，老百姓生活有很大改善。民国十九年，在石山，有很多台，都是地主阶级的围子。台的四方是水塘。塘内侧有城墙。城内住的就是有钱人。他们的牛羊猪等都在台内。还有土枪、土炮。我们晚上就合了被子放到水里。浸湿手包在人身上，化地主的子弹就打不进。到塘里，去打他的城墙一个洞。洞里放上炸药，装好引线，炸掉城墙。我们就进去，把里面金银、衣物、吃的东西拿来。捉他的人，要他们出钱，交了钱就放出来。对交钱不出的也就杀了。把它□□塘放干捉□，对银钱就上缴到军部。处衣服、食物分给无穿无吃的人。红军来后老百姓分得了田，有饭吃，有衣穿，他们很高兴为红军做事。给红军医院送米，妇女到医院里唱歌给伤兵听。我们给他们栽禾，吃得很好，有几碗菜，有肉，他们很高兴。

红军到后在东固山与张作战后，在东固山〔建〕立了三四个大医院。有分院、院长，有医生，有看护长、洗衣队。还有妇女给伤员唱歌、跳舞的，医院里的药都是西药，由国民党那里缴获过来的。每个大医院有一个大队（几百人）保护，分医院也有几根枪保护。毛泽东、朱德对伤员很关心。他们到医院来看伤病员。我亲眼看见过他们来。毛主席、朱总司令穿的衣服和普通士兵衣服一样。朱总司令穿草鞋，他们都背草笠。他们来时有花住，营长跟着来。他们说："伤员同志们不要急，休养好了再上前线，有人扶助和看护。"

三军七师到石山县后，还做了扩大红军工作，民国十九年第三军共有几千人，只有七、八、九师三个师。到了民国二十年一个军团就〈只〉有两三万人。两军团共有七八万人。民国二十一年，国民党有反水过来的。成立五军团，三个军团共有十多万人。

当时中央政府在石山县坪得台还有铸现洋的厂，当时现洋有1角、2角和1元的三种。1角的相当现在硬币二分的大，二角的相当现在五分的大，1元的相当一个光洋大。形状圆形，反面有党旗，正面是"中华民国共和国"，下行"苏维埃政府"。中间是"角""元"，即上面写"中华共和国"，中间写"二角"，下面写"苏政府"，都写在圆圈里面（图略）。

12. 访问吴立友记录

1931年三月间，邱科长在这里起刘家村政府。村主席是刘年寿。副主席姓罗。归罗坊管。村政府搞打【土】豪分田地工作。有钱的叫土豪，替国民党做事的叫劣绅。田没分成，村里有四五个人参加游击队，红军买东西都□□□，当时没有盐，就吃干菜，一块只能买四两盐。红军走后，国民党叫当红军的把钱写结，还要请绅士喝酒，不是〔然〕就要拉去枪决。

红军没来以前，借地主的谷的，到冬季一石还二石，好的，一面还一石五元。国民党还派了好多捐税，有草鞋费、壮丁捐、灶户捐、保学捐、挨户捐、警察捐，月月有。还有棉衣捐，最少要三四元，贫雇农也要缴，缴不起就卖东西。当青黄不接借地主的谷还不清利息，年滚一年，最后只好卖田，没有田卖的，就卖身打长工。

13. 访问黄长宝记录

黄长宝，麻坑人，【曾是】独立师战士。

1933年农历二月独立师来到神岗，在麻坑成立村政府、区政府。区政府后搬到刘家，分了田。

农历三、四月间，我参加游击队，个把月后就编入独立师当传令兵。七月与敌十八师在李尔圩打三四天，敌退到南丰。八月初打新丰街，我军是一、三、五军团与独立师。我军冲浮桥未冲过，退到南城毛岭，过东坑李尔圩，到枫林、演口，由五都到黄陂，1934年农历十月，独立师在黄陂被国民党包围冲散了。

1933年农历十二月，国民党十八师打到麻坑，在这里国民党有保卫团、"铲共"义勇队。

（访问者：龚国兴）

14. 访问芦秀灿记录

芦秀灿，住枫林，【曾是】独立师战士。

1931 年□月，三军九师由黄陂五都来。在枫林起了村乡政府，由邱科长（三军五师的）领导成立。乡主席徐英喜，财政委员吴兆武，土地委员黄△△，还有宣传委员、肃反委员、秘书。枫林乡管枫林村，界口村。区政府设在麻坑，有军事委员。分了田。1933 年△月独立师来，成立了政府、游击队，分了田，枫林此时又成立了乡政府，归麻坑区政府管。

1933 年 8 月，我参加独立师，丁四仍要我参加的，不久就到罗坊守土匪。在 1934 年 11 月，国民党军到神岗【成立】伪区政府、AB 团、保警队、"铲共"义勇队。

（访问者：龚国兴）

15. 徐生贵同志访问记录

徐生贵，男性，49 岁，福建永花人，现住枫林，曾为红军战士。

民国二十一年参加红军，编为〔入〕八军二师三团三连。同年开到石城、瑞金、会昌、于都、兴国。民国二十二年正月，我三、五军团在赣州与国民党广东军队打了一仗，打了 1 个余〔多〕月未克。开到广东韶关又打了一仗，打开了。三月，红三、五军团（据说共有四个军团）在漳州与国民党张均的军队打了一仗，达五六天，缴枪千余，俘敌亦多。后又在四马与白军打了一仗，约十余天。后回广东、福建交界处，三军团在此被敌包围，五军团为之解围。后又打开乐安，七月打开宜黄，八月，我一、三、五军团与敌南丰〈地〉第八师在新丰打，一打即胜，后打南城，未克，就转到瑞金去了。

（访问人：龚国兴）

16. 访问黄子生记录整理

黄子生，男，52 岁，住神岗社军宁，【曾任】游击队队长。

整理：黄彬生

1930 年四月，三军六师开赴军宁，有彭连长驻在这里，一来就打土豪分田地，成立了官坊苏维埃政府，麻坑成立了苏维埃五方政府，开始分田，是在田里插上飘飘。

我当时是参加游击队，并任游击队【队】长，游击队集结在麻坑，220 余人，训练操枪，在各地调查土豪，在麻坑待了几个月，六月孙连仲来进攻，退到新丰。我在廖坊掉队就回来。

1932 年十一月独立师来，在 1933 年二月才成立了麻坑乡政府，枫林、上贤、韩家、罗坊起村政府，演口起了区政府。

17. 访问张派任记录

张派任，47 岁，男，麻坑人，游击队战士。

1931 年六月红军九十一师，驻神岗、麻坑、黄陂一带，后成立村政府，来分田，未成立乡、区政府。7 月孙连仲打来，三军九师到宁都。

1933 年三月独立师来，在麻坑成立区政府，本区有上贤、枫林、横坑、麻坑四乡，区主席陈新鼎，三—四月分田。

1933 年四月参加游击队的共 300 人，队长姓杨。1934 年编入独立师，有 2000 多人，师长姓戴，政治委员陈漫远，我当师部通讯员。六月打李尔圩（建昌县境内），打了天把，国民党军退到新丰街（南城县境内）。七月第一次打新丰街。我军据路东，反动派军队驻在街上（河北）独立师参战。三军九师，反动派是第三师，这战双方都退了。我军退到上犹（南城县），国民党退到建昌。同月第二次打新丰街，我军退到李尔圩。同月我军到南丰、沙坑，在这里与国民党警卫队打了一仗，我军独立师退到大雄关，由神岗—棠阴—六沅—四都—五都—二都—演口，八月打宜黄。

参加这次战斗的我军独立师、三军九师，反动派有个把师，初打进了，后退出了。独立师退到二都—四都—五都—演口—麻坑。十月反动派第三师、九十师、九十七师、九十八师到，我军退到神岗，又过于都、张坊、郁坊，后到新丰街抵宁都，十一月在宁都被国民党第三、十八、九十、九十七师打散。

独立师有机枪连、特务连、警卫连。警卫连负责押俘虏、土豪、劣绅。

有一个〈委〉肃反委员会。委员丁四仇、涂老仔，肃反委员共 7 个人。在东坊有一个警卫排，（独立师）警卫排负责捉土豪，也到前方打仗，警卫排负责捉到的土豪，侦察（特务），就交到罗坊肃反委员会。肃反委员会就把特务和没有交清【钱】的土豪〈就〉解到新丰街去。交清了钱的土豪就放出来。同年九月罗坊肃反委员会就被斜家湾过来的国民党第九十师包围。肃反委员会被捉，押到南昌监禁 3【个】月。

国民党在神岗有保卫团、义勇队。

18. 访问吴元高记录

吴元高，51 岁，现住枫林大队。

1933年三月间独立师到枫林起游击队，同时建立村苏维埃政府，属演口乡苏维埃领导。我参加当时的警卫排，担任班长，专为红军带路或守哨。

不久，在枫林与麻坑之间的山上打了一次仗，因敌人多，又有碉堡，所以没有攻下。后随山脊到大雄关，在1933年十月间在南沙岗上与敌人碰上，我们以一小部用火力吸引敌人碉堡的火力，使火力绕过碉堡的封锁，将敌人击退。一直追到南丰城下。

同年就搬到宁都，我在后方医病，掉了队。

回家后，保长黄光宗麻子罚了我6元买自新证，花了3元罚我服劳役、扫祠堂，我家倾家荡产，连锅瓢都拿弄光了。

枫林村苏维埃【干部有：】主席徐英诗，文化委员黄弓仿、土地委员吴比武、宣传委员邹家吉。

（整理者：龚国兴）

19. 黄长大访问记录

黄长大，男，47岁，麻坑人，民国十九年三月参加游击队。

民国十九年二月三军九师来，在麻坑成立了区政府，打了土豪分了田。每人分了【一】亩多田。祠产、庙宇的田都分了，山未分。成立了游击队，麻坑有十七八个游击队员，神岗有五十多个游击队员，领了枪。神岗和党口共有游击队员百余人。枫林和尚贤共有游击队员50个，5月初在神岗合并编班，共有200多人，由韩委员（三军九师来的）领导。6月在新丰与孙连仲军队打一仗，我军（三军九师）打胜了，缴获了敌人枪几百支。

20. 访问丁顺兴记录整理

丁顺兴，41 岁，曾任红军游击队班长，现住麻坑坑头村。

1931 年五月间，三军团九师从新丰进驻麻坑。只几天就往李圩去了。1932 年十一月（阴历）独立师开到麻坑，过个把月，麻坑起了区政府，主席苏来生。1933 年五月成立游击队，70 余人，无队长，指导员桐盛初。同年 7 月 13【日】，在演口编成独立团机枪连，独立师有一团、四团，我是在四团机枪连步兵班，保持与机枪班配合作战，全团有两架〔挺〕机枪。翌日赶到南城打李圩，打了一仗，敌人败退了，缴获一些东西，捉到一些俘虏。第二天开到南丰县，打新丰街。在新丰街曾歼灭了大量敌人。因敌人来不及过桥，被我军在后尾追上，敌人在桥上拥挤不堪，一时落水的落水，打死的打死。后南城的敌人增援，隔几天又打李圩，我军失利，损失了些人。

我军于 1933 年八月十日到广昌白沙与敌人打了一仗。1933 年八月十七日第三次进攻李圩，拂晓投入战斗，当时我担任机枪连第三【班】班长，我军大队从南丰攻打李圩。南面我独立师攻打李圩的两边，敌人占一山冈，在两个山头两相对峙。激战数小时，敌人发现我兵力较弱，企图包围我队，一部分敌人从山嘴迂回。我军发现后，即以机枪封锁敌人，敌人被压在山上不敢动弹，我军也就撤退到〔了〕。

21. 访问张国华记录

张国华，【曾是】独立师战士。

1933 年邵武（福建）开军民大会，我们参加的人一进去就发 3 块钱，牙刷、牙粉、斗笠、棉袄、背心一件。分配在二十二军野战医院第一所当传令兵。因打南丰隔家近，又一年多未回家，就请假回家，通过塔上时被独立师的哨兵撕去路条。以后就参加独立师，学开重机枪。当时独立师是根据敌人多就退，少则打。红军打仗很有计划，先看地形，挖好战壕、交通线，部队躲在散兵沟工事里。在另一端点起火来，敌人看见火光使用炮火猛烈轰击，我军则迂回到敌后侧包围敌人。在南丰山同丁喜仔、大老鼠、细老鼠打。

军队过廖坊关时我病了。躲在山上，独立师退到新丰，我掉了队。回家后，伪区长就把我抓去送到保安队，强迫我当保安队的伙夫〔伕〕。

（访问人：黄彬生）

22. 访问邓△茂记录

邓△茂，现年 57 岁，住枫林，曾在苏区政府当小鬼。

三军九师 1929 年五月间来个〔的〕（那时正在裹粽子）插飘八。开始分田，到九月间就去了，因为孙连仲的兵追来了。那时我在三军九师所属游击队，三军九师师部设在枫林观音寺。枫林乡有苏维埃政府，主席徐英喜、土地委员吴顽皮、文化委员黄经官、秘书兼财务委员吴北武。

三军九师离开这里，反动土豪回来捉到参加各项工作的人，罚了 5 块钱，打土豪分的东西完全要回去了。孙连仲兵在这里驻了一个星期，在附近各山头做碉堡，后就开进新丰。

1932 年一月，我过生日，独立师就来了，师长戴福胜，委员陈漫远，我在师部邱科长名下当小鬼。（他）派到地方领导工作，当时演口起了区政府，主席吴暴鸡，审判丁四仍，涂华贵是军事部长。杀了三四十个侦探。文化邓文帮，土地委员黄五老仔，黄福茂宣传委员，博生县人。演沅〔源〕、罗坊、顿口、小陂、枫林、大麻坑、小麻坑都建立了乡政府，进行了分田，十担谷一个人，有田的不给。

李圩战斗 8 个打冲锋，后面有 2000 人左右，很快冲进街里。敌人不知我军有多少，连夜从南门溃退。敌人正在打麻将，丢下了好多武器及食品。盐就是当时最缺乏的东西，因此我们弄了 30 多担盐（时间是在那年 7 月间）。

区政府有警卫排，排长吴三仔，邓仔是一【班】班长，邹来发是三【班】班长。

邱科长经常叫我送信到师部去。

1934 年开走了，反动军队由大雄关上贤、罗坊五都包围过来。敌军九十师驻在枫林，敌第八师驻在七里关。捉我去受训，受训期间要挂上自新份子牌子。受了三个月的训练，反动军队训话说："你们不应去当土匪，东逃西走不像个人，坐在家里多好。"同我一同去受训的有 30 多个人，黄光祖还敲了我 30 元。反动军队说我是"土匪"。把我 3 只〔头〕猪杀吃了，神岗的保卫队要我写了保结。

23. 访问老革命同志【张】赞富同志

张赞富同志今年 58 岁，住麻坑官坊，曾经担任过乡苏维埃政府秘书。在 1930 年阴历四月间，三军九师由新丰市开来麻坑，当时易连长、殷政委驻在官坊。五月中旬孙连仲反动【军】队进攻，从宜黄棠阴一直进攻麻坑。三军九师仍退进新丰。三军四师在各地建立了苏维埃政府，官坊起了村政府，在麻坑设立苏维埃政府，主席唐大平，后换周来兴，唐大平任五方主席。枫林、古贤、五坊、官坊、麻坑，麻坑乡苏维埃政府财政委员吴逃苋，文化委员丁四仍，我担任土地委员，胡家仔是副主席，通知员张仁义。

红军在这里分了田，把飘飘插到田里，还成立游击队，队长涂光明。5个村政府抽100多人参加，到新丰就散了三分之一。

孙连仲兵跟在红军后面和红军战于宁都。〈次〉红军退后，反动派为了镇压革命，加强统治，除区分以外，还建立保甲制度，麻坑成立了联保，联保主任吴彩云。第七保保长吴立成。罚了我16块钱，用软化方法，凡游击【队】苏维埃委员都要请求自新挂自新证。区长侯献成组织保卫团。

1932年6月间独立师【政】委〈员〉陈漫远、戴师长带领几十个人，从新丰夜间突然赶到麻坑，捉到吴彩云一家。第二天独立师开来。独立师有1000人左右，3架重机枪、2架轻机枪。半月之后各地开会，在麻坑库上建立苏维埃政府，主席黄来生，土地委员胡家仔，财政委员吴逃觅仔，我担任秘书。后成立肃反委员【会】，涂华贵任主任。同年三四月间独立师退到神岗，反动军队准备进攻麻坑，几天后独立师〈复〉又进入麻坑，进行分田，凡是无田的就分给他们，主要是分土豪、祠产、庙宇的田。还建立了游击队、赤卫队、少先队，乡政府正堂写着巨幅标语："马克思列宁同志精神不死"。

九月间国民党九十二师从棠阴进攻，独立师就退到新丰去了。反动政府在神岗恢复，马横昌是麻坑的清乡委员，"铲共"义勇队应铭新任队长。

24. 访问老年〈基本〉群众吴春来

红军没在麻坑建立苏维埃政权以前，反动土豪劣绅通过交租、放贷剥削农民。一般是上田，十担谷交三担，山坑田十担谷交两担租，借钱一元【按】一分六的息计算。另外，通过祠产、庙宇的田交纳大量租谷，都被那些豪绅地主剥削去。反动政府在农村设立总团和区等机关。

红军在 1930 年至 1934 年先后在两次麻坑建立苏维埃政府。

1930 年四月十八日红军三军九师到麻坑。1931 年五月十八日，因孙连仲部队来进攻，三军九师从新丰退往宁都。孙连仲在宁都被红军打垮。消灭了很多，只剩下部分从广昌退往南丰，南城捉到张辉瓒。

1932 年十一月，独立师来麻坑，到 1933 年十月离开麻坑。

红军一到，每天召开群众开会，宣传"土豪剥削农民，我们受压迫，再不组织起来，一辈子受压迫。土豪少，贫苦人民多。"组织起来就不减〔敢〕压迫我们，提出打土豪、斩劣绅。宣传后通过群众选择苏维埃政府主席和委员，条件是要无产阶级，忠厚老实。土豪劣绅被赶跑了，穷人有说话的权利，官兵一致，军民一致，陈漫远、戴师长经常和我们老百姓谈天，军民一家人一样。

红军将土豪劣绅的猪杀掉后，分给穷人吃，或煮熟给大家吃，把土豪的衣服分给穷人穿，粮食也分给缺粮的群众吃。

红军在建立苏维埃政府以后，实行禁花令（即赌博），禁吃鸦片，禁乱搞男女关系，发动妇女放脚、剪发，提倡男女平等。

支援红军打仗，扩大红军，当时实行参加游击队、少先队、赤卫队、模范营的规定，中年就是赤卫队，壮年就参加游击队，少年参加少先队，游击队一般有规定名额。兄弟多的就去，家庭负担重的就不去。当时麻坑有五六十人参加游击队，为了支援前线，在家的群众都参加了担架队，轮流出动。模范营是专门打土豪的。在麻坑发行过苏维埃的票子。公债当时准备发行，但后因情况紧张没有发。

红军走后，国民党反动政府宣布封锁"匪区"，食盐每人五钱一天，每人发一个盐证，盐价提得很高，组织"铲共"义勇队，到处捕杀参加游击队或苏维埃政府工作的。为了保卫反动统治机构，区政府设立了自卫队、难民团。抓壮丁充实反动军队。实行一甲一兵，更加疯狂地压榨老百姓，种种苛捐什税，灶墩捐（月月捐）、壮丁捐、领路捐，实行保甲制度和连保制度。到处建立碉堡，封锁苏区。

（记录者：陈配林）

25. 访问老革命陈焕成同志

陈焕成，现年60岁，党员，住麻坑本村。

1931年4月红军三军九师从党口、新丰进驻麻坑，到5月间就开回宁都去了。

三军九师在麻坑成立了乡苏维埃政府，尚贤、枫林、横源、演口成立村政府。

当时麻坑乡政府的主席【是】陈开国、财政委员陈成亮，土地委员罗时轮，秘书胡德仁，文字洪甘仍，调解委员陈赵和，在他们领导下进行了分田，将土豪劣绅、神庙的田分给无田的人，每人3亩，在田里插上了飘飘。红军在这里还建立了游击队，到南城固源打土豪，十几个人都没有枪，拿芍子。

五月间反动军队孙连仲部从宜黄来进攻苏区，二十六团率领游击队退到党口，并在山家山打了一仗，早晨一直战到傍晚，我军始撤至新丰。游击队也散了。在廖坊打了一仗，敌人一直深入追到宁都。孙连仲部被包围了。活捉张辉瓒。孙连仲残部经过神岗一带，烧了几只〔间〕屋。

因为红军三军九师开走，反动土豪在麻坑杀害了财务委员黄忠杰。有的参加革命的人都罚了钱，我因参加游击队，就走到黎川去。

1932年十一月，独立师进驻麻坑，政委陈漫远、陈〔师〕长戴福胜以后就在麻坑建立了乡政府。原打算在神岗、麻坑建立区政府，后还是在神岗和演口刘家起了区政府。乡主席（当时是五方主席）陈盛林，肃反委员陈华贵。

三军九师二十六团在麻坑搞 AB 团，部队坐在场子上开会。当场逮捕了 8 人。用扁担打。在尚贤毙了 6 个，一个司务长，一个小鬼放出来一样看待。

三军九师走后，应铭西带保警队来麻坑，捉到黄忠杰后，把他杀害了，并声言杀一儆百。还成立了"铲共"义勇队，也是应铭西搞的。

我 1932 年在黎川过年，后在黎川参加了红军。1933 年六月十五日打南城新丰街，后打建昌，后又下金溪，在浒湾进行了激烈战斗。敌人还有飞机配合，结果战斗失利，部队转移了。

26. 访问冯金太同志记录整理

（1）麻坑区政府的迁移：麻坑—演口—刘家—七都（或党口）—磨下

（2）1931 年十二月在洛口，我第三军与国民党军（共 5 个师）打了两日两夜，我军退到宁都。

（3）红军走后国民党的捐税：埃户捐（一年一次，一般交 2 元，最少 1 元）、角马捐（一月两角）、造产费（每年每家一石）、草鞋费。

（4）歌词一段：当兵要当红军，打倒土豪斩劣绅。打他一个不留情，官长士兵都一样……

注：冯金太是麻坑人，1931 年参加游击队的。

27. 访问欧阳祥孙记录整理

欧阳祥孙，男，枫林人，现住横源。

民国二十年农历二、三月，三军九师到枫林、横源。在麻坑成立了区政府，枫林成立了乡政府，横源成立了村政府。区政府初在演口，后搬到麻坑，在麻坑十几天后，又搬到刘家，后搬到党口。麻坑区管麻坑、尚贤、枫林、谷沅①乡，有区主席暴鸡、政治委员、分田委员、宣传委员。

28. 访问丁启先记录整理

丁启先，男，44 岁，麻坑人，1933 年参加过独立营。

1932 年农历十二月，独立师由宁都、党口来，在麻坑成立了区政府。麻坑区政府管枫林、尚贤、横源、上△、固源。麻坑乡主席丁华云，财政委员丁千金，分田委员、宣传委员、赤卫委员洪保兴，秘书丁△兴。区主席陈△鼎，财政委员丁月龙，肃反委员涂华贵，宣传委员吴△宗。当时起了警卫排、模范营、少年先锋队，游击队有二三十个人，模范营有三十多个人，警卫排有二三十个人。

1933 年阴历九月初九，独立师先在云盖山包围由宜黄过来的□〔国〕民党第九十师，切断我三军九师从五都来的路。参加这仗的还有□〔国〕民党第八师（从枫林过来的）。这仗打了半日一晚，我军从神岗退到宁都，后反动派第九十七师在麻坑驻了很久防，在神岗〔组织〕"铲共"义勇队。

---

① "谷沅"应为"固源"，后文写作"固源"。见《江西省宜黄县地名志》（内部资料），1985 年版，第 72 页。

29. 访问黄兴兰同志记录整理

黄兴兰，男，现年 57 岁，麻坑人，1932 年农历三月参加独立师。

1932 年二月独立师来，师长姓戴，政治委员姓陈。四月在麻坑成立了区政府，打了土豪，分了田，区主席陈新鼎、财政委员胡华贵、分田委员丁付家仔、民政委员黄瑞生、肃反委员、粮食委员。有警卫排、赤卫队、游击队，麻坑和神岗区游击队共有二百人，指导员杨贵龙（宁都人）。独立师共有三个独立团，共有千把人。独立师除打仗外，还筹款。1933 年农历七月，在新丰街与□〔国〕民党打了一仗，我军第三、五、七军团、独立师、游击队都参加了。这仗我军退到黎川。

补充：

（1）麻坑区管上贤、枫林、罗坊、演口、麻坑 5 个乡。

（2）打土豪的钱上缴到中央，游击队每天一角二分钱伙食费，由上面发下来。

（3）1933 年农历九月□〔国〕民党来。

30. 访问张仁寿、黄冬生记录整理

张仁寿、黄冬生，麻坑人，男，张现年 60 岁，黄 57 岁。

民国二十年（1931 年）二三月三军九师来，在麻坑成立区政府。麻坑区有 5 个乡：尚贤、横源、枫林、麻坑、△△乡。分了田，按人口平均分田，每人分五石谷田，田好坏搭配，地主、祠

堂、庙宇的土地全部没收，富农的田未分。成立了游击队，麻坑乡有游击队员 20 多人，由胡大△负责召开会【议】成立的，有教练员（红军来的），早晨和下午进行操练，上午与晚上到〔打〕土豪，到过南城八甲东打过土豪。主要在麻坑地区打土豪，打土豪的钱上缴到红军的连部去。土豪的衣服、粮食分给穷人。猪杀掉分给大家吃。游击队在同年农历六七月被孙连仲的军队打败。九月初几国民党九十师、三师打来，九十七师在这里驻防。三师是由南城过来的。国民党这几师（共一军），军长姓吴，与三军九师在云梯山打一仗。从前一天中午，打起打到第二日天亮。我军退到神岗，过五都去了。

民国二十二年（1933 年）二月独立师来。在麻坑成立了苏维埃政权。麻坑区管枫林、尚贤、横源等 4 个乡。乡主席初是陈新鼎，后由姓丁的担任，区政府设了财政委员（丁生翊）、分田委员、粮食委员、肃反委员、妇女委员、宣传委员，还有事务长。政府成立后，分了田。1934 年阴历四月国民党打来。

31. 访问老革命黄兴大

黄兴大，今年 62 岁，党员，现住神岗公社军宁村。

1930 年四月（栽禾时）设委员，彭连长、刘班长、熊团长，驻麻坑，排哨放到建沅桥。

在官方建立了乡苏维埃政府。主席周来盛，黄忠贤是秘书，我当乡内调解委员，张龙奥当土地委员。

黄忠贤在三军九师退了以后，应铭石把他杀害了。

五月初我调去当便衣侦察，经常到永新〔兴〕桥去了解情况。六月二十二日我在建沅桥，见前面敌人 200 多人穿白衣，不断打枪，我随即报告彭连长和乡政府，当时三军九师师部驻在神岗。

1932 年十一月来了独立师，在这里停了整整 1 年。1934 年九月三十日，国民党由南城过南丰、沙冈、李圩一路。另由昆仑里谢过固源为第二路，由永兴桥进为第三路，就在麻坑冲散了。

1933 年七月间，好多红军走这里，开往宜黄打抚州，陈团长负伤，李连长负重伤。

反动派说我们这里是"匪区"，参加红军或苏维埃工作的是"土匪"，闭住盐不卖。参加红军的建生的爹【被】罚了 80 元，唐太平被罚跪，【被】打得要死。

（整理者：黄彬生）

（十二）神岗棠阴、永兴桥原始资料 [①]

1. 访问吴永銮记录整理

吴永銮，男，普通群众，67 岁。

我是棠阴街人，今年 67 岁，民国十六年（1927）参加农民协会，做会员。这个农会是在民国十六年建立的，来帮助组织农会的人叫做邹烟，他是个共产党员，是抚州派来的。邹烟来到棠阴的时候召集我们开大会，他在会上对我们说："谁是地主，谁是豪绅，大家都把他们报上来。吃冤枉的就是地主和豪绅，你们不要他们，现在我们要把他们推翻，让我们来话事"。以后就成立了农会。邹烟后来在抚州被国民党捉去了，并且牺牲了。

农会的常务委员是许金生，执行委员有两人：洪道仂和吴彦社，后〔候〕补委员也有两人：吴近社和乐海岸。这些人现在都不在世了。农会主要是管作田的，如牛吃了禾、火烧山等事情。这是民国十六年二月的事，同年四月国共分裂，农会就散了。

民国十九年七月（1930 年）红军来到棠阴，人数很多，过了三天夜。朱总司令也来了。开大会时，朱总司令对我们说："我们是由南昌、临川、宜黄来的，要到宁都去，只在这里经过，你们不

---

① 原标题为"神冈棠阴、兴桥原始资料五份（四）"，但后文只有 3 份，且这一表达格式和其他标题不一致，所以整理时去掉"五份"。

要怕，也不要走，我们不拉夫。"只住了几天就走了。

民国二十一年（1932）五月，独立师由宁都来到棠阴，师长姓戴，说是打土豪、分田地的，并叫我们组织埃（苏维埃）政府。当时埃政府是建立了。罗乡下（已死）当主席，吴主其当到主席（死亡）、邹假伙（在棠阴）和吴主其（另外一人）当委员。埃政府建立后曾经分过土豪的衣服，并且准备分田，但田还没有分，难民团（□〔国〕民党反动派的地方武装）就打来了。难民团一共有几千人，独立师才有几百人，独立师就开走了。独立师走后，【苏维】埃政府的干部也逃开了，因此【苏维】埃政府也就散了。【苏维】埃政府自建立到解散一共只有五六天。难民团在棠阴一共住了个【把】多月，临走的时候拦了许多夫。独立师走了以后土豪都回来了，他们说："你们没有动我其他东西，只拿了些衣服，姑念这是共产党叫你们拿的，所以我暂不向你们算账。"

1932年五月（农历），大红军来攻打宜黄，打了七八天没有打下。是彭德怀和黄公略等部队攻打的。同年七八月间，大红军又来打宜黄，这次也没有打下，只打了三四天。隔了个把月，红军又来打宜黄，这次还是没有打下，这些红军都是宁都来的。

（整理者：陈毅然）

2. 访问洪道仿记录整理

洪道仿，男，59岁，住棠阴。

现在家庭成分是佃中农，现年59岁，参加农会是在1927年（民国十六年）二月间，当时参加农会的年龄是27岁零八个月。

农会起在棠阴，是由宜黄党部（共产党）派罗炳贤来起〈立〉农会（注：该人后叛变，是恶霸，解放后被我人民政府镇压了）。农会设有5个委员，一个书记是吴植元（这人还在凤岗小学当教师），一个常务委员是许保生，执行委员洪道仇（我），还有吴彦在，候补委员吴近社、罗海岸仔。农会只是管种田的事情，如牛吃禾、烧山的处理等。农会是同年七月间就散了，其原因是共产党左派和国民党右派努〔分〕裂，结果白军来了，农会就这样的散了。

当时除农会外，还建立了妇【女】会，主席是吴国云的妻子（吴国云现住东陂），赤卫队【队】长是罗惠生，商会负责人是罗福仔，有公会，主席名字忘记了，只知道叫他化仔仔。

□〔国〕民党把农会打散后，经常来拉夫〔伕〕，有保甲费、抽壮丁，各种各样的捐税都有，我已记不清了。国民党反动派时，完粮不是按田和家庭人口计算，而由保长讲要多少就得拿多少，若交不出便捉去坐牢。

民国二十八、二十九年、三十年，国民党到我们这里来拉夫〔伕〕，若拉不到伕就抢。红军是好，不拉夫〔伕〕的。红军到棠阴是民国十九年二、三月，是从宁都来的，先来独立团，后来独立师。红军来，要老百姓打土豪分田地（田没有分，衣服分了），当时的有产阶级都下南昌去了。

红军来前和解放前，农民种地主的田。事先地主把一亩田两担谷【借给】耕者吃，等到收割就是要还给地主三石，没有就不能离开〈的〉耕地，要永远帮他种田。当时的高利贷放债是二分息，若还不起利息，则将利转本，转到差不多得地主就可牵着〔走〕他的牛。地主租给农民每头耕牛是每年交租四或三担。那时一个好劳动力每年能收 80 担，可是每年要交各种租、捐税 50 多担。过去我家有四五个人，每年能收六七十担，每年三四十担还有牛租还债。交粮和各种捐税等，剩下只有十多二十担，吃到过年就没有谷吃。

（整理人：郭子文）

3. 访问基本群众记录

访问者说明：本地区的老革命同志全部牺牲或过世。因此访问的对象都是基本群众，也就是说所获得的材料也不全面，同时本地是红白交界之地区。

1930年在圳口建立区苏维埃政府，（圳口或已划为神岗人民公社）区【政府】的组成人员：

区主席：许洪元

文书：陈普学

分田委员：洪兴发

财经委员：吴祖芳

少年先锋队队长：许少学

赤卫队队长：许玉良

游击队队长：廖生财

警卫排准备组织，但未组织好。八月区苏维埃搬党源。赤卫队的主要任务是保护区苏维埃政府。白天参加生产，晚上执行任务，报敌情，打土豪。

游击队主要任务是配合红军作战、守山、放哨、打土豪。也是白天搞生产，晚上执行任务。

警卫排是地方武装，送送信，报告反动派的情况，与赤卫队没有什么分别。赤卫队与今天普通兵差不多。游击队是归独立团管。

区苏管辖地区：麻坑、枫林、演口、君岭、横源、罗坊、永兴桥、鹿源、营前、大南。

1931年农历二月，在永兴桥（即大南）建立村政府。

【村政府】组成人员：

主席：吴生发

财务委员：吴保生

分田委员：韩相玉

□□少先队队长：李子文，队员有七八人，其任务是送信、打听消息、侦察敌人消息、检查路线。

赤卫队队长：许富生，队员十多人，主要任务是保卫村苏维埃政府，负责打土豪。

游击队：队长许冯信，有五六人，有梭镖、鸟枪，主要活动【是】打土豪分田地，工作与区乡相同。

村苏维埃打了3个土豪。吴礼安、吴挑茂和一个祠堂里的和尚。吴礼安是当时的万户〈一〉土豪。千户〈一〉土豪。财产是在1000现洋和500担租的为土豪。圳口在当时分了田，本地（永兴）同年5月插了牌准备分，但没有分成，因为11月间国民党孙连仲来了。当时村政府没有武器，经常在山里跟红军来去。

1931年农历二月成立双洪乡苏维埃政府。组成人员：主席冯万茂，组织委员吴生泰，分田委员冯进兴，财务委员陈进大，游击队长吴猪婆（真名不知）。队员是两三人，武器有长矛、梭镖、鸟枪。工作任务与区村相同。赤卫队队长许早生。少先队队长不知名。当时打土豪的钱要交到上面，没有分，而猪就分给大家吃，衣服也分。

红军在永兴桥一带活动情况：

民国二十年（1931年）农历五月间，红军从黄陂进五都来到此地，进到黎川，后又回黄陂草鞋岗去。红军驻过此地（永兴），是三军九师，总司令〈是〉姓杨，师长不知姓名。红军从黎川回来时，要老百姓帮助抬枪、子弹，都要给钱。最少是给一元或两元现洋。红军请老百姓抬伤员、带路、挑担，都要给钱，老百姓向红军报告敌情，也有钱给。

1932年农历十月十六日，国民党五十师、四十六师从棠阴来到永兴桥。当时，红军三军九师还在永兴一带。因此，红军与国民党在永兴桥打了一仗，从上午5时打到下午4时，红军三军九师便退到神岗回黄陂。从此，各级苏维埃政权便解散了。

1932年二三月（农历），国民党宁广保安队从南丰来到永兴桥，有1000多人，人人有枪，有机关枪，保安队见到当地老百姓没有挂反动派的符号（相似通行证），就说是红军，就捉起来。

1933年农历四月，宜黄（"铲共"义勇队）有七八十人来到永兴桥。当时，永兴桥的土豪吴立安、吴挑茂等乘机组织清乡"剿匪"机构，把永兴桥村苏分田委员韩相玉和财务委员吴保生以及游击队队长许冯信捕捉送给义勇队。结果，三位革命干部被义勇队枪毙了。

其后，棠阴、神岗也组织了"铲共"义勇队，棠阴义勇队队长吴枝恩，神岗义勇队队长应明振。当时，这些反动义勇队经常来到永兴桥扰乱，随便搜屋，乱指老百姓是红军探子和红军。因此在永兴桥捉了十数人，捉去的人有钱出钱赎，无钱请人保，并且在当地实行保甲连坐法，互相担保。

（访问者：郭子文、陈毅然）

（十三）其他原始资料（一）①

1. 访问老革命章长春同志记录整理

章长春，曾任东陂乡少共书记、东陂区少共组织【部】部长。

1930 年东陂的寨上苏维埃村政府，但只待几天，白军就来了，就没有了村政府。赤卫队也就散了。1931 年五月，当区苏维埃政府警卫连（专门保护区苏维埃政府）一个月。是年【1931 年】六月在一支队参加游击队（游击队驻在宁都）。到 1932 年当乡里的交通（即东陂乡苏维埃政府的通讯员）。1933 年当儿童团书记，接上〔着〕就任乡少共书记。是年【1933 年】七、八月间，又调任区委组织部长。1933 年十二月，调到宜黄独立营（这就像今天转业归队，因为我曾当过游击队战士）当士兵。1934 年三月，调到乐安受政治训练。当时因为我弟反水，组织上认为我知道而故意不报告（其实我不知道），因此罚我在湖南的兵线做苦工半年，后在行军中而〔因〕病而掉队回家。我妻（王细汝）也因参加工作而被国民党在 1934 年的五、六月间捉到九江坐班房一年多。

1927 年八月朱德在南昌起义后，就会路②东陂进宁都去了，此

---

① 本节以下部分出自另一卷档案。另外，原标题为"其他原始资料（三）"，此处统一编排了序号。

② 原文如此。

后红军方面的符祝宇（后来被作为 AB 团被杀了）带领 100 多红军经常到宜黄的东黄陂来，【来】两天打土豪，听到国民党来就走进宁都。

1928 到 1929 年，宁都的红军常来东陂，当时东陂乐老三就主动招待红军。红军就认为他靠得住，委任他为东陂区革命经济委员会（免〔录〕临时组织）主席，另外还委任了一些秘书、财经。但是，因为红军没长期驻在东陂，红军走了，白军一来就把乐老三杀了（乐老三只做了一两个月的主席）。1930 年春，饶明和、饶近珠、徐凤生、徐四仔、徐大良等七八人，得到三军团 18 支枪。因当时三军七师十九团到东陂待几天，临走时因三军团的枪有多，就把 18 支枪给他们这些出身中贫农的人，要他【们】组织暴动，守住（东陂）。五月间他们就在东陂暴动，赶走恶霸，在东陂街上成立东陂区苏维埃政府和警卫连及游击队。饶明和为区主席，游东生为警卫连长，饶近珠作游击队政治委员，大队长是徐素文，此游击队不属于区苏维埃政府领导。六月间白军来了，区苏政府和游击队就走到宁都，游击队驻在宁都肖田街上，区苏维埃政府驻在宁都下堡（离肖田五里）。八月间在肖田的游击队在裁〔戴〕叶普、邓普生、徐凤生、徐四仔、徐素文【的】率领下，全游击队 30 余人开到岩上，对区苏维埃政府和肖田乡政府（苏维埃）说："我们游击队去宜黄打土豪和靖卫团去打仗。"并把肖田乡苏维埃政府的四支枪带走，30 多人、20 多条〔支〕枪到宜黄后就一起反家〔水〕，并且迫着本来不愿反水的政治委员饶近珠也反水。但警卫连是同区苏维埃政府在一起的，他们的主要任务是保护区苏维埃政府，没有反水。但因为他们只有标枪，没有枪，故只得成立一个月后就改编【为】赤卫队，开到宁都的临溪后，开到乐安诏子受训 2 个月。红军的独立第四师司令部最【后】给了 22 条〔支〕枪成立游击队，司令部并派了教练的同志来领导游击队（一个姓赖的做大队长，两个做班长）。

五月间，东陂暴动成立区苏维埃政府时，赤卫队（即警卫连）的主要任务除保卫区苏维埃政府外，就是当游击队（那时徐素文等还没反水）。捉到土豪关到区苏维埃政府，赤卫队就守（用梭镖）或押解土豪到□处那里。游击队的任务则是打土豪，同白军靖卫团开火。

自从赤卫队得了22条〔支〕枪改成游击队后，他们共有23个人（包括区苏维埃的人员则共有30多人），22条〔支〕枪（队长不背枪），他们（包括区里的人员）都是跟着独立第九师八团走。

1930年十一月打过广昌。当时十一团仅1团人就打败了敌人三个师（一军人），因敌人接到假信说"一、三、五军团要到广昌来包围白军"，故十一团一开枪机就跑。同年十一月三十日又打新丰，打东陂则是经常性（十二月初五〈日〉打了一次，十二月十七日又打了一次，十二月十九日又打了一次，十二月二十四日又打了一次，正月初六又打了一次，以后每隔一月都来打东陂一或两次）。

1930年十二月十七日（从中午开始打，打到傍晚〈为〉结束）的战况：当时我们十一团和游击队400多人（包括卫生员、伙夫，团部伙夫……），其中机关枪连有机枪三架〔挺〕，300多支枪。在敌（白军大部分）未到之前就占领了东陂，布置在东陂的曾田湾屋背和凹上（今八角亭一带），白军二旅约6000人，另义勇队1000人，共7000人，从边山—黄陂—五里排、八都分路来，但因为国民党是军阀政策，士兵打仗是为了升官发财，故士兵不愿卖命。白军迁移到前线，只到五里排就乱【放】枪，不敢来前线，而义勇队从八都到八角亭附近被红军机枪一打就乱了，滚着乱跑。结果我胜敌败而结束。且我【方】是在敌众我寡的情况下取得胜利的。

十二月九日，国民党用更多的士兵打进东陂。当时我不知国民党到底有多少兵。

1928年—1929年，从宁都来的红军经常发动红军所经过的村子的群众组织村政府（只设有秘书、主席、财粮三个人），打土豪。可是因为红军【不】是常住在该地，故【群众】一般都不愿意参加政府工作，即便组织起来了也不敢打土豪，有顾虑。

饶明和初任区苏维埃政府主席时，区苏维埃政府【有】主席、秘书、财经、交通、伙夫共五人，当时尚没有东陂乡苏维埃政府。到 1932 年的四五月，红军大队又到东陂，并经常有红军来，故又建立了区苏维埃政府。这时黄陂建立了县政府，故又建立了区苏维埃政府，仍由饶明和做主席。这时亦建立了东陂乡苏维埃政府。区苏维埃政府的组织就健全起来了，有军事部、裁判部、土地部、教育部、财经部、内务部、国民经济部、收发部，另外除主席外，还有一特派员，管秘密肃反工作，李能辱（后反水）、武孝敬先后任敌〔特〕派员。1933 年中共东陂区【委】组织部长是曾早生，1931 年在乐安入党。曾先后任东陂苏维埃主席【的】是肖团忠—邓柏生—曾连生（后反水）—陈保民—杨友生。中共东陂区委书记是龙记斗，他一直没变动。当时东陂区苏维埃政府管东陂乡、西源乡、边山乡、八都乡、暮下乡、黄柏岭乡、三溪乡、灵山乡、侯坊乡、横石乡、隘溪乡（后来，横石、隘溪西乡仍归宁都管）。担任东陂乡苏维埃政府主席的，先后有王家山（后调任区土地部长，军队里指导员）—邓柏生（后调任东陂区主席）—曾连生（后调任东陂区主席）—李裕来—章昌年（后因工作不积极而撤职，做了三个月）—章灿金①（后因捉错人而被上级捉，后查清释放）—徐满生。是时，东陂乡管的范围是东陂、层△、好昆岭、观音山、大排、土堆上、小梅。各村只有一个代表。乡里面除主席外，还有秘书、少共书记、交通、伙夫，共五人。因为扩大红军（后伙夫、交通合为一人），东陂乡的少共书记是由鄢代生（后调到团县委工作）—邓花招—我先后担任（因为邓花招②捉错了几个〈次〉人，故上面认为他勾结了反动派而捉了他，关到保卫局待 20 天，调查清楚了始放出来，但撤了他的职而调任我担〔接〕任他的职务）。章昌年，乡主席，章灿全（乡主席）和邓长生（乡交通兼伙夫），也因同样原因同邓华招一起被捉入保卫局待 20 余天，才调查清楚【并被】释

---

① 章灿金，文中又作"章灿全"。
② "邓花招"，文中又作"邓华招"。

放。原来章昌年做了三个月的主席，他不积极工作、赌博，故被撤职，调章灿全当主席，但后者只当了三天主席，又因捉错了人而被上级捉。上级认为章昌年也有关系，故把章昌年也捉走。罗永丰、周贵春先后做过东陂乡秘书。

当时后方工作有三条：（一）扩大红军；（二）分配土地；（三）优待红军家属。（实际后两条都为了扩大红军这一工作。因为分配了土地就可动员青年参加红军，保卫胜利果实；优待了红军家属，当红军的也就愿意和安心，不会开小差）

青年团、少共书记章长春是1933年一月入团的鄢代生介绍的。入团后就任了儿童团书记，不久就任了少共书记（即团支部书记），后又任少共区委组织部长。组织部长相当于副书记，少共区委书记不在，就由组织部长布置工作〈的〉。工作也是扩大红军进行宣传（团员经常到区委会来开会，由区里负责同志报告我军在某处取得胜利，要团员回去，用这些生动的例子来对群众进行宣传当红军，踊跃参加红军。亦宣传说当红军好，家里有了田有人代耕——代耕者自己带饭吃，有人给你家里捡柴烧，优待家属。这样就有人参加红军，在前方打仗也放心，不会开小差）。发展团员，当时东陂乡曾发展有七八个团员，章长春介绍了邓长生、曾祝生等四人入团，全东陂区约有团员100个。

当时按年龄分的群众组织是：8—15岁为儿童团（他们的工作是日上放哨，捉吃烟、卖烟、赌博的），16—23岁为少年先锋队（其中20—23岁是模范赤少队），24—35岁为模范营，36—40岁为模范赤卫营，40—45岁为担架队。

1933年春打霍源、黄陂，我们获缴得3000—4000支枪。本来缴获的比这个数字还要多，但后因白军有八个师赶上来，夺回去了不少。我红军就退到宁都去了。

1933年打黄柏岭，十一师全被歼灭。当时我一个军团由白竹包向黄陂（可能是彭德怀），一个军团从新丰包过神岗、党口，一个军团由朱德亲自带兵，从正面打黄柏岭。最先派一连人向黄柏岭上打，结果牺牲 100—200 人，后来我们占领三角寨（比黄柏岭还高——从岩上过五称登到三角寨），再冲锋打进黄柏岭，全歼十一师。

1931 至 1934【年】五月，白军没有占领过东陂，但经常来打，皆被我【军】打败。有民谚曰："靖卫团得见红军先开枪，丢了子弹见县长，县长（是时国民党县〈县〉长是郭文）发了气，漏夜上东陂。东陂没打进，转脚下黄陂。黄陂县长说（指郭文）他（指靖卫团）吃冤枉，退回五都过仙乡（指靖【卫】团就不理县长而走，回五都走仙乡）。"

东陂区苏维埃政府做的工作有下面这些：

1. 打土豪。当时是先打土豪，后分田和划阶级。上面规定有 1000 元家产的才能被打为土豪，但下面没有按这规定实行，只是有钱的是〔就〕打他为土豪。在初期，不管他有多少土地〈初期亦不管他有多少地〉（当时东陂有一家人因为母猪生了猪仔，饶东珍散猪仔得 100 多元钱，同时生活过得还可以，因此就【被】打【为】土豪）。故红军初来时，有民谣曰"万户走下省，千户河下等，百户满山窜，穷人把命判"。当时东陂街上没有万户，东陂区则有五六个。千户东陂街上有陈布山（他是联保主任，是地主）等四五家。至〔只〕是拿得千元现钱出来的，若是包括他家的房子、田地、衣服、用具等算，这样东陂街上就有 20 家千户左右。他们都被打为土豪，把他们一切可穿可吃可用的都拿走。有一个富农，赖长爱，是个 70 岁的老太婆，她是管家的，故只打她及她的子孙，因为她的子孙不知钱在哪里，【她】把自己的钱东埋一个地方西埋一个地方，打一次就可【打出】一次钱，前后共打出了她的钱达 700 元，她也因年老被打死。

2. 划分阶级：当时划阶级的原则是这样的：

（1）雇农——常年做长工的；（2）贫农——生活上要欠债，即便有田但很少的体力劳动者；（3）中农——自己够吃穿的体力劳动者；（4）富农——有田多的，打得他为土豪的；（5）地主——三代不耕田，靠地租吃饭的；（6）劣绅——当区乡长寿士等，做事吃冤枉的（劣绅被捉到就要杀的）。由于是先打土豪后划阶级，故凡是"会打过他为土豪的，就皆划为地主或富农"。

3. 分田地：地主、富农不分（地主、富农押到后方——宁都去），中农田不动，参加红军和在政府工作的，分较好的田（但也比较马虎），分人均分 8 石谷田（但也有分多或分少的，因为战士多，时间短，文化也较低）。分田后收过两次谷，但后国民党来了，就被倒算去了。如果是红军家里，就派人给他代耕，并打割好了的谷子送到他家里（酒谷则由红军家属自己酿）。

4. 扩大红军：对群众进行扩大红军宣传。优待红军家属，扩大红军这一工作不管哪一部门都要进行，少共书记更不例外。章长春同志 1933 年任东陂乡少共书记时，就扩大了两个红军（邓三仔、谢文卿），这是 1933 年二、三月间。在准备进行第五次反"围剿"时，我们在党团员会上提出"有共产党就没有国民党，有国民党就没有共产党"的口号。1933 年十二月，我们为了准备〈反〉第五次反"围剿"，来了一个动员归队运动，就是过去当过游击队员而当时在政府里（或其他非军事机关里）工作的，都编入宜黄独立营。独立营在河口、洪门、坑（塘）西、十都、猪源、五都、南源、上溪至〔这〕一带前方活动，东陂、黄陂算是后方。当时东陂乡共有六至七个参加过游击队以后做政府（或其他非军事机构）工作的编入了独立营（因为当时东陂街上只有 20 多户人，很多人都跑了，当然这时跑的多是地主、丰〔富〕农、劣绅。东陂乡只有 100 来户，只寨上的人没有走。仍有 20 来家，其中有 100 多个参加革命）。故扩大红军的人不多，东陂区共有 100 多人参加，被编入独立营，各乡都去了十多人（只有东陂乡是六七个人），暮下乡、三溪乡、八都乡参加的多。全营都是宜黄、宁都人。本来还可以〈多〉扩大红军多些，但是因为西源游击队和边山游击队共有 60—70 人，被章□□领在 1933 年反了水的，独立营一班是 12 个人（包括正、副班长）。

5. 小学：红军来时，东陂区教育部办了一个小学，名称是东陂小学，学生 20 多人，2 个老师（老师是认字的，贫雇农出身者任之，不用原来的老师），当时文化很低，开会也有记录。

1934 年五—七月，东陂区苏维埃政府的人被白军解到宁都去了。

AB 团即是那种〈人〉身在红军中而心在国民党方面的人。有的〈是〉AB 团看见别人工作积极，就对上级或裁判部长或者特派员报告说："那个积极工作【的】人暗下开了什么会，勾结义勇队想反水，等等。"因而上面就把被告捉起来，可是过不得几天，他自己（AB 团）就反了水。例如，县特派员（是混到黄陂）李能属①到东陂来后，他就对上面报告说"章昌年、章灿金、邓花招、邓长生等是坏人"。故上面就把这 4 人捉去，幸好这 4 人被查清是假的，并非坏人，否则 4 人就会被杀。〈这种被错杀的人，〉第四次反"围剿"时，这种被错杀的人特别多，故有些人就怕参加革命工作，参加了革命工作的还怕别人怀疑而逃走（这可能因为梁必提任县苏维埃副主席兼检察部长时反过"左"——访问者注）。李能属这个 AB 团，在过了五天后，就自己带着野老婆走到（反水到）宜黄城反动派那里去了。

在第五次反"围剿"时，宜黄独立营有三个连，有 300 多人，枪亦有 300 多支，当时章长春同志在第一连。那时他们到处打，晚上睡觉，子弹带〔袋〕都没有下，枪就枕在头上〔下〕。红军初来时是把红圈（上写有"红军"二字）套在袖子上，红军斜带在颈和身上，后来因为这样目标大，飞机容易发现，而改为只用一条短短的长方形红布缝在衣领上（同现在解放军的领章相似）。各团、连原初来时是大红布，但后来为防飞机，改在〔为〕本部的番号，写在油布上，把它放在长长的（约五尺长）竹筒子里，作战时的指挥旗子也只有一尺来长的红布。

英雄人物：

（1）独立营第三连指导员——一天夜晚去摸敌人的碗〔炮〕楼

---

① "李能属"，前文写作"李能辱"。

（因为他想消灭敌人的炮楼）。有一次摸进了敌人的炮楼，并摸到了正在睡〈着〉的敌人的脚。那个敌人还以为是自己人，说不要摸，可惜当时炮楼里没有可燃之物以烧灭〔毁〕整个炮楼。

另外，他还组织了一个勇劲队，共 30 多人，皆是不怕死的，不怕饿，走得长路的人，他们经常到敌人的地区里去（如棠阴等地）。有一次他们捉到一个土豪，敌人的便衣就来，便衣回去后就带了三团口来包围他们，可是他们又从水坑里跑了。第二天他们又到白区里去了。

当时〈打〉仗打完后，自己撤下来后还要马上派便衣去探敌人是否走了。如果是一连或一排人去打的仗，那连长或排长在打完退回来后就要马上去探敌人，看是否走了。

（2）王泉山——他一当兵（在此以前是乡主席），没经升班长就一跃升排长，后升至连指导员，因为他打仗特别勇敢。有一次任排长，带一排人打冲锋，由连长亲自掩护，可是因为敌人多几个，班长带了花，士兵就怕而退去了。他就一个人坚持下来，掩护连长先退。

东陂街上在红军来以前和红军初来时有 200 多户人家，因为街上开店的人多。〈故〉红军来后，他们因怕打土豪，就一个个的都逃跑了。同时，又因时来时走，白军一来，就又要来搜和抢，说这里的老百姓是"土匪"，故有不少人（包括穷人）都跑到乡下去了（但像曾田湾这样的小村子里的人则没有走），有些老百姓怕【被】捉，跑到城里不敢回来的也不少（包括穷人）。

东陂街上在红军来后只有 20 来户，约 70 人左右，东陂圈圈围围〈约〉（即加曾田湾、寨上等地），全乡约有 100 多户。

红军来前东陂街上有四【类】店，杂货店、酒店、豆腐店、药店等，共 30 家左右。可是白军一来（1928—1930 年），就把东陂街上的房子拆得零零落落。

红军来以前，东陂的租谷是倒四六分（即农民拿四分，地主拿六分）。

白军、土豪来后，蚊帐、被子都被抢去，猪也被他们杀了吃了，厨桌、房子也砍柴烧（章长春家的耕牛也被国民党杀了，花牙床、被子等一切都被国民党抢走了）。有些我们〈的〉也藏到山里去，但有些我们没有藏得及的东西和吃的东西就被抢走，故当时一块〈钱〉光洋〈才〉只能买到一桶米（五块钱一担），也〔还〕要到宁都去买。土豪来了，把我们家先分得【的】田夺回去了，并且倒算，要交三年（1932、1933、1934）的租给他，租金仍是倒四六分（即农民四份，地主六份）。过去红军来前欠了土豪的债，土豪都要我们还，如果我们家里有牛、猪，他就逼着要我们把牛、猪卖了，还他的债，或是〔由〕他牵走。但如果实在硬是还不起的，也就慢慢还（因为农民穷得没有什么可以抵数，土豪压榨不出来——访问者注）。

白军来后，他们就把我们参加革命的同志抢走关起来，要被抢的族下人（亲戚）写保结，其内容是说：这个人是否是好人，今后会不会改，若是他再当"土匪"（参加红军），我保人负责……等等。有不少人去了许多钱（还有的没有去钱）。

白军占领东陂后，到后来慢慢东陂附近村庄上的人回来，加上土豪和【开】店的人共约100人左右，但后来的人多是别地（宜黄城里八都……）的人来东陂街上住。

东陂附近的寨上没有建立过区、乡苏维埃政府（只建立片村苏维埃政府待几天）。但寨上有很多人到东陂参加革命（有的做东陂区苏维埃主席，有的如曾早生做中共东陂区〈委〉组织部长）。

（访问者：徐禹谟）

2. 访问老革命邓雪华同志记录整理

邓雪华，曾任通讯员、传令员、侦探指导员。

白竹、西源（磜下）、黄陂三个乡的游击队在准备第五次反"围剿"时合为一个新独立营，各游击队为一个连（故共为三连）。白竹这一连的连长是宁都人，指导员是邓雪华，西源那连的连长是张兴华，黄陂那连的连长是彭旧仔。新独立营游击的地方是二都、四都、神岗、党口、棠阴、潭坊等地。

当时白竹成立了妇女会，每个妇女做一双（亦可用布做）草鞋。

第一次打宜黄是在 1931 年 8 月，缴枪万余支。

第二次打宜黄是在 1932 年 4—5 月间（可能是 1933 年的 4—5 月间——访问者注），围了七天城（当时正涨水）[1]，守敌是一旅，另有两旅从崇仁来，被我阻住在离宜黄城 20 里的地方。当时潭坊也被我占领，通向宜黄城的一切电话线都被我切断了，但是守敌派了一个会玩水的人从水坑里逃到抚州报信去了，故敌人在第八天就派飞机来炸。第九天我军就退走。

白军在这里（白竹村——非白竹乡）前后杀了我们 10 多个，另有 20 多个参加游击队和红军的被国民党打死，有的没有音信。

后来邓雪华因病回家，白军来后把他捉到团部（设在二都）吊打，后解到师部（设在宜黄城里），又解到军部（设在抚州），后又解到九江坐了一年监狱，后又解到汉口做了 8—9 个月（故前后坐了两年），敌就问邓雪华还当不当兵（指当红军），邓雪华说不当，才得放回。

（访问者：徐禹谟）

---

[1] 红军围攻宜黄城的时间是 1933 年 6 月，红军围城达 27 天之久。见《中央革命根据地词典》，档案出版社 1993 年版，第 87 页。

3. 访问肖金发记录整理初稿

肖金发，男，32 岁，谢塘人，贫农。

当时宁都肖田区柏树乡游击队到新丰市起，区政府就改为新丰游击大队，后转到黄陂改为黄陂，游击大队（又称老游击大队），此时是 1932 年春，帮助黄陂起区政府，由黄陂区和独立营领导，在新丰留了一年。

黄陂游击大队包括伙夫等有 160 到 200 余人，枪 120 支，队长是北方人，姓王的，副连长（即付〔副〕长）李高贵（南岭），政治委员【是】兴国人，还有宣传委员，均是二分区派来的，还有宣传员、师爷（文书）。黄陂游击大队驻河口、二都、塘溪、八八团、霍源、洪门等地。其中以塘溪驻的最久，四处活动。

新丰游击大队【以】李金莲为政治委员，连长肖美才，两个排有 150 个人，还有事务长、宣传员杨排长。各区、乡打的土豪，钱交经济委员，（设在灵山，县府亦在此过）而【后】交裁判部、肃反部。

（访问者：徐禹谟、邓道华）

（十四）其他原始资料（二）①

1. 章水生同志寄来的资料（复写）

第一次革命根据地，1928 年四月下旬打下了水莲花、宁岗〔冈〕等县城，发动群众打土豪分田地。当时国民党联合起来，组织起来，江西、湖南、广东三省"会剿"。在此情况下，朱毛的军队又来，退出井冈山。到七溪宁〔岭〕战役中打垮了金汉鼎部下的杨池生、杨如轩的军队将近一万人，两杨一死一伤。以后国民党重新组织队伍进行第二次"围剿"，在龙岗、横岗一带地区战役，活捉张辉瓒，打垮了谭道源。因此我们都是模范一营赤卫军一支队。拿土枪土炮，连闹〔扰〕乱他们五六晚。他就要睡觉，没有精神，我们的大军队就打来了，消灭他很快。第三次战争"会剿"井冈山，由于敌人强大，情况紧张，粮尽弹绝。朱毛红军在 1929 年二月退出了井冈山，到瑞金、兴国、宁都、于都、长汀、龙岩等地区开新的革命根据地。首先在瑞金县大柏山〔地〕打了一仗，消灭敌人一个保卫团，获得了枪支、弹药和其他胜利品。以后在赣南、闽西创立了革命根据地。这次以后的中央苏区由此扩大，红四军于 1930 年六月改编为红军第一军团，是朱德任军团司令员，毛泽东任政治委

---

① 原标题为"其他有关原始材料（四）"。

员。在同年七月份，【与】彭德怀、黄公略领导【的】三军团会合①以后，朱德任方面军的总司令兼方面军〔第一军团〕司令，毛主席任政治委员。彭德怀军队守井冈山，到1931年初，由一个富农带领白军攻破井冈山。彭德怀军队退出了井冈山，转战宜春、万载、铜鼓、分宜等地区活动，发动群众打土豪分田地，扩大红军，创造根据地。彭德怀任军长，黄公略任政治委员。1930年七月到十月，国民党共调动了50多个师的兵力进攻苏区。红军经过连续的战斗，打败了国民党张学良的部队，特别是赵博生、董振堂同志为首的二十六路军孙连仲军队，组织了15000多个〔人〕起义，粉碎了三次"围剿"，取得伟大的胜利。赵博生、董振堂的部队成立了五军团。1931年11月在瑞金叶坪召开了第一次全国代表大会，宣布中央工农民主【政府】成立，选举毛泽东为中央工农民主政府主席，项英、张国焘为副主席，朱德为总司令。1928年8月邓伯生、黄桂生、李焕龙、李焕义等同志到吴村接彭德怀〈的〉，到三溪村打土豪，捉到李加桂土豪，取到光洋边1200元，还捉到李加祥土豪，取到光洋边400元，【还有】其他好多东西，【就】捡到担到宁都吴村，就开会散到〔给〕群众。同年11月份，饶为和、饶歆殊、邓柏生、李焕信、李焕龙、邓武标、何冬生、黄桂生等同志接头，胡竹为的队伍就起义了。一个〔在〕宜黄起了一个革命军事委员会，经常带军出来打土豪。1929年〔一〕至二月，建立了乡，有三个政府。主席赖显生，秘书赖田□。□石乡政府，浪磜〔嘴〕村政府，易元乡浪元村政府、三溪乡政府，主【席】熊毓进，秘书□□□，财粮李焕义同志。初是领导群众打土豪分田地，扩大红军。同年五月份，组织宜黄区政府，管几个乡和几个村政府，扩大一个游击队，徐宿元任队长，徐老四任排长。时常到东陂向靖卫团打火，把靖卫团打走了。东陂差上成立了村政府，章余年

---

① 1930年8月23日，红一军团和红三军团在湖南浏阳永和会师，成立红一方面军。见《中央革命根据地词典》，档案出版社1993年版，第219页。

任村长，章祥生任文书。在同年十一【月】份，游击队反了水，东陂没有地面。到 1930 年四月份，由红军一、二军团，两个团的军力〔队〕打到了宜黄县，动到上级，并且在县内待了几天，就退回来。区政府搬到东陂，主席饶琴珠，文书肖怀善，财粮黄桂生，内务部长邓百生等同志，成立扩大【的】两个杠岗游击队，东陂游击队扩大【为】一个独立营，共有人数 200 多个，枪支 1100 多〈架〉，有个大炮。到 1932 年，区政府撤到浪磜、易元。国民党攻〔第〕四次"围剿"，是 1931 年冬打霍源。1932 年春，黄柏岭是五军打冲锋，红三军做后卫，红一、二军团打包绍〔围〕，打了一天一夜。打垮了国民党五十一师和五十二师，特别取到很多〈60〉枪支、大炮和日用品。同时县政府就搬到黄陂，又搬到五都，各村就都成立了乡政府和区政府。各机关组织人员：宜黄县政府主席罗章彩，秘书肖怀善，检察部长章德伦，土地部长赖世文，付主席梁必提，内务部长邓百生，军事部长曾德行，保卫局长易道栋，总务处印明勿，中共书记戴加兴，少共书记、省主席曾山，国家政治保卫局局长邵武平 [1]，中央委员刘少奇，都是领导扩大红军，组织模范营、少赤卫军、担架队、妇联会、洗衣队、摊捕队、慰劳队、儿童团、组织打扇队、运输队、抬伤兵、运粮食、唱歌队，等等。支援红军消灭敌人，保卫苏区。在后方工作人员和红军整体的部队，又积极帮助群众生产。因此我们的党政已与群众建立了血肉的相连的关系。□□另外我的事情，1933 年二月份参加游击队，担任班长，第一军打包黄柏岭火战。至四月份，调到东陂区军事部担任科长，到 1932 年 5 月份改为军事部长，到 1933 年十月份改本区主席，到 1934 年四月调到县少队部工作。到六月份因国民党进军，就走到宁都博生县，同江西军区一起，由〔在〕罗陂永丰一带山里打游击。到

---

① 邓发，在"一苏大"上当选为苏维埃临时中央政府执行委员会委员，任国家政治保卫局局长。见《中央革命根据地词典》，档案出版社 1993 年版，第 332 页。

同年十二月份，一、三、五军团去北方抗日，我们大家都炒了米花七斤和生〔牛〕肉干一斤四两，就跟大军过封锁线，三日三夜，在本月二十二日 8 点钟打火，在行田沙区打火，打死并牺牲了 60人，我都倒在死人底下。以后就【被】捉到坐牢，回家。因为家里猪、牛【和】各项农具、碗筷都没有了。父亲被义勇队捉到，吊在树上，叫我父亲拿钱来活命，结果无钱，就叫我姐夫代票，限七天交清 37 元光洋，不交【就】要他的老命，付清并未待一个月【就】死了。

我都帮别人做短工，在树运生过活。

1949 年解放来〔后〕，任区代表，以后合〔在〕乡担任柏岭【乡】乡长，以后并乡，担任文教卫生主任，到 1957 年高级社任生产队长，调到南昌学习，回来以后分配【到】县里民政局搞优抚工作。

章水生记（章水生印略）

1959 年 1 月 17 日

附：这份资料是章水生日志，自己用书面寄来的，不是省委、县委党史调查队的日志、直接访问来的资料，特致注明，以作今后查对之方便。（复写者杨德义案语）

2. 访问乔春发记录

乔春发，62 岁，曾任农协执行委员，现住乔家坊。

我在民国十六年参加了当时乔家坊河桥农民协会分会，并担任这个分会的执行委员。

在组织乔家坊农民协会时，由县长李作、县农协主席贵占还、县党部负责的邹渊到我们这儿掌握农民进行选举，产出委员，时间是 1927 年一月（阴历）。这个农民协会有不少人，选举的时候，钟赤心、钟山兴也到过这里。

选举结果，我和胡长生、徐亚仍当选为执行委员，乔四仔、胡几翔为后〔候〕补委员。

农民协会直属县农协领导。当时河东桥头、潘家上、程家巷等地也成立了农协。仙三有民团组织。

民办协会，专门是反对土豪及维持地方治安的，组织了农民自卫军，80 多人，用鸟枪、土炮打土匪，我们有 10 多门土炮，每人都有鸟枪。到山前打过仗，缴到土匪曹万金枪一支。我们当时牺牲了两个人。

我们经常到城里进行示威，农、工、商、学、兵都参加，常说"打土豪分田地""打倒老蒋"。当时城内吴△△是大官土豪，农协会员做纸人，写上他的名字，到街上去游行。当时吴躲避起来了。许静山吓得不敢见面。

邹渊和一个姓程的经常开会，向我们宣传后说，说得很好。

民国十六年七月间，贺龙经过这儿，当时要我帮他们挑四支枪去到宁都，得一个多月，才走了出来。

以后我们二都设有保总，是徐和功，下面有都保。

邹渊烈士，他是宜黄潭坊人，又名池观，在旧制第三师范学校毕业。1927 年国共合作时，他在宜黄县党部任常务委员。当时宜黄一班旧大绅士和地主恶霸被他赶走，躲藏在仙三都横街上，借反动民团势力来保护他们。邹烈士在宜黄任常务委员的时候，做的事业是轰轰烈烈的。他通电讨蒋，发表文章登在当时的江西报上，下乡协助农民协会也很热心。可是时间不久，国共分家，邹烈士即在一班奸人及反动政府控告下而牺牲了。

钟赤心在临川搞农民运动的时间长，他和邹烈士是否都是共产党【员】，很难确定。我在当时听到人家说他俩人都是共产党员。

丁国屏的名字，我是记得的，他的历史和搞的活动我记不起来。棠阴杀死了义务团几个人，同丁国屏没有什么关系。

桂丹元是农业学校毕业的，任过凤岗小学教员，是我的小学老师，后任宜黄县农民协会的书记职务。他是否共产党员，我不知道。

在抗日战争时期，大约是在1937年，我正在南昌珠市街小学教书，不在家里，棠阴打死魏科长的事听说是这样的：

当时宜黄县反动政府伪县长周桂薰想把棠阴主办□范乡，当时派了一个蛮不讲理的姓魏的伪科长在棠阴主办这件事，叫民工饿着肚子食石子动工，激起群众的愤怒，结果民工用锹头把他打死。

棠阴农民协会是1927年一二月成立的，是宜黄县农民协会直属机关。有一个主任委员叫罗三汝，曾收过本地鸭禁，捐作为开会时一些临时费用，填过一些调查表（为本地农民发生的械斗调查表）宣传过。现金集中□的通用。棠阴农民协会没有发展过党员。国共分家后，棠阴的农民协会也就在无形中停办了。

（整理者：黄彬生）

3. 访问提纲

（一）大革命时期（1926至1927年）宜黄县党部组织和几次改组的经过情况，什么原因，吴立瑜和仙三都民团武装改组的情况。

大革命时期（1926至1927年）宜黄县党部组织和几次改组经过的情况，概括如下：

第一次：1926年九月（前写五月间，谈话错了）有省党部特派员曾燕堂来宜组织宜黄县党部，曾燕堂是共产党【员】，不知哪里人，现在不知何往。我由邹德滋介绍参加了党，邹德滋（已死）是宜黄县立第一小学校长，闻当时参加胥梦周、邹渊（已死）、邱储经等，给得徐伯康（已死）也参加了。那时没有做什么工作。后邹德滋告诉我，名称是国民党，实在〔际〕是共产党的组织，记得

邹德滋是常务委员。（这一次请问胥梦周比较清楚）

第二次：1926【年】十月间至十一月间，我因往抚州【办】事，遇见余瑞瑛（已死）由南昌来。他问我来此做什么，我说找事，他说与我同回宜黄去办（党）。我即同他回到宜黄来。余瑞瑛是崇【仁】二都人，与我小时在高小同学，他是共产党员。当时同来者，有省党部、特派员钟赤心，吉安人，共产党员，现在不知何往。到宜黄后，由钟赤心在文庙内组织中国国民党宜黄县临时县党部，吸收党员。由钟赤心发出一种表格交〔叫〕大家填写，这种表格是一种测验思想性的表格。钟赤心看到我们的表格后，即派我为中国国民【党】宜黄县临时县党部执委兼农民部长，余瑞瑛为常务委员，胥梦周为执委兼宣传部长（胥梦周现住司马路），【徐】伯康为执委兼青年部长，王志廉（已死）为执委兼工人部长，谢炳煌（已死）为执委兼乡民部长，邱储经（闻现住临川上顿）为执委兼财务长，宋瑞琛（已死）为执委兼妇女部长，邹渊为执委兼组织部长，成立了执行委员会，在文庙内开始工作。

第三次：1926年十二月省党部又派特员丁国屏（已死，国民党员）来宜改组宜黄临时县党部。我和胥梦周、徐伯康三人被改掉出来，当由丁国屏派程忠琅（现住南山路）为执委兼宣传部长，吴国英（已死）为执委兼青年部长，欧阳璧（已死）为执委兼妇女部长，其余各部执委照原来改（唯余瑞琛改兼农民部长至1927年四月间停止了活动）。

第四次：1927年五月间省党部又派罗英才（已死）、欧阳璧、胥梦周、徐伯康、吴立瑜等为改组宜黄县党部执行委员。又说是整理宜黄县党部，这一次我说不〈甚〉清楚，因为我离开了县城，在崇【仁】二都小学当教员去了。所以每个人担任什么部长，我也不晓得。最好这一次要问胥梦周比较详细，因为他在里面工作。

关于改组什么原因：第一次大概是筹备性质，第二次由省党部派钟赤心来组织临时县党部，至第三次丁国屏来宜改组县党部，因为省党部负责人更换。据闻传，段锡朋也是国民党员，而丁国屏也是国民党员。他到宜黄后把我和胥梦周、徐伯康三人改组出来，说胥梦周、徐伯康是共产党员，我则与当地土豪有关系，因此把我们三人改掉出来。关于第四次改组的原因，那时候我正在崇【仁】二都小学当教员，不甚清楚，要问胥梦周。另外吴立瑜和仙三都民团武装改组的情况，即当四次改组的事情，那时我在崇二一都[①]，据闻系吴立瑜被捕，陈正施、许静山等所利用勾结仙三都民团，陈福寿率领民团捉拿邹渊，而邹渊事先逃脱，没有捉到。这一段经过也要问胥梦周更为详细。

（二）每次改组后，哪些人担任党部委员和部长？为什么要改这些人？（已到第一条）

（三）那时县党部做了一些【什么】工作？

在第一次曾燕堂组织县党支部时，没有什么工作。在第二次钟赤心组织临时县党部时，吸收了党员，组织了农民协会、商民协会、妇女协会、工会等。宣传方面，标语和口号【有】："打倒土豪劣绅！打倒帝国主义！打倒军阀！"，"拥护农工、联俄、联共三大政策"，"一切权力属于党，实行三民主义（民族、民权、民生）"，"实行五权宪法（立法、司法、行政、考试、监察），"取消一切不平等条约"，"平均地权，节制资本"。另外，捉拿土豪吴周臣、许静山等。慈航社负责人周淡香他们都逃跑了，没有捉到。同时由钟赤心率领县党部全体人员往北门社坛宁岭，捣毁宜黄慈航社玉牌位及各神仙牌位。在第三、第四做了什么工作我不知道，因我不在县城，在崇【仁】二都去了。但第三次所做的工作要问程忠琅，第四次要向〔问〕胥梦周就更清楚。

（四）余瑞瑛、邹渊的政治面目是什么样〈的人〉，做哪些革命工作？

余瑞瑛是崇【仁】二都人。在抚州第三师范毕业后，即在武昌高等师范求学，毕业后即回临川第三师范当一教员。据闻那时间

---

① "崇仁一都"，应为"崇仁二都"，根据上下文推测。

他就参加了革命工作，在校内做了一些宣传。回宜黄后，【在】钟赤心领导下，协助组织了宜黄县临时县党部。在宜黄不久，仍回临川任临川中学委员会委员。邹渊是岱乡人，也是师范毕业，曾立〔任〕县立小学教员。他是否共产党员尚难肯定，但他在工作方面非常积极，捉拿土豪劣绅吴周臣等极为努力。同时他在第一次曾燕堂和第二次钟赤心组织县党部时，他工作表现好，似乎是共产党员。但丁国屏来宜黄第三次改组县党部时，他没有改掉，究不知如何，故难肯定。

（五）胥梦周是接近哪一派？哪些人参加共产党和共青团的组织？

胥梦周是接近余瑞瑛和徐伯康那一派。徐伯康是参加了共产党，其余在第一次组织宜黄县党部时，当时参加的有曾燕堂、邹渊、胥梦周、邱储经、邱德滋和我参加了。据邹德滋告诉我，名称是国民党，实在〔际〕是共产党的组织。哪些人参加了共青团的组织，我不知道。

（六）在什么地方组织了农民协会？做了什么工作？有什么活动？

在第二次宜黄县临时县党部成立后，我任农民部长时，曾在河东烦捣寺组织了农民协会。当时参加的会员有农民30余人，同时选出执行委员，郑协同，余钟岱、桂馨等成立执行委员开始工作。在开成立会时，我也到会，宣传了组织农民协会的意义：打倒土豪、平均地权和耕者有其田——和继续吸收会员。到第三次县党部改组，农民协会的组织如何我不清楚，因为我〈们〉离开了党部，往崇【仁】二都教学去了。

（七）国共分裂后国民党如何进行清党？组织了哪些人？

1927年七月〈间〉到十月间，省党部又派我和张保生（现在鄱阳）、谢保和（西门路人，现在不知何往）、吴祖谟（现在江西省公路局工作）、吴植璧（已死）为宜黄县党部执行委员。但此时，县城会市面居民迁往乡间者甚多，委员人士分散，没有集合，也没有开过会，等于虚设。关于进行清党，组织了哪些人，记不起来。因在 1927 年十一月后，省党部派章谦光来县指导组织办党事宜，那时没有见如何清党。

（八）什么时候组织了"剿共委员会"？哪些人参加了？逮捕了哪些人？屠杀了哪些人？

1928 年十月〈间〉至十二月间组织了宜黄"剿匪委员会"。当时参加的是由伪县委派周少献、黄弼元、罗时起、吴祖谟、谢时盛和我几个人为委员，伪县长欧阳岳为主任委员。记得逮捕了谢贡庆，因为他与本地谢花秀、谢阴官闹私人意见，诬告谢贡庆是土匪，因为谢贡庆做过农民自卫队队长，后来并把谢贡庆枪毙了。此外没有逮捕过什么人，也没有屠杀过什么人。

（整理者：余仁磷）

4. 访问资料记录整理

邓武标，【曾任】宜黄革命委员会委员长。

朱德总司令在 1927 年路过候坊，在候坊住了一天，红军宣传组织起来打土豪、抗租抗债的好处。第二天朱总司令走后，就是宁都的胡竹宇组织了一个工作组，在候坊工作，帮助我们组织农民协会。农民协会就在 1928 年三月在候坊组成（因为刁坊有 2 个万户，9 个千户，而候坊只有 1 个千户，且已搬到刁坊，刁坊与候坊只隔一条河，约 1 里路。候坊几乎全是穷人，以前两地也有阶级矛盾）。开始是秘密工作，到十月才开始公开打土豪。从 1928 年三月到十月之间，这几个月是秘密工作时期，这时有 35—37 人参加了农民协会。在这个时期中，我们自己没有枪，每天都想打土豪。朱德在路过候〔候〕坊时，打了 2000 余块光洋的土豪，就给 400 块钱给我们作筹备农协的经费，我们在这个秘密时期内制了梭镖、土枪等武器。在十月就正式公开打土豪。农民协会主任是邓签生，副主任就是我。

1928年十月开始公开打邓德春（千户）的土豪，他没给钱，只给了一张50块钱的条子给我们，我们就还回侯坊。第二天他并没给钱给我们，而用这50块钱来组织保卫团，并买了一口〔头〕猪，把刁坊那些参加保卫团的人召集起来，让大家吃（与此同时，他亦写了一条子给宜黄伪县长说自己要保卫团，因为侯坊有"土匪"，固〔故〕县长亦批准）。

1929年二月，保卫团打来侯坊，捉去了农协主任邓签生，邓签生说："不是我一个人，还有一个邓武标。"邓签生被杀，保卫团来捉我，我就带农协30余人到宁都肖田。肖田区主席肖永六借了60斗谷给我们吃，他说："天下农民是一家，没有关系，我们可以帮助你。"并且要我们组织宜黄革命委员会（同时，如果宜黄有了红色组织和红色武装，与宜黄的敌人斗争，则肖田就更安全而成后方，这对肖田也是有利的）。三月间他给我们打了一张条子（内谈邓武标等30余人来宁都的原因和希望批准邓等成立宜黄革命委员会，并希望上面给些枪给邓武标等人），由我和另外两人到东韶办事处（即东韶东路办事处，亦即东韶赣东东路办事处，亦即赣东办事处）接头，与此同时，肖永六又发动了宁都益磜、益源、谢塘、肖田、吴村等地600人到宜黄东陂一带帮助我们打土豪，得600块全给我们，作为成立宜黄革命委员会的经费（制枪、衣服、吃饭等）。当时我和戴金华、戴金生到东韶办事处接头，办事处的主任彭澎批准成立宜黄革命委员会，并且给吉安一个什么上级组织请示。宜黄革命委员会就在 3 月 11 日正式成立 [①]，5 月吉安派了两个人来（一个是来做连长——教操，混名叫麻该，一个是来做秘书，叫五七）和 22 支枪给我们（当时东韶办事处管宁都、宜黄）。

宜黄革命委员会的负责人如下：秘书王七、戴金华，事务长戴金生，宣传员戴牙仔、曾明和，大队长徐素文、饶明和，委员长（即政治委员）邓武标，副官秦早生，侦探队队长徐五仔，副侦探队【长】刘德盛。

1929 年四、五月间，吉安派了五七、麻该来后，我们有什么事就由五七、我、戴金华三人商量，这个三人会议是上面（指东韶办事处，吉安）【指定】，有什么事情就通知王七，王七就召集我和戴金华（我们三人是党员）商量，商量后就要我向大家讲，怎样讲就怎样做。宜黄革命委员会直接受东韶办事处领导（不属肖田区苏政府领导）。到 5 月间时，就发展到有 160—170 人（其中宜黄人占近 2/3，宁都人占 1/3 多一些，约六七十人，因为这时宜黄干溪等地有些贫苦农民烧了地主的山，被地主赶到宁都肖田来参加革命），在这些人中有 10 来个组成担架队，跟着我们出外打土豪以作担东西、担猪肉，或者我们的人被打伤就抬伤兵。同时这中间 100 人组成游击赤卫队，大队长是徐素文，麻该连长当教练，教操和打仗方法，他们共分有 4 个班，每班 20 余人。

革命委员会的发展阶段（〈从〉1929 年五月—1930 年十一月）〈阶段：〉我们经常到小李坊、干溪、溪坊、下湾、护竹、黄柏岭、东门、东陂街上一带打土豪，随之帮助群众建立村苏维埃政权。但

①　宜黄县革命委员会：1929 年 4 月，宜黄侯坊农民协会遭靖卫团袭击后，一部分积极分子转移到宁都。5 月，在宁都县革命委员会主任彭湃主持下，成立了宜黄革命委员会筹备委员会。后宜黄县革命委员会筹备委员会遭到反革命分子破坏。至 1931 年 3 月，中共赣西南特区委领导人赴宁都视察工作时，恢复了宜黄县革命委员会筹备委员会，邓武林任委员长。同年 4 月，正式成立了宜黄县革命委员会，曾德恒任主任，徐施恩任副主任，下辖 6 个区苏维埃政府。见《中央革命根据地词典》，档案出版社 1993 年版，第 190 页。

是有些地方，如东陂街上，当我们一去就起政府，我们一走就散了，因为这里离白匪中心近，只有潘坊、黄柏岭、小李坊、侯坊、干溪等地没有散过。我们 1929 年六月到上萍，七月到东陂打头，每月我们都过来两次。在这段时间内，我们从宁都到宜黄打游击队，来往不定，打来打去，今天过来，明天或当天就回宁都肖田。

1930 年十一月间，因捉 AB 团，宜黄革命委员会组织就散了，这是因为胡竹宇在湖南打火失败，只剩 200 余支枪，回来又去打南丰城【失】败，又只剩下 90 余支枪，完全没有子弹，但他只知我们有枪、子弹。恰巧这时宁都正在开展捉 AB 团（在东韶这个地方每天要杀 300 人，这也是胡竹宇的命令，彭澎也被捉了。其实胡竹宇他本身就是 AB 团，后也被杀）。在十一月十七日、十八日他借口说要打东陂，就把我们集中起来训话，他自己的兵站在后面，我们站在前面，他训话训到半中腰就说要捉 AB 团，结果就把我们的枪、子弹、两匹马缴去了，并把戴金生、戴金华、何□□等三人当 AB 团捉去杀了。其余的人就都跑散了。我回到侯坊，躲在山里，数月不敢出来，宜黄革命委员会就此散了。

（访问者：徐禹谟、杨德义）

5. 胥梦周供稿的问题 ①

胥梦周写的供稿（以下简称"供稿"）有多少是事【实】？兹将可疑之点分述如下：

1. 曾燕堂来宜，组织的党部，名称是党务筹备委员会，不是临时县党部，党部工作人员，是筹备委员，不是执行委员，胥梦周并未参加筹备会工作，即邱储经亦未参加，时间也不只一个月。

2. 余瑞瑛任临时县党部常务委员期间，胥梦周并未担任宣传部

---

① 原文无标题，系编者根据内容所加。

【部】长，有一段胥、邱二人斗争历史，足资证明。叙述如下：

余瑞瑛任常委期间，其岳父即邱檗（字悌明，已故，兰水人）担任县教育【局】局长，胥梦周对于他所任职务（城北小学教员），心怀不满认为大材小用，对余常委、邱局长二人，常闹情绪。有一次在邱的办公室桌子上发现一副小牙骨牌（邱某是佛教信徒，用以□牙牌天先神教的），胥梦周借口与邱大闹特闹，后经人从中调节〔解〕始告平息。此事虽小，足证胥梦周与余瑞瑛并未同事，如果是同事的话，胥梦周决不会因此小事有意与他同事的领导人余瑞瑛的岳父为难（此事我在场亲眼看见的，虽事隔三十多年，记忆犹新）。据说，邱储经、余仁磷二人与他同在余瑞瑛任内工作，可分询二人，便知真相。

3. 供稿内谓钟特派员到县后，宜黄一部分知识分子对邹德溥大肆攻击，经钟特派员了解情况后，认为宜黄临时县党部有改组的必要，亦作事实。钟特派员来县时，邹德溥早已死去多时（邹德溥次子名邹占元，现住棠阴乡，一询便知）。

4. 供稿谓打倒土豪劣绅，一区团总吴周臣与省议员余觉民一段亦不是事实，类似旧剧中的"丑表功"。斗争余觉民一事，是在邹渊任常委期间，由丁国屏、程孝懋二人主持其事，并派我与邱储经二人前往二都调查此事。胥梦周不仅没有斗争余觉民，而且余觉民对胥梦周来说，可说是他的恩人。后来胥梦周改组邹渊的临时县党部，余觉民是大卖力气的，并花费大量金钱，计现洋 2000 元以上，收买君山、棠阴、仙三都等地民团，协助胥梦周武装改组临时党部，一切费用由余觉民独立出资，各民团率领人员，并从中敲诈不少，另外由黄弼元用大量金钱（余觉民出的）收买由邹渊领导的伪县农民自卫军。第一【排】排长许庆仁（南门路人，已故）武装叛变，不然的话，胥梦周是没有能力改组临时县党部，我与邹渊也无用出走了。至【于】打倒吴周臣一节，尤非事实，胥梦周可以【说】是吴【周】臣名下一个有利的助手（详情见后）。

5. 供稿谓第一个时间〔期〕（1926 年十月至十一月），组织成立；第二个时期（1926 年十一月—1927 年一月），第一次改组；第三个时期（1927 年一月—1927 年六月），第二次改组。据上说来，是临时县党部，自组织成立起至第一次及第二次改组止，三个时期，连进行改组及工作时间在内计算，不过短短三个多月时间，亦属不符。在大革命时期，国共两党政争（当时国【共】两党表面上是国共合作，暗中实有摩擦，经常明争暗斗），虽起伏不定，亦绝无如此匆〔仓〕促之理。此事可询邱储经、余仁磷二人，他们在党部工作时间究竟待了多久，便知真相。

6. 钟特派员来宜改组党部，亦有一段斗争历史分述于后：

大革命时期以前，宜黄地方派系分作南、北两派，经常因地方政权发生争执，北派以吴周臣、徐家轩（前清拔贡，阶树人，已故，胥梦周的母舅，胥梦周是属于北派的）、许寿康（前清拔贡，阶树人，已故）为首（握地方政权的当权派）。南派以程忠琅（南门路人，已故）、邹德溥（已故）、程孝恩（南门路人，邹渊的姊丈，已故，省立小学教员）为首（在野的反对派）。当钟特派员来县改组党部时，曾散发表格，举行笔试，测验参加县党部工作人员的革命思想。说来可笑，那时有些参加测验人员，连三民主义是什么、孙总理三大政策都答不上来，比较清晰的有邹渊、程孝恩、程忠琅。李元勋（已故）、徐龄（已故）、徐伯康、胥梦周、吴信可等十余人，当时钟特派员本欲取录上述人员参加党部工作，后来，田徐元勋、徐龄三人（属于北派）反对程孝恩与我（因为姓氏关系，他们强分我为南派）参加党部，程孝恩也反对徐龄等参加党部，双方在钟特派员面前，互相攻讦，争持不下，各不相让，几乎发生械斗。适余瑞瑛回来县，钟特派员乃任余瑞瑛为常务委员，并由余从中调解，以邹渊、徐伯康参加县党部，以调和两派争执。当时他们也反对邹渊参加，余瑞瑛告诉他们，不用邹渊必用程忠琅，他们始无话说。余瑞瑛又劝我兼任小学教师，党义训练班党义教师（余与我在三师同学同班，那时我是南□小学校长），一段斗争始告平息。

7. 供稿：1927 年一月，江西省党部领导权被右派分子段锡朋

（AB 团头目）、周利生等所夺取，段任党部组织【部】部长，派其亲信特派员丁国屏来到宜黄，改组宜黄县党部（余略），胥梦周、徐伯康则以同属三师学生亲共关系，亦被改组之列。此一节只图说得好听，亦与事实不符，亦分别驳斥于后：

（1）胥梦周的供稿内虽未明言邹渊与本人等为反动分子，然通译文字意义，丁国屏连一个不过有亲共关系的胥梦周，亦在被改之列（徐伯康时已升入武昌高师，实际上并非被改），那么参加共产党的人员不会委用，更不消说，所委用的尽是反动分子，是意在言下的。把一个国共合作的临时县党部，说成是反动集团之政党，其居心恶毒，可见一斑。

（2）时至今日，谁不知道程天放、周利生、段锡朋、丁国屏等是右派分子，然在当日国共两党合作之名义下，又【有】谁能说他们是反动呢？人非鬼谷先师，又谁能预先料到宁汉会破裂，国共会分家呢？虽然理至明，尽人而知，早知如此，共产党人决不会跟他们合作。

（3）邹渊是否为共产党员？抑为反动派？有邹渊自己当日躺在南昌小校场之尸体，足资证明，至今已成铁案。无须我为他分辩。即就本人而论，自 1927 年"四一二"国民党"清党"时期被清洗以后，即绝对不愿参加国民党及任务〔何〕反动集团。在 1928 年八九月期间，本县党部（地址设在虹坛内）重新进行登记国民党员的时候，曾省员与罗时裁二人（主持登记事务，曾与我在临时党部共过事，罗在我名下，任过宣传干事）劝我重新登记，经我婉言谢绝，其立场如何，可以想见。

事实俱在，岂能诬蔑？后来丁国屏在伪国民党统治时期，历任万安、遂川、横峰等县县长及许多要职，飞黄腾达，红极一时，本人从未为入幕之实，本人是否为丁国屏一派？更不言可知了。

8. 供稿略谓："他在南昌进贤小学，听到棠阴发生血案，邹渊等请来崇仁华家武装，连夜到棠阴杀死几个人，指那些人指为土匪。后来，即来协剿的华总队长，亦知道受骗，因此不再捕杀。"

照他说来，邹渊竟是一个诬良为匪、草菅人命的违法分子。如此说来，那么，"清共"刽子手王均（南昌卫戍司令）枪毙邹渊是为法律制裁，正当合法，而邹渊之死，是罪有应得，真是活该。我至今不禁为我死去老友呼冤不已，使邹渊地下有知，必当扑杀此僚。

按当日棠阴义务团是反动派最大集团之一，平日横行霸道，无法无天，捆绑殴打。当时这党部革命工作人员、声势浩大，法律制裁失其效力，本县武装实力有限，不得已请求华家队伍来宜协剿。此为本案经过的实在〔际〕情形。功罪如何？留待后人公评。我不想为邹渊分辩，姑存疑案可也。

9. 供稿内，胥梦周自诩"在南昌与革命派一道向 AB 团反动派作斗争"，失觉失觉，可敬可敬，我真老得糊涂，竟不知他在南昌有过斗争 AB 团的一段"光荣"历史，真是罪过不小。

10. 供稿处，胥梦周他在 1927 年六月间，奉省党刘一举、李尚庸、李秋风等人之命，派他与吴立瑜等五人，为改组宜黄县党部筹备员。与邹渊二次会议，但未解决问题，改组未能成功。此事与我有关，不得不辩，而且不能不辩，不辩，则是非不明，我与邹渊均成了反共反人民的罪人了。让按当日事实，胥梦周来县改组党部时，邹渊与我曾讨论此事，因为当时没有奉到省党部的命令，认为此事有疑问。考虑结果，结论是"在未奉到省党【部】改组命令以前，暂不交卸职务"。如果有命令的话，邹渊必不会违抗命令，当然依法移交（在事实上亦不能违抗，也不敢违抗），何必兴师动众，实行武装改组呢？□□总括说一句话，胥梦周的供稿，有许多不符事实，对自己的污点，则一字不提，夸大成绩，把自己说成是一个真正的老革命党员，政治问题一清二楚；对烈士邹渊，反滥肆攻击，竟说成是一个诬良为匪、违抗党纪的反动分子；把外婆说成是娘，把娘说成外婆，然而外婆终究是外婆，娘终究是娘，事实上是蒙混了的。姑无论胥梦周在大革命时间【期】是否参加革命，尚属疑问，纵使所言非虚，也是一个热衷名利、政治面目不纯、历史有污点、卖身投靠的反动分子。这是毫无疑义，可以断言了。1、2

两条答案，已详上面，第三条补充材料的答案，恕我不能作答，因为那时本人已逃亡赣南一带避难去了。另外，邹渊的临时党部执委内尚有余冠廷在内（潭坊人，已故，上次答案漏列合并声明）。

（程忠琅）

6. 黄陂片老革命同志座谈会记录

1. 苏维埃政权建立时间及组织领导

甲、乡苏维埃：

（1）圩坑乡：1931 年十一月建立，主席陈黄猪。

（2）大增坪乡：1931 年十一月建立，主席余秀人。

（3）蛟湖乡：1931 年十一月建立，主席李佩章、李大华。

上述三乡的建立都是同时由水口来的游击队帮助群众建立的。当时是属章安水口区管辖。最初是不够稳定的，蛟湖区成立后有〔由〕宜黄蛟湖区管辖。

（4）安槎乡：1931 年五月由宁都人来建立，主席李南丰、胡明顺。

（5）黄陂乡：1932 年二月建立，主席罗曳古、陈德生。

（6）十都乡：1931 年四月建立，由大红军经过建立，主席徐朝贵、陈润寿。

（7）上磜乡：1933 年七月建立，主席李火炟。

（8）南源乡：1933 年六月建立，主席陈月明。

（9）霍源乡：1932 年建立乡政府，主席封福生。

（10）刘宅乡：1931 年正月建立，主席袁春秀，属乐安金都区。

乙、区苏维埃：

（1）蛟湖区：1932 年由戴家兴来建立。

中共书记：戴家兴、余学杜，儿童书记：李七才、刘红奇、少共书记：芦揭生、刘大攸，妇女部长：谢家祥、钟金标，宣传部长：张独山。

区主席：杨昌寿、李怀生、余早生、张兹才。

区秘书：余春云，收发处：余福生，总务处：事务长：何老众。

土地部：芦传悉，肃反部：陈老命，军事部：余广福，教育部：李贵生。

劳动部：李克明，粮食部：杨昌寿，内务部：李福才，财经部：特派员：胡贵鼎。

（2）黄陂区：

区主席：封福生；

（3）南源区：

区主席：曾德香，中共书记：罗江义；

（4）金都区：

区主席：曾发月（属乐安管辖）。

2.蛟湖草鞋岗战役的时间

甲、蛟湖战役：1933年二月初四〈日〉

乙、草鞋岗战后〔役〕：1933年四月。

3.政权工作

甲、集中粮食：1934年春曾集中余粮，由老百姓自愿报定数量运到后方集中。蛟湖有41人送粮3000斤到金都集中，安槎32人送粮4500斤到白竹集中，刘宅送粮近10000斤集中到金都。

乙、教育：每乡由政府发给教本一册，组织儿童团由识字的无产阶级教儿童团识字。

丙、修桥补路：曾进行过两次修桥补路，每年一次，宣传修桥补路既好走又好运输。

丁、建立各种组织明确任务：

（1）少年先锋队：16—18岁的人参加，负责守哨、查路条，有条子的人才能通行，就是参加员也要有路条，原则都要到乡里去办。

（2）模范营：25—35岁的人参加，当游击队和参加红军。

（3）儿童团：7—15岁的人参加，组织儿童团，读书、唱歌。

（4）游击队：无产阶级才能参加，负责捉土豪。

（5）赤卫队：36—45岁的人参加，当担架、运输队。

（6）优属工作队：46—60岁以下的人员都要参加优待军干属工作，代耕代收。

戊、集中地富土豪：1934年正【月】曾集中各地的地富土豪，解去宁都服劳役。

己、优待军干属：缺乏劳动力的军干属都可得到优待，由各乡派人包种包收，发动青年妇女给军属洗衣，派人砍柴担水。

庚、贯彻婚姻法：宣传婚姻自由，禁止买卖婚【姻】，宣传放脚剪发，男女离婚要有充分理由，当时曾有五对自由结婚。

辛、支援战事工作：

（1）派人带路：红军过境，由各乡派可靠人带路。

（2）派担架队运输枪弹，模范营里的人都要带路。

（3）派妇女做布鞋、草鞋，布鞋两家一双，草鞋一家一双。每年做两次，二—三月一次，冬季一次。

（4）宣传扩军：曾先后两次扩军，蛟湖一地曾扩军，走30人。

壬、推销公债：先后曾发行过两次公债，第一次收了款，第二次款未收齐，便撤走了。粮食稞粮均可抵公债。

4.群众生活改善情况：

劳苦农民自种自收，不要交担不要还债，还可以分得土豪的衣服、被盖，不愁吃不愁穿，生活大有改善，拿山李文春、□田子二人，红军未来前，无田无地求乞生活，红军来分得五亩，又学会做裁缝，不要求乞，衣服有穿。

5.反动统治下的政权组织

县设县政府，以下较大地区设团总，各乡村设都保和士绅，这些人都是当广大人民群众的直接压迫者。

（整理人：李金水）

7. 政权组东陂片座谈会记录

三溪在 1931 年分了田，1931—1933 年皆收得谷子吃。虞坊分了两次田，1933 年得谷吃。东陂分了两次田，1932 至 1933 年得谷吃，但后国民党都给倒算去了。

护竹在 1931 年交了土地税，土豪劣绅交收成的 1/2，贫雇农交收成的 1/3，运到肖田去。三溪在 1932 年交了土地税，一亩田交 50 斤，存放乡政府备用。

打霍源时，横石、如溪、三溪、郎溪共派了担架队 40 多名。打火时，担架队要多少就派多少，从不脱产的模范营、模范少队中抽，也派一般的人去。

三溪村有 20 多人参加了主要领导工作，留在家的百余人；护竹村除一家土豪外都在家。上堡乡有 200 余户在家，神岗、党口十分之一的人在家，寨上走了一家地主。如果把参加游击队、担架队等都算在内，除 8 岁以下的儿童及年老不能干活的人外，都参加了革命工作。

1932 年秋、1933 年发行了公债。第一次 5 年为期，第二次 8 年为期，面额有 1、2、5 元几种。上面注明，可当完粮纳税用。上堡乡共〈约〉买了 1000 多元（平均每人约 4 元，多的达十余元），寨上共〈约〉买了 160 多元，26 家有 23 家买。三溪共约买了 420 元。第二次大家踊跃地认购，结果超额完成上面的任务（240 元买到 270 元）。

1933 年三—四月间提出"扩大百万铁的红军"的口号，没有布置任务。上堡约有十多个人，在此期【间】加入红军，三溪约有 14 个，寨上有 2 个。同年底把地富集中起来，解进宁都。动员干部归队，大大扩充了独立三团、独立营，麻坑游击队编入独立师。

1934 年年初，政府号召大家把粮食、畜（上层的）藏进附近山洞里，耕牛迁进山，把锡器融成块运进宁都，并进行翻桥挖路、筑路挖防空洞的工作。

敌人在 1929—1930 年时，捉到人就杀。1933—1934 年间则改变，采取软化手段，肖传忠曾是副省主席，亦未【被】杀。

西源曾鼓励搞春耕生产。

（记录整理：许怀林）

8. 黄陂政权组 1 月 25 日在县委的座谈会记录

一、蛟湖、汀山在革命时约有 500 户，1300 人，当时参加红军的有 72 人，参加游击队的 75 人，其中有 18 人在战争中牺牲。

二、拿山土地革命时约有 80 户，275 人，其中参加红军的 3 人，乡干部和代表 23 人，少先队 14 人，赤卫军 22 人，模范营 18 人，妇女代表 6 人，会员 30 人，担架队 45 人，儿童团 20 人，当时其【支】援【与】卷入革命运动的人数，约占人口总数的 73%。

三、胡步蕯（拿山）革命前后生活情况的对比（以不变价值计算）：

革命前：欠债 100 元，14% 和 20% 利息的各 50 元，每年付利息 17 元，耕公产田 25 担，每年实收 13 担，折银洋 39 元；交租 4 担，计 12 元，每年供雇息饭 2 餐约 1 元，每年帮地主砍树 72 天，赚得工资 36 元，劳动收入减去他被剥削的 30 元，剩余 35 元，只能【够】夫妇俩糊口，无法还债。

革命后：废除了旧债，分得田 20 担，实收 10 担，值 30 元。养猪一头（革命前因无钱买小猪，没法养猪），每年约可盈得 15 元，这样他不仅因每年少耕 5 亩田，省出 25 天，也不给地主砍树，减少 72 天劳动时间，而收入比革命前多了 10 元，劳动强度减轻了 97 天，生活都比以前有了很大改善。

9. 林锡汉整理章长春同志在座谈会上【的】发言

1929 年间，干溪的饶近珠、饶明和、戴叶普、戴金华，侯坊的邓普生、邓武标，岭上的徐四仔、徐叔文仔、徐凤生等 30 多人，不愿受地主压迫，主动到宁都去和红军联系，要求当红军。

1929 年八、九月间，三溪村苏维埃成立，主席熊有进，秘书何明福。10 月大红军的一个连（只知他们是第四连）驻寨上，主持成立村苏维埃政府。他们到外面去打土豪，大量的肉〈来〉抬回来给大家吃，散衣服，搭台开群众会，向【大】家宣传"不要怕，来当红军，过去受压迫，现在起政府，打土豪分田地"。寨上 26 户，便有 23 户参加了。当时村主席王太珍，秘书张昼年，财政张洋生。十几天后红军走后，村政府也就散了。

1930 年四月下旬，东韶游击队，宜黄东陂游击队（戴叶普队长、饶近珠政委，约 30 余人），东陂区政府（饶明和主席，共约 80 余人），打进东陂。当时东陂街上驻有敌人两个，张辉瓒【被】活捉，吓坏了他们，一听到东韶游击队的枪声，就赶紧逃跑。五月初二，红军三军七师十九团打来，直至黄陂。此时黄陂区政府便要求扩充人员，成立了警卫连，保卫区政府，我等参加了，共 20 余人，连长游冬生。打着梭镖、鸟枪，打土豪七八次，但很难买到枪（只买到一支）。区政府决定将该连解散，队员不愿，土豪回来了，捉到要被杀头，于是改称赤卫队（赤卫队只有鸟枪、梭镖，看守土豪犯人），随区政府。三军七师十九团在五月十九日进宁都，到洛口，红军不让再跟着，区【政】府人员带有家属，不利于红军行动。于是他们就留下，跟着宁都的赤色政府过岭峰，转乐安，回宁都肖田。七月下旬，白军追红军至宁都里面。肖田设有一敌兵栈，存有大量米面，只有四五个匪军守着，宁都赤卫队报信并带路，戴叶普等即去攻打，缴到大量米面。

八月中旬，戴叶普对肖田政府表示，到宜黄打土豪，要求协助，把其四人枪带走。到宁都隘上，晚上即用22条枪对准他们四人，说我们是去反水的，和徐仁德（黄柏岭的土豪，答应给钱赏，让其坐镇东陂）接好头，"缴枪就放你们回去，否则就杀掉你们"。他们被迫缴了枪。

（时饶近珠也是被迫的）当时即逃回报告，集合肖田武装，捆绑了东陂区府，赤卫队全队员，解至陂头进行审问，与戴有什么关系，调查结果明确区政府与游击队驻地相隔五六里，无联系，便放掉他们。但已无武装，难于行动，求助于驻在淋池的独立第四师十团。九月初，他们便进乐安韶干（独立师驻此），即将赤卫队改编为游击队。发给22支枪，派来大队长，两班长，受训两月。十一月十七日随同独立师十一团打广昌。十余日后，过狭村打进新丰。十二月初四打下东陂。十二月十七日敌两旅人打来，未进东陂，19日又来，我退至肖田，二十四日又打来东陂。1931年正月初六，敌打进来东陂，旋即被我打出。正月十几，我们进宁都，八月回东陂，东陂游击队同时回来。区政府设在街上，同时成立了东陂乡政府，主席王加山（原游击队【队】员），寨上、腾原、豪公岭、小梅、山背等地相继建立了村政府。此时区辖东陂、暮下、顶上、三溪、西源、侯坊、北溪、横石等乡。1932年正月，成立边山乡，八都、百岭乡亦属之，划归干溪区。

1932年二—三月，县政府搬出来，黄柏岭战役后，（他说1932年打），县府迁黄陂。

宜黄独立营亦于1932年成立，300多人，其中2/3是宜黄人，1/3为宁都等地人。

1934年正月，设有〔在〕东陂街上的东陂区政府，受敌机轰炸，迁至王家塅、寨上、少原排，两月后迁至暗坑，六月在章山给敌人打散，一部分坚持到八月。县府亦由罗家湾迁至上堡金竹，崇宜乐三县合并，在八月间被敌打散。干溪区府是在三月被敌打散，新丰区在四月被敌打散。

（记录：许怀林）

10. 老革命同志座谈会记录（东陂神岗组）

章长春发言：

东陂寨上 30 户，有千户 4 个，中农 2 个，百户 2 个（富裕中农），其他小量出租一户，其余 24 户是贫农。全村人口 120 个，2 户千户有 9 口人，中农 2 户有人口 3 人，百户 2 人。

2 户千户共有 300 担谷田（合 45 亩），中农有 50 担谷田，2 户百户有 80 担谷田，24 户贫农有 300 担谷田，合计全村有田 730 担，〈全村〉有赤贫户 2 户 1 亩田。如赤贫户曾早生无 1 亩田，全靠打零工过日子。平均每户贫农欠 20 元债务。全村要交 700 担租谷。

红军来后，可以不交租，废公债，平均每户可供猪 2 只〔头〕，可值钱 30 元，平均每户红薯粉 400 斤，值钱 24 元。

章水生发言：

三溪 92 户，人数 300 零几人，万户 1 个（李家贵）千户 8 个，中农 16 户，贫农 60 多户。三溪有 400 多亩，万户占田 20 多亩，占茶山 4 座，杉木山 3 座。每年可收茶油 200 担，值钱 360 元（光洋）。8 户千户有田 1000 担谷（250 亩），中农 16 户，有田 100 亩。

旧婚姻制度：1. 要打礼——花粉 10 种，光洋、墨鱼、手巾、头绳、脚带、猪肉等。2. 迎娶要谢媒钱。猪肉 100 斤左右，鸡蛋 40 个左右，牛肉 14 斤左右，猪油。

老百姓说："只有光棒嫁女，没有光棍讨亲。""穷人养童媳妇，省得过礼。"

革命前赌博现象很严【重】，有 80% 的人赌博。

章长生发言：

群众对革命的贡献：东陂寨上有 30 户（120 人），参加红军 7

人，参加革命工作 12 人，赤卫队 4 人，模范营 3 人，少先队 1 人。

大明（黄陂上堡管）总共 50 户，参加红军 6 名，参加干部 6 名，参加模范营 9 人，担架队 15 人，经常带路 3 人。有 25 户，每两三个月便做了 25 双鞋子，草鞋 50 多双，并且捐了腌菜等物资，慰劳红军。

西源有 17 户，任干部 2 人，模范营 12 人，担架 6 人，每两三个【月】做草鞋 10 双，布鞋 6 双，红军在这里共做了七八次。

【关于】白色恐怖：

吴立礼发言说："演口有 300 多户，人口 1000 余【个】，后来白军来杀人，放火拆屋，于是人口便减少一半，死的死了，逃的逃了"。

章长生说："寨上 30 户 120 人，白军来后，人数便减少了 1/3。房子被国民党拆去了 2/3（计 48 间）。如石壁下自然林原有十几户人家，白军来后，人被杀了，屋被拆了，所以整个村子变成了一片废墟。"

桂旺良说：敌人来后，帮红军做担架的都要抓去罚款，我 45 岁都被反动派敲去当壮丁的钱。起保甲后，苛捐杂税很多，计有月捐、壮丁捐、警士捐、保学谷、造产谷，名目繁多。出钱分甲、乙、丙等，地主恶霸不但不要交捐款，而且连粮也不完，加在农民头上要农民完。捐款都是每月收，交不起便要挨打、挨吊，找保答应交款才放，放时还要草鞋钱、放索钱。如寨上王文龙老婆，交不起保学捐，被乡长抓去吊起来，保出来后还借债付了款。当地地主恶霸生活很好过，如上堡张国华三代都没穿过裹衣，整天嫖女人，穿呢子，做饭还雇佣人。"

邹桂生说："我当红军被敌人敲了 80 多元银洋，把老婆的首饰、田、山都卖光了。"

邹远东说："我被敌人罚了一次款，自新了，后敌人又来抓我，后出来还是躲着不敢见人。"

吴立礼说："敌人来了，我躲在山里躲了三年。"

章永生说："我在红军里当兵，靖卫团李邦周把我父亲抓去，打得要死，要我父亲交我出来，后被姐夫保出后答应交 25 银洋。我一回来，家里什么都卖光了，父亲出来后不久便忧愁死了。反动派经常来问款，要捉我，结果被抢去一只〔头〕猪、一只〔头〕牛、衣服。"

白区放债种类：

①圩钱——每三天（一圩）要交 10% 的利息，虞坊恶霸邓满保便是放这种债，邓达明妻死借其 30 元埋妻，5 年后便连本息欠下 400 多元，结果把家产（80 担谷田、房）都拍卖了。

②典当——1929 年前有典当铺（东陂有一个），如 4 元的物品只可当得 2 元，还要扣息 2 角钱，实得 1.8 元，期满连本带利还 2.6 元，过期后还不予赎，这叫做"九去十归外加三"。

③"青苗钱"——1929 年前只有加一加二加三，1935 年后便出现加四加五，即 40% 和 50% 的利息。

革命政权的建立和革命工作〈材料如下〉：

章水生发言：干溪区是由于革命形势壮大才建的区，是在 1933 年才建立的。当时革命组织分模范营（有鸟枪，担任放哨、打土豪、守犯人、带路等工作），警卫连（只有政权不稳定时有，任务是保卫区、乡政府，有步枪），少先队（放哨、宣传等），儿童团（放哨）。

8—15 岁是儿童团，16—20 岁是少先队，20—23 岁是模范少先队，24—35 岁【是】模范营，41—45 岁担任担架，46—41 岁赤卫队。

黄柏岭打仗以前政权有：东陂、黄陂、新丰、三溪，黄柏岭战后又加了金竹、神岗、五都、东港等区。

演源乡共打了 5 个土豪，东陂乡打了 12 个，无竹打了 5 个，党口打了 8 个，三溪打了 9 个，上堡打了 12 个，西源打了 8 个。土地税只有三溪交了，每亩谷 50 斤，当时无医院，只有红军有医院。

反动派组织：

北伐时期前后的：①政府人员：团总→分社长→都保。②地方武装靖卫团——团练

土地革命时期：①政权——联保（设联保主任）→保→甲（联保分三个，一保十甲）。②地方武装——"铲共"义勇队，难民团，靖卫团，保警团

反动派清乡：每户写上人口、户别，挂上牌。不定期清乡，查到人来在家或有生人来便捉人。

白色恐怖下人民的反抗：

吴立礼说："1947 年六、七月间，神岗反动派捉壮丁，捉得很凶，神岗 100 多壮丁都跑到演溪去，那里山高路险，并买了 20 斤硝和带了不少鸟枪去，守在要道。保队付应秋保仔来探消息被捉住，关他坐土牢，【一】直坚持到 1948 年，后乡绅应铭石来说和才罢休。"

人民盼解放：

章水生说："1948 年我听说红军改了八路军，苏联出兵打垮了日本，人家骂我当土匪的，我便想起红军，若红军来，便必定要把你们这些恶霸打死。"老百姓说："红军开头，红军来了，红军还会来。"

"左"倾路线对肃反的危害：

三溪〈说〉苏维埃县政府捉到反革命罗士杰，他便咬定了县里陈贵生（三溪人）等几个好革命干部和他是一伙，保卫局把几个人

一起捉起来。陈贵生逃走，保卫局未捉到陈，便把陈妻、陈嫂全部杀了，后来被错抓的县府干部也错杀了。

有的反革命借肃反来杀真革命干部。如 1933 年县保卫局的特派员李能禄，把十几名好区乡干部抓去坐了半年牢，后来自己才去反水。结果弄得有些干部心里很怕别人把自己当作反革命。

（整理人：董文华）

11. 政干二组在县委会座谈记录

章水生发言：1928 年八月间，邓柏生、李焕龙、李大华、黄葵生几个人到宁都吴村接头，带彭德怀的军队到三溪打土豪，先捉到土豪李加贵，得 1200 元银洋，又打土豪李加祥，得 400 元光洋，其他衣物在吴村群众大会上分给了群众。

本年十一月邓柏生返回三溪，准备成立村政府。因反动派来，仍即〔然〕返宁都，1929 年五月又回来三溪，成立了黄宜区政府。三溪、如溪、横石分别成立乡政府，归该区所辖。原来只有三溪是宜黄地区，其他两乡都是宁都的地方。宜黄区主席饶明和，文书肖怀生，1930 年 4 月间区政府迁东陂，建立了游击队一大队，队长徐秀文，有 20 条枪。任务以打土豪、打靖卫团为主。后在横石反水，原因是：队长贪官做。因此，由亲戚在反动派靖卫团接头。

1929 年区府搬到东陂。1930 年敌人又打来，区政府再迁宁都。红军打了宜黄，1931 年二月区政府又从宁都搬回东陂。寨上也起了村政府，这一个时期，区政府共反复迁移过三次。

（整理者：黄彬生）

12. 熊兆进等在座谈会上的发言

记录整理：黄彬生

区政府文化教育部办过学校。我曾到乐安受训 50 天，回来当区文化教育【部】部长。在八都建立了一些〔所〕儿童学校，一个教师，七八个学生。

当时区政府主要工作是分田，有写数字的，有插飘儿的。桥会、路会的田不分。

红军打仗要区政府派人带，准备担架队，筹好粮食、柴等。红军吃了粮食给苏区纸币。

发动群众为红属割禾栽禾。

扩大红军，训练少先队。

新丰在 1931 年没有交土豪的租谷，只向苏维埃政府纳土地税，好谷送至肖田。

打霍源，我们带一军团从护竹经白竹、金坑包围草台岗，五军团从玉山塘打冲锋。头天中午战到第二天下午，敌五十二师被全歼，缴上枪支极多，区政府也搬到东陂来了。当时区府分工是：军事部，有部长一，部员三，负责扩大红军、训练少先队；内务部负责优待红军家属，组织耕田队先耕好军属的田；妇女代表下乡慰问军烈属；土地部负责分田；裁判部负责审判地主富农；肃反部负责捉拿侦探、特务，防止敌人破坏；中共书记负责政治工作，召开会议。

区乡领导干部是由县里提名，经过群众选举。东陂换过 4 个主席，最先是饶明和，到 1931 年换邓柏生，后换管连生，又换肖传忠，接着是张水生，最后是杨发生。

新丰于 1929 年建立过区政府，1932 年也起过一次，主席苏桂生。1931 年第二个是邓老二的主席。1933 年是肖懒街。

13. 座谈会记录

参加座谈会人员：炉万寿（游击队队长）、陈盛晚（战士）、张伝生（战士）、李开沅（战士）、邓喜生（战士）、邓红生（战士）、彭桃生（战士）、徐以祥（战士）、刘国生（游击队队长）、谢荣国（排长）、谢凤保（连长）、周朗万（战士）、陈焕成（战士）、吴高明（班长）、谢□生（游击队队长）

1. 游击队的扩大经过

宜黄游击队分两个时期建立，第一期是在 1931 年五月建立的①，这次游击队专以战斗为主（和反动地方武装打，即义勇队保安团），结合组织地方政府，打土豪除劣绅；第二期是在 1932 年间建立的，这批游击队是在赤少队基础上扩大成【的】，专事保护区乡政府，打土豪，各项活动以〈及〉配合大军为响〔向〕导，作战工作，其壮大详情分述如下：

1931 年四月间，红军三军九师来宜黄，分头在东陂、黄陂、梨溪、神岗等地进行活动，组织有三个大队（五月初全部战死）。

梨溪第一大队有 50 多人，枪 20 支，大队长忘其姓氏；东黄陂第二大队有 50 多人，30 条枪，大队长是戴叶普，干溪人，政治委员姓陈；神岗为第三大【队】，有 60 人，枪 14 支，大队长应伍仔。我们在党口受训，教练是红军九师第四班的班长。五月中旬，梨溪游击队被反动派孙连仲包【围】了，我们第三大队转移阵地，到新丰也遇到孙连仲的兵，由教练率领老同志和他们抵火，我们新兵无战斗知识，横走到苦竹，那时的东黄陂游击队早向宁都小田去。我

———————————

① 1931 年 4 月，宜黄县游击队成立，约 40 人。见《中央革命根据地词典》，档案出版社 1993 年版，第 252 页。

们到达苦竹后，和南广独立团合在斯地受训，团长是邓荣义。受训时间三个月，同年八月受训期满，开到宁都小田，二、三大队和中巢游击队合并为宜黄独立团。这时的团长姓路，一个政治委员，一个副官和两个宣传队【员】，具体的组织，团以下设三个连，每连三排，每排三班，全团共240人，步枪200支，花机关【枪】两挺，受第一军分区指挥。

我们游击队的主要来源：①各地的原有游击队；②夺回被捉民夫。当时我们扩军的口号是"铁打营盘，流水兵"。

1931年5月在各区所在地的原有赤少队基础上组织游击队，如五都有23人，13支枪，干溪30多人，20多支枪，蛟湖40多人，12支枪，专事保卫地方政府，开展政治活动，追打反动义勇队，捉拿土豪劣绅。组织是受区的领导，枪是由县里拨来的，如五都游击队，为了保护区政府，在石幕庵追击偷袭五都区政府的反动义勇队（时间是1932年六月间），蛟湖游击队专在南源一带防御伪保安团和打土豪，因游击队缺乏作战常识，至1932年十二月间乐安南村集训了一批地方游击队和加强组织。如宜黄的徐以祥，分配在崇仁工作，做基层干部。

1932年二月间，宜黄由三个支队组织独立营，营以下有三个连，每连有三个排，每排三班，计△人。从这次组织以后，独立团和独立营专在东黄陂一带和敌作战，独立第四师〈间〉常在梨溪一带和伪军打火，至1933年三月以后，独立营编在独立第四师〈去〉，独立团改编十二军〈去了〉。

2. 当时游击队的任务

当时我们游击队的任务，主要是和反动地方武装作战，如保安团、保警队、义勇队、难民团、改组派、靖卫团等〈打〉，同时，打土豪筹款，宣传和组织地方政府等项工作。

3. 具体的活动

1931年7月国民党广昌保警团，团长吴文顺带50多人，40多支枪，来苦竹企图消灭我们，装扮耘禾混进阵地，被我哨发现，登山击退，回广昌去，被反动派捉到一个去。

同年 8 月间开往小田，遇孙连仲兵运输，我们在小田街上和他们相击，获大捷，缴得大米 500 多包，面粉 500 多包，罐头数百，并活捉副官一人，大捷后仍回苦竹。

1931 年十一月间，在南丰洽村打改组派罗磨仔，他们有 80 多条枪，100 多人，我仅 100 人，100 支枪，罗磨仔【被】击退回广昌去。我回苦竹休息，约一周后，悉罗又来洽村，我赶至追击，这一仗打死他的排长广超群，缴获 20 多支枪，俘虏士兵 7 人，伪逃往福建去了，我驻洽村，帮助成立村政府。

李耘禾和伪肖排长在新丰为霸为王，其势甚炽。我们游击队于十二月间星夜由洽村赶到新丰，摸进哨去活捉肖排长，打进营部，缴枪 1 支，战马 1 匹，俘虏士兵 6 人，得胜后回黄陂过年。到 1932 年二月初，宁广难民团有 80 支枪、100 多人企图进攻黄陂，被我们打回宜黄去了，旋即我们到小田去休息约半月，我们又到宁都所属的王竹坑捉打土豪，得光洋 2000 元、金子 3 块上缴了。

同年三月下旬来东陂时，路过碑下，又遇难民团，86 支枪 100 多人，其力量和我们上下，遭遇一战，被我【方】击伤一人逃回黄陂去了，我们驻东陂。

至四月初，我们 100 多人开往白竹，和国民党的守望队有 30 人、20 支枪打火，他们逃回乐安的招携去了，缴获药物、食物，并帮助建立政府和打土豪。

1932 年六月，我们又开往南丰洽村，遇大刀会盘驻此地，有 40 多人，手里拿旗，身系围裙，雄赳赳自恃法术，被我【方】打死打伤达 20 多人，缴大刀 30 把，旗 40 面，活捉头子一个。

同年 7 月初，由洽村复来小田游击，这次打火的机会多，一天内要打两三次，约半月时间共打几十次火，专和孙连仲兵相打，先后杀了他 18 人，缴到的东西不计其数，得两支枪和金戒指一个。

1932 年七月中旬，一、三、五军团从崇仁、南丰两地边境包围宜黄，三天内打开三县一府（即南丰、崇仁、宜黄、抚州），当时宜黄的驻军二十七师师长叫高瑞〔树〕勋，其中有一个旅起义，在西关城上吊红军进城，从城内打出，伪二十七师大败，占卓望山岭伪军一个旅掩护高瑞勋退却，〈当〉缴枪计七船，由独立团运送宁都，中途被水打掉，大军（一、三、五军团）攻下宜黄以后，旋即向漳州进军。我独立团在东陂隘上一带，一边休息一边游击。同年8月初来黄陂，遇第十师有15200人，装备齐全，大炮、机枪样样都有，我独立团只有300多人，连战三天三晚未分胜败，敌兵众多也无法获胜，殊【为】狡猾的伪第十师在第三天上【午】，设计假装退却，埋伏附近山头，黄陂街上无有一兵，旋即假扮老百姓砍柴卖东西，捡东西。当时我游击队不明真相，直进黄陂，敌军用机枪扫射，我班长饶润孙受伤，我独立团仍退回侯坊来了。当晚夜半，国民党的反动义勇队又从新丰包下来，企图〈想〉歼灭我独立团，我们即时登山抵火，打退他们，我【方】有3个病号走不动，被敌捉去。

翌日，我团开往宁都横石，休息一天，复来新丰打靖卫团，捉到土豪7个，缴到4支枪，打死4人，活捉3个靖卫团。

同年九月来西坑（新丰），新丰李耘禾仔、神岗魏教练联合打我独立团，约80多人，50多支枪。当时我只有一班人守土豪，在新丰有一班人埋伏在附近山上，其他的人往带源组织政府去了，敌人从山上冲下来被我【方】包围，缴枪8支，打死4人，其余逃跑了，我回隘上去。

十一月中旬，驻宜伪军有一个连哨守在二都，我独立团由黄陂下来，伪军正在吃饭，我随街冲进包围营盘，敌人措手不及，躲上楼去有40多人。我们喊叫宣传"士兵不打士兵，下来不杀"，敌人顽抗不听，我用火烧房子，他们怕死，结果缴枪30支，捉40人，其余的人走了。2天后，驻宜军队追来，我们调到谷岗，集中训练去了。

4. 几次战役

第一次打宜黄是1932年七月[①]，宜黄反动派自动退却，我18人进城，我即时仍退出。1932年九月，我一、三、五军团约160000人分两路进兵。第三次攻宜黄，一支队伍从新丰来东陂走蓝水白槎，到小南门向右包东北门；一支队伍由黄陂下二都直达大南门向左包西关、贤里关环城，附近乡村如河东、槎下、附东仙、三都、小鹿、池口、黄陂桥乃至二度、潭坊一带，都是我们的兵。敌人三十二旅一旅孤守宜黄，有一个团截在北关城外，当我们星夜赶到，被敌发现，用机枪扫射。当时我们未获命令，不敢随便放枪，后我师长罗炳辉下令坚决攻下宜黄。我们用楼梯爬城，敌人用大刀杀我们，用酒瓶做炸弹打我们。我【方】认为敌人炸弹不足，乃下令紧紧围城，历21天，敌人得飞机接济。这次仍未攻下，我们牺牲了300多人，回宁都。

1933【年，】敌认为我们势力壮大了，反动派企图"围剿"瑞金（中央苏区），分路进兵以荷包形包围。第一条由南昌向宜黄进军直达宁都包瑞金；第四线从南雄、南安过梅岭包瑞金（这支是广东队伍），反动派有50万之多，想一网打尽。第二线由福建厦门来漳州包瑞金，第三线由吉安、会昌走胡田包瑞金。〈我〉英明的【毛】主席用运动战术战胜了敌人。

1933年二月初，敌五十九师从灯蕊〔芯〕桥走欧坊板岭来霍源、西源。敌五十二师从灯蕊〔芯〕桥过大龙坪、小龙坪上驻蛟湖。我红军有独立团、独立师和一、三、五军团。独立师带第一军团从东陂至黄陂，后分兵向塘圩，走南源、山前包上霍源、西源，另独立团带第五军团由宁都过金珠下小港包下蛟湖。

第三军团以闪电之速从吉安经过南村走水口又包上蛟湖，又在南村分兵过太平坑下猪坑包灯蕊〔芯〕桥。敌人包我，我穿过敌人

---

① 第一次打宜黄的时间，应为1932年8月。见《中央革命根据地词典》，档案出版社1993年版，第68—69页。

心腹反围敌人，横直包围面积有 800 里。

在霍源、西源、蛟湖的敌人有 25000【人】之多，于 1933 年二月初四 ① 四向围攻，历时两日两夜，敌人全部被歼灭。打的方法是：

首先由第一军团直冲霍源、西源，敌五十九师支持不住，想向大王山退却，企图逃向宜黄，被我【方】山前、南源的包围军接火包上迂回阻击。

三军团、五军团包围蛟湖一日一夜，全部瓦解五十二师后，又迫向霍源打五十九师，在第二天敌五十九师也全部被歼灭。

这一仗打死打伤敌 15000 人，俘虏有 14000 多人，押送宁都后，愿当红军的收留，不愿的散 3 元遣散回家。缴获迫击炮 80 多门，机枪 1000 多，步枪 15000 支，驳壳 800 多支，弹药 5000 担，战马 500 多匹，并在蛟湖将要活捉敌师长李明，结果自缢。敌五十九师长陈时骥【被】活捉，送瑞金。

国民党反动派在蛟湖惨败后，于同年三月，敌人继续增加兵力，有十一师、五师、九师、十师，四个师共 48000 人，由罗卓英率领，由宜黄向东陂进军，企图直攻宁都再包瑞金。敌军十一师打前线，到小田探悉：红军主力潜伏小田隘上大山之中，想一网打尽反动势力。伪十一师洞悉其情，曲回来占黄柏岭高山。罗卓英命九师驻在东陂，五师驻扎干溪，以鼎足形防御红军。第十师由东陂走七都下六都过五都向神岗到广昌，封锁宁都的交通线，准备总攻宁都包瑞金。

我军一、三、五军团潜伏在小田后，以游击队 100 余人出没在草鞋岗一带诱击敌人，意图引入宁都消灭他们。狡猾的敌人死守山头，不敢进攻。我军见敌不进，即分三路兵包围下来。

---

① 东陂战斗，又称"东陂战役""草鞋岗大捷""黄柏岭大捷"，开始于 1933 年 3 月 21 日。见《中央革命根据地词典》，档案出版社 1993 年版，第 80—81 页。

第一路出小田从湖峰障走徐坊、白竹，曲回万坊、暮下，进草鞋岗。（五军团）

第二路从新丰、侯坊别开干溪包下观音山。（一军团）

第三路从小田直冲下来到望天塘。（三军团）

打的方法是：

1. 第一军团先用赤少队配手榴弹摸上山去，用手榴弹投向敌人阵地，夺到山头，红军追随上来占领高山，白军退向另一山头后，飞机来，我们用布结字，敌机飞向另一个山头炸，我军同时反枪扫射。

2. 五军团在草鞋岗一带发火烧敌，占领雷公胧山，后下西源又包上柏岭，三军团随烟火隐蔽身体直冲上去，白匪被火烧得逃跑，我军占领痛击，一、三军团横扫直冲，加上敌机自炸，敌军十一师80% 的军队在柏岭【被】歼灭，少数走下西源左坊被我〔五〕军团歼灭。

伪第九师、悉〔第〕十一师全军覆没，即向宜黄退却，第五师由干溪向新丰走到南丰去了，十一师长李麻子在西源【被】活捉。这一仗打死打伤敌军计 6000 人，缴获枪 6000 支，大炮 100 多门，俘敌 5000 多人，机枪共 2500 多架，战马 100 多匹，手榴弹、枪榴弹共 2600 多个，无线电机 7 架，光洋 30 担，伪币 12 担。我们伤亡近 1300 多人。

我独立团带领群众 6000 多人押送【黄】柏岭所获敌伤兵 3000 人，放在二都给还敌人自己医治，我独立团和大军仍回宁都休息。

1933 年十月，蒋介石又命中央第三师、九十师直线包围苏区。第三师由李塔圩过枫林、麻坑想占云盖山；九十师由南丰柿山过沙江走侯坊、四都过漳岭下湾想扎大雄关。

我红军独立师独立团与十二军驻演口，一军团驻在党口开展活动，悉伪军来攻，分头抢山。独立团、独立师与十二军先占云盖山，一军团先占大雄关。虽然我军先占山头，但敌众我寡（敌两师有 24000 人，我 3 个师计 5000 人），结果我退。退的路线：我一军团从党口退回新丰到隘上休息，独立师、独立团与红军折回宁都，走到神岗被九十师阻止，当即转移向徐家湾、里外、渲溪、沙溪走七都、八都进东陂。敌九十师从神岗下罗坊走烟岭到五都来追击我军，我独立团、独立师与红军由东陂曲回九都，过十都下猪坑，登蛇坑嵊高山与九十师痛击三天三夜，打死打伤敌军计200多人，排长以上的官死亡20多个，旋因敌军第三师赶到，敌机又来轰炸，我军势难坚持，向宁都退。后敌人在五都开追悼会。

1933年十二月间，黄陂游击队【队】长邓润泉（又名老枪）受伪义勇队队长邓润生的金钱贿赂，带领全队计80人、40支枪叛变向敌，作〈为〉义勇队队长〈职务〉。

（整理者：邹庆余）

14. 座谈会材料补充

1934年地主余干实回到大龙坪时，对农民进行倒算，到山上去看树儿，哪些人砍了树，并说"你们吃了我的租，我不应该拿你的租吗？"。其中农民余贵实没有钱，余干实便杀了他的猪，余贵实只得到几斤肉。

李保生在大龙坪做保长，敲诈农民的钱财，他向农民写12块钱，并说"不拿我就说你是土匪"，结果被李保生拿走了1头牛、1头猪。

当时都没有牛耕田。

蛟湖区的大龙坪乡、蛟湖乡，被国民党匪军杀了60余人，其中有李佩章（区主席）、李奎生（伙夫）、李淮生、李实华、李月明、余早生、余福生、余福良、细仔、拿山的管膨仔、邓沙仔、余先告等，还有群众10余人，匪军不分干部与群众，见到就杀，把刘应章家的东西全部抢光了。

国民党第三十一师的军士在锋山强奸妇女，宜章的老婆被强奸，李早生的娘，一个 60 岁的老太婆也被强奸了，在黄陂的细芽子的老婆、朱猴子的老婆也被强奸了。就是 13 岁的女孩子也不放过。双木桥的殷寿仁的老婆病得很厉害，结果被匪军强奸致死。

白军到处，牛猪狗鸡一只也不留，全部杀光了。

1934 年八月红军走了，白军来时，在东陂、黄陂捉了许多老百姓，要用钱去赎，且需要写自新证，才能释放。蛟湖有一个农民卖了一只〔头〕牛得 18 元、一头猪 9 元，再东拼西凑借了 25 元，共 50 元去赎，到 8 月 24 日才放回来。

当时写保结书要盖手印，并且要 4 个亲人（如母舅、姑丈）保，因此老百姓怕白军乱杀乱捉，都躲到山里去了。只余下 50 岁以上的人未走。那时老百姓痾痢病死的很多，单蛟湖就病死了 8 人。老百姓没粮食吃，只好吃野菜、米糠、苦菜、观音泥、苎麻叶等度日。蛟湖有个李水生（伙夫）逃到山里，三天三夜没吃饭。

地主回来时，依旧是高利贷剥削农民，农民没有饭吃，非借债不可，当时老百姓说："穷人不奈何，担谷还三箩。借一担谷要两担租息。"

当时苛捐杂税名目繁多。有月月费，佃户每月都要交，满户四五元，半户一元（8 元一担的谷）。有招待费，县里发到区里是 10 元，区里派到下面就是 100 元。半户每年要交五六元，还有草鞋费交给收税的人。还有单丁费、放索钱，遇到没有钱交捐税的，就绑起来，要人保，并且要交 2 块钱给警士，叫放索钱。还有造山费、学校捐，由保丁、保队付收取。

杀牛猪要交屠宰税，杀一头大牛要交 5 元钱税。还有落脚钱，起码 5 元。卖柴一担要抽三块三，卖米要一勺，卖薯米粉要一束，连卖草纸都要给几张。壮丁费尤其厉害。蛟湖有个胡春生，被捉壮丁，第一次捉去时逃了回来，第二次【被】敲诈 100 元，胡春生没有钱，只得把他亲生儿子卖到金竹，交了 100 元才脱了身。

当时，保长无恶不作，专门霸占人家妻子。安槎有个李银△保长霸占农民张△房的老婆，刘神辉保长霸占刘发仔的老婆、邓财生的老婆。

红军退走了，白军第三十一师占领沙坑时，有两个士兵被游击队俘虏去了。白军便乱捉沙坑人，农民邓△生的儿子被匪军捉到，邓△生的儿子说："我是做裁缝的。"匪军说："你是当财粮的。"马上便杀死被害。

白军经常清乡，到黄陂时，派多人守哨，捉到人就叫保长来。

晚上挨户清乡，搜查革命凭据、公债，查到了就押到宜黄，没有人保就押到九江，清乡后，按户口登记上册，甲长是地方上有面子的人当。

1931 年准备要成立农民协会，但未成立。

模范营的战士是当兵，打游击、打土豪。赤卫队是当担架队、运输队，送粮食、送饭。

区乡苏维埃政府成立时，红军会派人来指导工作（有介绍条），名叫"参加员"。

每区都有警卫连、警卫排。

区里有中共书记、少共书记、儿童书记，妇女主任工会（只有名目，未成立），没有互济会和反帝大同盟。

土豪有山、田、谷、钱，束手吃饭不作田，剥削穷人，劣绅三年不穿蓑衣。富农有山、田、钱，自己耕一部分，把一些租给农民。中农是自己有田，只够自己吃。贫农没有什么田。有牛无犁或有犁无牛，雇农是打长工的。

组成贫农团临时主席，划成分，划完了就分田，中农有田多也要拿出来，如一家四亩不拿，多七亩就要拿出三亩。

苏维埃政府也着重宣传插秧、改良种子、实修水利，老百姓自己搞，也修小的水坝。牛不够，用锄挖，为了优待红军家属，代表派赤卫队帮红军家属作好田生产，积极的政府给予表扬，作坏了就批评。

土地革命的初期，在蛟湖区，在大龙坪打了大小土豪 12 个，在汀山打了 8 个，蛟湖打了 6 个，安槎打了 6 个，霍源 4 个，黄陂

4个，十都4个，徐港3个，还有1个劣绅。棠阴打土豪2个，南源3个，△山10个。蛟湖打劣绅1个，徐港打劣绅2个，白竹打劣绅1个，打土豪后并且要土豪交给区政府人员的伙食费。

内务部检查卫生。

黄陂有店卖烟、草鞋，1932年设合作社，做生意的人不打，小买小卖不打，也没有收税。

土地革命前夕，地方上有团总、都保、私条、团练局，团员没有武装，都是地方绅士担保。团总可以随便抓人坐牢、释放，老百姓说："衙门八字开，有理无钱莫进来。"

农民要还粮，要还不起粮，要请粮差吃饭，要杀鸡，并给2块钱，这样可隔半年，一年两次。有时粮差敲诈，会说你父亲死了后还欠三四年的粮没有交，读书的人（有势力、劣绅）可不交。

当时高利贷名目繁多，有禾花谷钱，借地主一块钱到冬天要还一担谷（15元一担），还有高的，借八角钱到冬天也还一担谷。有楼楼钱，农民借了流氓地痞的钱，一碰到了他就要搜你的腰包，把钱全部掏去，叫楼楼钱。有赌博债，赌博输了借钱赌，借一元赢了晚上要还两三块钱，没有赢就拖。农民借钱要用田做抵押，一担谷田只押五角，五年不还便把田没收，算是□价卖给了地主。

地主过年收租，楼上楼下收谷，甚至连爆竹都拿走。

地主剥削的钱便抽大烟、雇家娘、长工，老婆讨几个，吃好的，穿好的。安槎有个邓贵生（万户）绰号"夜皇帝"，抽大烟要两个人给他点火、嫖姑娘，出门就坐轿子。地主讨老婆时，农民要送四五元，穷的也要送两块。

农民不堪地主的剥削压迫，希望八路军快些来，今天望明天，明天望后天。解放军进黄陂时，黄陂人民打爆竹欢迎，大龙坪也有30多个人在家出动都去接，汀山人民都争着去买爆竹。老百姓说："眼都望穿了。"

（整理者：吴仕军）

15. 访问洪好益记录整理

洪好益，59岁，棠阴人。

民国二十七、〔或〕二十八年阴历三月间，棠阴区区长罗先哉，要修一个大花园，于是强迫附近四五百人帮他修。做了20多天的工，饭也没有吃，自己粮食也吃光了，群众很不满意，就对区长说："你要我们做工，饭要给我们吃呀。"区长说："你们一定要给我做，没有饭吃，就是吃水吃沙也要做。"于是群众大为不满，有一个叫兵仔（是北方人，国民党五十九师【师长姓孔】的勤务兵，因他不愿当兵，于是落在棠阴李奶奶家，做她的儿子，这次做苦工，他是一个）首先带头，群众也跟着嚷起来，进行暴动，并连声大喊打。区长是本地人，因此在一些人的掩护下，逃跑了。这时岩科长在家召开妇女会，也是要妇女替他们做事，平日为非作歹，群众一有反抗，就打就骂，因此，群众怀恨在心。外面发生的事，他不晓得。此时，区长又逃走了，岩科长又在家，于是群众就包围了他的房子。岩科长发现后就逃，他身边一个勤务兵，因来不及开枪，也跟岩科长一起逃。群众就追，追了一段路，就追到了。于是有七八个人用锄头、羊钗、石头把他打死了。事情发生后，地方绅士（吴子久、吴子怡、吴衡益、吴养成、吴毒谋、罗苦大）就来看尸体。当时群众也在那看，于是绅士就把群众名字记下来，到县里去告状。第二天县里派了一团人来抓人，当时动手打人的就都逃到山里，其他群众把大门关上不出来。因此这一团人抓了很久，没有抓到一个人，后在路上遇到了抬岩科长的四个人（他们是赵武仔、罗大安、吴日里、胡三麻子，他们是当地绅士强迫他们把岩科长抬到县里去）。于是国民党就借口是他们打死岩科长的，故他们就被抓，送到县里，县长就要把这四个人杀了抵岩科长的命，后查出不是这四个人，免死，而入牢，后赵武仔、吴日里押送到抚州，无下落。其他二人，日本人来后，把县政府房子烧了，他们俩就逃出来了，胡三麻子现还在棠阴。

直接打死岩科长的几个人，后给了绅士很多钱，故绅士未捉他们，但把兵仔捉到了，把他送到县里。县官用严刑拷打逼供，要他说出是他打死〈的〉岩科长的，但兵仔没有说，最后把兵仔打得死去活来，后入牢不久死了。

自这事发生后，再也没有去做了。

（材料整理者：杨绍武）

16. 访问记录整理

黄明昌，57 岁，兰水人，基本群众。

黄子澄是区长，平日无恶不作，搞得不好就会遭殃。当地群众又怕又恨，他借了别人的钱，打斗输光了就没有还的，别人向他要他就说没有了，若多讲了几句，下回不得吃亏，别人家杀了猪，他不给钱，拿了就走。他收租也要收两次。第一次别人交了，他不记账，故又要别人交，〈故〉群众都很害怕，不愿种他的田，因此，有二十多亩田都荒了。他的牛到别人田里吃东西，别个〔人〕把牛牵到他前面说："你的牛到我田里吃东西呀！"他反说："你偷我的牛。"

1938 年八月十六日晚街上玩龙灯时，很多群众就跑到他家去杀他。当时他家门关了，因此，有几个人从屋顶上爬进去，把区长就杀了，究竟是谁杀了不晓得。杀了区长后，就到乡公所搞了 10 多条枪，走到山上去了（其中还有当过义勇队的秋贵仙）。

我原没有在□，刘保运怕我报信，故要我写了一个名字。事情发生后，就捉了张还子、张文献、黄化龙、吴子高、杨贵生、李家中和我共七个人。其他六个人判了十年刑，我判了十五年刑。我在牢里审堂三次，他们用碎玻璃片放在地上，要我跪下，上面就用棒压，逼我承认说是我杀区长的，并说我拿了三支枪（手枪、长枪、大枪）打死区长的。后法官刘兰水调查，他回来对我说："你的事我晓得，你要好好地当老百姓。"于是就判了我十五年刑（因我平日喜欢和区长"抬杠"）。我一共坐了五年牢，后日本【人】来了后，我才逃出来。

后来他们用欺骗手段，说只有谁交了枪，就没有事了。故刘保运就把枪交到政府去了。

（材料整理者：杨绍武）

（十五）座谈会原始资料两份

1. 在乐安访问有关宜黄的原始资料

（摘录于乐安分队访问材料）

刘进贤，男，45 岁，□□上，过去在宜黄担任游击【队】队长，党员，现在罗陂供销合作社，罗田人。

1932 年 11 月二十二军与宜黄独立营攻宜黄城。城西是孙连仲部四十三师（师〈司〉部设在城内）主力部队冲锋（有炮）。独立营守在西门防止敌人逃走，一逃出就打。第二天晚上爬城墙进去。攻占宜黄城，俘虏敌兵 600 多人，获〔缴〕枪一千四五百支（独立营用排拉走）。

1932 年由蛟湖游击队、南源游击队、上磄游击队合并组成宜黄独立营，分三个连，一个连有 78 个人，连、营科员共不过有 300 人，有 200 多支枪，营长是李冬秋①，政治委员是邹寿团，县连连长是郭云，指导员是陈财保。一【个】连有一个党支部，指导员任支书，一【个】排有一个党小组，党员调去学习，统一开介绍信。

1933 年八月，乐安南村有江西军区第二分区司令部，管崇仁、宜黄、乐安、新干四县的地方武装，永丰属第四分区。

1933 年四月，二分区司令部将四县独立营编成十一团，团长

---

① 1932 年 2 月，县苏维埃政府将建立较早的区游击队合并，又一次建立独立营。新建的独立营营长为李兴发。见《中央革命根据地词典》，档案出版社 1993 年版，第 252 页。

李兴发，政治委员欧阳忠，各营合并后，县营的组织照旧。

党团组织：入团是在罗田（乐安县）。参加党要两个介绍人，党员找我谈：中国共产党好不好？有哪些好处？你乐意不乐意参加？要不要【入】党？要【入】党是不是肯做党的工作？要能吃苦耐劳，不怕死，要起带头作用，要开会——你乐意，我们俩〕就介绍你，有事不要同外面讲，同党商量，说不得自己参加党，要吸取同志的话，哪些是好的，有哪些想开小差就向党说。□□□①是组长，要开会时组长挨着我拍你一下，你就跟着组长去开会。发党费证，一个月交一角党费，人被缴，党证不能被缴。入党要填表：名字、年龄、成分、历史、亲戚关系、土地及家庭经济情况。支部填入党时间，有后〔候〕补期，贫农半年，知识分子一年，工作积极表现好可以提早转正。（在独立营入党所介绍的情况是营的情况）

1930 年初提口号"扩大铁的红军一百万，打下南昌、九江，会师武汉"，团组的生活讨论：要不要扩大铁的红军？打下南昌会师武汉好不好？要打下南昌我们应该怎么办？大家出力，又谈个人出力就成么？不成要发动大家。

2. 访问大革命时期农协会情况

访问对象：都【是】农协常委并农民自卫队【队】长

1927【年】一月间，县里来了一个特派员，名字叫钟赤心，县长李卓、党部里的邹渊、县农协的桂丹元，都来到我们这里组织农民协会。当时我们岱二都（齐家坊、槎下、水北河桥、瞿家源）共有 230 多户，参加农协会的人数有百四五十人，农协会成立后选举了三个执行委员，三个候补委员。在三个执【行】委员【中】选一

---

① 原文如此。

个常委〈员〉负责。当时常委是徐兆良，执委是胡长生、徐贵夫，候补委员是乔太生、傅风洋。到三月间因为徐兆良受当地的土劣排斥〈下〉（执委胡长生、徐贵夫都是有钱有势的人），农会领导便改选胡长生为常委，补选乔春发为执行委员。

参加农协会的手续：在入会以前，先由县农协发来一种表格进行登记，内容是登记家庭经济情况，如土地、房屋、耕牛、放债等。开始时还是愿意参加农会的人都可以入会，当时我地方上徐贵夫、胡长生有钱有势又有文化，入会后还选他们当了执委，但邹渊对我们说"农协会以后要整顿，把那些资本家和土豪劣绅开除出去"，还是农协会的成员，当时还"哇"了一下，每个会员每月要交一个钢〔铜〕板的会费作为办公之用。

同年二月，农协会又组织了农民自卫队，当时参加的人数有80多人，一般在40岁以下的会员都参加了，有一门土炮，两支长笼，鸟枪50多支，并由徐兆良兼任农民自卫队队长。自卫军〔队〕的任务是保卫地方平安，打土匪。邹渊开会时对大家说过，"我们农民受土豪劣绅压迫，大家要团结起来，打倒他们，实行耕者有其田，享自由平等之福。"我们的自卫队还打过两次仗，一次是临川的土匪吴巧仔，经常到我们这里抢东西，【奸】淫妇女后被自卫军打走了，并夺回被抢走的两条〔头〕耕牛和衣物。第二次是到山前打军阀土匪曹万，【自】卫队也非常勇敢，我们虽然【被】打死了徐金生、乔文发两个队员，但缴到敌人一支步枪。

农民协会的活动，搞得很热闹，到处都贴了标语，如打土豪劣绅，实行耕者有其田，废除不平等条件，等等。农协会的全体会员到城里进行示威达十多次。农、工、商、学、兵都参加，自卫军都拿着鸟枪，没有鸟枪的便拿着红旗子，喊着"打倒土豪劣绅，实行耕者有其田，废除不平等条约，打倒蒋介石，拥护孙中山"等口号，进行时并用纸扎成大豪绅吴周臣的丑样，戴上高帽子，进行示威活动。因此吓得城里的大土豪劣绅都躲起来了，有的跑到省里去了。

　　我当时还听说把 10 个人送到南昌去开会当党员（大概是去进党）。这十个人是邹渊、谢贤庆、程忠济、程勉坚、邱志仁、余瑞瑛、徐伯康、桂丹元、欧阳璧、徐欢初等。这些人都经常在一起，很合得来，但胥梦周我对他不大熟，没有同邹渊这些人在一起。那时候还听说有左、右两派。邹渊说："无产阶级是左派，资本家、土豪劣绅是右派，左派好似红鸡公，右派就像臭白蚁，鸡公必然要吃掉白蚁。"

　　农民协会【当】时在仙三都、渡中等地也组织了，他们都到过城里进行示威，一直到七月间贺龙的军队经这里过宁都，农协会的组织就散了。

　　九月间，国民党反动派便统治来了，把原来的都变为乡，设乡长，25 户为一间，设间长。乡以上就有区，设区长等。

（十六）三溪区综合材料

一、三溪概况

全图（1928【年】三【月】—1934【年】八【月】，苏维埃政府行政区域宜黄县东陂区三溪乡）【略】。此地为山区，产竹木，有两条路可通三溪，约二十〈余〉里，一是从东陂道暮下过草台岗至三溪，约二十〈余〉里，一是从东陂道石△过章山翻一山岭溪，约十五里，两路地均渐渐增高，然前者较【平】缓，后者较陡急。三溪至宁都很近，约十〈余〉里。

三溪由杨梅山、瘦柏、营际三个村子组成（然□[1]有 30 余人，现人都归集于上地。村子皆坐北朝南，由前路去先至杨梅山，往上两里路并瘦柏。瘦柏较大，人口较多，往往以瘦柏代表三溪，县大队、党支部驻在此地，往上五里至营际，营际乃三溪最高者，接近之顶。

此地共有水田（梯田）800 余亩，旱地百余亩，人口 73 户，243 口，平均每人有田三亩二分七厘，有地四分厘。田一季晚稻，地多栽红薯和蔬菜，近年亦种豆类，不能栽棉花、油菜、瓜果树，麦类亦很少栽。山里产竹木筒柴茶子，此地现有小学[2]一座，学生数十。

此地被认为革命根据地，除 1958 年、1957 年外均来过访问团，进行过优抚工作，人民都异口同声，感激党和毛主席，对访问调查

---

[1] 应为"紊"，但是不通。而且，"然"前的左括号，下文缺乏对应的右括号。

[2] 后有"一"字或一个空格，但语义不通。

表示非常大的热情与支持，一般都自动来谈。但也有个别误解的，以为我们像以前的访问团一样，来帮助他们解决困难。也有个别人在红军北上后，当过保长，访问历史（我们一般不问）有反感，开始不愿谈，后续一再说明解释，就能畅快而谈。

可惜有个别同志没在家，故没有访问到。一般群众谈得不够，有的还追根究底不够，有的问题直至现在还未确定下来。

此地老革命同志一般自首过，有的还任过伪保长、伪村代表等职务。

二、三溪乡革命活动情况

1. 革命前的政治经济状况和革命□：

此地土地多为宁都人众口的和庵堂的。因此贫农很多，本地地主有熊玉章、李佳贵、李邦鸠，富农有李龙生、陈光才、邓光晢。剥削压迫很凶，地租多平分，差田两亩担租。债息年加二、加三（此地土地贫瘠，水土寒冷，收成不高，有时旱灾地主亦同样逼租逼债），还不起债，什么东西都拿走。农民因没有组织起来，故畏惧反动势力，只有忍气吞声，衣不掩体，饥寒交迫，威胁生命。

然受苦受难的农民群众并不甘心屈服于国民党、地主压迫下，一旦革命火种燃烧起来，就有燎原之势，早在红军未来前，崇仁孙坊的自发性的农民起义军、孙牛△等到过东陂，影响到三溪。红军在井冈山建立根据地，打土豪分田地情况就【被】得知，尤其与宁都靠近，革命活动就传到宜黄三溪来了。

2. 党在这一带的初步活动

据说在宁都肖田营际曾有宜黄革命委员会来此秘密做建政工作。但访问所及，〈一〉人皆不知或谈不出一个所以然〈出〉来。但据谢永祜老师说，在城里座谈会上章水生（营际人，1934年曾任东陂区主席，共产党员）谈及此问题很多，□一有系统可参考，为证实问【题】起见，可往宁都去一次。

一说在 1927 年四月间 ①，红军三军团一连人由东陂街上至李家山，李家黄家打土豪获得银洋 6000 元，捉其老婆，又获得二千八百元。旋即经甘竹到南丰回瑞金去了。至此瘦柏有余新生、李焕信等九人招待他们。红军走后第二天，白军将他们逮捕敲打，然这时尚未起局。事情可能有，然时间有矛盾，是否四月间？即在八一起义前就有红军上成问题。

现在只有此说较为可信，而一般人都是这样谈的。在 1928 年宁都革命正轰轰烈烈展开时，常过来打土豪，因此当时有邓柏生、李焕信、李焕义（富农）去接头。当时宁都营际乡苏维埃政府主席赖东海及赖宪藩、邓国藩等八人在此工作（其中有个别人是地富，然其年看有文化，乃用之）。

于当年十二月成立三溪乡苏维埃政府。

3. 乡政府建立与演变：

当时乡主席是熊有俊，文书邱木生、李焕义，粮食委员黄桂生，财政邓先发，土地委员（即分田委员）陈先月，宣传委员何明福，妇女委员罗士秀，交通员（一说赖贤花，益礤人），财经委员徐瑞高，熊老△，伙夫李焕信。那些宁都来的人搞好了工作即回到宁都。这时初建立乡政府政权，表现党员领导不明显，尤其有熊有俊、李焕义（富农分子）当权。此时乡政府设在瘦柏，不久将熊撤职，陈先禄（贫农）任乡主席，不多时，陈被捕后由黄桂生担任，不久黄调到区内，乃由肖会星担任。此时（约在 1929 年七八月以后），乡政府移桂仙山下（因前地址是庙宇，一直到 1930 年，又因地势不好，移往港背，一直至结束），后肖由徐桂生接任，徐因调到区内，管宁庆担任，管辞职，乃选何名早当任，何因能力差，乃由李中保（叛变）当任。李被靖卫团杀，乃由陈先富担任。陈因病请假，乃由章连生当任，至结束。

当时三溪乡管辖章山、营际、瘦柏、杨梅山、肖港、下堡、瓦

① 原文如此。

子坑等地。

只有肖港成立村政权，达月余即并了，其他未有村政权，只有村代表，男女均可。

1934年白军三十一师，宜黄靖卫团、宁都难民团至此，至九、十月间政府打散，而结束了乡政府。

4. 地方武装的概况

乡有赤卫队，在1930年二月初成立，但组织不严，可起可散，他们【的】任务是保卫乡苏维埃，维持地方治安，捉拿反水群众，扰乱敌人碉堡等〈工作〉，据说只有赤卫军司令部，司令官曾德行，领导赤卫队、模范营。

1930年春天三溪乡成立模范营，营长何明福（杨梅山人），一说队长是邓国藩，政委邓单保，〈约〉有50多人，一二十支步枪，三四支驳壳。内有两个排、四个班，一说有200余人，其中还有一个特务班。参加者为乡内40【岁】上下的人，主要帮助游击队打火，解土豪、运东西、带路，维持地方治安，保卫苏维埃，比赤卫队较有经常且严密一些。经常与靖卫团打火，扰乱敌人的碉堡，捉反水的人，活动在乐安沙山排、猪嘴斜、宁△、大△、陆家庄一带，也曾随红军攻打广昌。模范营士兵往往扩充为游击队，或扩充为大红军。有时他们也手持梭镖。

5. 群众团体建立与工作

1928年冬成立了贫农团，主任涂新生，〈经〉【常】工作是派模范营队员、哨队（即少先队）、保卫队、筹款、分田、抗税、抗租、反霸等〈工作〉。乡政府的决议亦与贫农团重复，参加者20多户，90余人。

同年冬，又成立互救〔济〕会，主任涂新生，参加者30余人，尤以女子为多，宣传者有解释婚姻条例、解决结婚离婚、保养耕牛、调解事情、募集慰劳品等权力〔利〕和义务。

同年三溪乡妇女会成立，主任陈九秀，成员是贫中农妇女，工作是唱歌欢送新兵入伍、慰劳伤兵、洗衣、做布（草）鞋、募捐等

〈工作〉，当时下设有三溪乡妇女慰劳队。少先队由 15 岁以下组成，共十来〈多〉人，队长不知，主要是乡主席指挥，班长李中保，共两个班，主要是运弹药、机械【等】东西，抬伤兵等工作。

亦有春耕生产队，由乡主席、秘书参加，没有队长，他们有闲亦参加生产劳动。

儿童团未发生作用，反帝大同盟有名无实。

6. 各项革命工作进展的情况

政府平常工作是肃反、分田，编制模范营、少先队、赤卫军。

1929 年冬天即开始分田，当时只是评一下，口说多少，到 1929 年① 夏耕时才正式分好，据说其他乡都未分好。当时没有划成分，当地中贫农较多，田是好坏搭匀来分，计口授田，每人均得十担田（即两亩田）。口号"抗租、抗税，打土豪分田地"，对于红军战士是分好田，并代耕种、砍柴，分后共种了三年。只在 1931 年和 1932 年间县苏维埃政府征过两次土地税，三溪约一百元左右（不按亩，不纳粮食）摊派。

1929 年春天开始打土豪，先召集各干部开会研究，如到李家的捉到刘萏生的老婆，押到营际获 400 光洋，钱数尽上缴。又在一字脑，分肖友名衣着食物，还打过廖春生的老婆和廖德生的崽，然其逃走。据说当时打土豪标准是家财值 1000 光洋才打。后来地方上 100 元、20 元、15 元亦打。打土豪是发动群众参加革命，打垮地主势力、筹款的好办法。以后筹款是由中贫农自认多少（可能是一种募捐、慰劳的性质）。

此地是在 1931 年冬和 1932 年冬发行两次公债，一般是三元起码，也有五元的，十元顶多。

曾有妇女剪发的运动，先开会动员剪，不剪者出门则被剪掉。

也曾起三溪乡儿童小学，约一两个月之久。老师岳中能，读苏维埃的书。

---

① 时间逻辑有问题，原文如此。

7. 有关党、团组织及党、团员问题

当时入党是秘密的，是否有支部成立则不知。一般人讲没有党、团支部和党、团员，也有说不知道的。只涂新继说："徐桂生、李焕信在1929年入党，因为经过贫【农】团调查过他们的历史。"该二人已不在，无法查对。

一说章水生入过党，现恢复党籍，但未见此人，可参考谢永祜老师的材料。

三、东陂区革命活动状况

1. 区政权建立与演变

首先是1928年冬成立三溪乡，1930年成立黄柏岭乡，再暮下乡，再灵山乡相继成立，于是在当年成立东陂区苏维埃政府。

一说1929年三月成立，以横石、营际（属宁都，1930年宁都成立肖田区，此两乡划回归宁都），三溪共三个乡为基础而建立之。

一说1932年三月黄柏岭战役后才有东陂区政府。

东陂区主席名次是：（1）李□□（后调回宁都），（2）邓柏生（后上调），（3）黄桂生（被敌枪杀），（4）曾连生（去前线），（5）陈先月（又名陈保民，犯法），（6）肖团忠（任职很久，横山人），（7）杨友生（调动），（8）章水生。

区政府的机构是〔设有〕主席，下面有军事部、裁判部、粮食部、经济部、土地部、文书、收发处等。

在1929年六七月时，东陂区有六个乡：三溪乡、营际、柏岭、暮下、灵山【等】。1930年十二月十三日消灭张辉瓒后又成立六个乡：八都（管坊）、边山、干溪、侯坊、东陂，最末时包括西源。1929年六七月间黄桂生被捉去枪杀了，区政府曾一度解散。1934年区政府由东陂迁到暮下安坑，于九月和十月间打散。

2. 党团组织的问题

当时区有区委会，中共区委书记戴家兴，少共书记丁道中。有组织委员和宣传委员，多由政府人兼任，少共做扩军、支前等工作。至于发展组织问题不详。

3. 区地方武装问题

1930年成立宜黄游击队[①]。成立时有120个人，后生病和逃走一些，剩下六七十人，约有百来条枪，归东陂区领导。连长李凤高，指导委员宁都人。共有三个排，九个班，由连长、指导员、文书、通讯员组成连部。约十个人一班。曾带路打黄柏岭，战后拾枪推枪，活动在四都东华、四都排、二都石钟寺、黄陂一带活动时与靖卫团打火，各有俘获。

至1930年七八月扩为乐安独立营和宜黄独立营。[②]

一说1928年到1929年宜黄县游击队驻东陂。可能是东陂区领导。开始只有二三十人，十来支枪，戴时普为队长（戴是干溪人，后红军一度离开东陂，但就强迫部下叛变，解放后枪决了）。政委饶琴珠（干溪人）曾到东陂、黄陂、五都、四都、二都、何溪一带打火捉土豪。

4. 各项工作进展情况

1930年春天，省政府的黄卫△来领导东陂区的第一次选举。三溪代表是管牢庆，代表共有60—70人，开了一天一晚的会。选举了肖传宗为区主席。据说是六个月选一次。

1931年开始肃反，共进行了两三年的工作。宜黄县国家政治保卫局东陂区特派员，一是邓辉生（营际人），一是武孝敬（何溪人）。特派员【的】工作是侦察、搜集材料、汇报情况，均秘密进行。当时枪决了杨梅山姓何的AB团分子。陈桂生因行动不好，经常请假回家，局长说他与五都人有勾结而逮捕他，后其逃去。因此事牵连（当时局长说其有一个集团），而枪决了汀山李文生，章山

---

① 1931年4月，宜黄游击队成立，约40人。见《中央革命根据地词典》，档案出版社1993年版，第252页。

② 1931年4月，宜黄县独立营成立，约30人，营长曾德恒。见《中央革命根据地词典》，档案出版社1993年版，第252页。

的习丁生、而习确为错杀，1958 年已进行历史平反，追认为烈士。特派员不受区政府领导，而直接受局长易道栋节制。

四、宜黄县革命活动情况

1. 县政权的建立与演变

县政权是 1930 年三、四月间成立，驻东陂，后迁黄陂，1932 年正月迁罗家湾。主席是罗章台（宁都人）[①]，军事部长曾德行，总务部长黎书云，文书肖怀宣（解放后【被】枪决），经济部长邓达宣，土地部长张德伦（兴国人），保卫局局长易道栋，文书何时佛，内务部部长邓柏生，其他还有粮食部、检查部、裁判部、教育部、妇女委员等。

宜黄县主席名次是：罗章台、梁必堤、徐桂生（柏岭人）、邹显亮（五都人）。

一说县政权先在宁都益礤，后迁东陂（打柏岭后），再迁到黄陂（即 1932 年八九月间打河口，克宜黄城时）。（以上所说同迁罗家湾的时间有矛盾），1934 年县政府驻黄陂为两个月。

当时宜黄县管辖三区：黄陂、东陂、新丰。一说管东陂、白竹、神岗三区。1934 年县苏维埃政府管东陂、黄陂、白竹、新丰、八都、神岗等区。

1934 年县府由黄陂迁往白竹、上堡，九十月迁到乐安金竹。当时崇、宜、乐三县合并为一县，坚持斗争达半年之久。另外，1932 年 10 月在少源举行全县第一次代表大会，开会约十余天。

宜黄县国家政治保卫局局长是从宁都来的易道栋，有文书，还有一个三四十人的保卫队，逮捕、枪决由其执行，裁判部审判。约在 1934 年 6 月间回宁都去了。1934 年曾派邓辉生去瑞金肃反委员

---

① 1931 年 11 月，宜黄县苏维埃政府在宁都吴村成立，徐忠贵任主席，徐施恩任副主席。会后，县苏维埃政府驻地迁至宜黄县东陂。见《中央革命根据地词典》，档案出版社，1993 年版，第 190 页。

会训练班学习，过一个多月回来，崇、宜、乐三县合并时才有肃反委员会。仍派其为主任，后被捕（据【说】其自首后任伪保长）。

当时宜黄县还有一个广农银行，随政府而迁移，还有随军而行的。

2. 党团组织问题

宜黄县委员的中共书记是肖怀生，后是戴家兴①，少共书记肖雄。

3. 县地方武装的问题

1933年六七月成立宜黄独立营，约有300余人，下有三个支队（即"连"），一个特务连（即有2个排，40—50个人，保卫营部），营长张国强，政治委员是北方人。三连政治委员是邓国藩。

一说1932年3月打柏岭后，三溪游击队编为宜黄独立营，当时有80人，枪40支。独立营营长王家山，指导员邓国藩（1933年）。1932年八九月打河口，克县城打先锋，城开大红军才至。

一说1931年九月或十月间东陂区领导的宜黄游击队扩大□□，改编为乐安和宜黄独立营。

五、红军和各次战役情况及其他方面的问题

1. 红军几次进入宜黄及攻打县城的情况

① 1930年二、一、三、五军团由南丰来攻打宜黄，克之，消灭敌军一个师（约2000余人）后走东陂回宁都去了。据说一军团管三军，一军管三师。

② 1931年六七月，一、三、五军团攻城。城里的白军【是】第七十五旅。当时是时打时停，白天有飞机，多在夜间打。共打了二十余天，未克。白军增援乃退回宁都。

③ 1932年2月一、三、五军团来至霍源与白军五十九师相遇。

---

① 1931年8月，中共赣东特委决定将宜黄工作委员会改为中共宜黄县委，李靖继任书记（1931年3月，李靖任中共宜黄工作委员会工委书记）。机关设在宜黄东陂。见《中央革命根据地词典》，档案出版社1993年版，第161页。

即俘敌千余人，缴枪千余支。将俘虏解到侯坊，问其是否愿意当红军，不愿者每人发三元钱（是缴获敌人的），遣送回家。我进东陂回宁都。

2. 黄柏岭战役情况

1932年三月清明后三四天发生了黄柏岭战役。当时白军第十师驻东陂，十一师驻黄柏岭村，停了四五天。一、三、五军团侦察得此消息即从宁都分东、西、中三路包抄而来。东路由浪溪过白竹到东陂，西路由侯坊到柏岭，中路由宁都隘山过瓦亭下到柏岭。当时白军第十师马上走宜黄下去了，共包围了十一师。费时两小时即包围了东陂。从晚上打起，共打了两天三晚，白天少打，因为有白军飞机。消灭了十一师，即杀伤、俘虏敌人共6000余，缴枪6000多，其他还缴获纸票、米、无线电台、迫击炮、大炮、轻机关、自动步枪、驳壳、手榴弹。白军烧其死尸，烧了一个山头。我军并〔亦〕死亡200余人。红军又回到宁都去了，从此未来。

胜利原因：先侦得消息，又与地方政府接头，由群众带路，特别模范营、游击队士兵带路等。

1932年八九月独立营和大红军（不知是一、三、五军团否）打河口、进三都老虎进城。

3. 其他有关问题

1932年十一月在宁都县召开省第一次代表大会。代表400人，宜黄8人，黄陂区是封福生，肖田区（现属宁都县）是肖大生，还有曾德行，其他还有蛟湖、五都、乐安等地代表。先省主席是曾山，后选刘奇跃〔启耀〕，曾山调中央。1932年十二月开全国第一次代表大会，当时有1200个代表。会上毛主席报告：四次反"围剿"经过和扩大百万铁的红军及扩大苏区的决议。国家政治保卫局局长邓小平作了肃反的报告，朱德作了军事报告。1933年四月瑞金有肃反委员会训练班。当时宜黄只有邓辉生一人，崇仁没有。

当时亦成立了江西军区，乐安为二分区。

八月一日纪念赵博生，宁都就改为博生县。[1]

六、红军北上后的情况

1. 本地革命活动的延续情况

1934年五六月宜黄县迁往乐安金竹，【与】崇仁县并为一县。坚持革命斗争达半年之久。据云尚有游击队，但很零星，如曾到过三溪，七人皆背驳壳，动员老百姓走。乡政府至九十月间打散。

2. 国民党反动派的残酷屠杀与恶毒统治和地富的反攻倒算及群众在经济上政治〈上〉受剥削受压迫的情况

1934年五、六月间白军三十一师至三溪。靖卫团、义勇队在侯坊、边山、梅岭下一带亦来三溪骚扰。宜黄靖卫团【团】长由吴益民、姜辉龙、谢老四、熊厚福等头头为头子。早在1931年就来新丰、五都一带进行反革命活动。义勇队是李大庚的头子。宁都难民团由地富、反水人组成，头子是尚作平、李元龙，在1934年亦来此骚扰、破坏、掳掠。

白军五月到达三溪，当时群众逃走上山。国民党欺骗宣传要干部"自新"，起码要交十元二十元给富民地主领取"自新证"。邓柏生被关了两三年，陈龙生关了两个月，邓凤生亦坐牢。杀了黄桂生两公婆。烧了黄发生（桂生弟）房子四间，夺走了30余头牛，猪四五十只〔头〕，鸡鸭无数，其他衣着、被服吃食被抢的更多。这都是靖卫团干的。白军三十一师又抢去四五十担米。

敌人破坏后，全乡减少20余人，多被国民党杀害即〔或〕生死不明者。原来有七八十户，后只剩下六七十户，由220余人减至200左右。

地主反攻倒算了三年的租，十担田（两亩半）交四担谷，无租折合三元银洋交，还不起又要加息，田、山、房子、猪、油肉、

---

[1] 原文如此。为纪念赵博生烈士，中华苏维埃政府于1933年1月13日，宁都县改为博生县，1934年10月红军长征，博生县撤销，复名宁都县。

薯粉、□等物都拿去抵。若借债，息为加二、加三，整至月息达50%。

又起保甲抓兵，政治上把我们叫做"土匪"，被管制几年不放，被歧视抬不起头来。

田地荒芜，田中禾草杂生，粮食缺乏，只有吃薯渣度日，而逼租债又急。

那些被抓释放的人，出来时都遍体血迹斑斑，骨瘦如柴，不能认其人。地方上保甲又要敲诈。

（整理人：邓道华）

（十七）新丰乡综合材料

1. 政权的建立

1929 年旧历十一月二十一日，红军一、三、五军团解放了新丰，过了六七天才成立了新丰、炉下、各〔谷〕下的村苏政府。谷村苏政府成立后十几天，又成立了新丰乡苏维埃政府。到 1930 年旧历二三月间又成立了区政府。乡政府原设新丰街上耶稣堂内。区【政府】成立几天后，由于靖卫团李贤贵（号"耘禾老"）经常来骚扰，便和政府一道迁至炉下村。当时局势不很稳定，敌人一打来便上山，敌人一走又下来工作。当时参加人（即干部）是"拿着头在手上工作"（老革命者说）。1921〔1931〕年旧历二月，耘禾【老】打到新丰，待了十几天，乡政府曾迁至谷下，过了几个月红一、三、五军团打来，赶走了耘禾老，七月间又建立了新丰游击队（后称"老游击队"），政权始逐渐巩固下来。尤其黄柏岭战役后，游击队更壮大了。政权更加巩固。到 1934 年敌人发动第五次"围【剿】"，大红军北上抗日，敌人在该年旧历三月初三攻下了新丰。乡政府工作人员有的被俘，不屈被杀害（如乡主席邓老二等）；有的撤退被俘，提了保接，并跟随着敌人当靖卫团（如肖桂花）；有的叛变跟人（如吴桂秀）；政权在敌人攻陷新丰后不久，便宣告结束。

2. 工作人员

工作组干部陈鲁（一、三、五军团八师的一个宣传干部，一说军部的宣传员，湖南人），乡主席曾为秀，后由肖老二担任。乡财经委员肖薄文（现地主），赤卫【队】队长邓大攸仔。

3. 政府工作

1. 打土豪：当时村、乡政府首先打土豪，其目的是供给红军和政府工作人员给养，铲除〈手〉封建势【力】。政权建立后全乡共打了饶早生等几名土豪。打土豪一般只打银圆、□、衣服等。银圆除部分留下【作】政府工作人员伙食费外，其余的全部上缴。打土豪的一般方法是先打听好哪儿有土豪，晚上便带红军或游击队去抓土豪，抓来交模范营看守。怕死的土豪抓来便交款，顽固不交的便打，老百姓说："打土豪便要打，不打便得不到钱。"土豪没有严格的明文规定，一般指田亩多、有钱、有几只猪，为万户、千户、百户，也即是土豪。

2. 扩红建立工农武装：当时有劳武结合的模范营，并动员游击队队员参加红军。

3. 分田地：新丰在 1930 年曾搞过一次土改，未成，只插了牌子。搞了 4 年才开始分了田。

4. 禁烟、禁赌、放脚、剪发。

5. 支援前线，当时的工作有卖粮给红军，有"武装保卫春耕"的口号，并由妇协组织妇女做草鞋、【布】鞋给红军。

4. 革命前后农民经济状况

新丰革命高潮【之】所以能迅速掀起来的原因，固然【是】由于共产党的领导、红军的战功，但群众【之】所以能发动起来的另一原因是〈由于〉农村地主地租的剥削〈造成的〉，地租剥削一般是分四六分、五五分，并谷一担连本金带利息还一担半，借钱月利加一。因此，当时全乡有 1/3 借债累累。红军解放新丰后，敌人经常骚扰。苏区巩固后一两年，经过土改，人民能安心生产，生产才逐渐恢复。但盐、布由于敌封锁，则显得很贵（盐一元一斤）。1934 年敌人攻陷苏区后烧杀抢夺，人民有的被杀了。据当时目击者说，当时港下横七夹〔竖〕八躺满了尸体，逃的逃了，杀的杀了。因此，新丰人口【数量】迅速下降，由原来320户降到20户左右，连新丰街上两个卖茶的都被捉去当探子杀了。

（整理人：黄文华、杨德文）

（十八）东陂区综合材料

1.1927 年以前东陂区社会、经济、政治概况

东陂区在宜黄南部，与宁都县紧紧相连，地势多山，产竹、木，黄水河贯流其间。

第二次国内革命战争前，国民党于东陂一带设有团总、分所长、都保等统治人员。团总主管全区的事，相当于区长，分所长管辖审判，团总之下设都保。

当时东陂区人民完粮纳税情况如下：

完粮以银两为单位，按谷折算；分上田、中田及下田三种。

上田：担谷完粮三升，即亩谷完粮一斗二升，当时上田每亩一般能割四担。

中田：担谷完粮二升，中田一般能割三担。

下田：担谷完粮一升，下田最多能割二担。

以上税粮按六升折"一两银子正"。

名义上，在当时大家都要完粮，但有面子的人，即有势力的地主可以不完粮，或者免粮，完粮一般是贫苦农民的事。

不仅完粮，农民还须给地主缴租，当时地主有"万户""千户""百户"之称。

东陂区万户，边山两个，三溪两个，岭上两个，江背一个，西源一个，共九个。

千户：全区有四五十个。

百户：全区约有 100 多个。

这些人占了全区田亩 90% 以上及大半山林。

贫雇农有 3000 户左右，合 12000 千余人。

地主剥削农民最高的地租是"倒三七分"，即七分归地主，三分归农民。一般地租是"倒四六分"，有的"五五分"。

高利贷一般是年息，年息加二，即一担还两担。

当时贫雇农劳苦终年，不得〈不〉饱，并且常常举债，有的雇农除吃糠、米粥外，一年有四个月靠采野菜户〔糊〕口，雇农为地主养牛，一年只得 600 元，打一年长工得 16 块钱，打几年长工后才加到 24 块钱。

农民在当时是极端痛苦的，在这种形势下，只要有一点点革命的火种，就会起燎原之势的。

2.1927—1928 年间东陂区人民的革命活动

1927 年六月（阴历）在东陂第一次〈地〉出现了农民协会的组织，这是由宜黄县里来的一位叫桂詹元所发动的，他是一个知识分子，当时大家叫他"桂詹元先生"。农民协会所筹建的第二天，国民党就来抓人。桂詹元逃走七都一年后，桂詹元反水。桂詹元曾在会上【说】（当时参加会的才几个人，其中一个是杨友生，现住东陂）捉到共产党等语，这可以说是党在东陂农运上初次的活动。

同年 8 月，南昌起义后，周恩来、朱德等所率领的部队曾由〔从〕东陂一带经过，他们虽然是曾在东陂停留过，但【从】这个时候起东陂区人民开始知道有红军。到 1928 年，与东陂区相邻的宁都县已有了红色政权，这给予东陂区人民〈予〉重大的革命影响。他们在 1928 年间，经常到宜黄一带打土豪，人民知道苏维埃政权是帮助穷苦人的，是要分田地、打土豪的。

特别是在宁都苏维埃政府以及当地红军的帮助下，开始组织了宜黄人自己的革命组织，出现了宜黄革命委员会。

宜黄革命委员会于1928年四月间在宁都肖田一带成立①，肖田是靠宜黄的一个区。当时由侯坊的邓武标，甘溪的戴金华、戴早生②等30多人，取得了肖田区苏维埃主席肖仁九的支持，借给他们60斗米，帮助他们打土豪。第一次在肖田区农民帮助下到宜黄边界打土豪，得600块钱。同时由邓武标、戴金生、曾明和三人和东韶的东路办事处联系，得22支枪，从而正式成立宜黄革命委员会，其中委员长是邓武标（现住侯坊），戴金华是秘书。还成立了游击队，共160人，大队长是徐肃文，还有侦探队长徐四仔，副队长刘德盛，此外有特委长副官等。十一月间，由红军派来一个叫"麻戒连长"的担任教练并指导作战，还派来一个书记"写字的""王七"。

革命委员会成立后，曾经到宜黄的炉鉴、小李坊、东门侯坊、东陂这一条路上打土豪，还到过岭上、暮下等打过土豪，准备在各地建立村苏维埃政府。

宜黄革命委员会就当时知道的群众来说，都认为它是一种革命的组织，三溪乡一位叫徐大元的，当时他在秘密中听到宜黄革命委员会是要建立苏维埃政权，要分田地打土豪，要让穷人不还债。

1929年十一月间，革命委员会解散。

3.1929—1930年（第一次反"围剿"前）东陂区各级苏维埃政府的建立

东陂区最早出现苏维埃政府，是在三溪、营际、瘦【柏】的杨梅山，与宁都营际、横石等紧紧相连。1928年十二月间，他们与宁都方面接了头，自己成立了乡政府，最初主席是熊有俊，还有文

① 1929年5月，宜黄县革命委员会筹备委员会成立，后遭到反革命分子破坏。1931年4月，宜黄县革命委员会正式成立。曾德恒任主任，徐施恩任副主任。见《中央革命根据地词典》，档案出版社1993年版，第190页。
② 文中又作"戴金生"。

书、财经委员、粮食委员、土地委员以及宣传委员、交通员、伙夫等。

随着三溪出现了乡政府以后，红军第三军团中有一个连（第四连）常在三溪到东陂这条路上打土豪，1929 年冬，在东陂寨上、暮下以及黄柏、岭上等出现了村苏维埃政府。

这些村苏维埃政府建立的次序是：先东陂寨上，后暮下，再后是黄柏岭和岭上，两三【个】月后，这些村政府都改为乡政府（1930 年初）。

在宁都的宜黄委员会到底与这些村、乡苏维埃的建立有什么关系，尚不清楚。据说，当时红军的第四连在前面走，后面由宁都出来的革命人员，就在后面起政权。

另外，当宜黄革命委员会于 1929 年八月在宁都解散后，由原来在革命委员会的饶明和等在宁都组成了东陂区苏维埃政府，时间约 1929 年冬至 1930 年春之间。

1930 年五月东陂区苏维埃政府由宁都搬至东陂，同时而来的还有游击队，大队长是徐书文和戴叶普。

东陂区最初任主席的是饶明和，当时区政府的组织〈是〉还很简单，仅有秘书、财经委员、事务长及交通员、伙夫等，所管的范围亦还小，包括宁都划过来的营际、横石以及三溪、暮下、岭上、黄柏岭等乡。

1929 年至 1930 年间东陂区各级苏维埃政府还不够稳定，经常搬动，流动于东陂与宁都之间，有时驻上一两天就要搬。

当时阶级斗争很紧张，国民党的靖卫团，后改"铲共"义勇队，难民团（逃往〔距〕地主劣绅组成的），以及守望队，常常骚扰，部分不健全分子又实行反水。

1930 年八月，东陂区游击队的徐书文、戴叶普等反水，带走了 20 余支枪、600 块钱。

4.1931 至 1934 年间苏区的扩大，龙冈战役与黄柏岭战役的胜利

红军曾两次攻打宜黄城，第一次在 1930 年初冬，当时红军有 3000 多人，并由游击队配合攻下了宜黄城，住了五天，并攻至上顿渡，随后回宁都。不久，国民党开始了第一次〈反〉"围剿"。

1930 年 12 月间【在】龙冈一带活捉前总指挥张辉瓒，消灭了他一个半师，缴获枪支万余支。

通〔经〕过这一战后，粉碎了敌人第一次"围剿"，东陂区一带的政权趋于稳定，苏区〈上〉得到了扩大。

1931 年在东陂区北方的西源开始建立乡政府，这个乡包括西源、塘头、蚊坑、黄凤冈、营里、石树岭、磜下等十多里方圆的面积。同年八九月间，东陂乡东北方的边山、菅坊 [①] 等地上建立了乡政府，其中管【坊】是东陂区的边缘乡，它包括管坊、庙下、放家湾、丝坪、罗家沙坑、沅〔源〕头、邬仆、长坪、岳家庄、引山坪、范家、黄岭坑、坑头、水南、邱坊等村。

此外，在东陂东南方的侯坊东门上，建立苏乡〔乡苏〕政府。

这样在 1931 年东陂区所管辖的范围比以前大大地扩张了。这时候有东陂暮下、三溪、岭上、侯上、西源、边山、管坊、侯坊以及营际、横石等乡。

政府组织上充实了起来，就以区政府来说，这时候除区主席外，有中共书记、少共书记、秘书、内务、军事、裁判、财经、土地。裁判部有看守兵，一班十多人，教育、收发处、国民经济、监察等组织，有 100 多人，此外，乡还有模范营、少先队。儿童团的

---

① "菅坊"应为"管坊"，后文写作"管坊"。见《江西省宜黄县地名志》（内部资料），1985 年版，第 125 页。

组织，赤卫军、担架队，有的建立较早的乡如^①三溪则有妇女会、贫农团、互济会等组织。

1931年十二月间，宁都的〈原〉国民党第二十六路军（2个师，20000余人）在赵博生、董振堂等领导下起义，加入我红军，组成红五军团^②，这对东陂一带同样起了重大影响，我方的革命形势更加壮大。

1931年，由于苏区的扩大，原属东陂区的侯坊，这时划给了干溪，干溪另成立了区政府。同年，营际、横石等亦归还了宁都。

1933年二、三月间，发生了黄柏岭战役，这是粉碎敌人第四次"围剿"的一次重要战役。黄柏岭是宜黄与宁都间的一个险要的交通要口，四面包围着密密层层的山峦。1933年国民党罗卓英部的三个师驻这一带，第十一师驻黄柏岭，第九师驻东陂，第五师驻干溪，共36000多人。当时我东陂区、乡政府一度退往山区——三溪。

我方根据〈了〉毛泽东同志的战略思想，采取大兵团伏击和集中优势兵力的围歼战的方针，由第一军团经上堡、白竹从左翼包围过来，第五军团从侯坊一带右翼侧击，第三军团担任正面攻击，经过很短时间，歼灭敌第十一师及第九师。

1932—1933年间，东陂区范围（当时侯坊划给干溪区，营际、横石划为宁都）（图略）。一部分^③，其余闻风而逃。这次打死敌师长李明及陈麻子（陈时骥△），缴枪万余支。

〈通过〉这次胜利不仅大大地鼓舞着人心，而且我苏区亦进一步扩大了。1932年宜黄县苏维埃政府所管辖的范围由原来的黄陂、

---

① 此后没有标点，且有五行空白，应该是没有叙述完整。而且，下页的句子也没有另起一段。

② 1931年12月14日，国民党第二十六路军17000余人，在该军中共地下村支和赵博生、董振堂等领导下，在宁都县城举行起义。见《中央革命根据地词典》，档案出版社1993年版，第57页。

③ 语句不完整，原文如此。

东陂、党口、干溪、新丰等区，扩大了〔列〕五都、仙乡、河口及金竹等区。

这时县苏维埃政府已由东陂搬往黄陂、五都以及罗家湾等地。同时县苏维埃组织也很完善，除县主席外，还有县委中共书记、少共书记、秘书、内务、军事、财经、土地、县委组织、县委宣传、教育、裁判、监察等组织，另外还有保卫局、保卫队、工会、妇女会、肃反委员会。

县苏维埃的武装部队亦扩大起来，1932 年游击队已扩大为独立营，即宜黄独立营，后〈改〉独立营扩大为独立团。两个师〔团〕即可以成师。

1933 年江西军区宜黄独立师曾两次攻打宜黄城，当时独立师有 2 个团，1000 多人，9000 多支枪，有炮及机关枪等。这次攻打宜黄未进。

这样宜黄县苏维埃政权一直至 1934 年 8 月才结束。[①]

5. 党、团以及群众组织和苏维埃政府的工作情况

当时苏维埃政府是在共产党领导下进行革命斗争的。县、区都有中共书记，熊记中在政权建立初期曾任区中共书记，肖怀生是县苏维埃的初任书记。[②]

但是，当时乡一级均未建立党的组织。当时参加革命的一般干部，除中共书记外，不知道有谁是党员，发展党员在当时还是秘密的。但据当时参加过共青团的章水生（现在是党员，三溪人）反映：当时党员在联络时记号是 CCP，团员是 CCY。并说党、团员均

---

① 1934 年 6 月，乐安、宜黄、崇仁三县苏维埃政府合并，成立乐宜崇三县苏维埃联合政府，同年 12 月，乐安苏区全部丢失，乐宜崇三县苏维埃联合政府停止活动。见《中央革命根据地词典》，档案出版社 1993 年版，第 191 页。
② 1931 年 3 月，中共宜黄工作委员会在宁都县吴村成立，李靖任工委书记；8 月，中共赣东特委决定将宜黄工委改为中共宜黄县委，李靖继任书记。见《中央革命根据地词典》，档案出版社 1993 年版，第 161 页。

需两人介绍（团员一般要党员介绍），党员须【是】24 岁以上者，团员须【是】18—24 岁者。团员缴团费 100 文铜片，不定期地开会。

团的组织领导是少共书记，但谁是团员则不公开。党与团【之】所以不公开与当时情况相关，这里处在前方，政权建立未久。

共青团的〈发展〉组织，在 1931 年就已开始，县少共书记是胡立招，东陂区初任少共书记是丁道中。据说东陂区曾有共青团员 100 多人。共青团员有义务宣传扩大红军、动员归队、发展团员，以及参加打土豪、捉吃鸦片〈烟〉和赌博等。

除党、团组织外，当时还有儿童团（8—15 岁）、少先队（16—20 岁）、模范赤少队（20—23 岁）、模范营（24—35 岁）等组织，这些组织一般是乡一级的组织。另外还有妇女会，担任宣传扩大红军及慰劳红军和军属等，如做鞋、洗衣服。

儿童团和少先队是协助乡政府放哨，捉吃鸦片、赌博者。模范营、模范赤少队，以及模范赤卫军均【是】地方武装组织，类似现在民兵，他们参加打土豪、搬运东西、维持治安工作，担架队则是年纪较大者参加，做支前工作。此外，个别地方有贫农团组织，协助政府分田。

1928—1934 年间，苏维埃政府在党的领导下，通过各种群众性组织，进行了许多工作，其中主要是扩大红军、打土豪分田地，以及拥军优属。现分别叙述如下：

扩大红军：毛泽东同志在当时就指出"相当力量的正式红军的存在，是红色政权存在的必要条件"。所以，当时苏维埃政府首先〔要〕任务之一是扩大红军。这在东陂区是贯彻了，据初步统计，东陂人民参军〔加〕正式红军的有 100 人左右。1933 年由游击队改编的独立营，300 多人中有三分之一是东陂区人。这可以说是东陂区农民为革命所做的永垂不朽的贡献。

打土豪分田地：起初还有划阶级，对有钱的进行打土豪。一般是先打万户，后打千户、百户。每乡都打了几十次。打土豪的现金是往上缴，但衣服、银器、猪肉及粮食均发给贫雇农民。不仅如此，参加苏维埃政府工作的，不论大小职务，每月都能得 3 块钱作伙食【费】。至于参军〔加〕红军的，亦大家组织劳动力帮助他的家属作田，所以，现在老革命一谈起红军时代都说好处多，这就是由于红军和苏维埃政府代表了他们的利益，带给了他们许多好处。

1931 年起，东陂开始分田，经 1932 年及 1933 年收割了两次，这两次的收成完全归农民所有。当时的分田是先把大家的田合起来计算，按人口和田亩数分，土地好坏搭配，一般说参加红军的多分好田及距离近的田，没有走的富农亦分给一份田，但分较差的田。每乡分配的数字不一，有〈的〉10 担、8 担的，有的分到 2.5 亩的，有的分到 3.7 亩的，在东陂，收〈过〉割后没有交过税。

分田之后，在东陂区进行了划阶级，打长工的划为雇农，受到剥削借债的划为贫农（东陂王文生，〈他〉有十亩田，但欠债 600 多元，在当时还是划为贫农），仅够食、无剥削的是中农。被打过的土豪一般说有 200 块钱以上的是富农，三代不劳动光、吃租的就是土豪。吃冤枉的知识分子是劣绅，收剥削租又就〔吃〕〈的〉冤枉【的】是土豪兼劣绅。第五次"围剿"时，这一批地主富农曾集中到宁都去。

拥军优属：如妇女给红军做鞋、洗衣服，另外还向群众募鸡蛋、鞋以及钱等慰劳红军和家属。每个地区有多少红军和家属就当地包。所募的先上缴，后统一发下。此外，红军家属的田亦由大家帮耕。

在苏维埃政府工作范围内，还进行借公债及组织担架【队】等支前工作。

借公债：采取自愿认购的原则，购买的公债数一元、三元、五元不等，最多是十元，三年为期，有的当时来不及还，解放后即补还了。据初步估计，1933 年东陂一【个】乡认购 300 元左右，其他各乡都不差，以 8 个乡计算，东陂区共认购 2400 元左右。这是当时东陂区人民拥护苏维埃政府的一种表现，亦是对革命所付出的一次〔个〕贡献。

同样，在组织担架队支前工作上亦有卓越的贡献，据初步估计，在霍源、蛟湖、黄柏岭等战役，打宜黄两次，以及五都的一次战役，东陂区人民每次都出动了 2000 人（包括少先队员，模范营的以及担架队的），合计在五次战役中出的担架队有 10000 人次。

以上是 1928 年至 1934 年间，东陂区苏维埃政府及人民所进行的革命工作概况。

6. 革命的失败与白色恐怖

由于"左"倾路线领导的错误，1934 年国民党实行第五次"围剿"时，我方遭到了失败。当时在宜黄的红军已经撤走，国民党匪军一从南丰入新丰沿河而下，一从抚州自宜黄城打上来。当时县苏维埃政府向西移至白竹、上堡，随后移至乐安的金竹。我政府人员被冲散，宜黄苏维埃政权到此结束。

八月以后崇、宜、乐三县曾合并。[①]

国民党来了以后，带来的是白色恐怖。许多革命同志被抓去，被杀掉，就东陂区来说，被杀的后方革命干部有 30 多人。许多革命同志的东西被抢去，房屋被拆掉，原任东陂区主席杨友生坐牢回来以后，住了 12 年的庙宇。寨上一村 20 几户的东西全被抢光。

由于国民党的抢、杀，东陂区一带的田地很多荒芜了。据统计，国民党来到以后，荒的田有一半以上，直到 1949 年解放后的这几年当中才开荒增加田 1/3。

当时地租又恢复了，高利贷重新活跃起来，还实行倒算，欠两年地租的要还两年，三年的要还三年，一粒不能少。高利贷不仅是年息，还有加二的月息，贫雇农在当时一般都免不了重债的剥削，欠债往往几十块、上百块，有的为了还债以至于从头到脚的东西都

---

① 1934 年 6 月，乐安、宜黄、崇仁三县苏维埃政府合并，成立乐宜崇三县苏维埃联合政府。见《中央革命根据地词典》，档案出版社 1993 年版，第 191 页。

卖光了。

国民党还在这里实行保甲制的连锁〔坐〕统治，当时 12 户为一甲，10 甲为一保，3 保为一联保。东陂属第三区，全区有东陂、白竹、新丰三乡。就东陂乡竟有 10 保。

保甲厉行抓丁派税，当时苛捐杂税极多，有派壮丁捐，各种会议伙食捐，派选户捐谷，捉兵费、军兵费，等等，不一而足，另外除完粮外，还有烟捐、□捐、猪仔捐、饭店捐，等等。

在政治上，这时候再没有发言权了，不仅没有发言权，而且常常被指责为"土匪"，精神上受到了极大的折磨。过去自由结婚好，这时候亦有进行勒索的。东陂张长年在红军时代进行了自由结婚，国民党来后对他进行勒索，被敲了 80 块钱。

二、

崇仁县革命史
调查访问资料①

---

① 节选自《崇仁调查材料（革命斗争）》。

（一）东山地区革命史原始资料

访问地点：东山、茶坪、浯漳、秧坪、岭下 5 处
访问人数：革命老干部，24 人；基本群众，19 人

1. 访问苏区老干部王竹实同志

王竹实，现年 42 岁，家住崇仁凤岗人民公社潭坪村。现任生产【队】队长，1933 年 4 月参加游击队后被打散，1934 年 10 月入团，后在反动派军队当过六个月兵，参加反动党团组织，也没参加过共产党。

王竹实口述如下：1933 年四月四日，我参加游击队，九月间被白军打散出来，回家当老百姓。当时归丰①区苏维埃政府（受乐安管）主席和秘书常来潭坪开会，要我入团，说有了团员、党员就有了苏维埃政府，没有党、团员就没有苏维埃政府。当时我们是想有苏维埃政府，因此虽有顾虑——离白军近，但经他多次宣传，故在 1934②年十月入团，由区苏维埃主席给我填了表，表上写了自己的姓名、家庭人口和成分。自入了团后，开会就是躲着开、或是在茶山上、山洞里开，或是在房子的后面开。当时同我一起入团的有

---

① "归丰"应为"圭峰"，后文写作"圭峰"。见《江西省乐安县地名志》（内部资料），1985 年 7 月版，第 80 页。
② 疑此年份有误。

王清发、卢九生，王清发是团小组长。区苏维埃主席在开会时（每隔两三日就要开一次）常对我们说："自己入了团不要告诉别人，如果告诉别人就会被反对派知道，很危险。"因此，我们都不告诉别人。同时，区苏维埃主席常宣传我们参加游击队，亦要我们宣传叫别人参加游击队，但是因为离敌人近，故不愿参加游击队。另外，开会也研究当前生产，研究反对派有什么人（探子）来潭坪。并说有什么人反水就要报告政府，哪里有土豪、有没有人把粮食运下去等都要报告政府，同时也要我们会反宣传：要那些跑下山去的老百姓回来，回来当老百姓比在下面当老百姓要更好，并宣传那些上来的老百姓参加游击队。

当时有许多人跑下去是因为当时红军有些政策不像今天好，有时有些老百姓说了些坏话，就有被捉、被关、被杀的危险。又如有两个人吵架，若其中一个到政府故意报告说对方是坏人，说了什么坏话或故意说对方有钱是土豪，结果对方就被错杀或错关，因此有不少好人（其中又有不少是贫雇农）被错捉、错关或错杀，故老百姓很害怕。同时，当时有白军装扮红军或红军装扮成白军问老百姓："红军好还是白军好？"结果有些人因为红军来后有半年没得吃，或因年老思想较糊涂的一些好人，在装饰〔扮〕成白军的红军面前说红军来了不好而被关、被杀。因此，有许多老百姓害怕而逃下去，同时到下面去有些人也还找些事做过活。当然，也有些被红军打了一两百块钱的人说红军不好。

1934年十二月十八日开会时，区苏维埃主席对我们说："反动派来，你们就到山里去，过一些时候再出来。将来我们胜利了，我还认得你，你会有好处。"到1934年十二月二十一日，反动军到潭坪【后】就没有再见到区苏维埃主席及政府人员了。

2. 访问苏区老革命同志罗华显

罗华显，男，现年55岁，曾在县苏维埃政府做副事务长，后被白军打散，没参加过反动党、团组织，也没有参加共产党。现在凤岗人民公社东山队专门种菜。

罗同志口述：1933年一月，红军到东山，我是在1933年三月二十七八日参加，在县苏维埃里当事务长的买办（即副事务长），专门买菜和油盐的。正事务长（卢有祥）专门管账簿，开张条子要买什么买多少，我就买什么买多少。去买东西都是走夜路，买得多就请老百姓帮助挑。

县苏维埃政府里的秘书是曾子于。

当时县苏维埃政府经常开会，有时一天开几次会，召集县苏维埃政府的各委员，正、副主席，秘书，事务长，买办，区、乡苏维埃主席。捉拿和看守土豪的游击队班长来研究和调查被捉的是不是土豪，是土豪就要打钱，不是就放。主席对区、乡苏维埃主席说："是不是土豪，你们要负责，要晚上调查。"如果不是土豪而说是土豪就要被关。最少要能打50块才算是土豪，当时捉来的土豪多数都是能打出一两百块的，也有一些相当于现在的富农的一些人自愿出20—30元钱给政府，以免被捉。

当时也分了田地，按人口分，好坏搭配。当时政府规定：两兄弟抽一个参加游击队，三兄弟抽两个，独生子不抽。但这都是通过说服，正因两兄弟只去一个，独生子不去，同时还有些老人。故分了田后有些种了田，收到一年谷。但后来土豪回来了，倒算了回去，没有参加游击队的，就把吃剩的谷子拿走一半；若是参加了游击队的，就把剩下的全部拿走。

我在里面做了5个月，七月就散了。因为六月白军打东山，自已被飞机打伤了颈，到乐安沿干红军医院里治疗。治好后，医院打了一张条子给我【交】到崇仁县苏维埃政府，但这时县苏维埃政府已走了。

3. 茶坪苏区基本群众座谈会纪要（1958 年 12 月 16 日）

茶坪第一次来红军，大概在 1930 年十一月底。当时全村有 40 多户人家，170 多人，七八家土豪。那时反动派在农村的统治支柱是地方士绅，农民在政治上是没有权利的，在经济上的剥削也是惊人的，如借土豪的谷子就有很多是年利息 50%。

第一次来的是一、三、五军团的红军，约有 1000 多人。他们来后（早上），便将全村未逃跑的人全部关起来了。直到当天下午，才将真正的贫苦农民放出来，土豪劣绅押解到东山，转解到苏维埃政府，这次红军在村里驻扎两天就开往陈坊、东山。

次年上半年，红军一、三、五军团派〈有〉赖松年、张松年等同志到茶坪来工作。首先是成立村苏政府，成立的过程大致是这样的：赖、张来后，即向群众宣传，要成立自己的政府来进行打土豪分田地，等等，接着便召开群众会议，选举村苏干部。在选举前，赖、张等说"在选举时要选做手艺的外地人，以防打土豪时有顾虑"，结果群众选举了在本地做木工的奉新人邹立龙为主席，本地农民谢后宗为秘书，此外村苏还设有一名伙夫。

村苏成立后的主要任务有两条：一条为发动群众打土豪，一条为支援战争。村苏成立初期，主要是打土豪、分田地，如确定土豪、抓土豪等。分田是这样进行的：村苏增设了两个分田委员，和大红军的地方工作干部共同进行分田工作，这些同志首先即调查人口、户数，到寨上去实地查看，确定哪些是好田、坏田，然后平均分配，好田分给贫苦农民，坏田分给地主、富农，每人平均约分了八担谷地。

与建立政府和土改的同时，进行了一些巩固政权和保护胜利果实的工作，即组织游击队，建立地方武装。开始时只组织七八人，都由县里发的枪。那时动员做游击队的原则，一般都是两兄弟以上的要有一人当游击队，独子不动员，以免影响生产。游击队由独立师的癫子连长负责领导。

游击队家里分给好田。有些耕田有困难的游击家属，由群众代耕，村苏负责指派群众，吃自己的饭，去帮助游击队员种田。

在支援战争方面，村苏有这样几条具体任务：第一是打仗时要派人去抬伤员和担架。由于红军很守信任〔用〕，讲了抬到哪里就抬到哪里，并且回来时红军主动地开证明、发路费，甚至每天还给工资五角，所以群众都很愿意去工作；第二是派人帮红军带路、送信，带路较少，送信很多，差不多一两天就要送一次，主要是送到东山、港下方面去。此外，还动员每个妇女给红军做过一双厚底布鞋。红军驻扎时还动员妇女帮红军洗衣服、补衣服。群众的这些劳动，在多数情况下，红军都会给以应得的报酬。

后来，由于土豪的谷子给吃光了，村苏曾派人帮红军到山斜等地去买过粮食，但为数不多。

红军来时杀了土豪的猪，没收了土豪的谷，分给贫苦农民。

一、三、五军团还派了几个各地工作干部，专门进行禁鸦片烟和禁赌工作，全村捉去了七八个抽鸦片烟的解到东山去，后来有些好的被释放，有些特别坏的就枪杀了。妇女会、儿童团、少先队都打算要组织，后来因为撤销村苏，改在陈坊建立乡苏，就未来得及组织。

红军走后，群众受到国民党的摧残，主要是抓丁、抓夫，国民党见到群众即大骂〈为〉"老土匪"。

地主没有倒算，土改时未交的租没有补交，旧债也多数未还。

国民党对红军、游击队，首先是逼他们交出枪来，其次是写保结"永不做红军"。

4. 座谈会【记录】

参加人：老干部、基本群众及工作组三人

革命前，□□□□（上面、下面各一个）借谷还要拿山契过押（贫雇农有极少数的田地和山，10 块钱的、20 块钱的山），帮地主砍竹子吃得不好，"一个人供三口，含饭就要走"。当地贫农占 90% 以上，千户十家、万户一家、百户都是没饭吃的。不好的田是贫农的，好的田都是富人的，大红军没来时，地方上的事是地主管，压迫穷人。"心不杀，家不发。若要发，穷人背上把刀刮"。

革命时期——区乡政府来以前——打游击时

红军来打土豪（1931—1932【年】）开头怕（因没有听过枪响），后来不怕了，打游击时大红军、老百姓——中贫农都会参加开会，宣传说"打到土豪，我们有吃有穿，我们不来你们还要受压迫"，老百姓都信了。

红军打游击时，有时要老百姓带路，我们都愿意。

1932 年，我们就想红军来这里，因为他们常来，所以他们认得我们，对我们宣传，我们感到红军很好。有时夜晚轻轻地拍我们的门，叫我们起来，我们就会起来。我三次被捉皆放，知道红军不会故意关好人。

县苏维埃政府主席刘川金，副主席□百仔。[①]

分田：茶坪 8 担，洋坪 4 担，东山 4 担谷的田（每人，不分男

---

① 1933 年 5 月 3 日至 4 日，崇仁县第一次工农兵代表大会在谷岗举行。会议选举产生了崇仁县苏维埃政府，刘川金、袁风生分别当选为县苏维埃政府正副主席。机关驻地先后在东山、朱坑、坳下。见《中央革命根据地词典》，档案出版社 1993 年版，第 191 页。

女老少）。

山没有分，地主富农都走了，没有分田，田契带走了的都没烧，在家的都烧了。

以后村政府都改为乡政府。

区政府管辖：陈坊、洋坪、茶坪、枫斜、汤山、山斜。

县政府管辖：陈坊、洋坪、茶坪、枫斜、汤山、山斜、港下、双坑、宜黄部分、凤岗。

许多犯人都关在县里，土豪的老婆、子女，问小孩："你家里有钱否？"给糖小孩吃。

少先队的小孩也打土豪，问土豪有钱否。

有钱自己不去写也要他出钱，没钱的自己写了也不要他出。

愿去的独子也去，兄弟多的也是，劝和说服他来参加游击队。一次两次再次宣传，而不是逼你去。有老婆劝老公去当兵的（送郎歌）。

不管富农、地主、中农、贫农走了的，家里的东西就要被红军拿走。红军认为，跑下去的就是反水（是走到反动派那里去的），有的走回来在半路上，如果没有区、乡苏维埃政府的条子就要被红军捉。

没盐吃：开头妇女就到政府报告说，我到哪里去偷盐，你给我一张条子（以备路遇红军时为证），存在□□□□□，但后来遇到白军次数多了，白军就会疑为探子，说下次不可再来，否则要被抓，故使妇女也不敢再去，有时搞到几十斤鱼都要吃淡的。

儿童团：在二月份成立，他在工作是看见了哪一家收拾东西准备走、有哪个想开小差，就报告政府。

妇女会：18—22岁的为会员。

朱德爱人：穿草鞋、绑带、皮带，左手写字（写标语），天亮就出来，很晚才回去（开会后到处走）。

宣传队：文明剧。演文明剧的内容是打土豪分田地，打倒反动派——把一些人扮红军，一些人扮反动派。

捉到一个土豪，由乡里的人来保。区里说他家里能出多少钱，他出了钱就放回。

打宜黄时，游击队在二都、三都、五都打保卫团，保卫团失败了。

打宜黄我们死了许多人，我们在白军中缴了许多枪，由老百姓抬走。

1933 年六月十八日晚上，反动派进攻东山，十九日早上结束。当时，东山有游击队 600 多人，营长和政委（蔡中贤）打一枪，区里的人都上山，结果有 30 多人被捉（被缴去 20 多支枪，其中有 8—9 人是游击队，20 多个是老百姓，县里副主席□百仔被捉到抚州被杀）。30 多人只在县里留了两个妇女，在崇仁——先解到抚州后又回到崇仁，放了 3 个。谢芳明（游击队班长）、谢高才（宣传员）等人解到抚州的第二天就被枪【毙】了。其余的解到南昌，后又解到九江（关死一个），后又解到崇仁（就解到凤岗，每天要审两次，对口供）。

因为白军来后，许多老百姓在东山搞不到吃，而到山斜、老寮、陈坊等地的亲戚或找事做混饭吃，东山只剩 8 户了，到一年半后，才陆续地回来。

白军来后，地主回来把贫苦农民的许多不属于地主的东西拿走，总是叫我们"土匪"，但游击队仍常来东山打游击，所以白军不敢常驻在东山，地主故也隔了数年才回来。地主回来后，他们倒算，种了他们的田（分的田），要交多少租就交多少。可不能说二话，大家都不敢作声。

写一张自新要出四块钱，过去借的债要加倍还，并敲诈我们。

游击战争共打到□走后一年多。

贫苦农民为了还债，要卖田、卖山、卖猪，饭都吃不饱。

红军在这里杀了些反水的、吃鸦片的、赌钱的、说坏话的等，约有 40—50 个，有 20 多个解到□□后回来。

红军六月来后，一些下去的老百姓回来取谷的也被杀了一些。

白军亦杀了70—80人，审死10多个，在外病死和饿死100多人。

老百姓给红军做了一些事：派粮食、派柴、抬枪、抬东西、抬伤兵、做鞋子、洗衣服、组织了担架队（35—45岁参加），跟〔给〕红军带路、送信、挑粮食、解粮食。

5. 浯漳社革命史调查情况

访问对象：邓禾尚（邓思富）

我是乐安县石罗上人，【这里有】十三户人家，1933年正月初一，红军就到我村来。当时我是一无所有，田〈也〉没有，屋也没有，是个雇农。三天后就成立村政府，群众选举了我担任村主席。红军中的工作人员就进行了组织工作。接着进行了分田的组织工作。我村上有一个大土豪（千户），完全是放债兼做树竹生意起家的。二月就分完了田，进行耕作。四月初，一、三、五军团来到我村上并派出部分干部来搞地方组织工作，当时就在太平圩成立区委会、区政府，中共区委书记李瑞圩，委员李乐麟、李先兰，区主席是葛园奎，都是宁都人，副主席吴□□是闲桥人，在太平塘住家，还有财经委员、宣传委员、分田委员。我当时就由村里调到区里担任区财经委员。分田是按人口多少来分，我这里田比较多，每人可分田10亩，好的田就分7亩，并分了竹山。同年六月十八日，我就由葛主席介绍入了党，可是当时没有什么证明，只是告诉我是入了党。

十月中旬，白军就来了，红军也走了，区委委员和葛主席都走了。当时我由于没有什么东西，同时也不愿离开家乡，就没有跟着他们一同走。葛主席对我说："以后我们回来还是老革命、老同志呢！以后要小心啦！"说完就走了。据说，葛主席出去后就被国民党抓去了。

白军来了，土豪和劣绅又回来了，对我是很苛刻，开口就说我是"土匪"，要把我抓到凤岗坐牢三天，要我拿钱来赎人。但是我当时什么也没有，结果把我家仅仅两担谷都拿出来。由朱西街的土豪陈加祥大人担保把我放出来了。所分到的田、作出的谷也全部交给了土豪。

浯漳革命前后的情况：全村有 300 来户人家，有土豪五六户，大约有千两银子的家产。全村有 200 来户是贫农，最大的土豪叫陈聂力，有田 100 多亩，雇工 3 个，放债很多。全村有 100 多户向他债〔借〕过钱和作他的田。放债是借个还个半，且息上加息。作田是分三等，最好的田，把所割的全部交租，农民只能得到第二遍收成，其次有二八交租（地主得八），中等的是四六分（地主得六分），差的平分，和倒四六分或三七分，所以农民收入是非常少的。

6. 访问浯漳的陈昌有同志

革命前浯漳大约有 100 余户，六七百人。两三个万户，万户〈长〉大都担任伪乡长、村长。贫苦农民租种地主的田地，好田交给地主七成或六成租，坏田交三成，借一担还一担半，还不了就利上加利。

1933 年二月（阴历），成立游击队，队长孙敬饶（音），是第一、三、五军团派来当连长的，组织少年先锋队与游击队，队里约有 20 余人，六七支枪，一支枪仅 20 余发子弹。

乡苏在 1933 年 2 月成立，主席陈发生。乡政府一般工作是：对群众宣传"贫苦农民要参加革命才有好处，要坚决把敌人消灭才吃得上饭；打土豪劣绅，不要害怕，只有打到土豪才能分田"。战争时期，乡政府派人帮助红军抬伤兵（给钱）、抬战利品。乡政府进行分田工作，男女老少都得四亩。

妇女会也组织过。贫苦的妇女帮助红军洗衣服、做鞋子、送饭送水慰劳红军，少先队放哨用镰刀、梭镖、鸟铳，帮红军带路，挑粮食，偷运盐给红军吃。红军打土豪所得的谷子、衣服、猪鸭都分散给贫苦农民，白军飞机轰炸时红军掩护我们防空。

乡政府人员首先由红军提名，然后经过群众举手赞成而组成，政府设有正副主席、审判委员、秘书、财经委员、事务长。

国民党白军来后，对游击队人员所住的房屋则烧掉，对〔将〕游击队员的家属杀害。

7. 访问陈老寿同志

陈老寿，现年57岁，32岁时（相当于1933年）参加村苏维埃政府工作，当事务员。

朱陂街（或曰竹溪街）于1933年正五月组织村政府，陈老寿同志因未逃走，在家继续耕田，而被指定参加村政府当事务员。当时村政府有七人吃饭，即主席祝有三、副主席麻仔、秘书陈在述、游击队员周霞仔和蔡窑子、炊事员一【个】。此二游击队员是作为保卫村政府用的，本村未成立游击队。

五月以前，游击队就在此地活动过，早来晚归（大陂西、东岭）。

村政府的主要工作是放哨（地址：高家庄、桥头），防止白军探子来，是浯漳的哨兵。其次打土豪：陈耀生（其人早已逃跑，分掉其衣物）、祝寿香（解去南村，得百余块光洋）、曾吹打（得百多块光洋）。正着手分田时，白军已打来。发动群众为红军抬伤兵（四月底、五月初，从乐安公陂抬去东家岭），少数妇女给红军做鞋子。

闰五月初，白军打来。陈老寿、祝有三、麻仔等人被俘。祝有三、麻仔被杀，陈老寿解至崇仁，出46光洋具结放出。共有5人被杀（包括朱陂街和上坝 2 地），被敌机炸毁房子 2 座，炸死老百姓 1【人】。

少年先锋队未组织成功。

红军来前，朱陂街只有 1 所小学，一只〔个〕小店。借债担谷（三箩）还四箩，愈年息层息，借钱一块二分息。交租：好田交三分之二，中田交半，坏田交三分之一。

8. 访问熊梅春同志

熊梅春，53 岁，浯漳人，打长工出身。1952〔1932〕年冬季（约十一月），于港下参加红军，当炊事员，曾在黄陂打过一次保安团，换了其哨兵，活捉了正在熟睡的包括队长在内的 30 余人。这时有人问他："你愿当红军吗？"红军这样艰苦，跑夜路，而白军则能吃饱睡觉。回答是"愿意"。他家也没有什么牵挂，只有一位兄长和兄嫂，两三【个】月以后为战士发起马枪。

1933 年二月，浯漳起局，组织乡苏维埃政府。三月熊梅春同志被派回浯漳担任乡主席工作。理由是他是本地人，熟悉本地的社会情况。同时也组织了游击队，有五六十人，枪三四十支。乡苏工作是送情报，每天向大陂西送一次（这是他们的特殊任务，因其地位需要：距乐安 30 里，距崇仁、宜黄 70—80 里，是南村一带的第一防线，独当一面），打土豪（奎常相公、左祥相公、吾元、沙大人、业大人等），分其谷物、衣物、肉。分田每人平均 2—3 亩，派人抬担架、抬伤兵，送盐（走 50 里到乐安公陂去贩运，红军给担脚钱），也审问坏人。

四月底白军打局① 游击队退至乐安澶桥。在此期间，红一、三、五军团曾在锅炉旱大败白军。交火大约半天，红军随后进来家岭入

---

① 原文如此。

宁都（柏南村），以后游击队就在附近打游击，挑【战】白军。

五月间被围于澄桥，俘至乐安坐牢 4 个月，出来后随即卖兵当白军，一来难以谋生，二来不少人说他当过红军的，有很多钱，很有生命危险。直到林彪部队在四川大渡河泸定桥头俘虏为止。

白军来了，老百姓遭殃，门壁被拆掉烧毁，衣物被毁，乱说人是红军的密探，搜到身上有三个钢钱就说是红三军团的人，有五枚钢钱就说是红五军团的人。

乡苏维埃成员五人，正、副主席各一人，监察委员〈各〉一人，财经委员一人，分田委员一人。

1932 年冬至 1933 年初，红军在乐安牛田水南大败白军，活捉敌首张辉瓒[1]，群众欢腾放鞭炮，唱歌祝之。歌曰："巴（区？）打白，区打白（形容爆竹声），我们红军捉到反动派，建立苏维埃！唉！唉！"

（以上材料还参照了陈冈五、陈高五、陈庆祥、陈荣祥、陈昌有等老同志的意见）

9. 访问茶坪苏区老干部谢书生、谢长兴、谢安生的材料

红军是从〔在〕1932 年十月（阴）从高州来到茶坪。在茶坪只住了两天就走了（住东山），过了几天又来了（这两次都有千余人），但又只住了两天就走了。以后就□些人数不太多的红军来茶坪。到 1933 年一月成立了茶坪村苏维埃政府，主席是邹五龙（丰城人），秘书是谢厚宗，财务是谢家生（中农，犯了错误——分田时，只算别人的田，不算自己的田，故被捉，并罚了他的款，被区

---

[1] 1930 年 12 月，在龙冈战斗中，红一方面军活捉敌十八师师长张辉瓒。见《中央革命根据地词典》，档案出版社 1993 年版，第 42 页。

政府关死，在此前曾解到省苏维埃政府）。村苏维埃政府在四月移到陈坊，改为陈坊乡政府。

红军来时，在茶坪捉拿吃鸦片烟的和赌钱的，并有几个吃鸦片烟的被捉到关起来了，其中放了几个，有几个被关死。

谢书生曾在红军来以前做过一下排竹的生意。红军来后，有一个干部对他说，"你如果再做几年生意，多赚了些钱，就要打你的土豪"。

正五月成立游击队，闰五月初〈旬〉在罕浒和凤岗各打了一仗。罕浒一仗，各无大损失。凤岗一仗，我败。很多人被打散。这三位同志都被打散（他们三人在游击队只住了一个月）。

红军和游击队在 1933 年十月还到南村（乐安的），但后来时常返回。

白军在 1935 年十月才正式来茶坪（在此以前也常来打游击），办保甲（有钱人当保甲长），办完就到东山办保甲，办完又到另一地去办。村、乡苏维埃政府的工作是捉土豪、分田地、打游击。

革命前，茶坪有 200 多人口，革命时（红军来的初期），有钱人跑了，只剩 100 多人，后来游击队成立，参加游击的 7—8 人。时常在外面（不算为茶坪人口），因为红军和游击队时常离开茶坪，白军常来侵袭，故只有 50—60 人，最少时户数约有 10 户。

1933 年 10 月，有三位同志肯自新。自新前，他们不敢到茶坪村中来，白军来后就贴标语曰："阻碍自新者枪毙"。故他们三人的家属送信到山里，要他们出来自新，并给他们找好了保人。

（整理人：徐禹谟）

10. 访问苏区干部谢安明同志

谢安明，男，现年 59 岁，做过区苏维埃政府的宣传员。后在1933 年 6 月（阴）被白军打散，没有参加任何反动党团会道门等组织，也没有担任过什么反动职务，也没有参加过共产党。现居崇仁县凤岗人民公社东山岭，在东山岭食堂里工作。

1931 年和 1932 年，红军就每月或隔四五个月来东山岭打一次土豪，打完就走。他们有时早上来，有时晚上来，来的时间不一定。这些红军大多数是从乐安那边来的。

1932 年十二月二十八日，有红军独立团 100 多人，要求扎下来，问东山老百姓愿意不愿意。东山的老百姓就答应红军过了年来。

1931—1932 年时，因为红军常来打土豪，因此许多土豪逃往外面，贫雇农因为不晓得红军到底是怎样的军队，有点怕红军，〈又〉更怕白军，但又没有出逃。有笑话曰："万户走下省，千户抚州等，百户满街串，穷人把命判。"

1933 年一月二日，红军驻扎东山，一月七日成立村苏维埃政府，接着又成立乡苏维埃政府，区苏维埃政府和东山县苏维埃政府都设在东山岭。当时政府规定，7—10 岁的参加儿童团，10—17 岁参加少年先锋队，18—35 岁参加游击队。当时我参加区苏维埃政府当宣传员，当时我是 34 岁。

1933 年三月[①]，国民党有三个师，分别从宜黄的黄陂、崇仁的东山、乐安的谷岗，【分】三路向宜黄的霍源进攻，想在霍源包围红军一、三、五军团，因为国民党知道我们在四月间要打宜黄，以为一、三、五军团已经到了霍源。其实这时红军还在宁都，刚开始向霍源进攻，在霍源我们实际上只有独立师、独立团和百多个游击队，共千多人。当时有四五天连连〔绵〕不断下大雨。白军和从宜黄黄陂来的一师白军先到宜黄的霍源，遇上了游击队。游击队就在这个山上放了几枪，那个山上放了几枪，并用机关枪打死了几个白

---

① 1933 年 2 月 27—28 日的黄陂战斗。见《中央革命根据地词典》，档案出版社 1993 年版，第 79 页。

军。但是见白军有许多迫击炮、水机关和花机关，知道打不过白军，游击队就从前面和背后敌军（各一师）之间横移，离开原来的地方，因为雨大，雾气隔不几远就看不见什么东西，结果二师白军同时向原来的游击队打枪的山头进攻，而互相打下来又因为这两个师的双方都有许多大炮、迫击炮、机关枪，因这两个师白军互相认为对方是红军一、三、五军团），结果互相打了一天一夜。后来从乐安谷岗来的一师白军又参加打了两个多钟头。随着雨停雾消，白军才发现是自己人打自己人，红军还没有动手，游击队没有死伤一个。但这时白军已损失了数千人（三师大约共有数万人），加上我真正的一、三、五军团以一夜功夫跑了120里的速度从大华山包抄过来，把白军三师人困在当中，又打了一天一夜，结果白军只剩下一个师长和一团人走了，其余的都被歼灭，并【被】活捉了两个师长。

1933年四月，红军一、三、五军团攻打宜黄城①，这时一、三、五军团独立师、独立团、游击队都到东山。朱德也在东山住了一个多月，并在东山设有无线电（后被敌人飞机炸掉）。当时，红军是明打崇仁（如对外宣传和贴标语讲打崇仁城），但实际上是要打宜黄和崇仁〔乐安〕县城。因为崇仁等于人的身子，乐安是左手，宜黄是右手，打了宜黄城和乐安城，崇仁城就不要花什么力气就可以打下来。结果我们包围了宜黄城半个月（这时已打进了乐安），但是由于白军的飞机天天来炸红军，又给宜黄城空投物资和粮食，因此红军没有攻进，牺牲很大。

当时，区苏维埃政府的工作日〔是与〕县苏维埃政府接头，查被捉的是不是土豪——县里会问区苏维埃政府这土豪有没有钱，有钱就要打他的钱，要他拿钱来赎，没钱就放（因为没钱就是无产阶

---

① 1933年6月，红军一、三、五军团围攻宜黄城，曾给敌军以重创，但本身伤亡也较大，最后不得不撤围。见《中央革命根据地词典》，档案出版社1993年版，第87页。

级，当时游击队是见人就捉）。再就是叫老百姓给红军做鞋。还有就是分田，区苏维埃政府里有分田委员（又叫土地委员），先把土豪的契约都缴来烧了，然后按人数分，他指这块田属于你就你耕，那块田属于你，你就耕那块田。

宣传主要是：宣传（到老百姓家里去宣传）参加儿童团、少先队、游击队的好处。内容说些什么现在不记得。贴的标语的内容："打土豪分田地""打倒帝国主义，保护苏维埃""打倒反动派，建立苏维埃""穷人不打穷人""士兵不打士兵""打土豪和劣绅"。

（访问人：许怀林、林锡汉、徐禹谟；整理人：徐禹谟）

11. 访问材料

被访同志：革命时的基本群众谢数和（男，75岁）和妇女数人（皆50多岁）

红军初来及此以前，东山有300多户，900多人口。白军来后，这里只剩下8户（谢数和是其中一户），现在有人口400多〈口〉。

红军来时，在这里建立乡苏维埃政府，主席是聂逢春，村苏维埃主席是谢安乐。

省〔县〕苏维埃政府主席是邓耳朵，他是放牛出身。省〔县〕苏维埃政府设在乐安县的南村。[①]

村苏维埃政府主席的工作是宣传当游击队员，宣传说红军打了胜仗，大家有福享。做鞋子给红军也是应该的，另外就是遇到要开会时，他就到各家叫群众去开会。

---

① 1933年5月，崇仁县苏维埃政府成立，刘川金、袁风生分别当选为县苏维埃政府正副主席。机关驻地先后在东山、朱坑、坳下。见《江西省崇仁县地名志》（内部资料），1985年版，第191页。

这里也组织有少年先锋队，参加人数不知道，凡是愿意参加的少年都可以参加。

这里没有组织妇女会，只是有两个同红军一道来的女人，时常去各家叫妇女参加开会和参加政府工作。

当时苏维埃政府要我们做的事，重要的有：抬伤兵、抬东西、挑枪、送信等（当时也有叫老人去种田）。帮助苏维埃政府〈里〉做事的老百姓都有饭吃，没有工薪。另外也曾叫妇女帮红军做鞋，每个妇女做一双，亦有一些妇女自愿帮红军做草鞋，送到乡苏维埃政府去，这些都没有钱拿。

由于当时有些红军装扮成白军，又有白军装扮成红军的，因此使老百姓不敢说话。妇女遇着红军或白军问什么时只敢回答说我们妇女只是在家里做做饭、洗洗衣服，不晓得什么，不然答错了就会有被关、被杀的危险。

革命前（红军来以前）和初时，东山有 10 多处店，其中有 4 处药店，3—4 处杂货店，豆腐店和〔有〕4—5 家，有打禾椿 4 处，并开过 1 家碾米槽，村里人买油、盐、米、酒、药、杂货都不要出村。村子从上到下（从【南】到北），一整个街都是店（到处都有人住，都是钻墙屋）。红军来后不久，因为商店里的人都不敢到崇仁进货，故后来没有什么商店，连盐都买不到。有些老年妇女就到凤岗，用裹在头上的丝纱，偷偷地装一斤盐进来。

（访问者：徐禹谟）

12. 东山访问材料整理

革命同志谢财生，年 41 岁，曾加入过少共团，任过队长、游击队员。1934 年入团，有 4 个团员，牺牲了 1 个，其余 3 个都在工作。

红军来的时候，群众要尽些义务，如派禾草、柴、借被子、打草鞋。□□□钱，红军给钱（苏维埃的纸洋），纸洋买不到什么物，那么可以去换银圆，一块换一块。红军打土豪，对一般土豪，要他自己余款余捐，贫苦的群众不要义捐。红军打土豪，杀土豪的猪分给贫困群众，把土豪的衣服也分给群众，一般群众不敢要衣服，红军来时要分田分山，每个人两担谷，群众帮助红军抬伤兵、挑粮。战争紧张时，拿梭镖帮游击队放哨。

区苏维埃政府有主席、经济部长、政治部长、秘书、中共书记。当时祝文山是负责团的组织工作，志文（名不详）负责党的组织工作。

区政府召开群众大会，也进行宣传工作。宣传青年人要革命，只有革命才有希望。要加入团加入党，加入团就会告诉你真事，有红军才有权利，打土豪才有吃有穿。最后一次群众会，红军讲过，白军现在要来了，你们老百姓不要给白军带路，要把白军带到没有红军的地方去，将来我们红军还会回来的。红军走后，老百姓把谷子、猪鸡都藏在山里，人也躲在山里，有两年没有盐吃。当时区政府的组织，如主席、委员是由红军提名，通过群众选举而产生的。

（访问／整理人：吴士军）

13. 访问王财生、曾九生记录整理

王、曾均为游击队员，据说曾参加过少共青年团。

1932 年以前，曾有红军独立师、独立团来东山游击，一【个】月来几次，但也有时隔一两个月不来。

1933 年元〔正〕月十二日，东山成立了乡苏维埃政府，主席为叶逢春。同年二月初二，国民党反动派攻打宜黄东黄陂的五二一师路过东山，伪五九一师也由宜黄上来。那时我们在东黄陂的主力有三军团和独立师、独立团，因东山没有地方武装，找乡苏机关，撤至东树山。白军路过后，乡苏也未正式办公，回到东山的工作人员也都在家里吃饭，直到三月才重新建立政权，县、区、乡村政府同时成立。当时叶逢春为区苏主席，乡苏主席由谢罗汉担任，谢汐和担任乡苏秘书。

三月底或四月初才成立游击队，我们俩是四月四日参加游击队的。游击队的实力有100多人，都配有武器。由东山（20多人）分为三班，圭峰20多人，队长卢英发，汤山20多人，双坑20多人组成的。胡子龙为大队长，兼东山的队长。后来改编为连（三排），并助派来一营长。

游击队曾与国民党的保安团和地方武装打过一仗，但双方损失都不大。唯东源坑一仗被打散一营长（后已归队），并提出一个作裁缝出身的游击队员（走不动，下落不明）。1934年六月，在江坊被国民党伏击，有一个游击队员被国民党砍掉一双耳朵。

红军于1933年四月二日左右攻打宜黄[①]，游击队员于五月五日去助战，至离宜黄城5里的地方，被一红军□□住，说有红军主力够了，游击队得回去保护地方政权，结果游击队经二都、乐安浒湾，最后于闰五月底返回东源坑岭。

六月二十日晚，国民党"进剿"东山，敌人约有一团兵力，而我们仅有100多名游击队员和60名政府工作干部。于黎明开始战斗，到八九时结束。因力量悬殊，我一政治委员阵亡，随后撤到圭峰。

国民党进东山后，放走了被囚的40—50名土豪。

在退却的过程中，被抓去了六七个人。他们有的是报捐了的富户想参加游击队未允许。结果拖在后面。还有群众和游击队员，据说解到凤岗时放了一些没有当过红军的，参加红军的被解打〔到〕南昌，并在抚州枪杀了两个。解到南昌的，除个别人回来了以外，

---

① 1933年6月，红军一、三、五军团围攻宜黄城。见《中央革命根据地词典》，档案出版社1993年版，第87页。

都下落不明。

此后游击队在东山、港下、洋坪、高州、东园坑等地活动了一年多，直到 1934 年十二月二十日左右，在被敌人"围剿"往瑞金方面突围了。

14. 访问陈桂龙同志（一）

陈桂龙，山斜乡圭峰村人，现年 49 岁，24 岁（可能是 23 岁）时参加游击队（在东山参加的），任班长。

1933 年正月初七起局，二月间红军就打霍源、西源。三月间就分田。四月初十左右就打乐安。在未打乐安以前，先打乐安县的芫头，这个地方有一条河（东边），当时是大雨连绵，河里的水涨得很高，可是红军为了要攻乐安，必须要先攻下芫头①才行，于是就发动了向白军进攻的战斗，当时白军用优势的武器，机关枪、□□枪等架在河的对岸，红军要冲过去必定要过河。这次冲锋中红军损失很大，绝大部分是冲到河中央，被白军【用】枪打死的。但是红军用马背回来的枪，都运了三天，损失〈人数〉约 1000 人左右。直到 4 月下旬水退了才又重振军气，攻打乐安。而这一次只花了三天的时间就攻下了乐安城。接着就攻宜黄，由于宜黄城墙坚固，白军死守该城，更兼白军飞机轰炸，攻打了十余天，结果还是没有攻下。这次攻打城墙时，连附近 20 里路以内的楼梯也用完了。一共打了 20 来天。五月中旬，攻打宜黄，结果也打输了，于是在6 月初，所有的红军就转移到瑞金等地去了。

六月十二日，反动派来攻打东山，由于红军不在，游击队力量

---

① "芫头"应为"元头"，后文写作"元头"。见《江西县乐安县地名志》（内部资料），1985 年版，第 29、40、42、63、130、136、170 页。

薄弱，结果把游击队捉的十多个劣绅和坏蛋都被白军放走了。当时领导游击队的人是胡子龙，游击队一直坚持到 1934 年十二月，由于胡等经常上山，后来在山上被白军冲散了，胡有可能被白军枪杀了。

六月以后，由于白军驻在凤岗一带，东山又有游击队，他们不敢上山来，就采取了封锁政策，不准有任何人上山和下山。一经发现，就作为游击队的探子处理。于是东山的军民都没有盐吃，当时有些不怕死的妇女化装运进了一些盐，那时盐价每斤四块光洋。有的妇女怕白军查到，就把盐放在裤裆里，一个星期后被查出来，并把几个妇女打得半死。这样一来，妇女也吓怕了，就再也不敢去运盐。从此一直到 1935 年，所有的游击队都自首后才得盐吃。

当时区政府的组织是：设正副主席各 1 人，秘书 1 人，财经委员、宣传委员各 1 人，分田委员 2 人，共计 7 人组成。在那时没有划地、富、中、贫等农村阶级，只是由群众报告，把有钱的人和赌仔、抽大烟的人划成土豪劣绅，还是有 100 块钱的家财，就算土豪。至于衣服没有分，只是在台上把衣抛下让群众都去抢，这样有些没有得的，就让他再去找是否有土豪，谁能向政府报告，就可多得几件衣服，这样群众就会自动找出土豪来。

（访问人：孙志贤）

15. 访问陈桂龙同志（二）

1933 年正月，红军工作人员来此工作，着手组织区、乡、村政府。正月初七组织村苏维埃政府，大家不想当主席。当时由原在红军中来的王书香（又名王敬云）主持，"你们不要怕，我们组织游击队保护你【们】"。结果聂逢春当选主席，谢春发付〔副〕主席，财政委员谢新华，开始组织起来的游击队只有七八人，只有一支枪，其余皆是梭镖。

　　二月初，国民党进攻东山，在此岭守哨时被俘〈时〉，东山村里只有王书香所带的十余人，见真是白军来了，便上山走了。被俘【时】关西源，【后】改关霍源。在霍源和红军碰到，〈被〉大败，白军损失两师人。敌人要我扛伤兵，乘机逃出，在山上睡了两天。在白军〔区〕中约过了十二天，回到家里，乃加入游击队。此游击队有几十人，红三军团来此。胡子龙领导游击队带来枪支，教游击队操练。

　　四月间，红军攻打宜黄，我们游击队在二都担任运输工作，并和伪保安队作战，结果他们。一次探知国民党便衣40余人，一次有20人。从山斜出发，到陈坊等地来打游击。我们于是埋伏于平路山上柴里，当其走近时，胡子龙一枪打死土匪排长，其余19人逃去。

　　游击队是晚上活动，不管大风大雨都要抹黑走。不准有灯头走路，不准有响声，碗等有响声的东西都要缚好。游击队是穿红军的衣服，胸前左方别一红布符号，符号正中横写"游击队"三字，左边直写人名，符号上盖有队长私章，以示区别。值班时，全班人皆套红袖套，上书"第一大队游击队"（东山第一大队，圭峰是第二队，相山是第三队）。优待俘虏，如在霍源一战抓到白军30余人，问其愿不愿当红军，愿者送去乐安、□都等地受训〈练〉，继续了解其心事；不愿当红军者，按其回家路段发路费，打爆竹送其回家。游击队也进行宣传工作，主要是对白军宣传：白军同志们，你们带枪跑过来，当官的仍旧当官，很自由，有吃有穿，不受压迫。

　　游击队在打土豪方面，主要是负责捉人。打到十元钱，也算是打土豪。劣绅是为国民党当了探子的，所以打劣绅实际上就是打了反动派，而□□□都是县政府负责。抓到的人，政府要经过调查，不是土豪【就】放走（一般过三个月以后），当在三个月分了田，由土地委员主持。当游击队的是先分，分给好田，一些公共财产也分。

　　当时的团员常到群众中宣传，要群众不要逃走。逃走被白军捉到没有好处，被红军捉到也没有好处，看到人在收拾衣服就要审问。

1933 年六月，白军进攻东山，四面包围，只有南面的敌军动作稍慢些，留有缺口。当时东山村里有游击队 30 多人，还有独立师的人。当时独立师营长个人掩护大家往南撤退，两手打驳壳枪，随打随撤，当退至朱副主席住屋对面小港旁的棚边时，子弹又打光，而撤退的人群已走了一里多路，结果被敌射死，光荣牺牲时正傍晚七点半至八时。

第二年（1934 年八、九月间），我生病回家修养，与队部断绝联系。

（整理人：崔玉）

16. 访问老革命同志谢春华、陈贵龙的材料

谢任过游击队排长，现任社委；陈任过游击队的班长，今 45 岁，参加过共产主义青年团。

1933 年正月初，东山村组成游击队，共 33 人。分成三班，队长胡子龙（在三月来时），福建人，由第三军团派来，中等个子，宽肩、胖、结实。每日进行操练，教枪法等军事训练。

王敬云（王书香），东山村人，在宁都投红军。该人有些文化，之后回来发动群众革命，正月（1933 年）□回村即组成村政府，展开打土豪活动，担任指导员（独立师里人）。

一个月左右（阴历二月），国民党分成三路由东山、宜黄黄陂、乐安谷岗，三师攻打西源、霍源。当时游击队住西源、霍源，1100 多人，东山方面的白军与独立团 100 人，自独立师先打起来。（下午 1 时）2 小时，游击队撤走，黄陂方面来的白军就与东山方面的白军打起来，他们都误认为【对方是】红军，互攻一日一夜。因为

当时下雨已一个多月，森林里面都是雾气，看不清。到了第二天中午时，乐安白军又到，参加自己打自己【数】小时。这时红军一、三、五军团由宁都大华山赶来，把〔与〕白军三个师（三时左右）打了二天二夜。这样共进行了三天三夜，【敌军】逃跑了一个团，其余全部被消灭、被俘。在沽塘，活捉了120人白军，其中〔缴获〕机枪4挺、迫击炮2、步枪等，白军连长也被俘。之后，一、三、五军团转移瑞金、宁都休整两个月，于1933年4月20日，一、三、五军团开到东山、凤岗一带，满山都是军队，据说有几十万人。朱德总司令也驻东山。东山有无线电、电话指挥作战，并有军队的文艺宣传演出。当时，口号、标语是要攻打崇仁，实际上是要打宜黄、乐安，如这二城攻下，崇仁就围（战略战术上）。

一、三、五军团同时攻打宜黄、崇仁、乐安，但主力是打宜黄、乐安，崇仁未怎么用兵，等乐安打下后，独立师进乐安城三天就撤退，（攻打三天）之后，一、三、五军队〔团〕集中力量攻打宜黄、崇仁，国民党军队离开崇仁去抚州。打了七天七夜，未攻进去宜黄。除一、三、五军团外，还有独立师、独立团、游击队围攻10里，游击队打城外的保安团。开晴后，国民党军队已无枪弹，由飞机供应东西，对红军进行轰炸。白军打宜黄时，牺牲许多红军，到后来就不用梯子上城，人堆到城一样高，没有攻下，就撤走了。

1934年十月游击队全部被打散。

关于游击队一些情况：

（1）游击队主要保护乡、村政权。当时游击队有符号，记游击队与姓名字样，并盖有队公章，还有袖套带，均为下包，□□□□。

（2）游击队为了取得枪支与白军斗争，经常化装〈进〉行动。如男同志化装成妇女回娘家。经过白军哨岗时，与白军哨兵搭腔，就被游击队这个同志杀死，拿了枪就上山跑了。还有化装成拐子，在腿上挂着肉，在热天发臭，哨兵不搜查，乘不备就被杀。

（3）1934年五月，乐安地区的游击队，一队20人乘大风雨夜，赤膊背着马刀，左臂佩红布，上写"苏维埃政府游击队"、排班等番号，由谷岗经圣得坑入圭峰到港下。此地都是国民党的军队，游击队在排长谢春华领导下，住山上的林地，下到田里，经小江摸到村首保卫团住的地方（当时路上有地雷），又〔有〕个哨兵在打盹，游击队把哨兵杀了，进屋把灯吹灭，就用马刀杀保安团，杀的□□□，就摸了40多支枪、许多子弹（5—6房间）胜利回来（30—40人）。

（整理人：崔玉）

17. 访问占金发同志

占金发同志是漳坪人，1933年春是乡苏维埃政府代表，后为区代表。红军打宜黄时，他动员的担架队最多，工作很积极。在打宜黄后，区主席孙正发焕，老温（红军中的人）在一次会议上便宣布说他是党员。黄要他介绍了另两个人（洋坪人王□□，陈东家仔，均已死），同时宣誓（誓词已忘记），并自填表，并发给党证。没有什么支部小组，也派人担谷，召集人开会。党员开会时，在另一间屋（参加者是他们三人，孙温及圭峰的□人等），会议内容都是眼前的事，其余无事时间，便在家种田。

1933年十月曾带人去乐安都坑挑谷来圭峰，但未挑到，区政府已散了。散了以后，并未对他交代什么，只是告诉他以后还会来，来时在其屋后扔块石头到屋口，就要出来，但后来未见人来。

后国民党来了，被捉到东山。家里米谷衣物皆被抢走。写了自新书。穷人并不知道他是党员，国民党军亦然。党证已弄遗失了。

当时区政府又迁至圭峰，区政府前后共存在了两年（挂三年）。

（访问人：许怀林）

18. 东山地区革命斗争记录

访问对象：革命老同志陈贵龙[①]*，革命群众老太太。*

1934 年三四月，当时游击队住在大罕山上朱坑一带（距东山 30 里），游击队每个〔隔〕7—10 天便到港下一带来打游击。回来时，游击队长胡志龙就来看陈贵龙，叫他好好养病，养好病就归队，并说"不要怕，我们的人（指游击队）就在这一带"。

在 1933 年六月十九日（阴历）夜，白军由东山地方人带路包围东山村，先是哨兵发现就开枪，东山村就吹哨子：国民党匪军来到这里攻打政府。只有东路没有被包围，士兵和游击队青年都沿此路跑了，只留下独立师的营长（不知其姓），双枪只身一边打，保护群众，一面退后，子弹【打】完。跑至溪中想跑之际，结果被打死。白军共打了 2 小时，把没有跑走的老人、儿童、妇女都集中在一起，有一老太婆拿出红军一只盆子，结果白军便打她，说是"土匪"。并到处〈进行〉抢东西，2 小时后白军走了，带了 4 个青年和百个老汉（后来 4 个青年被杀，其中有团员 2 人，老汉 1 人被杀）。百姓从此便不肯住村，住在山上，吃米度日。东山只有 8 户在，一两年后，村民逐渐回来，当时满街都长了几尺高的草，砍来当柴烧。从此国民党压迫群众更厉害、更凶恶。

红军在东山村，与群众关系基本上是好的，但群众不敢拿红军给他们的东西（如土豪的衣服）。红军吃的菜是算钱的（一分两分），群众替红军洗衣服等，红军杀地主的猪分给大家吃。

当时有一骑马的女红军来东山村，身穿黄军服，着球鞋，带帽子。村人把她称为朱德的老婆。她每天出来两次，开会时宣传群众

[①] 前面为"陈桂龙"。

【要】起来打土豪，妇女要组织起来，当时筹备成立了攒子会，已经有了结盟但未组织成功，开会后就喊口号。

儿童团组织成功，主要工作帮助贴标语，劝人参加游击队，参加游击队有好处：有吃有穿。村中百姓在 1934 年 10 月是减少，主要是在外山上生病，死了很多，如痢疾等。有的就在外地居住了。

（整理人：崔玉）

19. 访问谢金明同志

谢金明，东山人，现年 61 岁，参【加】过游击队，县队长。

1932 年冬，曾为红军带路，抄近路至上斜，后又接着带路至崇仁县城外七里亭。

1933 年二月，在高坪参加游击队。当时他家邻居被打了土豪，把他家的东西〈页〉误认是该土豪的而拿走一部分。后审查不是，送回来一些，但未全部送回。由此他很生气，索性自己也去当游击队。谢金明枪法很好，射击准确。被任为班长，去东山受训，受胡志龙①领导。一次守哨三天三夜，三路岗哨和他的伙伴都已睡着了，只有他一个人未睡着，【被】胡子龙查哨时发现。第二天开了会，胡子龙批评了他们："你们自己不要生命不要紧，可是我把这几百人的生命放在你们手中，你们不□□丧送了别人的什么，只有一个没有睡，应该升为队长。你们大家说是谁？应该不应该呢？"于是谢金明被推为队长，统管高坪、圭峰、相山三地游击队，属胡子龙七队。胡子龙管东山、高坪、圭峰、相山等地的游击队。

一次正在点名集合，白军上山来了，胡子龙带头跑上山，其余队员跟着跑上山，谢金明在后看到白军已退〔追〕及，便反手一排

---

① 胡志龙，文中又写作"胡子龙"。

子弹打过去，白军便向后跑。谢欲追之。当时有一红军政治委员阻止他。随后该政治委员批评胡子龙："你这个老队长反不如人家新队长！"并表扬谢金明："你很好，勇敢！"

另有一次，白军二十余人拿着驳壳从山下走来，谢独自爬上山头，瞄准目标，一枪一个的打，约【莫】射倒敌人五六个。当时在旁的一红军政治委员也要打，但未着。他随【口】说道：我要把那人的伞打成两半。"果然一枪打穿伞头，分为两半，拿伞的人吓倒，随即爬起逃去。

四月打宜黄，败后在东山一带打游击，被抓至崇仁坐牢，两个月花了一元钱放回。

游击队里无什么纪律，老乡家里的可以吃的东西，当人不在时也会拿着吃，少正面与白军接触。要么是追追打打或写他们□□□□，要他们带枪投降。

（整理人：许怀林）

20. 谢长生访谈记录

谢长生（道源），49 岁，【曾任】区主席，被叛徒出卖后"自首"。解放后任村乡主席，去年走资本主义道路为大家辩证^①对象，有思想包袱。

（1）1932 年秋，毛主席带红军主力经此地打宜黄，数万人马在港下驻留。红军打了几只猪（土豪的），其中有一只是我的，我向他们声明。他们说我没有逃走，是无产阶级，将猪退回，并告诉我他们是红军。红军打宜黄未攻下，退回，以后独立师来黄陂（约三个人）打土豪，识别办法是不逃跑的不打，跑的定是土豪，捉到

---

① 存疑。

关起来，要用钱赎。如当时绑了一个土豪宁荣，出了九百银圆赎出，独立师并出布告，要无产阶级告密谁有钱就捉到，无产阶级了解清楚后就放。

（2）独立师是流动的，经常来此地。一、三、五军团领导乐安，还有一个独立师〈营〉，来此任务都是打土豪。11月打崇仁县城，就把此地当根据地。十二月二十日左右，港下余贵生与独立师联系，二十八日召开会议，余邀我起政府，我犹豫【地】说："是否太鲁莽些？"余贵生还写了一信给城内地主曾义生问是否可成立，当时回信说可以应付一下，要谷吃，到他厂里去担。

三十日起局，大家在一块吃饭，独立师找我们开会，即成立村政府。余贵生【任】主席，我当财务部长，后来聂寿生任分田委员。独立师给四条枪予我们打土豪，当时怕我们放不下熟人面子，独立师还派了一些同志和我一道去干。第一个打方守宗，绑他来后第二天，由他岳父来联系，出了120块银洋赎人；第二个打东坑，出400银洋。我们打土豪四去打听，派侦探出去打听消息，到过宜黄县境，遇到游击队又给了我们几条枪。打土豪得到银圆要上缴，我们只有吃，不能分钱，钱上缴到独立师，每五日派财务人员来结账一次。

1932年正月，我们出去打土豪，游景福为游击队长，到上元，遇见乐宜过来的白军，被包围。我们港下村政府迁上河。这里独立师驻留，有一郭参谋打驳壳枪，引来过路白军，两边打了一仗。我与余贵生后到湖竹。

游景福被围后，将枪埋在山上，突围来到湖竹。这时游击师到东山，白军也走了，游击队也散了。我与余贵生、游景福将埋的枪挖出，没有人，两人守七八支枪守不住，又埋了。二人跑到东山找独立师报告情况。

独立师听了报告后，拨一部分人成立一支游击队，约十几支枪。队长徐邦福、政委王胜章（乐安人，后叛变，任反动派县长，解放后被镇压）来领导我们成立政府，到港下又挖出原埋的七八条枪，共组成十五六支枪的游击队。当时村政府共有 20 余人吃饭，村政府、游击队合为一，到凤岗、双坑一带到处游击，这时（2 月间）高洲到宁都三百里路，畅行无阻，都是苏区，我们游击工作多是打土豪解款等。

1933 年二月，上面来公文要我们都到乐安县去开会，布置工作。余贵生扎了一个姅头，对我与王胜章□□腹痛不去开会，以便会见姅头后再来。

我们到前村后，高州白军来了，保卫团陈仲明驻马口附近的雷劈石，利用宁白先做侦探捉拿余贵生。宁白先故意通过方龙生去会余，欺骗说宁要当游击队是否可收留。余贵生说可以，要方龙生通知宁来会面。宁一见余，便双脚跪下要求收留，余当即杀鸡请宁吃饭，并立即邀宁同去前村，宁假托要先回去取衣服同程，结果报告保卫团率队来抓余。余藏于谷屯内搜捕未得。时有周大眼为保卫余贵生〈的口径〉，用枪威胁始终不说余藏于何处。最后，才由于余贵生在谷屯内发抖将掩护物震下来，才被发现绑去。周大眼被保卫团打得半死。

余贵生捉去后不久被反动派枪毙了。我在前村开会四五天后，即回到高州上河一带，同王胜章、徐邦福再将游击队〈人数〉增加到 30 余人，经常从宜黄边界双坪、杏坊桥到圭峰一带游击，一心打土豪。走到神下（三月初）遇红军一军团第十二军驻港下，由传令兵带了 2 条枪放哨到神下，遇到我们问："是不是游击队？"我们因〔以〕为是白军吓得不敢作声，他们称我们为同志，并说："我们是第一军团，不要怕。"又问我："政府在哪里？"我说："政府就剩下我一个财务部，我就是政府。"传令兵拿出一张公文，要我找人带路打宜黄。当时，政府只有一人，我便把钱账交给徐邦福，先到港下去带路。会到红军一〇四团团长，带我到团部。第二天我带团部值日官三十几人到陈方桥去扰乱。那里有白军一连人。我与王胜章带游击队分头驻在三个小山上，号兵一吹，都开枪打冲锋。白军以为我们来了大部队，退走了。后来，这连白军探到我们只有二三十人，就反过头来包围我们，这〈此〉时我带了大部队去宜黄路上，白军一连来打埋伏拦截，我叫一〇四团团长〈在〉一起走。走到白军埋伏处，这团长真行，马上下马说有埋伏，立即开火。这地方是猎树坪，附近有白军碉堡，开始打时，白军逃进碉堡，团长下令冲锋。红军战士真不怕死，前仆后继，向前猛冲。红军死伤数百人，白军一连也垮了。除死伤外，活捉20余人。只逃走20余人进宜黄。我们冲过杏坊桥后，白军一团来增援拦截，但第二天红军又退回来，原来一〇四团并非真打宜黄，只是作先锋打交通（破坏交通线），我带路达2个月，带到七都、二都等地。家里传我死在猪树坪，我兄与老婆还穿白鞋戴孝，结果我转回来了。这时已是四月间。港下真来了红军主力兵团——一、三、五军团，港下附近几十里一片扎满了红军。当时彭德怀驻在港下，港下到处是电线，枪炮、机关枪【也】不少，人数几十万。我回港下时军队问我是谁，我说原是村政府的，现为一〇四团带了2个月的路。这2个月时间，河家排已建立了乡政府，主席为王老团。我的游击队都由徐邦福队长带在圭峰打土豪，红五军团都在港下搞政治工作，他们见我是办政府的，便对我说："港下、高州、双坪、杏坊桥这一带要成立区苏维埃政府。"随即要河家排、港下乡政府举一个人来担任港下区政府主席，结果举我任区政府主席。四月中旬，港下区政府正成立，和河家排乡政府合成一班人马。

当时，区政府人员是：陈□生任秘书，聂寿生任财务部长，袁长生、宁丙生任财务委员，陈龙生（绰号刘备）任宣传委员（部长），杨□大生任宣传委员，宁寿生任分田委员。区政府仍在河家排。当时廖忠义仍任乡政府财务部长。四五月，一、三、五军团打宜黄未下，战情剧〔激〕烈，红军牺牲很大。我曾为红军运军粮，送到距宜黄县城五里路的地方。五月红军退到宁都走了。港下一带就剩下区政府与游击队了。我们还是到处〈打〉游击打土豪，在高州曾一天打土豪取得900多元银洋的赎金。此时，政府游击队也扩大了，政府人员家属和游击队一共有50多个人，在一块吃饭。当时也有宣传队，并开始做妇女工作，当时妇女工作负责人是席兰英。这种情况直到五六月。

七月，区政府与游击队分开行动，我率领区苏维埃人员共 11 条枪，在上河、高州、双坪、港下这一带到处游击打土豪。许多难民、无余钱的老百姓都跟着我们走，由区苏供给他们米吃。徐邦福和王胜章率领的游击队三四十人在后岗一带活动，也是打土豪，但给〔跟〕我们区苏相隔不太远，互相呼应和保护。我们游击到一个地方就打土豪，先把〔用〕没收来的鸦片烟引诱当地游手好闲的烟鬼做探子，打听谁有钱及此地驻了白军和义勇队、保卫团没有，然后在晚上七八点钟（天黑不久）包围土豪住穴，绑票，也是还进行审问，打他出钱来赎。大概一般过一两天就有人来赎，出多少现洋放人，有时因人地生疏，报信的人又挟仇乱报，也会抓到自己人，查清后立即释放。

红军主力撤退后，港下村无人居住，我们不敢驻扎，白狗子也不敢来。只有双方前哨在这一带出没。当时区政府除受县苏维埃领导外，上面还派了一个中共书记廖子然（乐安人，当时年约 40 余岁）和他的助手王老九来区苏维埃领导工作。时间大约一个多月后，他们又撤走了。

1933 年四、五月间，我曾派过陈龙生（刘备）和袁长生二人去宁都省苏维埃开会，时间约一个月，他们就撤回去了。

从起政府到八月底区政府【被】破坏，就一般情况是游击队和区政府在一块，区、乡政府一班人马到处游击，在一个地方驻扎从未超过两天。只有两次大红军或独立师来港下后，〈在〉固定扎在河家排与上河二地，红军部队一走，我们就流动了。

（补充）约 1933 年四、五月间，一个细雨蒙蒙的天气，白军两个师〈分别〉分两路，由宜黄与乐安锁形攻打宁都，两师会于抚岭坳两个山头上，互相以为对方是红军，大打了一下，结果两师白军弹药几乎消耗光了，这时红军一、三、五军团主力从宁都北上打一个包围，将这两师全部歼灭，俘虏师长一名，其他高级军官不少，武器也获得不少。当时我们要枪很容易，我就是这时领了 14 支枪的。

我担任区主席以来到政府【被】破坏为止，共打土豪近百人，取得赎金解县苏维埃数目〈约〉五六千银洋。

1933 年阴历八月二十几，区苏维埃那些部下，如陈龙生、聂寿山、梅大生等人，在恶劣情况下反水，躲我一人和白狗子便衣袁军春联系投诚过去。但白狗子说："拔萝卜要拔根，要把区主席连枪支一齐投降才行。"于是，这帮人到高州（区苏维埃这天扎高州）找我开会，假称说港下两个撑排的来报信说绅士曾义生、夏生发已到港下，住乌山。会上建议明天去绑票，我答应了。第二天，区政府就开差来港下到乌山附近，聂寿生从背后招去我，大家叫我投诚，我双脚对他们跪下，要他们给我一枪痛快，到了白军手里难挨刑法。他们说如果我老老实实去，担保不会受刑送命，如果不去，就用绳绑去。我只好答应，于是 15 条枪分两批：一批交宜黄，一批交崇仁。我【被】解到抚州法院，待了 8 个月，就【被】解回崇仁才得释放。1934 年四、五月间回港下撑排。这里驻了白军，凤岗成立了特别区，港下有国民党保甲联办事处，白匪三十一师扎在这里。港下山上扎连部，河家排扎营部，当时上河方福神当保长，中区方炳寿任甲长。我一来港下，方甲长报告方保长，方保长报告连部说我是"土匪"，希望枪毙我。我被白军抓到连部，转送营部。营长讯问我说明过去经过，席营长与凤岗葛（郭）局长联系，葛说不能杀，因为红军尚未肃清，杀了阻碍投诚，因此才放了我。区政府是 1933 年八月底解散的。我抓去后三四天，我老婆回上河娘家，遇见徐邦福、王胜章的游击队，徐睡在担架上。他们晓得我被捉去了，劝我老婆跟他们走，我老婆要回娘家，未同去。以后就散了。据传闻，王胜章后来在红军北上后带枪叛变，任本地（乐安苦竹坑）国民党乡长，搞到许多钱，开了石灰窑、造纸厂，有两个老婆，解放后被镇压。

补充：独立师旗帜上写了"中央苏维埃独立师"，师长姓胡。

独立营是乐安的，营长姓韩①。独立营 1932 年冬打过崇仁一次，1933 年五、六月间第二次〈又〉打崇仁。

21. 上访革命史访问整理

陈龙生说：1932 年十二月间来了位宁都独立师的王树德队长，他叫港下人民组织起来，王树德并在此过了年。当时组织了港下区苏维埃政府，由本地人余贵生任主席。同时还发了十二三支枪，组织了游击队。1933 年正月间到宜黄去捉土豪，与白军打了一仗。当时游击队只有 16 个人，因人少害怕，乃把枪埋在土中。后因打散，才挖出交给王树德。余贵生躲在寮下（高友生家）。由于国民党两个便衣队来侦探，晚上才由难民团（后改为保卫团）将其抓去。由于本村富农曾义生报告不能保出，才在四月间枪杀，王树德也回宁都去了。

同年三月间，我在崇仁游击队第一连第三班任队员，当时连长姓胡，宁都人。四月至五月攻打宜黄，润【闰】五月到凤岗，又到简桥到南排到拾都（沙港）到高州，与廖为勇打一仗。廖是乐安保卫团的，敌人追我们到黍山桥，住了一夜。敌人大兵追至，天未亮白军进黍山，游击队退至凤岗。敌人又追至凤岗，游击队退到山斜，与敌人打了一日到夜，饭没得吃。白军退到山斜，红军到厚料②。这时打游击只能间或捉到一两个人。白军回乐安，游击队截其尾，当时捉到三个挑子弹的敌人，共得子弹六箱。游击队在茶坪驻扎，白军曾偷袭打了一仗，当时总在水口处打。八月间（东山岭）

---

① 1930 年 6 月，乐安独立营成立，张英任营长，邱子敬任政治委员。见《中央革命根据地词典》，档案出版社 1993 年版，第 253–254 页。
② "厚料"应为"后料"，后文写作"后料"。见《江西省崇仁县地名志》（内部资料），1985 年版，第 126 页。

红军有 800 余人，省、县、区苏政府都在这里，崇、宜、乐、山斜的游击队也驻在这里。白军来侦探红军有多少人、多少枪支，四条路被他包围了三条，天未亮接上火打起来了。当时有一游击队委员挂花，一营长阵亡，损失了两支驳壳枪、一匹马。第二天打游击来埋营长，我八九月间到里陂桥，捉了八九个地主到新寨，没有得到钱。宁都保卫团来了，陈世春保卫团大队长带兵到河口排守夜哨（在庙背寮），游击队在上河每晚摸他们的哨，缴了枪，杀了 3 个白兵。第二天白军追至上河，打河口排时敌人封锁□□，敌人只有几十个人，在河陂驻了白军。红军经此不知，被捉了十几个杀掉了。滩都义勇队王寿岭队长在坪上，游击队在双坑接上火，游击队受挫在下高庙住了一夜。天未亮，游击队开到甘坑，我和班长放哨，白军便衣队抓我去了。

十月间港下白军一营，设了三个炮头，红军曾来袭击。

港下在三四月间分过田地，但田也未种，后红军走了。

附说：（1）陈龙生投降了敌人，当过甲长、义勇队，参加了励志新〔所〕。

（2）稿上的地点不清楚。

陈龙生说：1933 年在东山有省、县、区苏政府，县主席是谢洪顺，东山岭人，当时一个区政府下辖三个乡。

一个营有三个连，一连三个排。营长叫胡家涛，我当时在第三排，排长是陈国文，神下人。营有政治委员，连也有政治委员。营长有一勤务兵，一连有一支手枪，属连长。当时一营有三百余人、百余条步枪、一个花机关。

正月在港下打，王树德从乐安带了几百人来，当时土豪都躲掉了，我们就来耕他们的田地，在田西曾建立过区苏政府，有二十余人搞宣传，标语上写：打倒土豪分田地；闹革命。正月十五白军从宜黄过乐安，王树德率二百余游击队员在此打。因为打散了，故区苏政府宣传的人和委员跑了，区政府和游击队转到高州。正月得的十二三支枪，这时将枪管、枪机、子弹分作三处理好。我和父母到姚江去种田,【3】月20几号一天将夜的时候,见有红军架电线准备打宜黄,我家马上搬到港下来分田,我就参加了游击队,是由王树德领导,有二十几个人跟红军一起去打宜黄,队长将队伍带到宜黄官仓田,没有打回来而到弋玩。当时在宜黄打了二十几天,要是在晚上五六点钟才开始打,白军吊迫击炮,天空是飞机轰炸,后游击队到凤岗。红军到宁都去了,游击队到马口斗土豪,当时捉到土豪都是层层往上送。在高州碰到了廖□□乐安保卫团打了一仗。转身到泰山住了两夜,天未亮白军八十师从崇仁来,游击队因人少,退到凤岗。白军在凤岗小学放水机关,队伍退到山斜一个隔两里路山头打起来了。当时游击队有两百余人,步枪百余条,当时战斗很剧〔激〕烈,枪膛都打红了,机柄也拉不开,天没有水,只有拉尿用脚将其顿开。当时是由胡家涛营长指挥的。头天晚饭、第二天早饭、中饭都没有吃,战争时营长高喊:“前进!”军号吹得□□响。后游击队到后斜吃晚饭,转到东六坑去过夜。晚上营长召集全营开会,他说:“大家要努力,不要怕,一定要打开南昌,不打开南昌不收兵。弟兄们!不打开南昌,我们不剃头,我们明天摸哨捉俘虏兵。”白军已退到凤岗。天亮游击队到行山(属乐安),白军在罕浒,派了四个人去摸哨,摸到第二道哨上,四个人每个人开一排子弹,天不亮就回来了。我们去摸哨的目的是扰乱他的队伍,让他大量的消耗弹药,而愚蠢的白军果然一夜打到天亮都不停。我们换哨是白天侦察好他的哨位,到了晚上我们就手拉着手去摸,转身又手拉着手回来。天天都是如此。后来,游击队到东山岭又到茶坪、竹山、双坑、胡竹。当时摸哨的人有两块钱得,在茶坪分了十个队员去客木塘摸哨,走到半路,碰到崇仁保卫团,保卫团的大队长是陈世春,打了一仗即回来了。又到东山岭捉到俘虏兵,一天白军在河中拖排,打死他一人,活捉三人,并缴获了谷、米、蔬菜之类(这是他们抢得老百姓的),我们对待俘虏兵是问他愿不愿当红军,他不愿意就让他回去,并按路途远近发给不同的路费。七月间,白军从山斜过乐安,游击队埋伏在树林中,截击他们后面的挑弹药的兵，共获得三担子弹，后来队伍到港下、甘坑、庙下、下高、高洲、弋源、陈坊桥。一次在船坪吃过晚饭出发到陈坊桥，捉到十几个土豪、保长、甲长，将他们捆起来押回。队员站岗的站岗，睡的睡，吃果子的吃果子。八月间游击队到后料，碰上了宁都保卫团，九月到里陂桥，游击队伪装成白军，问老百姓："红军走这里过了吗？"老百姓说："没有，没有。"又问："保甲长在哪里？"他们就指示，我们就将保甲长抓起来，把保甲长带到河上寮里进行公审。要是无产阶级就释放，有钱的就要用钱来取，当时得到两百多块现洋。有一保长家杀猪，问他是否保长，将他捆起来，并要他把猪抬去。曾会到过第三军团，第三军团经过山下当时不吃，后知道想追去参加未追及。第三军团是由王树德领导的，他们往乐安去了，后来游击队到双坑，在岭上住在庙里（坪上过来的地方），当时遇到黄寿岭七个义勇队员，白军驻在陈坊桥。九月间，他们的便衣队到双坑来，我和班长守哨追了五里，追过了敌人的岗哨，他们都没有发现，后来我们就回来了。十月间，到湖竹，又到河口排，十余人去摸哨，杀了陈世春兵三人，缴获一支步枪。第二天白军追至根据地打了一火①。后来游击队到了茶坪、庙舍、船坪。在庙舍打的时候，敌人未在，其枪挂在壁上，我们没有进去拿。宜黄的白军四十三师经常有几十个便衣队的人来活动，当时游击队的人在甘坑。十月二十几【号】一〔那〕天我守哨，由于背上生毒，低头看着泥土，结果被抓去。

　　特别值得提起的是8月间打东山岭，一〔那〕天天未亮，白军来偷袭，靠近了村子才开火。当时，游击队一边抵抗一边退却，政治委员挂花，不能打枪。营长胡家涛为了救护政治委员没有走（队员都走了），营长用两支〔只〕手打手枪，后来没有子弹，而白军又迫近，只好躲在一条水沟里。白军叫他出来，刚一行动就被敌人打死了。第二天游击队回来打游击来埋营长。这些事都是村上老百

---

① 原文如此。

姓告诉队员的，后来谁任营长我不记得。

说明：此人后来参加过义勇队，励志所当过伪甲长。

22. 港下革命史调查记录

聂寿生，投降分子，现在公社种菜。

距今 26 年前，1932 年的冬天红军独立团由宁都来到港下，着手组织政府建立苏维埃政权，从事革命活动。

1933 年正月，成立港下乡政府，余桂生任主席，陈桂生任秘书，张长生任财政部长，游□□任分田委员。正月分田，打土豪劣绅，田土分给无产阶级（贫雇农），是按照他们的人口分配的，好田少分，坏田多分，富农的田则不分。港下有 10 多户分到了土地。

1933 年二月，独立师、团来到这里，并攻打崇仁，乡政府随军攻打，这里的组织暂时解散，宜黄未攻下，又返回港下。

1933 年三月，独立师、团又在港下建立乡政府。三月中旬，义勇队来到港下，把乡主席余贵生捉去，乡政府再度被解散。1933年三月尾，红军一、三、五军团来到港下，重建政府。港下乡政府扩大为区政府，设在港下村，原乡政府则改设在河口排，张长生任区主席，陈桂生任秘书，聂寿生任财政部长。

1933 年五月，红军一、三、五军团攻打宜黄，当地区、乡政府大力支援，负责担架救护等工作。失败。[①]

1933 年十月，国民党军队又来了，一、三、五军团转到别处，但区、乡政府仍存在，并组织了游击队坚持斗争，当时除港下外，还有凤岗、山斜两区，县政府设在东山岭。7月尾，国民党军队（约儿个团）进攻东山岭，县政府于是迁往谷岗。

---

① 原文如此。

从此，区政府和游击队经常在高州、白石、船坪一带从事游击斗争。

八月，独立师、团来东山岭，与国民党军队冲突，【独立】师的政治委员不幸牺牲，复撤回宁都。月底，地方政权和武装仅剩下港下区府及它的游击队，转战于白石河附近山中，但不久也完全失败了。

红军作战是非常英勇的，往往坚持到一两人还继续打仗，他们的生活是艰苦的，穿草鞋，着黄色的短袖衣服，胸章上写"苏维埃红军"，臂章为红色，上标明属何师何团，游击队则只有队长和政治委员才有符号。

23. 上河村访问整理初稿

访问对象：方冈发、方友祥、高友生（贫农，管伙食，解放前做过保丁）

方冈发说：民国二十年正月，宁都独立团到此起局，是王瑞生（又叫王师爷，王树德）要大家起局。当时在河边开会，说要革命，打土豪分田地。二月份成立村政府，主席余贵生，副的高大恩，我是分田委员，廖忠义是□心委员。民国二十一年分田，是好歹平均分，有的贫穷人补点好的，每人分了七八担谷的田。①

方友祥说：时间、事情和上面所说的一样的，我是三月到港下参加游击队的。我在二连三排七班里，方高生的排长，他是崇仁七里亭开火以后上任的，栽禾老是事务长。当时，打土豪钱送到县里，一般小土豪多在队里赎田，大土豪赎金多，赎不起的就层层往上送，如送到南城汪村、韶圩去。游击队由七里亭开到凤岗过茶坪

---

① 此人话讲得拖泥带水，上面材料可作参考。

驻坊，又在凤岗下港排打游击。后白军八十师来凤岗台洲。当时游击队共有 53 人，每人一支步枪，共有两支驳壳枪。队里有一个里坊人在台洲，一枪打死白军八个人，白军就退了。后其用轻机枪打游击队退到茶坪。五月间，我到韶圩□号待了十天，就回到茶坪队上。过一个月转到英竹，夜间队伍转到东山岭，第二天白军九十师就开到上河，我回家看父亲来赶上队伍。

打宜黄、东黄二陂时，在太平市有三个游击队连在一起。当时参加游击队的人有方友生、方寿星、方星发、宁文章等，由〔有〕独立师姓薛的领导，还有王树德。游击队是与区政府连在一起的。

民国二十一年润〔闰〕五月，打崇仁已攻进，当时是独立师和各处游击队合作。第二次专门是游击队在崇仁七里亭打未进城，游击队有组织部五六人出主意，一个书记，一个政治委员和几个队长，替组织部守卫的是特务排，排长是洪方祥。

高友生说：民国二十一年五六月间，打崇仁七里亭是游击大队，下有三个中队，一中队是港下河口排、上河□山等，二中队是山斜、东元坑①、贯里等，三中队是岔路口一带。中队下面有连、排、班组织，营部未听说过。东源坑的邹老生是当过二中队里的连长。当时大队共有一千三百余人。其中以一、二中队人数最多，三中队最少。一起游击队就是这样组织的，是先有区政府后有游击队。

当时大队里有组织部，共有五个人，一个书记，一个组织委员，一个大队长，一个号兵，还有一个（忘了）。除号兵外，每人一支驳壳枪（四支），还有两支花机关，还有一种枪一个（？）以及一批白色的马，都是跟着他们的，马是替他背被子、衣服等东西的。有病号时就由病号骑。什么打土豪、下指示、作战、杀人、处分、计划等都由他们五人决定，权力非常大。

---

① "东元坑"应为"东源坑"，后文写作"东源坑"。见《江西省崇仁县地名志》（内部资源），1985 年版，第 126 页。

组织部里的人都是外地的人，号兵是小鬼。中队有一个中队长和一个政治委员。他们也是别地来的人，每个中队都是如此，他们跟组织五个人联系。大队里有一个特务排，共有 30〈是〉余人。特务排长是别处调来的，人叫江访泉（也只有这一个是外地人，江访泉是他亲手写的）。捉到的土豪是由特务排押送转。其次是特务排替组织部驻扎地站岗守卫。土豪的上赎金和赎的情况，和方友祥所说的一样。

打七里亭在凤岗住了两天，在黍山也住了两天，从七里亭回就到十都去了。

在东山曾打死我一正县长和大队长，七十几个土豪被国民党带走了，有的至今未回。

是先有港下区政府后有村政府。东山有县政府，区政府管上河、高州①、船坪、东源坑、茶坪、双坑等。高洲村主席是神下的杨大崽。上述地方都有村政府的组织，双坑的党支部书记宁文章也在特务排内，他比我还知道得更清楚。

红军未来之前，上河情况是这样的。当时未有保甲组织，只有国民党催粮的，屠宰税，四六分租。高利贷有三分、四分、五分的，穷光蛋还借不到只有饿死，逼债还不起，就拿山、田、房子去抵，有少数还卖妻鬻子。

孙牛崽曾来过，只向绅士们写捐，没有绑票之事。

红军走后白军就来了，编保甲，筑了四五个碉堡，烧了一间房子。当时，人民穷得没有东西了，田荒废，长一两尺长的草。当地的绅士们都诬蔑我们为"土匪"，要交钱发符号才肯走动，粉之前来索取钱财②，宁和生向我索取了 20 元，宁宏顺也是 21〔元〕，宁宏奥也是 20 元。当时划为特别区，在凤岗起了特别区，民国

---

① "高州"应为"高洲"，后文写作"高洲"。见《江西省崇仁县地名志》（内部资料），1985 年版，第 129 页。

② 原文如此。

二十二年在高州捉了四五个人去。

后来借债又是月月加倍息的高利贷，方步清（地主）当保长，敲诈勒索，各种捐税无法计算，本村还有一个破产地主和一个富农。

附：游击队纪律很严。当时盐非常少而且昂贵，一次一个游击队拿了百姓二两盐，当时就召开大会，执行枪决。说明不能乱要老百姓半点东西，犯了错误的有警告的、劳改的。方寿生说错了几句话就坐了几个月的牢。

24. 宁德和访问整理

宁德和，现做木工。

我在 40 岁时担任过山斜乡苏政府主席（现年 65 岁）。该年三四月间，红军到来，五月间当乡主席。当时，宣传队召开会要我当主席，队长胡根金，区主席胡世民。谷岗、洪门是当时省府所在地（【与】乐安交界处一个地方）。[1]

乡苏政府下设文书（文书丁秋生现在客木塘）、财粮干事（陈福生）等，乡政府有派担架、筹粮等任务。

该年六月间，曾到东山岭参加毛主席召开的几万人大会（具体内容遗忘）。九月间红军走后，又到过圭峰（区政府）当事务长。

山斜党组织的情况：据说当时未建党，没有党员。

---

[1] 江西省苏维埃政府于 1930 年 10 月 7 日在吉安城成立，同年 11 月迁至吉安陂头村，后又迁至吉安县富田。1931 年 7 月—10 月，省苏政府机关驻于北区平安村，同年 11 月至 1933 年 1 月驻兴国县城郊凤凰庄，1933 年 2 月至 1934 年 10 月驻宁都县七里村。见《中央革命根据地词典》，档案出版社 1993 年版，第 175–176 页。

武装斗争情况：当时红军有独立师、独立团等，同时还有在宁都都山起义的红〈军一、三、〉五军团，这个军团到山斜时分过田，打宜黄也是这一军团。

八月间，红军在板岭（与宜黄交界处）与白军打一仗，捉到白军师长、营长各一人（人名不知）。

当时山斜乡没有兵民，但区有游击队。

土改情况：在山斜分过田，打过土豪。

1930 年闰五月，大红军一、三、五军团来了，在港下驻扎。有一个班长住在我家，住了一个星期。一、三、五军团的师长名叫胡新名。少年宣传队长名叫胡北君，胡北君带我玩过，叫我参加过开会，介绍我当区主席。后来他看到我很忠厚，就叫我当乡长，换贯里人刘川金做区主席。当时我说没有衣服穿不能做乡主席。胡北君第二天就拿了一件马褂给我穿，在这样的情况下，我就当上了乡主席。政权组织情况是在山斜贯里，设立区政府。区主席刘川金。区里干部不多，我也不知道他们的名字。区下设立乡政府，也设在贯里。我做乡主席，曾秋生做乡书记，陈福生做财政委员，袁茂发做分田委员，区乡政府包括贯里、后寮①、东源坑、陈坊、麻溪、客木塘、赛里等村。这个区乡政府由东山岭县政府管。乡政府成立后，带大红军派担架、解款、打土豪地主，这里成立政府的特点是：时间短、匆匆忙忙、马马虎虎成立起来的，反动派一来就解散了。关于政治斗争的情况是：斗了一个名叫大癫子的地主，把他的老婆带到乡政府来斗了一下，她说没有钱，就放了她。

关于土改分田的情况是：把地富赶走了，我们就把地富的土地没收过来，召开群众大会，就这样把地富的田分了。分好后把竹排插到田里，后来人走得太多，没有人作田，这些田还是大红军帮助作出来的。栽了禾以后，反动派来了，大家都走了，没有割禾。

---

① "后寮"应为"后料"，后文写作"后料"。见《江西省崇仁县地名志》（内部资料），1985 年版，第 126 页。

关于军事情况方面：1930年五月间大红军打乐安，这次大红军失败，回来时我们还搭浮桥（山斜）给大红军过去。我记得那时大红军有三万多人，400—500多匹马，有许多水机关、大炮，总之武器很多。在贯里州桥搭了两个讲台开会，开会的主要内容是说要打宜黄。到六月间，毛主席、朱德、彭德怀带大红军去打宜黄，结果这次打宜黄也失败了。从此大红军就没有到过这里来。（这是第一个阶段的情况）

过了两个月（即七月间），红军独立团来了，有1000多人。我不知道团长的姓名，只知道连长叫陈学龙，都有枪。当时独立团派我到东山开会。听说这次是毛主席开会，因为用布遮到了，我没有见毛主席，这时区乡政府还存在，我仍然做乡主席。七月间反动派义勇队追来了，独立团就追到东山岭，义勇队追到港下。1930年八月，独立师与反动派崇仁保卫团在□头打了一仗，未分胜负。从此独立师走了，我们区乡政府也解散了。我逃到圭峰去了。（这是第二个阶段的情况）

1930年我到了圭峰，刘川金在圭峰任区主席，他介绍我做事【务】长。事务长的任务是管买菜等事。当时圭峰是区政府，谷岗是县政府，红门是省政府。1930年8月间，独立团与国民党反动派四个师在圭峰大行山打了一仗。在大雾蒙蒙的天气，反动派军队认不清自己的队伍，于是他们自己两个师自己打自己打起了。打得很猛，两个师都消灭了。我们独立团就从中缴获了两个师的武器，捉到一个师长、一个营长。1931年8月间，刘川金叫我当经济干事。经济干事的任务是管理区上缴到地主的款。那时区干部的薪水只有4—5角钱。1931年九月间，我由圭峰回家来投降了。（这是第三【个】阶段的情况）

25. 双坑革命史访问整理

宁化生，当过游击队特务排战士，他自己说参加过青年团。

我是 1932 年五月在高洲参加了游击队。队长冯方全，高洲人。开始游击队只有 30 多人，后来发展到 70—80—100 多人。每人都有枪。六月间在凤岗游击队集中，有 1000 多人，连长姓王。后来游击队又在凤岗集中，编组，编入崇仁东江独立营。一个营有三个连，我编入特务排，排长冯方全。我从 1932 年五月二十日在高洲参加游击队起，到十月间打东山岭失败，游击队垮台，我就回家来了。我参加特务排的情况是：活动的中心地点是高洲，北到崇仁凤岗，东到宜黄二都，南到乐安边界。主要到乐安，因为崇仁凤岗有国民党军队，宜黄二都也有国民党的保卫团。当时特务排只有30—40 人，到过高岭、山前、大路坑、占家打过土豪，以后打过马口、简桥、七里亭、袁方、太罗、宜黄。每次打火时，队长都要我们 15 岁以下的小鬼去打冲锋。

七月间想从七里亭去打崇仁县城。当时听说国民党反动派调来八十、九十两师，我们就没有进崇仁县。这一次战役未打起来，仍在七月间，转到西山与国民党军队打一仗。回到凤岗、山斜、东山岭，把在路上捉来的土豪送到乐安南村，刚至游（　），国民党飞机扫射，有几个同志带有花（这是第二次战役）。

仍在七月间，特务排在陈坊与义勇队又打了一仗，接着在东山岭打一仗，打伤了义勇队 3 个，缴获了五六支枪。回到东山岭，上级认为我们这一仗打得好，表扬了我们，叫我们做游击。八月间在港下与白军打一仗。当时情况严重，但连长坚持打，不先退。在这次战役中，牺牲了一个同志，我把他埋了。在十月在东山一仗失败，垮台，我们就回家了。

当时游击队的政府〔策〕或口号是：三丁抽一，五丁抽二。以后全部都要去当游击队。当游击队也好，当特务排也好，每天都要上政治课，游击队摸哨口号"洪全"两个字，但这两个字不是固定的，做法是：这边说了"洪"字，那边说了"全"字，这就是自己的人，否则就不是自己的人，那就要开枪打。

我14岁在塘山入了青年团，入团时间是在六月里。当时入团的人有40—50人。入团时，大家都这样说："不怕困难，不怕牺牲，叫做什么就做什么。"发了一张符号给我们，像现在的民兵符号一样，这就是团证。有空时也要开团会。

26. 有关游击队的一些情况

宁文章，原为游击队员，现担任双坑党支部书记。

红军是在1932年十一月二十日到双坪来的，当时青年人都怕，不敢参加红军。他们只住了四五天就走了。1933年正月初二，红军又来了（和上次一样，都是独立师，师长姓王），也没有搞什么。三月间，红军第三次来双坪，当时由师部一个副官找我们年轻人开会，并写了七八个人的名字，问了我们愿意干什么又走了。四月红军独立团开到双坪，马上又找到这些写了名字的人开会，就成立了游击队和村政府。我和林长生、陈永祥、李新棋等人加入了游击队，宁发章、宁宏生、宁雨生等人组织村政府。独立团走了，就留下冯芳全当队长（冯是于都人），当时一支枪都没有。每天由冯队长带我们过操，几天后就并入高洲乡政府。乡主席是周福寿，秘书是宁雨生，游击队共分两个班，有20几个人，上面发下了十几支枪、子弹，还发了衣服、帽子，队长还是冯芳全。两个班长有一个是袁勿生，还打了旗子〔帜〕，写着"高洲游击队"。

在高洲待了个把月（每天都过操，打土豪分田地），就出发到宜黄二都打土豪，抓着了两个，以后经下官山、上官山，回到双坪。

正五月十二【日】，港下成立区政府，游击队全部到港下集中，一共有 100 多人，全部有枪。只住了几天，开了一个会。又分开，我们仍回高洲，在山前一带打土豪，□□接到通知，又到港下住了一晚。游【击队】便赶到凤岗，成立了崇仁独立营，一共有七八百人，分成了三个连：港下为第一连，连长姓王；高洲双坪为第二连，连长李成岩（癫子连长）；山斜为第三连，是一个麻子连长。① 营部有大队长和政治委员，连部有连长和军事委员（这些人都是由上面派下来的）。我们二连还专门设有一个专门管犯人和土豪的特务排，共有 20 几人，排长冯芳全。我也在特务排，给冯芳全当小鬼（通讯员）。独立营也打有旗【帜】，旗上写着"崇仁县独立营"。

在凤岗住了几天，过了闰五月节，初六七就全部出发，经桃源到里坑住。当时老百姓都吓跑了，我们上山把他们一个一个地叫了回来。这天有一个战士（宁都人）拿了老百姓四两盐，营部知道后，在第二天队伍行军的时候，政治委员亲自把他枪毙在路侧边，于是大家不敢再拿老百姓的东西了。当天走到十都渡口住，抓住了一个劣绅，召开了群众大会，把他家的东西全部分给了群众，并杀了他家两口猪，分了一口猪的肉给当地群众。第二天开到十都，从三个老百姓身上弄到了三张符号，便派了三个队员化【装】成便衣入城（崇仁县城）。我们的岗哨也抓到了一个由县城买盐回来的老百姓，从他的嘴〔口〕中得知，县城只有保安团。保安团的哨放在五里亭。便衣队回来后也是这样说，便把那个老百姓放了。当天晚上开大会，营政治委员宣布打县城，大家都很高兴，由我们二连打

---

① 崇仁独立营，于 1933 年 6 月在凤岗成立。营长胡家涛，政委蔡仲贤（后邹季铨），下辖 4 个连和 1 个排，营部驻港下村，第 1 连驻凤岗、山斜，第 2 连驻港下，第 3 连驻谷岗一带，第 4 连驻东山。见《中央革命根据地词典》，档案出版社 1993 年版，第 253 页。

冲锋。

当晚就准备，天刚发白。队伍就出发，一走到七里亭，布好了位置。谁知国民党八十、九十两师在我们便衣一出崇仁县城就进了县城，他们也布好了。于是【双方】就打起来了，战了两个多钟头，我们见情况不对，便马上撤退到了十都渡口，双方都没有受到损失。

在十都住了一夜。便顺着水路上，一路上打土豪，到了黍山已抓了四五十个，当夜在黍山住（这是已经是闰五月十四、五），第二天国民党追来了，我们便分两班走，一二连到港下去，三连在贯里住，两天后开到东山岭集中。国民党几千人扎在凤岗，修起了工事。游击队就在能走的附近打土豪，六月初又照原分开，我们仍回港下打土豪，捉得多了，就押到乐安的林上去。

这时红军又走了，只剩下第四团驻在南村（归乐安管）。六月，红四团曾想去崇仁，在袁坊附近的河里上和国民党打了一仗，没有打过去，便退回南村。六月底，他们全部开走了，再没有来过。

这时我们就在双坪、高洲一带活动，打土豪、抓零星敌人、摸哨都是我们的工作，由于飞机炸得厉害，我们只有晚上活动。

七月接到通知，全部开到王坊集中，乐安独立营也来了，他们有1400多人、1挺机枪。我们有700多人，当天开了大会，还看了戏。晚上大家就进行准备，鸡一啼就吃饭，马上攻打朱溪街。因敌人机枪火力猛，没有攻下，便和乐安独立营分手。我们回到了圭峰，再没有和三连分开来。

七月二十九日，我们由高州到宜黄胡家寨打土豪，抓了一个便衣回来，就接到县里的通知，于是杀了便衣马上赶回东山。因听说敌人要来"围剿"，我们便日夜加紧放哨。前两天都没有发现什么，于是我们产生了麻痹，第三天哨放松了，由一个桐陂人带路，三面都被包围，只有通往圭峰的那一条因敌人带路的人不认识路，路没有被围上，于是就往那边撤退。大队长和王连长掩护撤退，最后大队长打光了子弹牺牲了，王连长也受了伤（那个桐陂人后被我们抓住处死了）。

我退到了圭峰，便由木家坑谷岗到灯芯桥，县府移到猪坑，半个月后才搬回东山去。这时游击队的人员由于国民党的"追剿"，思想上都动摇很害怕，便慢慢地开小差带枪逃走了，人数一天一天减少下来。到了九月，只剩下四十几人。十月只有二十几人。我也因病回了家。这时队上只留下李成岩、冯芳全、号兵等二十几人（连大队长、政治委【员】都不见了），他们还常在外活动，最后听说他们在宜黄四都的山里全部牺牲了。

27. 访问廖忠议 [①] 史料整理

廖忠义，港下河口排人，60岁。

1933 年二月间，河口排成立了村政府。当时红军独立团在这里，河口排村政府属港下乡。村政府中有村主席、文书（书记）、财经委员等。主席是王志伟（原乐安人，住河口排），财经委员是神下人袁长生，文书是我（指廖忠义自己）。

村政府成立后，主要是打土豪，开头一次就搞到一百多块光洋和衣服等。

三月间，港下乡政府改为区政府。因为河口排是属于港下乡，所以港下乡改为区政府以后，河口排村政府亦同时改为乡政府，仍属于港下。当时，港下区政府主席是张长生，陈贵生曾经一度代理张长生的职务，要河口排改为乡政府的是根据陈贵生讲的，改为乡政府以后，王老伟由村主席升为乡主席，袁长生任乡的财经委员，我担任乡的宣传委员兼任文书。当时河口排乡包括河口排和神下两村。至于港下区则包括上河、下河、高洲、甘坑、袁树岭、港下、

---

① 标题是"廖忠议"，正文中也写作"廖忠义"。

河口排、乌山、神下等。

三月中，我曾经到县里（东山）开会，我当宣传委员是在开会回来后的事，是根据县长派的，同时又担任了区的中心书记。我做中心书记时主要的工作是领导打土豪，哪里有土豪，我就叫谁去打。至于分田，由分田委员去搞，当时（三月间）在这一带分了田，但未到收割，国民党来了。

三月尾、四月初，在河口排大竹林树下开了一次千多人的民众大会。这些人是来自上河、下河、港下及河口排的民众。大会是由县里派来的人召开的。大会是讲打土豪、分山分田的事。开完会后还演了戏。戏的内容亦是打土豪分田地的事，是由一、三、五军团演的。当时【之】所以在大竹林下开会，是为了避免国民党飞机的轰炸。国民党来以后，这里的大竹子很多被砍掉了，只剩下几根。

至于入党的问题，我是入了党的。问："是不是贫农团呢？"答："不是，是党啊。"问："由谁介绍？"答："由独立团的一个连长介绍的。至于他的名字，我就忘了。当时他问了我的情况，将姓名等写了去，同时又有一个姓兰的和一个姓苏的（同是丁？头人）一起参加了发誓。誓词有六句，但只记得有'不能同生，亦要同死，不陷害别人'等句。那个姓兰和姓苏的名字忘记了，以后亦没有见过面。根据上级的意思，他们都回去建村政府。"

我入党时间是五月，河口排村政府的主席是我挑出来的，我自己没有当主席，这个主席（王志伟）当时是个长工。

入党宣誓的时候，当时有个小像头，是毛主席的像，还有一面红旗。

入党的事跟谁都不能讲，连妻子爹娘都不能对他们讲。

"是不是交过党费？""没有。""是不是有组织生活？""没有。""有什么活动？""几个人在一起的时候则宣传共产党好。"

28. 访问陈龙生的材料

1932 年正月初八（农历）在港下起局，成立乡苏政府，主席是廖忠义（现在河家排），我参加任农民队长，后任宣传部长和分田代表。1932 年五月，我为当时区主席。张长生（原名道源）派往县府担任代表开会，转派到瑞金中央开会受训，参加了 300 多人的入党宣誓。入党时叫许多口号，还要赌咒发誓，每人中指刺血滴在八角岭下井中，打出井水每人喝三口。受训完后每人发了一张证书，上有孙中山的照片。我【被】派到崇仁县苏任财务部长，七月底回来东山县府。当时白军打来了，县政府被打散，便到港下。区政府主席张长生还在这里，当时形势紧张。国民党九军八十师打上来包围了我们，长生与我带有游击队和老百姓三百多人走高洲，再退丝坪、双坪，最后到谷岗，崇仁县政府也驻此。国民党进一步包围谷岗，这时红军独立师与独立团都退却了，我与长生两人没有了接济。山里蹲不住，就出来投降。我们均被八十师扣押，长生送抚州法院，我被迫加入难民团（保卫团），以后苏区就没有了，这一带仍有游击队活动约半年余。

当时县游击队称独立团，还有个游击队排长名张伢妹子（现在宜黄云峰乡任支书）。

29. 访问杨贵生记录整理

杨贵生，高洲人，47 岁。

我 20 岁时在高洲参加游击队，这是正月间的事。这些游击队是从东山岭来的。大队长姓王（东山岭人），大队下分三个分队，一个分队有三个排，一个排有三个班。当时，我当班长。我这个班有 12 个队员，一个排有 30 多个人，一个分队有 100 多人，大队总共 300 多人。我这个分队有 100 多支枪，还有 1 挺机关枪。

参加游击队的队员是彼此找来的，找到了 10 个人，就可以成立一个班，自己当班长。当时我找到了 10 个人，组成了一个班，我就当上了这个班的班长。

正月初六出发，到乐安、崇仁一带打土豪。有时候，一天打到几个。捉到了土豪，就要他拿 50 块来赎，没有钱的人就放回去。

我们这个游击队叫崇仁游击队，是受一、三、五军团管的，和别的游击队不同，我们在前方，我们是给他们带路的，打仗时也配合作战。

二月间第一次打崇仁县城。城里有许多保安队，我们是在晚上进城内的，在城外一枪也没打，到城内时才开枪。我们一共捉到了十几个保安队员，也缴到十几支枪，其余的保安队员都跑光了。我们就把他们的东西没收过来，不是土豪和资本家的就不要，当时获得了许多布和盐，还有十几担杂货。这些东西都送到驻在南春（乐安县境内）的一、三、五军团里去了。当时一、三、五军团有一个师部在那里。入崇仁城的第二天，杀猪和老百姓一同吃，有些贫雇农害怕的都想逃走，我们就开了一个大会，对他们说："老百姓，不要害怕，也不要走开，我们是红军，打土豪的，和穷苦人民是一家，打倒土豪，有吃同吃，你们年轻的都欢迎来当游击队。"开了会后，有一部分人加入了游击队。接着游击队出发到宜黄。4 月间，我们 9 个人到达离宜黄城 30 余里外的陈坊桥，在那里抓到一个国民党的便衣侦探和 4 个保安队员。当我们 9 个人来到陈坊桥附近的时候，看见有一个人，就引起了我们的怀疑，因为陈坊桥周围三四十里内都是渺无人烟的，这里为什么会有一个人呢？既然有了人，这〈些〉人就一定不是当地人，因此我们就问他："前面有国民党军队吗？"他说："没有。"我们不相信，就叫他站在这里不要走，另派一个队员到前面山顶上去看看有没有国民党。结果，回来的人说前面有敌人。我们便认为这个家伙是国民党的便衣侦探，把他绑起来，派一个人把他押到南春去了。

既然发现前面有敌人，我们就赶快跑上前面的山头上观察敌情，看见山的对面有百多个保安队正在操练，喊着"一二一二"的口令。他们的枪都搭成枪架子搁在一边。只有两个背着枪仰着头，来回走着的哨兵，离大队不很远。看到这个情况，我们就出主意攻他们一下。最后决定从哨兵的侧面，绕一个弯走过去，爬上另外一个山头，在那里突然开枪冲下去。这时保安团还在操练，看到我们冲来，纷纷逃跑，有的去拿枪准备抵抗，我们就喊："同志们，不要走，缴枪二十块钱□。"我们捉到了四个保安队，缴获了四支枪，俘虏和枪都送到了南春一、三、五军团去了。

四月间，我们还到了乐安、东陂、黄陂等地打土豪。第三军团有一个师在东陂、黄陂一带，从东陂、黄陂回到神下，两天后又到宜黄。宜黄城内有几师国民党军队，不敢打进去，急忙返回神下向一、三、五军团报告消息。当时，第一军团在南春，第三军团在东陂，第五军团在浯漳。我们向第五军团报了信，一、三、五军团听到了，当天晚上就赶到神下一带，于是便由我们这支游击队带路去攻打宜黄城，在离宜黄城十几里路的二都打仗。打了三天三夜没打下，便回来了。

八月间，游击队只有120多人和80多支枪。在东山岭被国民党军队包围了，当时四条道路都被截断了，其中有一条路旁边是有一道坑的，很深，机关枪也打不着，我们便在这道坑里出来，以后就散了。

（二）三〔山〕斜①、陈坊、罕浒革命史原始资料

1.双坑孙茂生口述的材料

孙茂生，原名孙绍辉，现年 62 岁，凤岗黍山人，老家住在崇仁三区孙坊乡，现居凤岗人民公社第七大队双坑村，家庭成分贫农；爱人黄赛侦，曾参加崇仁县苏维埃政府洗衣队，时间有三年之久（现因患病，没有进行访问）。

第一次访问
时间：1958 年 12 月 14 日下午、晚上，16 日晚上

工农红军一、三、五军队〔团〕在 1932 年农历七月去打宜黄，路过凤岗。当时，红军听说国民党有军队在黍山，便回过头来，在黍山打了一仗，打死敌人 200 多人。同年农历八月到黍山打崇仁的保安团队，结果把崇仁的保安队打走了。

当时我们红军占领的范围，自东山到黍山、里辟桥、马口、排源上都是红军的范围。

1933 年二、三月间，红军开始建立政权，当时组织了黍山乡政府，主席高森宝（病死）、土地委员梁早生（病死）、财政委员陈

---

① "三斜"应为"山斜"，后文写作"山斜"。见《江西县崇仁县地名志》（内部资料），1985 年版，第 126 页。

南伪、游击队队长孙茂生。台州政府：军事委员王开来，女主人忘记了。凤岗乡政府主席郑和木，后是占六生，游击队长席龙生。

我自己是 1933 年农历二月在黍山村参加游击队。当时是五军团的政治委员（不知其名）介绍我参加游击队。因为他到我家里玩，看到我家里的房子破烂（实际上还不是我的），看到我身上穿得就像土豪，又看到我有好多曲子书。经过多方面了解，才晓得我是真正的无产阶级，他就到我家问我：识得几个字？我说我读了两个月的书。群众却告诉他我会看"三国"。政治委员当时问我："同志，你参加红军吗？"我说："参加。我没田，过去受压迫受剥削（我父亲死时交了四百多元债到我）。"他又说："同志，你参加游击队吗？要你做队长。"我说："我又不懂兵法。"他又说："你不是看了"三国"吗？"三国"上不是有兵法吗？"我参加以后，他就告诉我不要打硬仗，碰到敌人三四个就打。当时我参加游击队是 37 岁。

1933 年三月二十九日，三乡（黍山、凤岗、台州）【为】合并一个乡，主席占全生，书记兼财经，名字忘记了，只喊他□□和聋子（现在还住在凤岗），会计陈□标（后来这个人调到独立团，任连指导员），土地委员郑相文，军事委员甘开来，交通员黄□鳅，游击队长就是我（孙茂生）。当时凤岗乡政府设在地主陈凤仔家里（这个房子现在还在）。1933 年闰五月，国民党军队进入，凤岗乡政府便与东山区合并，当时区政府设在山斜贯里（同年），后来东山区与凤岗区合并叫东凤区。

在任凤岗乡游击队长三个月时就生了病，部下便由癫子连长带领去了。癫子连长对我说："你生病，身体弱，我介绍你到县政府去工作。"癫子连长就写了一张介绍信，到崇仁县（当时设在东山岭），我就任土地部长。

崇仁县当时内部组织□□和人员：军事部长葛雨成、劳动部部长肖雨花、内务部部长周可甫、财政部部长□开来、国民经济部部长肖会九、工农检察部部长张来龙、工会主任陈文昭、肃反委员会主任梁青秀、土地部部长就是我孙茂生。县主席王□□，副主席刘□□，后来在东山岭被国民党包围（王主席牺牲了），县政府便由刘川金担任（朱坑），副主席袁兴昌①、县委书记吴孔明②、少共书记李福宝、县委妇女部长罗玉英、邮讯局长蓝□□。县里还有警备连，专管犯人。

内务部管道路，劳动【部】管生产，军事部管军事，土地部管生产和分田，财政部管财政，国民经济部管财政，并检查进出是否有漏网。工农检察部检查干部工作是否正确、是否有贪污，工会掌握工人（当时县里没有什么工会和雇农工会区别，都是一样），肃反委员会审犯人。

当时崇仁县管辖的范围有两个区，东风区。设在圭峰，区委书记肖东福（永新人）；东山区主席聂逢春（后叛变，解放后病死），后来合并，区主席是许三伙。东风区包括圭峰乡、东山乡、汤山乡。

谷岗区：区委书记姓吴（名字忘记了，宁都人），主席欧森贵（暗藏的特务，后被杀），财务部长张明仔。谷岗区区政府设【在】谷岗，后迁□山，又迁灯芯桥。包括谷岗乡、灯芯乡、欧坊乡。

县里有主席团，组成人员：中共书记、少共书记、县正主席、土地部长、邮讯局长、工会主任等（一般是由五人到七人组成）。

县里的一切工作都由主席团决定，如借谷运动（当时借谷是用钱买，不作完粮，借谷不能强迫，要群众自愿。例如四人吃饭，分了三十担田，留下二十担自己吃，其余借给政府。不会多要。愿借多少就借多少。政府只能多动员）。当时借得来的稻谷【不】集中一个地方，便利打游击，游击队、红军方便。

① 1933 年 5 月 3–4 日，崇仁县第一次派兵代表大会在谷岗举行，会议选举产生了崇仁县苏维埃政府，刘川金、袁风生分别当选为县苏维埃正副主席。机委驻地先后在东山、朱坑、坳下。见《中央革命根据地词典》，档案出版社 1993 年版，第 191 页。

② 1933 年 2 月，成立了中共崇仁县工作委员会，高武根任书记。5 月，中共崇仁县委成立，吴立铭任书记。见《中央革命根据地词典》，档案出版社 1993 年版，第 161 页。

主席团还决定扩大红军，□□□□、发展党团员，也有任务，但是不公开土地分配等重大问题。

在我手【上】，只发展了三个党员：欧阳良龙（农民）、欧阳高粱（欧坊，村民代表，被国民党杀害）、欧阳福春，三个人都是乐安欧坊人。

当时分田地的方法：分田不含计数亩（宁都县是按亩数分田），我们只是按担分田，在分田当中，按各地田多少不等，进行分田。灯芯桥一个人分十担，谷岗每个人分五担谷田，圭峰每人分一担谷田。

阶级的评法：有钱有势的就叫土豪，有田有势的、没有努力、不劳动的叫地主，有努力有势又当官的叫恶霸，没有钱、有〔又不〕努力、光吃冤枉的就叫劣绅。顶穷的人就喊无产阶级。

分田的原则：地主不分田，富农分坏田，〈数□与贫雇农一样多的田。〉中农和贫雇农分一样多的田。如果中农有田多的就抽出来分，抽中等田出来（好坏田都有抽出来）。假使有中农不愿抽出来，就动员讲道理，不能强迫命令。强迫坚决不许可，要平均分给，无产阶级分好田。如果地主要田，就叫他去开荒挖山。

1933年闰五月二十几【号】，东山欧席、聂逢春和肖贤仔叛变，带国民党军队攻打县政府，当时县政府设在东山。县政府当时有警备连，三四十条枪。因为当时晚上孙茂生拉肚子，到外面去解大便。他到房里刚刚坐在床上，听见县政府后面打了一枪。接着右边、前面也打了几枪，只有靠圭峰那条路上没有打枪。他连忙把所有的人叫起来，告诉他们国民党来了。只是〔有〕靠圭峰那个方面〔向〕没有打枪。但是正主席王□□困得朦朦胧胧，拿起一沉箱（皮的）光洋就往后面以前放好的长楼梯上爬，他就跟上去喊："王县长，这里不能去，刚才打了枪。"孙说："他就在楼上踢了我一脚，继续往上爬。又响了枪，我就往屋里跑。其他同志都□我说："你听到那边没有打枪，就带路走。"走出村头（村口）以后，因我拉肚子，走不动，留在后面，便由〔有〕警备连范几生同志问我

"你怎么还在这里？"我就说因拉肚子走不动。因他年轻力壮，便说"我背你走"。背了十来里路，我们就往右边小路爬山走了。最后清查人时，县主席王□□牺牲了，独立团的营长也被打死了，政治委员也挂了花。没有过几天，国民党就走了。我们继续在东山开展政治工作。

1933 年六月末，又生病去谷岗。送到二分区医院。当时医院设在乐安望仙。住了个多月，病好了。仍到崇仁县做土地部长。同年七月二十九日，我参加了共产党，由县委书记吴礼明、县【委】副主席袁兴昌介绍。当时，县政府设在灯芯桥朱坑余家余里华（地主）家的房子里，宣誓在我自己住的房子里，在堂〔场〕的人只有我三人。入党前，县委书记吴礼明对我说："你参加共产党吗？现在红军都是党员，县政府干部都是党员，我们是共产党领导。"我说："既然你们大人物参加，我当然愿意。县委都是党员，我参加共产党越欢喜。"后来就把表【给】我填，并告诉我什么是工人、农民。做纸的就是写工人，作田的就是写农民，亲戚关系也要写上，最后就告诉我两句秘诀：C.C.P 是中国共产党，C.C.Y 是中国共青团。县委书记告诉我这个不能随便和别人说，老婆也不能说。如果碰到上面的干部就说我是 C.C.P，还发了党证，是布的。上面写了中国共产党，我就把党证挂在棉衣袋子里，不敢随便拿出来。

1933 年九月，县政府由朱坑搬到坊下。那时只有四五只〔间〕屋。就在同年农历十一月二十六日，县里选举我当〈选〉代表出席中央政府全国第二次代表大会（选我和劳动部长肖雨花）。当时选我当代表的原因是人硬直、记性又好。

那次会议在中央瑞金沙洲坝上，就是第二次代表大会召开。江西代表住新做的土墙房子（很矮）。开幕时没有在房子里，在大青草坪中开幕，有三个大台，左边是洋鼓，右边是洋号，武装部队就到大青草坪打了几个圈，就站了一个"一"字队。毛主席在中台讲话，讲了个把钟头。〈就是毛主席的老婆讲话。〉开幕后就到大会场上去开会。大会场是圆的，有 12 个排扇，周围短，分三省座，左

边第【一】格是湖南省代表位，第三〔二〕格是湘鄂赣，第三格是
闽浙赣，第四格就是正中间是江西代表位，第五格是粤赣，第六格
是福建，以后的就记不清楚。到会场，朱总司令讲了话，讲军事，
消灭了国民党多少军师团，缴了多少枪。朱总司令讲在吉安福〔富〕
田下面一点，消灭了张辉瓒，在灯芯桥消灭了三个师长，一个叫李
明，其他两个不记得。当时项英也讲了几句话。开会时，各省县都
送了匾，崇仁县也送了匾，写了"崇仁县政府送"匾，都是布做
的。崇仁县的匾挂在讲台左边的最后。当时是日常〔上〕开会，晚
上南山团演宣传剧。原来布置开会时间是一个月，一个月没有开
完，只开了23天。因为朱总司令在前方广昌打了电话来（注：朱
总司令只开了三天会就到广昌去了），要把会议早点结束，干部好
下去做工作，所以会议只开了23天。

　　1934年八、九月间，崇宜乐三县合并。合并的原因是因为地
方缩小，宜黄没有一点土地，乐安也失掉了土地，只有崇仁县没有
失掉土地。在合并前，由乐安县委书记李福怀〔槐〕通知崇仁县政
府的人到乐安金竹去开会。到会后，由李福怀〔槐〕宣布三县合
并。说明了合并的原因是我们的地区缩小，三县合并叫乐安县。

　　干部是由李福怀〔槐〕（泰和〔连城〕县人）分配，李福怀为
县委书记兼二区政治委员，县主席张连生，副主席刘川金，土地部
长就是我（孙茂生），其他人员不记得了。有的当正部长、副部长，
也有的就下放区里工作，县委妇女部长罗玉英。原崇仁县委书记吴
礼明调到白区工作。

　　乐安县合并后有五〔四〕个区：三坑区、大金竹区、东凤①区、
谷岗区（区的负责人记不清楚）【等】。

　　1934年十一月通知我去教导连学习军事政治，教导连的负责
人是曾山，跟我上课的政治教导员不知其姓名。

---

① "东凤"应为"东风"，后文写作"东风"。见《江西省乐安县地名志》（内
部资料），1985年版，第136页。

教导连当时设在省政府，省政府设在宁都州大路口。省委书记曾山，主席刘克耀，军区司令员李四怀（后在黄陂小□叛变，省委和我都到【处】捉他，没有捉到）。

1934年十二月，我就同省委省主席一个夜晚过封锁线，到兴国高田坪过年。省政府也迁到这个地方来了。原来打算〈想〉到湖南那边去和毛主席会合。因我这边人少，只有四百人。毛主席那边人多，在过封锁线中结果钻了几个月，没有钻过去。到1935年3月间，在钟鼓山想到太〔泰〕和穿过封锁线。结果没有穿过，被敌人包围。子弹穿过，我（【孙】茂生）就跌断脚。这时党证、代表证都放在棉衣袋子里，棉衣包在包袱里，后来就掉了。我跌断了脚时，人就早晕过去了，一个战士把我背到山洞里，放下【我】〈就走。〉他就走了。等我醒来时，什么也没有了，只有一个光人。后来我慢慢地爬到一个老百姓的家里，这个人叫□开福，是村代表，思想比较好，对苏区干部爱护。到他家后，他对我说"不要怕，到我家里住。吃饭□就你自己想办法"。□开福他家有三兄弟，有个当红军去了。有一次国民党到他家里查，他两兄弟刚刚出门，国民党的军队就问我哪里人，我说是这里人，又问我有几兄弟，我说三兄弟，刚刚两个出去的就是。我当时会讲兴国话，所以就没露出马脚。结果在这里休养了80多天，才好些能走路，我就慢慢走回家了。

回家后被反动派国民党捉去坐了十个月的牢，出来时没有写保结，是两个亲人□□，陈士生，□□□【花】五元领出来的。出来后我家没有什么东西，原来的东西被国民党搞光了，便迁移到岳丈家里烧碱作田，从此也没有到哪里去做什么。

解放后，土地改革时，由于邓文焕科长没有搞过分山工作，便由吴县长写信动员我，说我是老革命，过去搞过分田工作，叫我协助他【做】分山工作，结果搞了三个多月。后来邓科长要我当乡长，我没有答应，因为我身体不好，就没有当乡长，后来在1953、1954、1955【年】当过三年林业模范。同年我又到南昌开会参加国际〔庆〕观礼。

最后孙茂生补充：

肃反委员会主任梁青秀他乱杀了很多人。有一次我到我房间里去睡（我有家眷），有战士的脚把我的脚□到，结果跌了跤，脚上破了一块皮。我就把手摸在他肩上，对那战士说："不要这么闹，把我脚碰破了一块这么大的皮。"以后这个战士就到梁青秀那里说我打了他。第二天梁便召开会议说我打人，还说共产党是不打人的，说我是反革命，并要我承认是反革命。当时只有少共书记在家（中共书记开会去了）。少共书记发气说："这个同志我了解，新干部算他最好。"后来把情况反映到中共书记。书记又反映到省，省又反映到中央。结果省和县委书记把他处理的案件档案审查，发现很多没有审查过的案就把人杀了，乱杀了很多人。后来把梁青秀调到省里，判了他八年徒刑。

当时崇仁县政府迁移地区是：东山—朱坑—坊〔坳〕下。

一、三、五军团是三个军团，后合成一个军团叫一三五军团。

（整理人：杨德义、郭子文）

第二次访问

时间：1958 年 12 月 21 日

第一个问题：关于游击队的系统问题

起初，各级（区、乡、村）苏维埃成立时，都组织了游击队。

1933 年五月，游击队在凤岗合并成立县游击队。六月东山失守后，县游击队合并于乐安江西军区第二分区，下有三个独立团（营），一个在乐安，一个在崇仁，一个在宜黄。总共约 2000 余人枪。崇仁约 700 余枪左右。游击队在崇仁县境活动，坚持到 1934 年年底。

第二个问题：县苏区版图区、乡、村多少？如何演变？

1933 年二月县苏维埃政府成立于东山，下辖四个区：

港下区：包括河口排、双坑、圭峰、双坪、高洲、上河、黍树、山东等地

凤岗区：包括云梯、山□、台州、黍山、百昌①、凤岗（区后设在贯里）

东山区：浯漳、罕浒、石坑、枫斜、方木坑、横岗

谷岗区：灯芯桥、朱坑、坪坑、欧坊、黄连坊、小龙桥、麻德、片坑、□下等地

1933 年六月下旬，东山白军打来，县苏维埃分两区：

东凤区：辖三个乡，东山乡、汤山乡、圭峰乡

谷凤区：辖三个乡，谷岗乡、灯芯乡、欧坊乡

1934 年 10 月两区打散，苏维埃结束。

第三个问题：1933 年六月后，崇仁县苏维埃迁何处？坚持多久？何时改组？何时解散？

六月后，县苏维埃迁灯芯桥，驻扎朱坑，主席王□□牺牲，副主席刘□□调走，刘川金为正主席，袁兴昌任副主席，县委书记仍是吴礼明，其他人是不变。九月朱坑受白军威胁，迁坊下。

1934 年三—四月迁小龙坪，七月副主席换温化明，九月迁路南。九月底，崇宜乐三县合并，主席张连生，县委书记李福怀〔槐〕。

第四个问题：县苏维埃主要工作？

1. 主要工作是扩大红军与游击队

各级苏维埃干部下去，主要工作【是】宣传动员群众，除主要开群众大会口头宣传说明当红军的好处和意义外，还要做个别动员工作，不能强迫。干部对〔与〕动员的对象在一块劳动、生活，经常谈话、宣传，直到本人自愿打好包袱同意为止。参军的人，到东山县政府后要开欢送会，好吃的东西都拿出来招待（如猪肉之类），

① "百昌"应为"柏昌"，后文写作"柏昌"。见《江西省崇仁县地名志》（内部资料），1985 年版，第 124 页。

县里干部没得吃，要拿出来给参军的人吃。临走的时候，每一参军的人，由两个妇女扶住手臂膀唱送郎参军歌，隆重欢送。

2. 肃反工作

当时反动派常有人打入我苏维埃内部进行反革命活动，如刺探军情、破坏干群关系等。为了保卫苏维埃，必须进行严格的审查工作。例如，1933年县政府成立后，谷岗区主席欧生贵与财务部长张明几二人就是白军义勇队打入内部的反革命分子。当省里派来检查工作【的】干部许福民来县后，他们想搞掉孙绍辉，在许处造谣中伤孙绍辉，许福民信以为真，打算处分孙绍辉。幸【亏】当时县委书记吴礼明力争，并批评了许不了解情况，许说他是欧、张二人告许自己的，因即引起了县委对欧、张二人怀疑，〔。〕后来进一步调查并由一部分干部假意对欧、张二人说准备反水，使欧、张二人暴露了义勇队身份，才把这两个反革命逮捕处刑。

3. 抓生产和现在情况一样。

4. 打土豪、解款：各村乡区苏维埃打土豪的款项，县统一解到省，不得留下一文钱；伙食费到达上级后再发，不得乱用光洋。

5. 兵运工作：称作白区工作。通过宣传、鼓动，争取白军士兵和中下级军官，起义反正。这一工作主要由红军做，但是苏军事部也做过。办法是负责兵运工作同志，带些军事武装及宣传品，先打听到驻扎白军的情况，比较对反动派的〈""〉围剿〈""〉动摇不满，然后开到白军驻地附近村庄，找一忠实可靠、有一定阶级觉悟的群众，在白军士兵中接头、散发传单、宣传品，由下而上（班、排、连、营至团）。到白军已经差不多可以反正过来时，然后双方通过中间人，在等地接头。全面□立时间地点由红军掩护，反正过来，有时整营整团归到红军这方面来，孙绍辉曾做过一次这方面的工作，过来了一个班长和两个带枪的白军士兵。崇仁县委书记吴礼明在1934年10月三县合并，也是调任做兵运工作（带了一连红军去）。后来就没有消息了，说明做兵运工作的巩固性与危险性。

第五个问题：崇仁县组织情况

县有县委、县委会，组织和现在一样，有书记、组织、宣传等部；区有区委书记（凤岗、谷岗、东山三区都有，区委书记，只港下未放）。县党的领导是通过五人主席团，无其他支部。县一切工作是与检查都通过主席团多次决议，党领导政权是通过书记对县苏维埃领导。

省和县经常组织突击队分赴乡、区、村检查工作和抓突击工作，一个区的突击队有十几二十个人。

党员发展不公开，只有暗号"中国共产党、C.C.P."一句话。

正常组织生活未举行过。

第六个问题：县苏维埃工商业税收、文教等政策如何？

东山无商店，只有一个合作社，卖一点布和盐，公办□□□车每服一两元不等，不向政府纳税。

分田后，农民收割不完粮、纳税，好年每户估计所有余粮，则动员他们将有余的粮食借给政府，不能强借，借了谷子，还要给苏维埃货币折价。

崇仁县苏维埃未办学校。

第七个问题：群众组织

有少共书记、游击队、独立团，成立了少年先锋队，团员不公开发展。县委有妇女部长名罗玉英，但无妇女会组织。县苏维埃有工会主任，无工会组织。

第八个问题：干部生活

当时干部生活，工作要细致，很艰苦。除吃米盐【外，】无工资，每月几毛钱伙食费，从县主席、书记到下面伙夫都是一样。零用钱只靠结余。干部没衣服穿时，要在农民群众分土豪、（劣）绅、地主的衣服时，须向群众说明要分一件衣服。如果群众多数同意，才可分到一件衣服。游击队战斗人员在行军战斗时，每天伙食费得到两角钱。

（整理人：徐炽庆）

2. 双坑革命原始史料双坑村苏维埃的基本概况

1932 年十月二十日，工农红军一、三、五军团路过港下去打宜黄。十一月间独立师回到双坑一带打游击，并动员年青〔轻〕人参加游击队。1933 年二月在双坑建立村政府，当时该村政府包括庙下、下高、双坑、埠山、马坪、龙元、�北、中高、猪坑。

村政府组成人员：主席陈凤生（又名陈细陆）、副主席叶龙仂、秘书吴昌福（又名吴炳林）、伙夫黄宝生、少年先锋队队长黄祖松、赤卫队（担架队）队长黄昌广。

村政府在双坑两个多月（近三个月），后又迁庙下（时间是头五个月迁庙下），在庙下村主席陈凤生、副主席乐口仔（原来副主席叶龙仂叛变了）、秘书吴昌福、伙夫黄宝生，少先队队长、赤卫队分田委员章菊生（现在）、陈皆生（已病死）。

当时村政府的工作：打了土豪分了田（只插好牌子），当时分田不是按亩而是以担为单位。

分田原则：游击队分好田，贫雇中农分同等和数量相同的田，富农分坏田，地主不分田。如果有分不完的坏田，就留给地主，当时的土豪都逃走了，田也就荒了。

当时在当地流行着一首反映现实的民谣：

万户走下省，千户船上等。

百户满山窜，穷人把命拼。

在 1933 年农历闰五月，庙下村政府被国民党冲散了，结果分了田（还栽下禾）被地主夺回。

（整理人：李云辉、杨德义、郭子文）

3. 访问袁庆生参加游击队记录整理（自述）

我是 1933 年二月十二日参加游击队工作。当时我只有 19 岁，参加时是跟独立团指导员蔡文清任通讯员。游击大队长胡子龙，福建人。游击队连长李成义（福建人），群众都是叫他癫子连长。

后来，看到我不怕死，到 1934 年四月由谢美仔（东山人），当时任游击队正队长。刘贵林（福建人）是连长带来的卫士介绍参加青年团，并宣了誓，誓词是：坚决革命到底，不怕去死，不怕困难，保卫胜利果实……如有叛变用刀杀。还发了团证。因为我不认字，记不清团证上写了些什么。

又说港下是乡苏维埃政府，各村有村政府。港下乡政府主席是余贵生，后被国民【党】杀了，就是张连生当主席，秘书是陈蠢仔（河口排人）。现在县政府设在东山，主席是刘川金，山斜人，已经死了。双坑是村政府，主席陈细人，又名陈凤生，村主席陈大芜叛变，被我们游击队杀了。后来副主席是乐博仔，双坑人，现在乐安牛田住。庙下设立村政府，主席叶龙仍，被国民党杀了。秘书吴昌福，被国民党杀了，有子现在宁都住。

在 1934 年四月间，我跟大队长胡子龙到瑞金，看见孙茂生挂了主席团代表证。我并烧了开水给他吃，因为他（指孙茂生）是我双坑郎（女婿），我认识他。那时我还年【纪】小，他不认得我。当时我想他一定当了很大的官，不然就不能带好几个代表。

我后来调到武装部，在山斜附近打了一仗。当时只有三个连（一连三排，一排三班）。游击队当时子弹很少。我们在山上喊国民党士兵：同志们！农民走过来我们这边有猪肉吃，有衣服穿。我们这边是〔不〕打人、打〔不〕骂人的。国民党反动派也在山上喊：老表！过来，我们有肉吃，有衣穿，有钱发。双方喊了一下，又打起来，不见胜负。

当时邵主席（邵式平）也在山斜组织搞革命工作，山斜、东山都有人看到过邵主席。

（记录人：郭子文、杨德义、李云辉）

（三）汤山、圭峰原始材料

1. 汤山访问材料整理

陈义生，75 岁，村代表。

汤山建立过村政府，主席陈保元。政府工作：①分田：不分男女老少，每个人都分四担谷或五担谷的田；②【打土豪】把土豪的谷子、猎、衣物、家具，分散给贫苦农民；③在战争时期派群众帮助红军抬伤兵，收集和搬运战利品；④派可靠的贫苦群众帮助红军游击队放哨；⑤派贫苦的妇女帮红军打鞋子、洗补衣服，红军会给苏维埃纸票；⑥派人帮助红军带路，送消息到目的地就回来。

组织过儿童团，儿童团的任务有二：一是放哨，用马刀、梭镖，【二是】押解土豪。组织过少年先锋队，少年先锋队的任务也是放哨，过路的人要有路条，其次也〔二是〕押解看管土豪，捉到土豪要用款赎，否则会打，少先队也有打土豪的任务。

2. 圭峰访问材料整理

陈菊才，村主席；陈贤文、陈梅村二人为游击队员。

圭峰在 1933 年四月（农历）建立了村苏维埃政府。红军一、

三、五军团于1933年正月中旬到圭峰。

村政府有主席、秘书、宣传委员、分田委员、财经委员、事务长。

村政府工作：①宣传：要贫苦农民中的青壮年参加红军、游击队，要少年、儿童参加少年先锋队、儿童团；②分田：按户口分，在田中插块牌子，就算是某户的田了，平均每人有六七担谷的田；③打土豪：圭峰没有土豪，游击队到东坑岭打土豪，捉到土豪解到区政府，有100余元的是一般的土豪，土豪要用钱到区政府去赎，才能释放出来；④村政府派人帮助游击队放哨，每夜三四个人，因圭峰是崇仁、宜黄、乐安三个县的边界，三路口派人防守；⑤在战争时期，村政府派人帮助红军抬伤兵，收集、搬运战利品，派人帮助红军引路、送消息、送茶水、送饭慰劳红军。

组织了儿童团，儿童团也放哨。

也组织过少年先锋队，少年先锋队帮助游击队放哨、看管土豪。

组织过妇女协会，又名钻子会。妇女帮助红军打鞋底、洗补衣服，红军给苏维埃纸票，捉到土豪的老婆用钻子钻。

组织过游击队，仅十余人成立一个班，班长陈子生，排长陈大龙。游击队四个班为一个排。三个排为一个连，再上为独立营、独立团、独立师。圭峰游击队受东山领导，圭峰、谷岗、汤山、东山岭四地的游击队组成一个连，连长胡子龙，副连长叫癫子连长（本名不知）。

1933年六月，国民党反动派军进攻东山岭，县、区政府未迁到圭峰，不久又迁到坳下，当时独立师、独立团、游击队（百余人）随县政府迁到坳下。在坳下大约半年，县、区政府又迁到金竹，独立师也随县、区政府到金竹。两个月后，县政府又迁到大金竹，独立师也随着县政府到大金竹。一月余，县政府和独立师转到瑞金去了。

1933年八、九月间，白军围攻圭峰村政府。主席换过三人，高魁生做过主席，最后一个主席叫做陈宝龙。村政府随着县政府迁到凹山①，后迁到坪坑。东山被白军占领后，圭峰时常派人到东山去打游击，最远到过山斜。每夜派十余人，遇少数白军便袭击之。

圭峰村政府有青年团，团员20余人。

圭峰村设有学校，儿童团20余人在学校读书，青壮年在空闲时也读书。

当时崇仁县辖有凤岗、谷岗、山斜、登仙桥、圭峰、浯漳、东山、汤山、土坊、太平市。

1933年7月，在谷岗成立过乡政府。

3. 汤山革命斗争情况

访问对象：陈保万、陈明实、陈福生等8人

汤山村是四边环山，形势很险要。大革命以前，全村共有100多户人家（人口550个），土豪3户（千两银子家当），贫雇农民占70来户。当时政治压迫是不算太严格〔重〕，因为村里读书绅士很少。不过，〈要〉经常受俗说的土豪劣绅压迫较重，如抓壮丁、派捐款等，交租分三等，最好的田交租2/3，中等的交1/2，最差的交30%，放债每年利息24%。由于山瘠【地】贫〈贱〉，每年得的稻谷简直不得糊口，据说最好的田一季可割三担谷，占总田10%；一般的只可收谷租半到四担，这种田占60%；差的一般只可收60斤甚至30斤，这种田占30%。群众做草纸卖的较多，但由于租税严〔沉〕重，每年仍不可能养活全家。

1932年冬，红军由瑞金来到乐安。十二月二十六日，一、三、

---

① "凹山"应为"敖山"，后文写作"敖山"。见《江西县崇仁县地名志》（内部资料），1985年版，第117页。

五军团就派出人来太平市建立政府。十二月二十七日就在谷岗建立了乡苏政府。直到1933年正月初五，就来到汤山、圭峰一带，在汤山建立了乡政府。乡主席是陈福生，当时由一、三、五军团的游夏先、曾祥奎两个同志来指导起局的。当时，陈福生是一个雇农，无产阶级，工作积极，得到群众拥护，因此乡主席就被陈福生当上了（5月就叛变了）。接着进行分田准备工作。组织了儿童团、妇女会、农会等组织。当初崇仁分成三个区：东山区（东山、汤山、圭峰、谷岗、罗坊）、太平区（沽塘、太平市）、□门区（□门敖下／朱坑）①。东山区主席聂洪春。当时崇仁县长是姓刘的。四月间捉到土豪4个，交银子100两（即光洋100元），各五十□，同时衣服、家具也不少。

1933年闰五月下旬，红军准备进攻宜黄，一、三、五军团就分成三条线：一条从乐安过，浯漳往山斜、港下上宜黄；一条是从乐安过沽塘、谷岗、汤山、东山，由陈坊过港下上宜黄；还有一条是过东〈王〉陂上宜黄的。那次打宜黄，不但没有得到胜利，反而损失人马1000左右。

六月十九日，白军住在凤岗一带，前来打东山，当时汤山村也有游击队40【人】，连班长、队长四3〔13〕人，分成一个队两个班，与东山合为一个大队。大队长是聂洪春，本村游击队长的〔是〕陈警才（后来怕反动派会杀头而自杀）。当日吃过晚饭后就出动，并经过了残酷的斗争，结果由于人少未打胜仗就败了下去。县、乡政府也一同搬走，一直搬到红门敖下，驻扎不久就移到瑞金去了。

六月十九日，打局以后，当时大红军已离开了此地。只有游击队组织得仍然很严密。他的任务主要是保卫本地不受损失，搜查地主和坏分子、反革命等，这样一直坚持到1935年正月才散了。在这段时间内，1933年七月间红军还经常会来与我们游击队取得一些联络，不过是随来随去，日间不敢落脚。

---

① 原文如此。据文献记载，当时崇江的三个区为东山、凤岗、港后。

白色恐怖时期：1934 年十一月间，白军到汤山村来（不过土豪仍然不敢进村），对游击队员采取大量搜捕。这时村里只余下□户人家，飞机炸毁房屋 48 幢，只余下 10 余幢。人员都跑到外面去躲难去了。加上当时气候不好，地下潮湿，一年半没有盐吃，生病很多。全村生病死亡者 120 多人，其余的也是烂手、烂脚、生疮等，简直壮丁出来也不像个壮丁。

十一月上旬，共捉去游击队【员】4 个，关在凤岗坐牢，后来具保结才出来了。其中有陈福生坐牢 6 个多月，最后就叛变自首了。全村的鸡鸭被白军捉光了，楼上楼下的米也抢光了。小孩、妇女也被白军用枪把打得半死，吃苦是吃不尽的。

王瑞香叛变情况：王瑞香，乐安县苦竹坑人，知识分子出身，1932 年参加了革命工作，担任师爷职务。由于没有经过严重的〔格地〕革命考验，当革命激烈时他就害怕起来。1933 年四月，他在部队里受到了严重的资产阶级右倾机会主义的批判，他不但不改过，反而助长了投降的机会主义倾向。当时领导发现他是一个不堪教育的家伙，就把他关禁起来，并派一个小孩看守他。四月中旬，组织把他看守了 7 天，在第 7 天夜晚，他借故解大便，在厕所把小孩推倒而逃跑了，并带了不少金钱逃走。在反动派中担任过乡长职务，在群众中无恶不作，解放后【被】枪毙了。

4. 东山老革命干部小组座谈会：独立营在后阶段犯过的一些错误

1934 年以后，由于国民党的"围剿"和封锁，独立营的生活和环境非常艰苦，很多人动摇【而】逃跑。因而一些领导人对于队员产生了疑心，当时还逃跑的人，被抓回来的就得枪毙。

一次，三个妇女原先是跟着红军（独立营）走的，这天吃了早饭就逃出来了，就〔有〕一个人发现了，告诉了胡子龙。胡带领

〈着〉队员把她们追回来杀了。

谷岗区五个干部也被他们突然捆起来，以反水的名义杀了。像这样以反水的名誉〔义〕被杀了的有二三十个。

由于敌人的封锁，群众和独立营联系减少，产生了隔膜。东山区一带又位于红白交境，因而群众很害怕，有什么问题不敢找独立营谈，独立营也对群众产生了怀疑。

1934 年五月左右，胡子龙带着一些队员到东山来打游击，群众正好【在】吃饭。胡就问他们的情况，群众说没有盐吃，他就把菜尝了一下，感到有咸味，便以为他们与白军私通，当时杀掉了三个妇女。

一次东山派了两个人去白区贤七①买回来。可是被游击队碰上。癫子连长把他两人抓起来审问，说他们是反水，要杀。这时区里得知，赶来说明原因。但还是当场杀了一个，另一个由区带回，两个月后还是被独立营弄来杀了。

---

① 语句不通，原文如此。

三、

乐安县革命斗争史
调查访问资料 ①

（一）招携人民公社地方革命史料汇编初稿

一、招携概况

招携乡在乐安的南部，东和东北与南村乡交界，南面和坪溪乡接壤，西靠固岭，与湖坪乡交界，西南和永丰县交界。西部的固岭，沿境向南绵延，一直伸到大金竹乡的半坪大队，一条溪流发源于此，向南流入招携乡的午田大队，从王求塘折东、再往南流到水东。另一条发源于小金竹的山里，也向南流，经清里大队过新街到水东。两条溪流在水东汇合起来，水流更大，潺潺作响，冲击着屹立在河中的顽石，奔向南流，到田堆上被横排在北部的南岭所挡，再转往西北流，经牛田入永丰。境内山脉起伏，地势较高，田园屋舍，坐落在山腰平地。山上竹木茂密，早晨薄雾如轻纱般地笼罩着，旭日东升，首先揭开山头的雾幕，在灿烂的阳光下，出现了一片美景，山腰间薄雾慢慢地浮动，随着日光上升，渐渐地消失了。

招携乡就是苏区革命根据地的招携区，当时招携区苏维埃政府包括六个乡：招携、青里、坝上、蛟腾、湛元和严杭，现在除严杭不在招携乡行政范围内（严杭现属坪溪乡管辖），计有绿元[①]、金丰、坝上、午田、青里、明辉、坪头、严田和尧坊 9 个生产大队，1075户，人口 5543〈人〉。耕地面积 21066 亩，绝大部分是森林、山地，木材、竹子出产很多，砍伐和运输工人把木材竹子从高山上砍下来，抬到河里，编成小筏，浮满溪流，一批又一批地运出去。到每

---

① "绿元"应为"禄元"，后文写作"禄元"。见《江西省乐安县地名志》（内部资料），1985 年版，第 137 页。

年的三月里，嫩竹刚要生叶子，有计划地把嫩竹破倒，成为造纸的原料——竹码，招携已建立纸浆厂，大量供给造纸的原料。此外，午田建了炼铁炉，出产钢铁。

新街、老街相距不到□里，可是①，小桥勾通。新街划为工业基地，纸浆厂就建在这里，小型水〔利〕力发电站也建在新街的上头，坝堤筑好，马上可以发电。每逢三、八街日，当街人往来不绝，把出产的稻谷、冬笋、毛边纸、栗子等卖给国家，换回需要的布匹、日用品。

二、大革命时期

1. 封建统治下人民的痛苦生活

土地革命以前，大部分土地和山场被地主恶霸占领，人民的生活依靠自己卖力气（劳动力）吃饭，加之国民党反动派的苛捐杂税，天天派走狗上门来逼，没钱交，就捉去坐牢。不但人身吃苦，要回家来还得托人情，开销几个草鞋钱。每逢夏收和秋收的时候，地主又收地租、房租、牛租，今年交不起，就要写借条，议定几分利息，欠多的写田写屋，越欠越多，越辗越深，房屋、田地被地主恶霸算去了，只得去住庙、棚住，无衣少食，还要抽壮丁。（南槽座谈会）

坪头邓小满地主，一年收租 1000 多担谷，有好几百亩田，杭村、垄田等地都是他的田，并在杭村设有庄屋。招携董财三地主，是"恒丰号"大老板，老财主，老粮户，四代不穿簚衣，家有银洋四万元，按田亩算，应交 200 多两的田税，按谷算要 600 多担粮。由此可见，他田之多，一年要收多少租啊！他的田税交不交由他自己，连乐安伪政府都不敢向他要，只是随他给，不足数便推到各村人头上。此外，他还有两个纸棚（纸厂）。

种〔中〕地主邓小满和董财三等的田，交租分上、中、下三

---

① 此处约有 10 个字模糊不清。

种：作上等田要倒四六分，种得的谷子要交六分给地主，穷人只得四分，还要交牛租（一斗禾种田五斗谷牛租），因为种田人〈去〉累少得，所以说是"倒"四六分；作中田，就是二一添作五，各得一半；作水冲沙堆的破田，种田人才有六分。若不这样交，嘿！就把田抽回去，耕牛牵走，穷人有力也无处可使，没有吃，生借无门。董老六的公①欠董财三一笔钱，没钱还，便以田、岭作价都不要。董财三背地鬼鬼祟祟叫人来说："只要他的儿子（名叫分龙仔）。"董老六的公听了很生气地说："你谋了我的财，现在又来谋我的人，黑良心啊！"结果董财三知道，就毒打了董老六的公一顿，说他讲坏了话。不久董老六的公就死了。

有一次，董财三和董玉斋同桌吃酒，董财三带醉意地说："讲家当，玉斋是不如我。"在桌上的玉斋觉得失了他的脸面，红着脖子说："我不瞒你说，收租只是八十多担，比你少得多，可是我除了在滕田、南昌、樟树（同和昌、公义森、同吉森），天津、杭州、水南（毛边纸、杂货店、饼店）共11家店不算，只要你在青里、坝〔坝〕上、茶亭、田坑里的岭比一下高低，每棵树（竹子或杉树）下放一个铜板（十枚青钱），我就把全部家当统统给你。"董财三听了发呆。招携一带的竹子山岭，董玉斋占了三分之一，横直绵延百来里，麻麻密密，长满了竹木，算不清，数不到。哪有这么多钱来放？感到一时失口，当场认输。因此，便成为"打开南门第一家"。

像董玉斋之类的地主恶霸，为什么会这样有钱？就长了一颗黑心，想尽一切办法剥削压迫穷人。向董【玉】斋借钱的利息很高，并且写好契，把山或田作抵押，每10元银洋年息要大三分和大五分，过了年就得交13元到15元，还不起，行花息计算，年年翻本算息，息上层息，过不上几年，押的山或田就被他算去了，他只要裁契照业就把你产业夺去。董杨一的父亲欠了300多元银洋，一块

---

① 方言，意指爷爷、祖父。

地被他占去了，一个店也被另一个地主算去了。董玉斋有三个纸棚，每个纸棚 12 个工人，每天卡工人交 10 刀毛边纸。而一年四季吃的萝卜青菜，过年过节才有半斤肉，一天三餐饭都要轮流吃，可是得的工资又很少。当时工人这样说："壮年走纸棚，老年背竹筒（讨饭）。"他压低价钱收买土产（毛边纸、夏布等），贩进来的货物，抬高价来卖。做的生意都是一本万利，可是人民的负担就不轻了。

在这黑暗的社会里，人民的脂膏被地主恶霸榨干了。可是每个人的心是不屈的，满腔怒火燃烧着，有朝有日，个个都会举起锄头和锤子，粉碎捆在身上的锁链。

（谭务七、雷济民口述）

2. 党组织的萌芽

1919 年，谭伦①明入抚州师范学校读书，在读书期间加入了中国共产党。1924 年毕业回家。1926 年四月在招携诚伯公祠开办一所小学。他看见农村的封建势力压在人民头上，弄得人民生活困苦，谭先后在塅〔汗〕上②等地进行马列主义宣传。

1927 年四月，袁振亚（共产党人，负责乐安县秘密工作）从永丰县来到谭伦明办的小学里，和谭讲了很多话，并告诉谭搞革命工作的办法。接着谭在学校里办了一个夜学班，吸收〈些〉贫苦上进的农民和工人 13 个〔人〕参加学习。教学的方法是多式多样，一面交〔教〕他们读书或练打，一面宣传马列主义。在夜学班里没有什么规章制度，只要合符贫苦青年就可以参加，农闲时就来，农忙时也可以不来。读书也凭自愿，有的读三字经，有的读百家姓，有的读老册子，有的读新国文，五花八门，各样都有。他经常认真地和参加学习的青年谈些铲富填贫的事："为什么天下人有富有贫？

---

① 原件中，此字的写法有"论""伦""林"等。
② 汗上，因建村于田塅上，人称塅上，后写成汗上。见《江西省乐安县地名志》（内部资料），1985 年版，第 135 页。

有的天天吃鸡吃肉，有的连饭都没吃呢？人都是赤膊出世，都是从脚盆里洗出来的，为什么他们就有钱，我们就没有钱呢？我们劳动了还穷得要死，他们不劳动反而很富裕，这就是'剥削'。我们要铲富填贫，要使大家都有饭吃。"又说："共产党要人人都有饭吃，都有衣穿。将来的世界都是共产党的，不能由资产阶级专政，工农要专政。我们要看重自己，我们的眼光要看远一点。"参加学习的青年经常对这些问题进行辩驳：穷人省吃俭用越是冒（穷），富人阔吃阔用越是有。人，不都是赤膊出世，从脚盆里洗出来的吗？为什么有"穷""富"之分呢？当时大家猛然地醒悟起来，认识到自己穷，并不是什么八字生得不好，阎王注定了。有气力，能劳动，生产出来的谷子，栽培出来的竹木，为什么要送到财主家里去？自己反而没有吃没有用，这就是他们剥削了我们劳动人民，所以他们才有钱。谈到这里，个个心里极感不平。

有一天夜晚，大家都睡觉去了，学校静悄悄的。谭伦明就叫大家谈共产党的事，只有成分好，又不会在外面乱说话的人，才能加入共产党，当时有雷老万、李本元等七八个人，经过谭的介绍加入了党。这七八个人都是一个组织，谭伦明是支部书记。

那时，袁振亚经常到招携来，同谭伦明谈一些话，又到带陂、南村一带检查布置工作，曾有〔友〕颜、张书锡是谭的同学，经常也有来谭家里。

革命运动越来越快地开展，贫苦人民在党的宣传教育下，迅速地觉悟起来，随时准备拿起锄头和铁锤对付压在头上的敌人。国民党反动派对人民的革命活动很害怕，残酷地镇压。1928 年永丰郭用光（层山人）搞革命工作被捉。同时谭伦明和董廉〔立〕甫〔普〕地主作对，董廉〔立〕甫〔普〕曾到伪县政府控告谭。谭伦明同志察觉时势对挘〔搞〕革命工作的关系【不利】，因此，就把〔在〕学校停止教书，夜学班也从此停止了。

谭伦明同志把学校工作停后，就跑到外面去了，在外面不到一年的光景，从丰城、樟树那边回来，没有再教书，在招携街上开了个小店。党里有什么会议大多在这个小店里召开。曾有〔友〕颜、何德辉、张英、周爱莲等经常来谭伦明店里买些东西，冷静的时候就商量一些问题。1928 年的七月间，曾有〔友〕颜、张英和谭伦明等秘密在谭家祠组织一个农民局，准备领导农民打土豪分田地的事，主席就是谭伦明的哥谭秀【庆】方〔芳〕。

（谭务七、雷老万口述）

三、土地革命时期（1927—1937）

（一）暴动的准备（1928 年 12 月—1929 年 11 月）

1928 年 12 月（阳历）间，曾郁颜（误为 AB 团【被】打死）、谭伦明（病死）、张墨卿（误为 AB 团【被】打死）、邱角（后叛变）等人，几次召集过一些贫雇农到塅〔汗〕上村（招携乡）圣公祠堂里开会，说是起农民协会。来开会的人问："起农民协会做什么？""打土豪分田地，没有田的——有田，没有山岭的——有山岭，没有老婆的——可以自由结婚，不交租，不完粮，借富人的债可以不要还。"他们又说。群众又问："你们敢吗？"他们说："敢！你们不要讲出去，以后看就是。"还说："我们要暴动，要革命，俄国十月革命也是从起农民协会开始的。"

农民协会由他们领导，邱角当主席，不到十天他们都走了，农民协会也就无声无息，并没有发动群众起来暴动。

1929 年阳〔阴〕历正月初八下午，红军从东固经善和到招携，很多老百姓跑走，红军就挡在路上叫"不要走"，走了的也宣传回来。红军说："我们是自己的兵，真正为中、贫农谋利益，打土豪分田地，没有衣服穿的——将来发布，没有老婆的——将来可以自由结婚。我们是自己的兵，大家不要怕，不要走。"

有的战士身上有两件衣服，就送一件给穷人；有的战士带有银圆，就拿出来送给贫苦的老百姓，送金戒子、银链、玉镯……什么都有。跑走的老百姓大多都回来了，桥头边一家铺子里住着几个人，门口驾着许多机关枪，据群众说"毛主席来了"。

那天晚上正当大地主谭□□结婚宴客，红军就派人把这个地主婆子捉了来，要地主拿钱来赎，当天这个地主并没有送钱来，于是红军就把这个地主婆子关了起来。第二天早上街上行人很少，不少的商店关门闭户，叫买东西叫了半天也没有人开门，只有一些贫苦的农民才敢出来走走，红军士兵看到这些穷人穿得破破烂烂，就把自己换洗衣服或身上仅存在的几块钱送给了他们，群众看到红军是那样的和气，渐渐出门的人也就多起来了。晚饭后，太阳快落山的时候，红军要出发开往宁都去，那个地主婆子也被扛着走，这时地主发慌了，请了一个人包了四百块银圆，才把那个地主婆子赎回来。

1924 年阳历 4 月间，红二四团刚到招携就宣传打土豪分田地，墙上写满了：

"推翻国民党统治，建立苏维埃政权！"

"打倒军阀，打倒帝国主义在中国的一切特权！"

"打倒土豪劣绅，拥护中国共产党！"

"拥护工农红军！"等等。

动员贫苦工农参加到自己的军队中去。红二四团到招携的第二天，就把从供□、戴坊打土豪来的几百匹白布（宁都大商人的）在街上散给穷人。群众看到红军散布给穷人，来的人也就愈来愈多了，大大小小拥挤成一堆，街道都塞满了，于是红军拿着布一匹一匹地往人堆中抛。为了使更多的人能得到布，便把布撕成两三块，这样穷人非常喜欢。

红二四团走了以后，郭牛行、邱三祥（学生出身）便合伙在招携街上开了家杂货兼布店，〔借〕买卖为名进行革命活动。永丰人金牙齿经常会到这里来（金牙齿又叫金丝眼睛〔镜〕，真实姓名是吴鲁观，后被误为 AB 团而死），和郭牛行、邱三祥接头，吸收了雇农董江五（误为 AB 团而死）参加革命。善和那边也有人来，并经常对群众进行宣传："现在各地都在暴动，我们这里也要起农民协会。"

杭村、坝上曾经有引水人到那里宣传组织农民协会。

招携农民暴动在思想上的准备，经过了许多革命的努力，轰轰烈烈的农民暴动就将从招携区的每一个村庄、每一块稻田小岭里爆发出来。

1929年阳历8月，打过乐安城又回到招携，石马游击大队也开到招携，正值张英等人打死乐安伪靖卫团大队长李德贵（萍乡人），带领伪靖卫团100多人、60—70支枪（内有两支短枪）起义到招携来。石马游击大队长吴鲁观（又名金牙齿）亲自骑匹高大的马到半路去接，招携群众也组织了锣鼓队（雷传兴吹笛子）欢迎伪靖卫团反水，群众夹道欢呼："欢迎你们起义过来当红军！"

"当红军是很光荣的事！"……

一直把起义队伍引到招携八公庙亭子边，张英、廖培〔丕〕文[1]还对士兵讲了话，此时有两个人抬了一箩银圆来，每人发四块。

在党的领导下，以张英为首很快就组织了乐安游击队、乐安县革命委员会。游击队来到大金竹，革命烈火很快就从大金竹蔓延到四方。

（二）农民群众大暴动的情况（1929年11月—1930年初）

1929年阴历十月间，坪区上东坑的群众十多个人，假装来招携当街，在街上走走看看，到了下午两点多钟，人愈来愈少，街散了，就分成两队拥进董田一（土豪）的酒店和何长保（土豪）开的香店里去了，把他们柜子【里】的钱和一些值钱的东西全部带走。别的村农民协会也常会到这里来打土豪。假〔借〕此事，董日辉、高关生、董信九三个人就在群众中鼓动：

"坪溪、大金竹的人经常跑到我们这里来打'良户'（恶霸、地主），打得的钱都被他们拿走了，我们这里也要农民协会，我们自己起了农民协会，他们就不来了。"

十一月的一天，吃过早饭后，有二三百群众都来到先一祠，听

---

[1]　廖培文，应为"廖丕文"，后文写作"廖丕文"。见《中央革命根据地词典》，档案出版社1993年版，第621页。

说是开会，会场上叽哩哇〔呱〕啦热闹得不得了。董日辉宣布开会时，人声才慢慢停下来。董日辉、董江五都在台上讲了话，说了起农民协会，接着董日辉又宣布委员名单："董目九担任农民协会主席，大家赞成不赞成？"群众都声□叫："赞成！""董江九担任财政，赞不赞成？"……选举完了就散会。第一个农民协会就这样组织起来了，董杨一是赤卫委员，加上文书、土地委员，五个委员留在祠堂里开会。董日辉是港田村党支部书记，也参加了这个会，商量了组织问题，分田的办法，对港田董享丰、董义昌、董启丰三个大土豪财产〈的〉如何处理。以后，每过了六七天便开一次群众大会，讨论打土豪分田的问题，土豪劣绅不许参加大会。

同年十一月（阴历）塅〔汗〕上、花园、坪头等村也先后成立了农民协会，塅〔汗〕上村农民协会主席谭要契，土地兼财政委员是谭裳灿（即谭务七），参加农民协会不要什么手续，大会上念一下名单，群众通过就可以。各村农民协会都绑了土豪的票，唯塅〔汗〕上农民协会只要各土豪自己写款。

1929年底，乐安游击队到杭村、坝上一带进行广泛的宣传，写了很多标语，鼓动群众起来闹革命。杭村第一个农民协会成立了，廖寿昌当选为主席，谭老早当选为组织委员，杨勇保当选为财政委员，何令生当选为粮食委员，周爱莲担任党的支部书记。

（见招携老革命冈〔同〕志座谈会记录，周才生、陈老桃、雷济民、谭裳灿、董杨一、雷传兴、罗梅香、罗龙香等口述记录）

乐安游击队在坝上开会，打土豪以后，很快就开走了，坝【上】便派廖文星、周桃芳到大金竹接头，组织了农民协会。在廖文星、周桃芳的领导下，曾经到望仙、南村、金竹、稠竹坑等地进行农民协会的宣传，并且组织了少先队、赤卫队……到各村去打土豪，将土豪剥削来的东西分给贫苦农民，起初有的农民不敢要，少先队员们就替他们把布匹、粮食、衣服送上门去，群众看到他们这样为贫苦工农做事，都深受感动。

（见周才生）

当张英等人在招携搞暴动的时候（1929 年十一月），周爱莲就在饶坊一带组织农民协会。1929 年（古）十二月初三日饶坊^①、小带、牛坪、陂湾、江口、田基上、高陂、周家桥、墈上、马家墈、湛元等十几个村，有几百群众赶来尧坊开大会，选举罗和尚为农民协会主席，周福生管财政，于望仙的文书（党支书兼），曾老严、邓老歪、周火生、潘于福四个交通员。因为这一带是边区，敌人常会来骚扰。

（见邹福生）

打土豪，分田地：

分租与抗租、抗债：1929 年二、三月间，招携墈〔汗〕上村农民协会就按每亩田往年的产量插上牌子，牌子上注明产量，中贫农自己的田也不另外。到收割时，按其实际产量，全部田亩折出一定比份的田租，然后按当地人数平均分配田租，不分年龄、性别，也不分工、农、商或土豪劣绅，只要有农民协会的条子就可以去担粮，条子上载明了：姓名、成分、到哪个佃农家、担多少谷，最后盖有农民协会的公章，这在当时叫做"吃租"。

（见谭务七）

在杭村一起农民协会，农民作的田不再交租，收的谷子全归作田人得，只要交很轻的公粮，贫苦人家那时（指土地革命初期）都有千余斤谷子粜。过去借的债，就是前一天晚上借的债也全部废掉，各种纸票（债据）、田契都当场烧毁，借债人可以向债主要回借据，若债主不肯，就要把债主关起来，关了几次也就会自动把它（借据）交出来。董杨一的父亲死时给他（董杨一）留下了三百银洋的重债，除了革命前用地抵了一些债外，剩下的债都在这次废掉了。

（见陈老桃、管才生、董杨一）

---

① 饶坊，应为"尧坊"，后文写作"尧坊"。见《江西省乐安县地名志》（内部资料），1985 年版，第 61、94、117 页。

打倒土豪劣绅：在政治上剥夺他们的一切权力。不许他们参加群众大会，不许加入农民协会。假如讲错了话，就要捆起来戴高帽子游街，稍微严重一点就要关起来，送到裁判部去审问。

在经济上，游击队、政府没有开销就打土豪、捉"良户"、写款。红军打土豪的猪给群众吃，衣服、犁、耙、箱子、蚊帐……都分给贫、雇、中农，按各人的情况，缺衣服的便多分衣服，缺耕牛的就分耕牛，耕牛不够就几家合分一条〔头〕。模范营、独立团也经常到边界地区去捉土豪，天天夜里去捉。打土豪来的锡器就归国家，在青里等一些地区还组织了没收委员会，专门负责没收土豪的财产，然后分给穷苦工农。

（见董老细、雷济民、管方生、胡朝生、黎高春、曾福生、黄侁女）

1930 年热天，招携乡和南一区几百人一同去宁都洛口参观，因为洛口先暴动。去参观的时候天气很热，很多人还穿着公家发的衣服，也有的人没有发到。我们走到有人家的地方就唱歌，到了洛口，他们说："欢迎新暴动！"第二天就回来了。

（见雷传兴）

土地还家：杭村在 1930 年初，乡政府还没有成立时，就准备分田，因为地划不开，没有分成。当时思想抵触也很大，有人说："天晓得分田作得成作不成？"分田一般都在成立乡苏政府以后（1930 年下半年），招携的塅〔汗〕上、青里、杭村、蛟腾的南曹[1]等地都采取打乱均分的办法，将所有的田分为上、中、下三等，红军家属、干部家属分好田，中、贫农平分田，地主、富农分坏田，手工业、商人也分田。塅上每人得五斗禾种，青里每人得六斗禾种，南曹每人得四斗禾种。杭村陈老桃家四口人（两个【大】人、二个小孩）共分得十七八亩田。当时提出的口号是"联合中农，打击富农，没收地主"。青里乡那时还成立了分田委员会，领导分田

---

① 前文提及"南槽"。

工作。

（见谭务七、雷济民、陈老桃、周才生、董老细）

港田、禄元等地虽田分三等（即上、中、下），但"照顾原耕"，实行"抽多补少，抽肥补瘦"，即原耕全是好田时，便用坏田换取其一定数量的好田，若原耕田数很大，便适当抽出一部分给少田农户，地主、富农分坏田，数量较中、贫农少些，港田村每人平均四斗半，禄元村每人七斗。

（见郜文福、邓方兴）

青里乡龙上村（现属午田乡）1930年底就开始丈量土地，第二年三月间就分好了田，每人得二亩多，在龙上地主不分田。

（见习二祥）

"靠山分山，靠田分田"，分山岭以乡为单位，有纸棚的竹山归纸棚所有，纸棚的财产归纸工共有，管棚人若是业主，纸棚的财产则没他的份，若管棚人也是被雇佣，一个纸棚则十二个人分。产茶子〔梓〕的山则按茶子〔梓〕的总产量来分，分茶子〔梓〕则以村为单位。招携大财主董玉斋的货物全部散给了群众，店面则由有本钱、无店面的人使用。耕地主的田，用的是地主的田或农具，则牛或农具归耕者所有，缺牛或农具的人多，则大家共用。土地部还把地主的鱼塘、房屋、竹山、茶山、油山、耕牛没收过来，首先分好的田给红军家属、干部家属，其次是中、贫农，有的地方也分给手工业工人。

（见黄德全、刘长华、凌炳六、吕散华、董老细等人）

1930年（民国十九年）分了田，但每年都有适当的调整，招携塅〔汗〕上村共调整过三次（分田在外），每人分田由最初的五斗加到最后每人八斗（指禾种）。因为，一方【面】是最初分田土豪、商人、手工业者都如数得了，土豪一批一批地逃跑，手工业者的流动性很大，他们主要是从事手工业的工作，对田里的事很少有空照顾，商人想把田请农民种，农民那时已分了田，都不愿替他们作，结果有一些田荒着；另一方面每年人数变化很大，每隔一年又得重新调整一次。

（见谭务七）

在暴动初期的某些地方，也曾有一些偏差出现。【比】如说某家有猪或多有几件衣服，生活稍好一些就去打他的土豪，其实也是穷人，这样的情况经上级知道，便立即给予纠正，提出"穷人不打穷人"。

（见杨良才）

在招携塅〔汗〕上村，最初提出"田要上百亩才算是土豪"，所以一些没有划为土豪的土豪仍参加了农民协会，到第二年分田时才被划分清楚。

（见谭务七）

查田、查阶级：

1933年下半年招携各地开展了查田、查阶级。

地主阶级是自己不劳动，专靠收租过活的。

富农：自己有许多土地，耕牛、犁、耙很齐全，他本人也参加劳动，但主要靠剥削为生。

中农：自己的土地不够，还租别人一点土地耕种。

贫农：自己很少或完全没有土地，靠租别人的土地耕种为生。

雇农：一无所有，专靠做长工、卖劳动力为生。

根据划阶级的标准，重新复查了一次阶级成分，招携乡4个农民协会有地主30多户，富农20余户，全区（招携区）有地主70—80余户，富农70户左右。最大的地主董玉斋拥有全区三分之一以上的山岭，5个纸棚，五六十亩田，坪头邓小满土地【分】布全区，有田六七百亩，并在杭村专设庄屋进行剥削。

（见黄德全、董老细、谭裳灿【参加】县座谈会记录）

（三）党组织的建立与发展

凡年满25岁或25岁以下[①]的少共团员，工作积极，作风正

---

① 原文如此。

派，有革命心的人，祖孙三代成分都好，可以介绍入党。入党必须由一个以上党员介绍，申请者要填写个人履历表，经党小组讨论通过，然后交党支部审查，区委批准。区委批准前还有三个月的考察时间，把申请者派到最艰苦的地方去，如搞边区工作或到白区做侦察、宣传工作，在这段时间内，工作表现积极，经得起考验的，便可以批准入党。工人、长工经批准即为正式党员，中贫农入党有半年到一年的候补期，最少也有三个月，富农入党起码有三年候补期（实际上没有富农参加）。

候补党员转正，必须履行宣誓手续，不宣誓不作正式党员，非正式党员没有党证，也就不能参加党内会议，因为那时党员还是秘密的。入党宣誓的时候，墙上贴着"C.P."两个字，中间挂着一面大红底色的党旗，上面有镰刀、斧头交叉的图样，宣誓人立在党旗面前，左手握拳举起，右手握拳放在身后，嘴里念："自愿加入本党后，愿牺牲个人，为无产阶级谋利益，在任何情况下，永不叛党"。誓词在过去是不许乱念的，平日念了要受处分。宣誓的时候，旁边还有一个〈人〉监誓人。

墙上"C.P."二字代表共产党的意思，一般群众都不知道，所以有时党员之间联系也就用这个字。

问："同志，你是 C.P. 还是 C.Y.？"

也有的支部用它来作为通知党员开会的信号，通知人故意走参加会议的人身边过，走到相隔最近的时候，轻轻说一声"C.P."，对方听到叫"C.P."就知道是要开党员会了，转身就可以跟着走。入党要成分好，成分不好的，有钱都买不到。

暴动初期（1929底），招携各地党的组织也迅速地建立起来了，招携墈〔汗〕上村党支部在共产党员谭伦明（于古历1930年十二月病死【于】招携）的努力下，于1927年就在诚伯公祠夜学班里秘密建立了。这是招携区最早的党组织，暴动初期又进行了整顿，内中有雷济民（现住招携光荣幸福院，中共党员）等八个党员，谭伦明任该支部书记。董日辉（误为 AB 团被杀）入党后，在港田先后介绍了郗文福（现住招携新街，有严重肺病，思想落后）、高关生等十人入党，成立了港田党支部，董日辉是支部书记。不久，花园、坪头也相继成立了党小组。

杭村人周爱莲，在湛元搞党的组织和农民暴动，红军就到杭村、坝上搞党的组织，1929年阴历十一、【十】二月间，组织了贫农团以后，又从中选出一些三代成分都好，工作又很积极的人在坝上村开会，够党员条件的便由连排长作介绍，经他们（即连排长）批准登上花名册，便算加入了中国共产党，没有履行宣誓的手续，只连排长再三强调指出："入党不能告诉任何人，自己的爷、娘、老婆都不能告诉，只要自己知道就行。"并要新党员同志"去找那些成分好，又不会在外面乱讲的人，介绍他们到党里来"。下源村的曾老罗（后来担任过区委书记）、坝上村的董老细（后担任过区苏主席）、青里人曾南香（后担任过区少共书记）都是这次由连排长介绍入党的。支部书记指定为周爱莲，周在学校读书时就是共产党员，后来调到乐安独立团当事务长，不久就被误为AB团而被十二军（国民党军假投降过来的）所杀害。青里乡、湛元乡、严杭乡党支部也先后建立起来了，青里乡支部书记是刘春华。

1930年冬与1931年（阴历）春之间，由于肃反工作发生偏差，一半以上的优秀党员被诬告为AB团而遭到杀害，党的组织遭到严重地破坏。经过整顿，1932年在干部中公开发展，1933年上半年开群众大会发展党员以后，党的战斗力又迅速壮大起来。据1933年初（阴历正二月）的不完全统计，招携区有116名党员，参军和外地来此处工作的党员还不计算在内（据说参军的人中有三分之一以上是党员）。

公开发展党员也必须有介绍人，原来吸收党员完全是秘密的，大会公开征集则是在会场的规定区域内，登记前来申请入党的人的名字。还得经过审查、批准才算是党员。

招携乡有党员30多个。

青里乡有党员30个左右。

坝上乡有党员 15（6）个。

湛元乡有党员约 18 名。

严杭乡有党员 23 个。

共计约 116 人以上。

乡苏维埃建立后才公开建立党支部的组织，每乡一个支部，招携有五个支部、十几个党小组。

党小组会一个月两次，党支部书记也参加。支部大会一个多月一次，看需要决定，区委支书联系会二十多天一次，讨论"动员扩大红军""发展党的组织"等问题。区委会三天一次，少共书记也参加，书记不在便由组织部长代替，所有的事都必须先在党内讨论，大家认为需要拿到苏维埃去，便通知召开群众大会，由党员同志去传达。每次支部大会散会时还要呼口号：

"打到南昌、九江去！"

"消灭发〔反〕动派！"

"保护红军！"

"苏维埃政府万岁！"

一般开会都要唱《国际歌》《少先队歌》。

通知党员开会很小心，地点事先指定，若有变动便通一个暗号，白天就借砍柴到山上去开，晚上就借捉黄鳅到无人处开会。

1930 年腊月二十九日，在青里召开了乐安县第一次党活动分子会，由邱角主持，上级党委代表马木彬作了国际国内形势的报告，因反动靖卫团来进攻，会议改延到 1931 年正月在坪头继续召开，选举了邱子敬为县委书记。①

1931 年五月又在招携墩〔汗〕上诚伯公祠召开了党内扩大会，

---

① 1930 年 1 月 29 日，乐安县党员代表大会在招携青里龙门村召开，后因遭敌袭击，转移到招携坪头村继续开会。大会产生了中共乐安县委、书记邱珏。见《中央革命根据地词典》，档案出版社 1993 年版，第 160 页。

整顿乐安党的组织，余甲生担任县委书记。①

1932 年五月，招携区苏维埃成立的同时，中共招携区委会也建立了，区委会有五个委员，负责领导全区的工作，裁判部对重大案件处理上必须听取区委书记的指示。

区委会有书记一人，妇女书记一人，宣传部长一人，少共书记一人，组织部长一人，在必要情况下，增设副书记。

1932 年六月，在港田村召开了招携区第一次党员大会，有 40 多个党员参加，会议内容：

1. 做好党的一切保密工作；2. 彻底做好优待红军家属工作。

大会开了一天半，第二天中午反动派来了 30 多架飞机扰乱。

1933 年招携区委书记曾罗生、妇女书记江春秀、宣传部长习扁姑、少共书记曾菊华、儿童书记董流明，亦增设副书记一人管老砚。同年十月间，区委书记换为刘狮宝，曾罗生被调为南村区委书记，其他区委也因为工作需要，先后都被调往县保卫局工作，区委只剩下书记刘狮宝。

1933 年六月（古【历】），中共乐安县委会在招携开办了党内活动分子训练班，有 60 多个党内活动分子在训练班里学习，由当时的县委书记胡加宾②主讲。

1933 年 11 月，招携区第二次党员大会在塅上诚伯公祠召开，代表 60—70 人，主席刘狮宝，会议内容主要是讲党员要安排群众，稳定群众的情绪。

党要求党员必须打破家庭观念、地方观念、保守观念、亲戚观念，必须在各件事情上带头，如动员群众报名参军，每个党员就必须保证扩大两个红军战士。当时有的党员一马当先，以行动带动

---

① 1931 年 7 月中旬，临时县委召开大会，选举产生了中共乐安县委，书记余甲生。见《中央革命根据地词典》，档案出版社 1993 年版，第 160 页。

② 胡加宾，应为"胡嘉宾"，后文写作"胡嘉宾"。见《中央革命根据地词典》，档案出版社 1993 年版，第 161、530 页。

群众，青里乡在第一次报名参军的时候，就有共产党员董畲面以自己的行动带动了 30 多个青年上前线。也有的女共产党员同志动员自己的丈夫或儿子参军。在发动群众做好优待红军家属的时候，许多共产党员冒着暴雨、大雪给红军家属担水、砍柴，群众见了都眼红，"他分的田和我的一样，他可以做的我也可以做。"因此，在近三十年后的今天提起这件事来，老苏区的群众都无限感激地说：

"对我们红军家属照顾得太周到了！"

"那个时候优待红军家属的工作真做得好！砍柴、抬水……作田都要先作红军家属的起。"

党员同志犯错误要受到党纪处分，党纪处分有：（1）批评教育、（2）口头警告、（3）停止党籍几个月到半年、（4）开除党籍四种，视其情节严重分别给予处分。少共青年团是党的助手和后备军，直接〈接〉受党的领导，党内开会少共书记要参加，书记不在由组织部长代替，少共开会必须请党委派人参加指导。团支部会一星期一次，团员较集中的地方会议较多，生产忙时半月、一月开一次也不一定，团员要交团费，每月 2 个铜圆。

18—25 岁的人才能加入青年团，入团要审查历史，要看工作好坏，阶级成分一般要求是贫苦工农、手工业的子弟，申请者必须有两个团员或一个党员介绍，工人子弟及工人一般无候补期，中、贫农成分的人一般有两三个月到半年的候补期。

1932 年九月青里乡团支书是邓冬英（现住招携杭村，社员），宣传部长谭余多，组织部长赖早生。1934 年 3 月区委会搬到严杭，邓廷年担任了少共书记，青里乡团员有 50—60 个，全区党、团员都在 100 以上。

乐安共产青年团执委会曾在招携召开了共产青年团代表大会。

党、团组织在乐安人民的心中已深深扎上了根苗。

（四）苏维埃政权的建立与发展

乡苏维埃政权：

在革命委员会的领导下，革命势力很快地发展起来了。1930

年九月，招携乡苏维埃政府在街上成立了。由各村每 50 个人推选一个代表，在万寿宫背后的一个祠堂（204 衙门）里开成立大会，有几百个代表参加，大会选举了泥水工人曾涛忠为乡苏主席，刘秀兰（刘秀兰、谢贡文、邱呈生误为 AB 团【被】打死）为财政委员，谭裳灿（现住招携街，中农成分，资本主义思想严重，曾当过一个月保甲）为土地委员，谢贡文为赤卫委员，邱呈生为粮食委员，江孟华（现住招携，恶霸娘子）为妇女委员。曾涛忠因为工作能力较差，群众有意见，担任了半个月，乡苏维埃主席便由土地委员谭裳灿担任。乡苏维埃主席要到各村去督促领导生产。当上级要民工（包括担架队、运输队）或赤卫队时，乡苏维埃主席要负责及时调齐，白天要白天到，晚上要晚上到，要一百到一百，要两百到两百，一个也不能少，丝毫也不能延误，否则便要撤职，情节严重的就立即逮捕法办。乡苏秘书协助乡苏维埃主席，负责动员群众支前，组织优待红军家属。处理各种信件和日常事务，布置组织群【众】大会。招携乡的秘书由党支部书记董日辉兼任。乡苏维埃主席秘书、财政委员是专职干部，其他委员平日除了工作，还得进行生产，只在有事来乡里时，伙食由乡报销。

（见谭裳灿、邓才兴、郝文福、刘春洪、雷济民等同志）

招携乡有十多个交通员，比一个县机关还要多。因为反动派经常会来扰乱，尤其是匪首王兆麟的军队驻守流坑、增田一带，经常会来偷袭我们，招携乡苏维埃除了四五个跑动送信的外，还有四个交通员专门坐守流坑这面，得到匪军来进攻的消息，立即把情报传到乡苏维埃，好及早做好准备。乡苏维埃包他们的吃和穿。

招携区包括招携乡、严塘乡、青里乡、湛元乡、坝上乡（1933年起），现在的招携人民公社包括原来的招携乡、青里乡、坝上乡、湛元乡、高腾乡（苏区时属竹溪区）。

招携乡当时包括墩〔汗〕上、坪头、港田、花园四个农民协会。

青里乡包括：上庄、青里、龙上、阳泥坑。

坝上乡包括：杭村、坝上、下沅、羊角寨。

湛元乡包括：小带、陂湾、尧坊、马家塅。

乡主席：招携最先是曾湊忠，当了半个月便换了谭裳灿。

青里乡最先是邓培元，邓调任县主席后，廖任生继任。

湛元乡是张□□。

坝上乡是党支书管豪壮兼任。

除坝上乡在 1933 年建立外，其他〈之〉乡皆在 1930 年成立，最初属东区管辖。1932 年二月招携、青里转归竹溪区管辖。1932 年五月，由于苏区的迅速扩大，招携被单独划为区，招携区包括青里、招携、湛元、严塘，1933 年从青里、湛元两个乡中又特别划出第五乡——坝上乡。

（见乐安县老革命同志座谈会记录整理）

区苏维埃政权的建立和发展：

1932 年 5 月（阳历）间，招携区苏维埃政府成立，区主席是温吕才，〈一个〉烧炭工人出身，不久温吕才被调到县苏维埃，区苏维埃主席改由周仉兴担任，周被调为本区裁判部长，谭杏家接任区苏维埃主席。1932 年底，谭杏家调往县苏，邓起飞（又名和尚）做了近一年的区苏主席，后因犯错误被撤职，曾长贵调为主席，其兄曾罗生同时被调任招携区党委书记，管老砚为副书记。1934 年 2 月（阳历），招携区苏主席由董老细担任，区委书记刘师宝[①]是兴国人，原区苏主席曾长贵调县工作，不几个月就病死，其兄（原区委书记）曾罗生调到南村区委任书记。

区苏维埃政府有十几个机构。

裁判部：负责调查，审判坏分子及一切反革命分子，并视其情节严重，给予法律制裁。审判坏人时有裁判部长一人，法警两人，文书一人，判决书要交县裁判部批准。

检查部：主要是核查犯人犯罪事实，对情节严重者提起公诉，

① 前文又作“刘狮宝”。

招携区最早的检查部长是谭洪春。

军事部：领导全区地方武装（特务班、赤卫队、模范营），组织动员青、壮年参军支前。刘春华（现在招携午田农场，普通社员）曾任招携区军事部长。

财务部：负责保管打土豪得来的钱财，收集土地税，统管全区公共开支。

粮食部：调查各村粮食情况，调整各地用粮。

土地部：具体负责各地分田事务，调整土地的使用，土地部长是高春祥。

国民经济部：负责本区建设，领导反帝拥苏大同盟的事务。

内务部：[①]

总务处：负责收发和处理各种信件，区总务处长多坐在区里工作，很少下乡。总务处有事务长，区政府搬到严塘时，事务处长是朱金华（现住招携杭村）。

1934年二月（阴历）国民党匪军进攻招携，招携区政府于2月15日搬往坝上、杭村一带山上坚持工作，到〔当〕时区政府只留下有区苏主席董老细，区裁判部长袁涛清，文书邓锦祥，其他的区干部有的调往前线，有的向反动派屈服了。五六月间，区苏主席移到严塘山坑，同年10月解散，由区委书记刘狮宝负责组成区工作组，有25名成员，都武装起来打游击，并进行宣传："大家不要怀疑，红军不是失败，而是要到下头去，不要几年就会回来。大家不要上国民党反动派的欺骗，要站稳立场。现在国民党来了，我们要准备吃点苦。"

（见刘春华、陈老桃、朱金华、董老细、胡朝生、杨良才，乐安县老同志座谈会记录）

机关人员的伙食费、办公费都由区财政部到县支库统一领取，

---

① 原文此处空白。

然后分发给各部门，每月结算一次，县财政部每年两次检查工作，发现贪污现象，立即撤职、法办，轻则坐监，重则死刑。

　　1930 年五月（阴历），在革命委员会的主持下，在招携召开了第一次县苏工农兵代表大会，出席代表有 60—70 人，选举了邓培元为县苏主席，正式成立了乐安县苏维埃政府。因为招携地区事多人杂，县苏政府流动性又很大，1930 年十一月（古历），便在招携设了办事处，主任陈良策（据说现住大湖坪乡，是地主成分）。最初和招携乡苏维埃在一起办公，招携乡党支书董日辉被调到办事处负责宣传工作，1931 年初（古历）便分开了，同年六月（古历）县苏维埃从善和移到招携，不久，办事处就被取消了。十月（古历）间在招携又召开了第三次县苏代表大会。1932 年五、六月（古历）间召开了第四次县苏代表大会。七月（古历）一、三、五军【团】打开乐安城，县苏维埃便由招携搬往城里，不几天又从县城撤回招携等地。1933 年十月（古历）在招携坪头又召开了第五次县苏代表大会。

　　　　　　　　　　　（见杨良才、谭务七、县老同志座谈会记录）

　　（五）打 AB 团与肃清反革命

　　1930 年十月（阴历）在招携成立了赣东办事处，主任胡竹生 ①〔笙〕（政治面目不详），专门负责打 AB 团的工作，AB 团是反动组织，打入我们内部进行破坏活动，赣东办事处和十二军办事处（十二军军长是李勇兰 ②〔资〕，据说是国民党派过来专搞破坏的，女匪首金兰英地主出身，害人最残，在小通被廖丕文捉到处死）。负责肃清 AB 团的任务到招携、大金竹等地进行工作，他们利用职权乱捉人杀，衣服不扣领扣、帽子稍戴歪了就说是流氓、AB 团或

---

①　胡竹生，应为"胡竹笙"，后文写作"胡竹笙"。见《中央革命根据地词典》，档案出版社 1993 年版，第 528 页。

②　李勇兰，应为"李勇资"，后文写作"李勇资"，见《中央革命根据地词典》，档案出版社 1993 年版，第 44 页。

说是扣帽子（反对打土豪分田地，反对婚姻自由）而加以杀害。

互相之间有意见寻报复机会，便跑到办事处去诬告对方有 AB 团嫌疑，办事处也不分析情况进行调查，信以为真立即把对方捉起来，加以严刑拷问，对方又说对方，一个串一个，大家都死成一坑。

十二军大金竹办事处在 AB 团分子的操纵下，以打 AB 团为名，大肆屠杀我优秀共产党员。1931 年招携、大金竹等地的乡级以上干部全部被关在大金竹，招携乡苏维埃干部除主席谭裳灿以外，全部被杀害。同年八月（古历），谭裳灿也被【以】AB 团【的罪名】关了起来。招携各乡的党员杀了一半多。午田农民协会主席管炳生是一个诚实的贫农出身，工作非常积极，老百姓都说："杀了他，人都要被杀绝。"青里人肖绍被杀的前夕，还在招携剧台上对群众讲了话："就是死也要跟着共产党走……"脚被铁链子锁着不能走，只好双脚跳着走向刑场，一边跳还一边高呼："共产党万岁！"有时一天杀了几十个，群众都被杀怕了，革命情绪一度低落。

到 1931 年十一月（阴历）政治保卫局建立，情况才有了好转，每个案件都要经过仔细调查，不乱杀一个人，查清没有什么问题就放回去。刑事犯归裁判部，政治犯归政治保卫局审判，各区都有政治保卫局的组织。

肃反委员会和区委会平行，对干部群众都要审查，思想不好的，进行教育，发现坏分子就把他扣押起来，红军开小差 9 次以上才枪毙，有一个家伙逃跑了 13 次才判他的死刑。

经过整顿，群众的革命情绪又沸腾起来。

肃反主要是打土豪，对反革命、侦探、流氓、造谣分子，捉到后，由检查部派特派员去调查其罪恶事实并向政治保卫局作出检举，根据其情节轻重，给予苦刑几天至一年不等，情节严重者执以枪决。枪决以前必须召开群众大会，开会日期一般都在街日，裁判部长，区、乡、村苏维埃主席都要参加。犯人坦白则从宽处理，抗拒坦白则严加法办。

（见刘长祥、杨良才）

（六）各种群众组织的建立与活动

1929 年 11 月在乐安县很多地区先后建立了地方武装，在港田、塅〔汗〕上成立农民协会后，到第二年转为村政府时，〈因而〉各种群众组织也先后建立起来了。这些组织有几种：赤卫队、工会、妇女会、少先队、儿童团、担架运输队。妇女有慰劳队、洗衣队、扩军委员会、反帝大同盟、互济会等。

1. 地方武装

全乡地方武装有特务班、赤卫队。

特务班都是二十多岁的勇敢的青年，他的工作是审犯人、守犯人、传命令、打土豪、放哨、抓人等。他们都住在区政府，每个成员都有枪，平时要操练，要学习，吃公家的，冒〔没〕衣服穿的，打了土豪就给他，表现好的、家里生活又苦的，还有点补助，有病的公费医疗，平时不发钱。

特务班人数多了可以设立排，一排三班，一班有 9—10 人，班有班长、指导员。特务班后来便编到县独立营去了。

（招携：江裕华、管才生、温祥云；午田：黎高春；牛田：吕金华）

赤卫队是地方武装，18—45 岁的人参加，每乡有一个大队，招携乡赤卫队有百多人，有港田、塅上、花园，每村有个分队，分队下面设有班。招携乡赤卫队员平时不操练，有事一通知，马上就一人拿一根梭镖就跑来了。

赤卫队平时要放哨，邻区、乡有事就要去支援，如果有部队出去打仗，赤卫队也就拿起梭镖跟在后面去打仗。1930 年 6 月打乐安时，各地农民都来了，招携赤卫队也参加了。1932 年打登仙桥时，招携乡赤卫队还配合了红军。赤卫队的武器主要是梭镖、马刀，还有土枪、土炮，洋枪没有。

赤卫队中 18—45 岁自愿当兵的、身体强壮的、工作好的、不怕困难的，便编到模范营里，到前线去作战。

（招携：江裕华；午田：刘春洪、温祥云）

2. 少先队

〈从〉16—24岁的男青年，除地主、富农的子弟外，均可参加少先队。少先队属少共领导。设有大队、中队、小队，队设有队长。

少先队标志：有队旗，队旗上绣有镰刀、斧头式样，用红布做成。每个队员佩戴印有镰刀、斧头的红袖套，武装有梭镖鸟枪等。当时金竹等村都有少先队，有的村多一些，有的村少一些。据统计，塅〔汗〕上、杭村、港田三个村共有少先队【员】90多名。少先队平时要上操，操得出色的，有旗奖。有一次张英带游击队经过港田，看到少先队操得很好，于是奖了一面旗子给港田少先队，奖的旗子上写着"招携港田少先队"字样。少先队身体好的要编入独立营，模范营是由少先队输送。

少先队工作：

甲：放哨。少先队主要的是在白天放哨，查过路人的路条，就是认得的人也要查清楚。路条初是由农民协会出，后改为乡政府出。凡有不明白的人，抓到区政府去审判。听到有说怪话的，马上报告农民协会。

乙：捉抽大烟、赌博的。凡有吸食鸦片的，初犯教育，唱禁洋烟歌给他听，再犯关起来，戒几天烟。抓赌博的，解到区政府，要他写保证不再犯，再犯要罚钱。

丙：宣传破除迷信。宣传"菩萨冒灵，有嘴不会讲话，有足不会走路"，甚至有的少先队员自己动手拿祖先牌子煮饭，这当然会引起一些老婆婆的反感。但是经过说服，群众慢慢知道菩萨不灵。

丁：少先队还宣传要当红军，宣传"前方巩固，后方人民才能生活得好"。

戊：大的少先队员也去打土豪、送送信。

（李赤、陈元和、雷传兴、邓冬贵均招携，大金竹廖智板）

3. 儿童团

8—15岁的儿童，除地主、富农的子女外，都可以参加。有班长—分队长—中队长—团长。团长由儿童书记担任。一班十多人，编队都是"三三"制。每个儿童要拿一根竹枪。儿童团员都挂二个指头宽的红带子在胸前。

①儿童团要读儿童识字课本

平时三天操练一次，有时也不一定三天一次，时间由乡里决定。用木枪练习"上枪""下枪""上子弹"等军事动作。学习"立正""向左转""向右转""队形变换"等等。

②宣传戒洋烟。第一次碰到抽洋烟的人给予劝告，唱禁洋烟歌给他听；第二次碰到抽洋烟便警告他；第三次再碰到他抽洋烟要戴高帽子游街。

③儿童团还要担任抓赌、募捐、慰劳红军等【工作】。红军来了，儿童团打锣鼓迎接，喊"红军叔叔""红军伯伯"，还表演节目给红军叔叔看。红军走时，儿童团站在路旁欢送。

（招携：陈和元）

4.妇女组织妇女委员会

全乡组织乡妇女会，有妇女多的村也建立妇女组织，主要有：

①慰劳队：红军来了，慰劳队送鸡蛋、茶水、果品等，还唱歌给红军听，红军走时要欢送，慰劳队要到医院去慰劳照顾伤病员。

②洗衣队：帮红军洗衣服，洗衣队也跟红军走，招携有十几个妇女洗衣队【员】跟红军走。

妇女每人要做一双鞋子、一双袜底慰劳红军。

〈①〉妇女参加各种政治运动，参加打土豪、分田地，宣传青年参加红军，送子、送郎参加红军，不能拉后腿。"妻送郎，上战场，父母送儿上前方"。

〈②〉宣传男女平等、婚姻自由，反对买卖婚姻，结婚要双方愿意，乡里发给结婚证书。双方不满，可离婚，禁止养童养媳，结婚年龄男二十、女十八，也有介绍的，也有自由恋爱的。参加工作的人多是自己去找。

③宣传妇女剪发、放脚，当时还有剪发放脚歌：

"封建制度太不好，缠双脚，梳头脑，

消得半个早

妇女剪了发，比以前好得多，

省得梳，省得摸，省得生虱婆"。

"放了脚样样好，出门到处跑"。

（招携：陈元和、雷济民、邓冬贵、杨新未）

5. 此外男同志组织运输队、担架队、侦察队。帮助红军运粮食、抬伤员等，还破坏道路、桥梁等，让敌人不好走，而红军来了马上又修起来。当时除打土豪分田地外，人人都要参加放哨、站岗、扰乱白军等，到处派人去做侦探，听说某处有白匪就派人去了解是否真实，到那里去看看有多少人、多少师团、军事设防等等，回来以后要一五一十汇报，先报告村政府，村报告乡，乡报告区，区报告县，由县做决定。出去的人化装做小生意的，挑东西去卖，这个人一定要靠得住的，要有革命心的人，由群众来分析，决定担的东西要看当地缺乏什么而定。

（招携：杨良才、郜文福）

6. 互济会与反帝大同盟组织

区有互济会，主要是互相帮助，互相友爱，解决军烈属及群众的生活困难问题，每月要交会费，地主、富农不准参加。救济穷人、困难户的机构，县—区—乡—村。人人都可成为互济会会员。

区里还有反帝大同盟的组织，由工会领导，乡里也有人参加，但工人占多数。

（大金竹：张大发）

7. 招携区成立扩大红军委员会

"扩大一百万铁的红军"口号提出后，该区成立了区扩大红军委员会，并召开过各乡代表会，各村都有代表参加。在讨论中各乡互相提出挑战竞赛。讨论扩大红军问题：1933年，突击扩大红军运动时，各乡编排好整团、整连地加入队伍。招携区青里乡在扩军运动中有200多人参加红军。夺得全区扩军冠军红旗，其他各乡参军人也很踊跃。有的乡由 100 多人增加到 200 多人，凡年轻人除干部外，有 70% 都加入红军。

天天宣传"当红军光荣，田有人代耕，家里有人照顾"，在扩军运动中党团员带头参军，也很愿意去。有的人看到红军是救穷人的军队，便半夜偷偷跑到区政府报名，连家里人都不知道。

红军家属要优待，分田都分好田，分的田要有人代耕，并且要先耕红军家属的田，然后耕自己的田，在平时要给军烈属挑水，下雪天也要砍柴慰劳军烈【属】，使他们处处感到光荣、温暖。

8. 红军、干部、群众关系

红军对群众很好，买卖公平，三大纪律，八项注意，军队在群众家住了要把门板上好，把禾草捆好，房子打扫干净，借物要送还，打烂东西要赔债〔偿〕。战士打破一只碗都赔。

群众对干部也像优待红军家属一样，优待干部家属，替干部家属代耕，如果干部家属需要人，就派人去优待，只要一说"某家要人帮助，派几个人去搞一搞"，大家都会去。

干部也订有公约：不拿群众一针一线，干部以身作则，打土豪得来的东西，先让群众拿，而后干部拿。没收委员会的工作人员分的东西要大家同意。干部是不坐办公室的，如区土地部长到村里开会，在村里住，乡政府除主席、秘书、财政委员是专职外，其他委员平时在家作田，有事时通知来开会商量。

脱产干部没有薪水，最初两年，每人每天伙食 1.5 角，后来减到 7—8 分，每月还有 6—7 角钱伙食尾子，买黄烟吃。每人每天的钱，吃不了，因为打土豪的东西（如猪肉），都有送到区里，每七天算一次账，由总务处下通知，每个部门派一个人去核算。真正困难的干部，别人发现就会向组织报告"某人没有衣服穿"，组织上就进行了解，真实的就打条子给你到财政部去支领，首先要区委书记批准，当时大家觉悟很高，不会有意见。

（招携：雷济民、谭务七、杨良才）

9. 经济和文化的发展

（1）人民生活

国民党统治时期，苛捐杂税很重，地主收地租、房租、牛租，今年交不出就写借条，以后算息，写田写房，无房子的就去住庙，高利贷更逼得利害，借地主一担谷，一年要一箩息，一年累一年，息钱大于本钱，还不起，将家里财产抵押。

红军来了，帮助穷人打土豪、分田地，穷人在政治上、经济上都翻身，打土豪所得的东西都分给穷人，穷人没有的，就去挑打土豪缴来的胜利品，大人每人五十斤，小孩三十斤，身体强的到远的地方挑，老弱到近的地方挑。打土豪的猪杀了煮几锅，要的就盛得吃，这锅吃完了，可以到那锅吃，总是吃不了。

分田后，田也没有田租，谁种谁收，作到几多得几多，只收很轻的土地累进税（3%—6%），地主、富农收 8%—15%，街上杀猪税抽一元，乡下不收税，做小生意的不收什么税，市面搞得很好，买卖公平，群众看到这种景象都拍手叫好，一致高呼："拥护共产党！拥护苏维埃政府！"

把压得人喘不过气来的高利贷，到这时也废了债。董杨一父亲【一】手欠下来的三百元银洋的债务，一笔勾销了。所以群众只有努力生产，支援前线。过去"正月坐过，二月拖过"的旧习惯，也都改变过来了。这时吸洋烟、赌钱、不务正业的人也都参加了生产，做到了人人劳动，没有懒汉。

生产情况：由于国民党反动派不断地进攻，群众总是东奔西跑，生产不稳定。干部要领导打仗，又要办公，督促生产，那时田间管理虽然做得少，可是禾长得很好，年年丰产。老百姓说："靠红军的福。"

人人有吃有穿，家家有余粮，有的余几担，有的余几十担，如有穷苦的，只要别人一说"某人没有了衣服""某人没有了谷"，只要村政府打一个介绍条子，就可以到地方上的仓库去担。余粮卖给国家，1 担 2 元多（苏区票子 1 元当 1 元银洋），1 元能买 4—5 斤盐，或5—6斤油，或丈把子青布。群众很愿意把余粮卖给国家，由县粮食调剂局收购，供红军和机关人员用粮。

招携盛产毛边纸，拿毛边纸到白区换盐、布。群众把卖余粮的钱，购买公债3—5元不等，生活不好的也可以不买。机关人员买30—40元。也有几个人自愿集股开店的。这样有力地粉碎了国民党反动派的经济封锁。

（县座谈会招携小组：张细女、刘春洪、李赤、胡新生）

（2）红色饭店、消费合作社等经济部门

从招携到望仙都有红色饭店，供来往旅客吃，县政府统一办，规定价格，经常派人来检查督促，不能做投机生意，区、乡干部打介绍信，到乡政府吃，不要钱。

（县座谈会招携小组）

〈消费合作社：〉消费合作社属县支库领导，当时我们买不到盐，合作社卖给我们吃，按人口分配供应。

1931年县粮食调剂局和中医药店设立〔在〕招携，二分区司令部医院也曾设在招携街上、上庄、杭村等地。

（县座谈会招携小组）

（3）列宁小学和识字运动的开展

当时各村有列宁小学，招携、港田、塅〔汗〕上、花园、茛田、南槽、坪头等地有七所列宁小学，杭村、坝上、下沅等地也有。三年级为最高班，每年读一册。招收8—15岁贫雇中农的子女入学，只交书费，不交学费，教员没有薪金，办公费村里报销，教员家里的田受代耕优待，教员由各村识字的人担任。

每班30—50人不等，选正、副班长各一人。

课程有算术、国语、常识，着重讲马列主义，教科书由中央统一发下，课本内容是讲些苏维埃政权、苏维埃代表大会、打土豪分田地等。如"毛主席真正好，领导大家打土豪，打倒土豪分田地，国民匪党一扫光"，也有阶级教育，如"靖卫团，好残酷，牵耕牛，烧房屋，拿去床上被，量走仓里谷"。除上课外，还有游戏、唱歌、教操等。上午写字、读书，下午认字、读书。学生整天在学校。

老师不能打学生，涨水、下雨老师要送学生回去，老师参加学生的活动。

各村小学都由民办，还有夜学班，男女老少都读书有些地方实行了，有些地方没有实行，老师由识字的人担任，招携乡十家办了一个青年识字班。

8—45岁的人，人人识字，生产不忘读书，田间休息，用树枝在地上写，大家来认，都是你认得几个就教大家几个，大家要求识字，在家里会读会写，因为大家热情很高，可以在识字班内学会读书写字。

乡政府有《江西文化报》《前方军事报》《红色日报》等，还有杂志。区文化部要做写标语等工作。

（招携：陈元和、饶仉祥、郜文福、南槽座谈会，县座谈会招携小组）

（七）国民党暴行

1931年五月二十四日由于在龙岗活捉张辉瓒^①，富田打败了公秉藩^②，于是匪军高树勋部^③惊慌失措退回到招携来。同年六月十五日晚，在招携大肆烧民房，烧了两三百栋，见人就杀，共杀了我们少先队队长董春生等11人。有的苏区干部、群众被捉到就偷偷地拉到山里去杀了。反动派用尽了各种酷刑来残杀我革命干部，如乡苏主席谭老三被匪军捉到，在他身上割一块，塞一块棉花，浇上洋

---

① 龙冈战斗发生于1930年12月，在该战斗中红军活捉敌十八师师长张辉瓒。见《中央革命根据地词典》，档案出版社1993年版，第41-42页。

② 富田战斗发生于1931年5月16日，在此战斗中，红军打败了国民党公秉藩部和上官云相部。见《中央革命根据地词典》，档案出版社1993年版，第48页。

③ 1931年5月21日，在永丰中村战斗中，红军打败国民党高树勋部。见《中央革命根据地词典》，档案出版社1993年版，第48-49页。

油，又割一块，塞上棉花，浇上洋油，就这样，两三天便死了。

同时七月十六日，匪军孙连仲部又过招携到宁都去，被我军击毁〔溃〕，狼狈逃窜，沿途在乐安大金竹到招携的路上，一直烧毁民房。招携有青里、鹅心①、永冬、坪头、招携街上，凡匪军践踏过的地方，现在还残存着断墙残壁。把招携街、青里村全部房屋烧光，一间房子也不留，鹅形一村有200余栋，只留下了一只〔座〕祠堂，这次全部人都躲起来了，剩下的猪、牛、鸡、鸭、鹅也被反动派抢光了，反动派在杭村杀了80多头猪、20多头牛，猪杀了吃不完就扛着走，凡能吃的东西，如米、谷、酸菜、酒等全部被吃得精光。拆门板来烧，锅用完了打掉，碗吃了一丢，地上到处是筷子、破碗，一塌糊涂，损失财产无法估计，打贫、雇、中农锅，杀耕牛，烧房子，抢财物，奸淫妇女，见人就杀，见房就烧。

匪军暴行，引起苏区人民无比愤怒，二次战争胜利后，红军抓到的俘虏兵，押到望仙去的路上，群众用镢头、木棍把反动派的俘虏兵痛打一顿，有的打死了丢到港里。后来红军为了优待俘虏，不准这样做，向群众解释，但群众还要偷偷地杀。

一、二次战争时，坚壁清野工作做得很好，把粮食和一切要用的东西都藏起来，藏到山里去，靠不住的人不要他参加，坚决的人就开秘密会，摸夜进行工作。对靠不住的人首先是地主，富农要警告。

五次战争时国民党拆民房作碉堡。

1933年抚州伪警管所关的全是我们的同志，那个阎王监每天要死八九个人，多少革命先烈牺牲在国民党反动派有形与无形的屠刀之下。

（县座谈会招携小组谭中金、丁年金、江裕华、黄德全、郜文福）

---

① "鹅心"应为"鹅形"，后文写作"鹅形"。见《江西省乐安县地名志》（内部资料），1985年版，第138页。

（八）红军北上抗日后，苏区人民的痛苦生活

1934 年八月间（阴历）红军离开这里，踏上二万五千里长征途，招携人民正像孩子离开了亲娘一样，含泪送别了亲人。灾难的矛头降临在招携人民头上，国民党进攻苏区后地主倒算，收三年租，还不出的逼得嫁老婆、卖儿女，如吕香欠二十多担谷，逼得他卖儿子，招携乡坪头村和不上二十户的南槽就有五个人卖儿子，其他地方可想而知。

（南槽座谈会）

地主、恶霸的女儿、媳妇自由结了婚，国民党反动派回来后又要索取礼金，一个人往往要几十块银洋。

（曾华保、张文昌）

封建势力的压迫、国民党的统治、高利贷的剥削变本加厉地发展，加上兵役的勒索，到处拉壮丁，江裕华同志因为逃避抓壮丁□得外出，父走子代，把他的儿子抓去了，押到永丰，他儿子被逼疯了，现在还是疯的……多少人【被】逼得妻离子散。

（江裕华）

红军北上时，毛主席说"红军不要十年就回来"，招携人民在困难重重的时刻，坚信毛主席一定会回来，渴望着重见天日。

四、迎接解放军进招携

1948 年十二月初陈元和到南昌去办货，听到解放军渡长江，回来说了，大家都奔走相告。1949 年三月他到抚州，遇到四八三团张团长（陈的同学，当时抚州已解放了），托陈送信（送到崇仁杨正血营长），陈卖黄烟，送到吉安，给沈营长收（吉安也解放了），又带回信送到崇仁杨正血营长。五六月间有袁菊香给解放军送信，带解放军进招携街。

（陈元和，据说他叛变过，因为他是永丰人，详情不知，他好大喜功倒是真的，解放前后他一直都做生意，解放前两年到招携街，现在招携饭店算账。）

（二）招携老革命同志座谈会

出席者：谭棠灿（务七）、董老细、董杨一、雷济民

一、招携地方最早党的建立和组织活动

民国十四年，谭林〔任〕明（又名柴根），家庭中农成分，有3兄弟，七斗半田（合五亩田），抚州师范毕业生。

在抚州师范时就入了共产党（由该校校长袁振亚介绍），毕业后回招栖〔携〕办小学及农民夜校。同时【是】建立党的组织的人，发展了七名党员，即雷济民、谭棠灿、符正生、谭呈生、李本沅、谭九皇、谭明春。秘密组织，连父母、妻子、兄弟都不能告诉，当时主要活动是发展党员。由于国民党在永丰藤田屠杀了吴刚、郭荣刚党员同志，因此党的发展工作暂停。

谭林〔任〕明在招携建立发展党的组织时，抚州师范校长袁振亚先后两次来过招携，布置工作检查进行情况。袁振亚后担任过江西红军独立第二团政治委员。

二、招携农民协会的建立及其他政权机构

民国十七年（阴历）由张英（大队长）、廖丕文（副队长）、廖维新（政治委员）、曾有〔友〕颜（宣传部长）所领导的游击队在这里成立农民协会。

民国十八年8月成立乡苏维埃政府（在街里），曾召开群众选举大会，谭棠灿为乡主席，乡党支部董日辉（招携只有一个支部，四个小组）。

民国十八年成立革命委员会。

民国十八年十月赣东办事处设在这里，主任胡竹笙，工作

【是】肃反（打 AB 团）。

三、县苏区地域分划〔划分〕

民国十八年初有三个区：东区（望仙）、竹溪区、三区（湖坪）。

1931 年又划为望仙区、竹溪区、万崇区、湖坪区、善和区。

民国十八年起，县苏维埃主席名字：邓培元—张方说—邱雄—张方说—袁福昌（张方说任乐、宜、崇三县指挥）—张方说。

县委书记名字：邱角【珏】——郭定远—李谋—钟礼元—余甲生—邓详君—□□□—李富怀（1921）（邱角【珏】后叛变）。

四、其他

民国十九年十二军第十团团长李勇〔资〕和爱人率领一连人杀害曾有〔友〕颜、张默清〔卿〕于东陶【韶】。张英被捉，死于大金竹。

五、地方武装

参加者：江呈生、江裕华、余九生、张春生

第一次打乐安县城是在起农民协会的第二年，七月十三日，有月光。从大南门打进去的。由邱角【珏】、曾郁〔友〕颜、张英带去打的，只几十根枪，人有六千—七千人。尽是拿梭镖鸟铳。南二区全部去了，南一区、善和、下湖坪也去了，都是农民、赤卫队。上面有规定：火线上缴到的东西归自己私有，所以大家都想发洋财。南一区的人一进去就抢东西。张英就打了几驳壳，说反动派来了，大家才出了城，在城里只有两个多钟头。这次打乐安的都是团结起来的农民赤卫队，用竹子做的土枪，我们造了十多根，还有年岑〔龄〕大点的少先队员用棍子绑上红绿线做武器。群众总想发洋财。上级就要全面照顾，怕反动派来反攻，所以就用快慢机打了两枪，说是反动派反攻来了，使大家出城，退到坛田休息了一两个钟头，反动派真的反攻来了，我们武器少就退走，我们经验也不足，只凭少数人有经验，大家都是放下锄头的农民。

彭德怀三军团也打了一次乐安，朱军长也来了，这一年反动派烧招携。

打澄仙桥 ① 是民国二十一年的事，我是民国二十年出去的（俞九生 ②），这次打仗还落雨。我是民国二十年出去的，头年出去，第二年打登仙桥，烧招携是民国二十年，打谷岗是民国二十一年。（俞九生）打登仙桥我还是模范营，没有去打谷岗，张春生那时在独立团，我们一个独立团打开崇仁县，休息三天，在崇仁小山上的庙下开会，动员打宜黄，还落大雪，是正月，前面的便衣队和基本部队都出发去了，后面的伙夫担子还没有动身（后面还有一个连作后卫），前面就打响了，在庙过去的小河散开和敌人打。敌人有两个师，想吃掉我们这个团，他们包围乐安，从宜黄包过来，只有登仙桥一条路，我们就向这里退，想从登仙桥渡【过】。刚吃了晚饭，便衣队跑来报告说敌人包围登仙桥，我们就连夜撤走，禁止打电筒和划火柴，以后因为天黑，不认得路走得太慢了，又叫一人打起一根火把连夜赶到谷岗。刚摊开铺想休息，便衣队又报告谷岗被包围，我们又退到朱坑，团部也在朱坑。第二天我们一个后卫连在谷岗到朱坑的转角处被敌人包围了，我们派了一个连去增援，才把他们救出来。当天晚上 12 点，红军一、三、五军团的便衣队就到了团部，团部向他报告了情况，两三点钟时接到电报，说谷岗敌人已经被一、三、五军包围，命令我们准备在拂晓攻击。天刚亮就开始了攻击，到中午战斗就结束了。刚打仗时就下大雨，仗停了，雨也停了，敌人飞机没有来成。这次缴到很多枪，宜乐崇三县的赤卫军都调去拿枪，一个俘虏还要挑三支枪。敌人两个师长都捉到了，一个腿上挂了花，用担架抬，人家说是师长。这次打谷岗时，乐安城里驻了国民党一个师还是一个团，出来想增援谷岗，走到半路听说谷岗战斗结束了，又慌忙缩了回去。这次捉到个师长李麻子，好高

① 澄仙桥，应为"登仙桥"，后文写作"登仙桥"，见《江西省乐安县地名志》（内部资料），1985 年版，第 83、187 页。
② 前文提及"余九生"。

好大，解到招携来了。

赤卫队从 18—45 岁，就是受些训练。曲江是民国十七年九、十月间起的赤卫队，刚起农民协会就成立赤卫队。是打霜的冬天，刚起赤卫队，江裕华就当赤卫分队长，曲江的赤卫队只有八九根鸟枪，其余都是梭镖，放哨是用鸟铳。曲江靠近永丰，永丰是红不红、白不白的地方，所以日夜都要放哨。当时曲江村政府里吃饭的连干部、少先队、赤卫队一起有 60 个人。村政府只有 3 个人，主席、秘书和交通，先叫秘书后叫文书，那时没有会计。主席是李青山，秘书是李景春（AB 团员），交通是刘福春，还在曲江。赤卫队编为三个班，九个人一班。赤卫队大队长是吕金华（在牛田，解放后还当过乡长，以后听说搞副业就下职）。打乐安城时还是叫赤卫队，成立赤卫队过了两年就改为模范营，以后不久就要上前线，模范营开始是 16—26 岁，以后 30 岁的也要。全乡一个模范营分在各村，全乡模范营头一次上前线是 80 多个人——在崇仁编队时是80 几个人，枪不多。模范营又叫新兵连。80 多个人一下到山绥司令部去受训，有枪带枪去，没有枪空手去，编班是一个村的编做一班，你村一班，我村一班，顶多的 12 个人（江裕华），少到〔则〕七八个人（江呈生）。蛟腾乡的模范营分为九个班，曲江（上堡）、下堡、午田、来坊、廖家、龙上、沙当……（江裕华）

山绥司令部是宜、乐、崇三县的总指挥部，后方的赤卫队到这里来学习，受到训练以后就调到前方去。山绥是地名，靠近南村，归崇仁管。山西[①] 司令部长是外地人，脚上有疤。（江裕华）

我们从山绥司令部出来以后就是独立营。过了两三个月，独立营打了个胜〈利〉仗，就升为独立团，升独立团时增加了 80 多个新兵。过了几个月独立团又在新干打了胜仗，缴了枪，又升为十一团，十一团连伙夫、马夫一起共有 1100 人，三班一排，三排一连，

---

① 原文如此，前面提及"山绥"。

三连□团，团长李兴发，政委欧阳东。[1]十一团个个都有枪，还有一架水机关，一架马克沁，还有花机关、轻机关、自动步枪。我在十一团特务队里，特务队指导员是黄元清，队长是张金烁（湖南人）。十一团作为是前方部队，靠近新干（白区）做宣传，打炮楼。以后，山西司令部下命令要我们去新干宣传，新干也有我们这边的旗号，我们一到他们就杀猪说："我们也革命。"十一团调到新干做宣传，以后就和山西疑为"绥"（实为三星）司令部断了联系，山星[2]司令部也找不到十一团。（江裕华）

我是老独立团，我们调到前方去，后方又起新独立团。（张春生）那时打一次胜仗回来又升高一次。（江呈生）我一出去就在司令部，学习了个把月就到看守排，过了年把子就到司令部的教导队，在教导队当了两个月的通讯员。那时司令部设在山星〔绥〕，负责崇、宜、乐三县，崇、宜、乐司令部是起在山星〔绥〕。民国二十一年搬到金竹就叫二分区司令部，教导队也改为二机关游击队，有120多人，受二分区司令部领导，专门保卫二分区司令部，先是肖司令，后是戴司令员。（江呈生）

一个独立团分四连，共300多人。（张春生、余九生）

头次革命，队伍尽是穿草鞋。国民党兵穿布鞋爬山爬不过我们，我们没有哪个穿鞋的，我们行（走）都比他们行得快。匪军都是穿灰白衣服，老远都看上明显上的[3]，我们是穿黑的、蓝的。（江雨华）

国民党烧招携，乡苏、区苏、县苏都起来了，烧招携以后我

---

[1] 江西军区独立第十一团，于1933年8月由乐（安）宜（黄）崇（仁）3县地方武装组成。团长屈元清（后胡家稻、李兴发），政治委员左国强（后张复伟、欧阳忠）。辖有3个营，共1000余人枪。隶属江西军区第二分区指挥。1934年初因团长李兴发、政治委员欧阳忠先后叛变投降，番号遂取消。见《中央革命根据地词典》，档案出版社1993年版，第237页。

[2] 原文如此。

[3] 原文如此。

才出去。我听说张辉瓒的头是用油漆箱子装到，还写上张辉瓒的名字，溪水流下，给撑排的人看到的。（江呈生）

"蠢婆子"是靖卫团副团长，在上饶捉到的。（余九生）

2. 访邓冬英老革命同志

邓冬英，乐安县杭村人，贫农，44 岁，革命时期担任过乡团支部书记，现任公社班长，幸福院委员。

参加革命经过：18 岁时在杭村参加农民协会，为代表。九月青里乡政府工作，任团支部书记。十月二十日到乡里工作（坝上）。

当时主要工作是搞生产、准备粮食、宣传扩兵、打土豪、分田地。我介绍过七八个人加入共产青年团（周冬仔，女，贫农；陈秋斤，贫农）。

当时共产青年团宣传部长谭余多，组织部队〔长〕赖早生。

妇女工作：组织妇女慰问，带果子、杀猪、酸菜，吹吹打打送去。

曾宣传四人参加红军。

打草鞋岗时，我组织妇女洗衣队，每班五六人，分班洗，两天一次（在招携）。有一个连长受伤抬到招携就死了，我们妇女买棺材送葬，喊口号："当红军牺牲是光荣！""准备【第】五次反'围剿'！"

又慰劳草鞋【岗】战役中起义过来的士兵。

20 岁时，三月间到严塘，那时乡政府、区政府都在，区党书记邓连年。

入共产青年团：由谭保金介绍，由刘远香介绍团内情况报告，后就宣布新团员名单，有五六十人。

20 岁那年回严塘被国民党捉到，打得皮肉裂开，衣服都脱过了。在过坝上桥时碰到姓单的土匪老婆，打了我三个耳光，骂我："土匪头子也归。"

周汉先杀 AB 团时【被处】死了。

（访问人：段重农、程寿朋）

3. 访杨新未同志

杨新未，46 岁，招携杭村人（幸福院）①。

一、革命组织情况

杭村农民协会在 1929 年成立，农协主席廖秀星，〈还〉杨荀保，陈豪相（望仙人）领导组织农协，当时党支书周□明。

妇女会：妇女组织，参加宣传时每个人都拿一根花棍子，宣传打土豪、分田地，宣传妇女剪发、放足。

"剪发放足歌"：妇女剪发好得多，省得梳，省得摸，省得生虮婆，比先好得多，不戴金不戴银，真正来革命。省得缠，省得捉，省得生虮婆，比先好得多，缠双脚，梳个脑，消得半太早。

另有组织赤卫队、儿童团、少先队。

二、参见革命经过

我当时在山上掮树，看到打锣打鼓送男人当红军，我抛掉树，跟着跑到青里乡苏维埃政府。青里乡招一个特务班，我就参加，主要是扛枪上操，没有多久，编入到县政府（在招携）游击队。后半个月编入到乐安独立团第二连，团长屈清香、政治委员〈区〉欧阳东、连长谭金竹，当士兵。团里有三百多人，二百多支枪。

在望仙白下，独立团碰到国民党一师人，敌人兵多势力大，我们边打边退，退到望仙，敌人有好的水机关枪，我们当时的号兵、

---

① 与前文内容重复，但有个别地名、人名不同。

伙夫、旗手也参加战斗，从包围中冲出来。

坛田打了一仗，打得敌人落花流水，敌人大败。崇仁打了两次，头次打守望队，扎在那里住了三四天，国民党兵来包围，后来迁移到崇仁乐丰桥，差点送了命，机关枪子弹乱射，我拼命爬过岭。路南打过一仗，红军的某军团过封锁线，冲散了，从南村回来。回到屋，国民党来了，一扫精光，碗盏都没有，只好捡半边碗、半支匙来过日子。

（访问人：段重农、程寿朋）

（三）招携革命材料汇集（第一辑）[①]

1. 党的组织及活动

招携□□年□□月开过党员代表会议，党中央派了代表来参加，开了三天，主要谈那时的对敌斗争任务，没有谈生产，有好几百人，并且杀了猪。

入党手续：一个党员介绍，还填履历表，要填祖孙三代，进行宣誓，有党证。

民国十九年，革命委员会书记邱珏。

民国二十年，招携乡党支部书记董日宣（名日辉，杀 AB 团【被处】死）。

民国二十年，乐安县委书记邱珏[②]（解放时没在招携）。

（招携董杨一）

一开头暴动，苏维埃派代表到各个地方去宣传，派代表去接连长、排长，连长、排长便召集开会，组织贫农团分阶级、打土豪、分田地，在下粘村（同音）开会，组织贫农团后，便把成分好的组织起来开秘密会，在杭村去坝上开的。介绍入党要查三代的成分，三代成分都是好的才能介绍入党，连排长说可以把我的名字写进

---

① 原题为"招栖访问素材（第一辑）"。

② 1930 年 1 月，中共乐安县委成立，书记邱珏。见《中央革命根据地词典》，档案出版社 1993 年版，第 160 页。

党，便入党。

党区委书记（指招携）刘狮宝（兴国人），副书记江春秀（禄元人），还有少共书记正、副两个，儿童书记一个。

成分不好的，有钱都买不到的（指入党），亲娘、老婆都不许告诉。连排长交代说：任何人都不要告诉，自己去选成分好的，不会向外边乱说话的人介绍到党里来。同我入党的有下渡村的曾老罗，担任了3年区委书记，少共书记曾南晋，青里人，三天开一次常委会，五个人开，我是一个，当时有300多党员。民国二十年，到各乡去都是四个五个、三个四个开会，二个一个都可以开。党代会开过几次，县委书记李富怀①〔福槐〕来了就开，党代会三个月开□次，县委书记来了临时下通知，那些人便邀到乡里开大会，所有的工作先在党里讨论，可以到苏维埃的便到苏维埃去开群众大会，由我们加入了党的来说话："红军在前方打仗，我们要好好照顾红军家属，照顾不好，他们会从前线开小差回来……"加入了党的人落雨落雪也要带头，群众看到〈加〉了党【员】的带头，也就想：他生的跟我们一样，他可以去，我也可以去。群众眼红也就去了。加入了党的人不许在外面乱说"我是党员"，要全面带动群众，摆架子的事绝对没有。

（招携董老细材料）

在1934年中国共产党公开活动，入党都是公开，当时县委书记是李福槐。

入党就是自己写②，由一个或两个、三个人介绍，乡、区委、县委批准，没有宣誓。

（招携袁菊秀材料）

党的组织〈正〉在民国十二三年就有，谭林〔伦〕明是南昌

---

① 李富怀，应为"李福槐"，后文写作"李福槐"。见《中央革命根据地词典》，档案出版社1993年版，第429页。

② 原文如此。

读师范的学生，在这里办了一个学堂，他当校长，就在这里搞秘密活动，还有一个袁振亚也在这里搞秘密活动，他先是抚州师范的校长，后来调到二十〈二十〉四团担任政委，他们〈二〉两个人在这里搞秘密活动。我老家……几个加入了党。

（招携谭裳灿）

县委书记钟真□，组织部、宣传部分开来都没在招携，后来县委书记调余加生①（萍乡人），总三军团第十师调来的时间，在招携有两三年。

（招携邓才兴）

董南香可以算半知识分子，本村高小尚未毕业，人生得聪明。民国十八年下半年（十九年）加入党的，哪个介绍我就不知道，我们看到他的党员证才知道他是党员。我是郜文福介绍，郜文福是董南香介绍的，到介绍时才看到他的党证。我入党是【民国】十九年上半年，郜文福比我早个把月。这【时】已到成立乡政府了，才成立党组织，支书是董南香。当时乡政府有周秀兰②和我们三个（【董】南香、郜文福），还有乡主席谭务七，雷老③万（交通）是党员，雷志万也是【民国】十九年加入党的，比我后些。塅〔坹〕上人多，共青团书记是团员，不是党员。民国十九年成立办事处时，全区的党员大会，三百多人，屋里坐塞了人，上了一天课，开了一天会，赣东办事处主任在这里主持，会场里有一块黑板、一张桌子，首长就在黑板边讲话，尽是首长，邱角〔珏〕（县书【记】）、招携办事处主任陈良策（罗陂人）也讲了话，时间是八月间。

（招携董杨一）

谭伦明是在夜学班教书，以教书为名，实际上是谈共产党的

---

① 余加生，应为"余甲生"，后文写作"余甲生"。见《中央革命根据地词典》，档案出版社 1993 年版，第 491 页。
② 或"芝"。
③ 或"志"。

事，讲打土豪、分田地，铲富填贫。董笠莆〔谱〕（是县里的校长）晓得谭伦明在夜校里搞鬼。与谭伦明同志在抚州师范毕业的有望仙的曾友颜、南村的张书席、王井牌的何德辉、上罗的邓立冈等十八人都是党员，一齐下来，分散在各地做秘密工作。最初招携只有谭伦明一个，何德辉到程潜部下当过连长以后回来在这里搞暴动的。

他们彼此有联系。如董笠莆〔谱〕到县里告谭伦明在夜校班搞鬼，谭的同学就把董笠莆〔谱〕的校长职都搞掉了。也因为永丰漆田暴动失败，夜校班也就不敢办下去了，但谭伦明没有跑，在家养病，直到农协成立也没有担任什么工作。民国十七年（1928）上半年，二四团在这里，政治委员袁振亚时常会找谭联系，当时是秘密的，我们两个党员在二四团走后就无依无靠，当时反动派查得很严，活动很【不】容易，下半年游击【队】在上乡（包括牛田、招携、太平、万重墟、罗坊等）搞农民协会，邱汉七在罗陂一带搞，当时没有党支部，游击队有事也找我们，复条子告诉谭伦明，谭伦明就告诉我到他店里开会，商量打土豪、分田地的事。以后才成立党支部，是董日辉的支书，董日辉被【当作】AB团打掉了，后来是刘秀兰①，也被打掉了，以后我担任了一下子，也被【当作】AB团捉去，后来政策改变了，就放回来。

我们曾介绍李本沅入党，还是民国十三四年的事，在田里作了休息时就讲共产党的事②，介绍到谭伦明那里，只要谭伦明批准，要出身好、正派的人（夜校班就是一个党组织），当时有谭九室、傅正生、李本沅、谭明清和我们两个人。

（招携雷济民、谭务七）

---

① 或"芝"。
② 原文如此。

2. 访问邓才兴同志

邓才兴，19岁参加革命，现年50岁，现任招携人民公社禄元大队会计，曾是中共党员，担任过区苏文书。（按：年代可能有很大出入）

①各级党组织的建立情况：

招携在民国十八年有秘密活动，开始搞秘密活动的是袁士林，住在现在粮食库，门总是关着，读书人，谭福呈①、谭柴根去送饭，都是在晚上。在民国十八年12月间开过会，宣传革命，也没有讲什么革命，我当时参加了这个会，共有十多个人。

民国十九年，记得【是】涨水的那年二月间，张英反水过来了，再过了几个月，张英就【在】招携领导成立了农民协会，从那时起我即担任农民协会宣传员。

就在这里成立了招携乡政府，选举大会有几百人（是下半年，穿单衣），选出乡长谭裳灿。

②乐安县苏建立情况

在民国十九年十二月间在大金竹开代表大会，选举成立乐安革命委员会，代表有200多人。我也是代表，代表胸前都挂有红布——代表证。主持开会和在会上讲话的叫邱角②，说是从前方来。选出的革命委员会主席张英③，组织廖培源，宣传廖维成，他们都

---

① 或是"星"。

② "邱角"应为"邱珏"，后文写作"邱珏"。见《中央革命根据地词典》，档案出版社1993年版，第160页。

③ 1929年10月，在小金竹永福庵成立了乐安县革命委员会，主席李贻谋，副主席张英。见《中央革命根据地词典》，档案出版社1993年版，第190页。

是反水过来的，成立第二年便搬到招携，六月十三日（阴历），革命委员会领导打乐安城，参加打的有张英带的军队和赤卫军队（18到40岁的人），打了几枪就打开了，住了两夜便退到招携了。过一年的闰六月十三日又打了一次，这一次打得久一些，有个把钟头，就在这一年阴历十二月便成立了县苏维埃政府。在招携谭大宗祠，召开了代表大会进行选举。代表是由村选到乡，乡选到区，区选到县的，到县开会的代表有100多人（这一次我没有选为代表），第一次的县苏主席是邱熊，副主席邓培元①。当时乐安共有南一区、南二区、三区、四区共四个区。南二区包括招携、严坑、引水、大金竹、寻坑、坪溪、交腾、前团、南村、望仙，南二区又叫东区。

③打土豪、分田地

成立了乡政府即分田，每人4斗，以村为单位，田分三等（按田划的），照顾原耕，若原耕全是好田，则抽一部分坏田与他换，地主叫〔和〕土豪也分田，但坏田多，好田少。

④肃反的情况

当时有 AB 团、守望队、靖卫团、侦探这些名目。

在打 AB 团的初期有一个（十二军办事处），设在招携的港田村（后来搬到大金竹），他们乱杀，逼打成招。他们把张英、廖丕文、张美生等县一级干部大部分都抓去了，张英吃药自杀死了，廖丕文、张美生都被打死了，后来廖维成带兵到大金竹去打，把十二军办事处打垮了，十二军办事处有个金兰英，是个坏家伙，后被廖维新抓住处死了。

直到后来才听说"十二军办事处"是国民党的人混到里面了，即时②有人报复误杀了很多人，不像现在反复调查。

---

① 1930 年 6 月，乐安县苏维埃政府成立，主席邓培元，副主席袁福昌。见《中央革命根据地词典》，档案出版社 1993 年版，第 190 页。
② 原文如此。

3. 访雷老万同志（补充）

（一）农协成立之前党组织的建立与活动

招携革命活动开始于民国十三四年（1924 或 1925 年），暴动是在民国十七年（1928 年），谭伦明到这里来搞秘密活动，反正比暴动要早三四个年头，谭伦明是在南昌师范学堂读书的，在学堂里加入了党，我们入党是他介绍的。他学堂里有十多个，他们各个地方都有，招携就是他一个。他回来就组织农民夜学班，为一般贫苦农民而开设的。这些都是青年，夜学班就在仓库那支祠堂里，人数不一定，愿意来个就来，就是教认字，那个时候哪敢讲马列主义呢！都是教读书，看志想〔向〕，以后由他介绍我和谭务七入党的。看志想〔向〕就是看人的忠诚、诚实，不暴躁，说话不会无〔胡〕言乱说，这个人就是志想〔向〕好。这个以后，特别另外跟我们谈的，夜学散了以后，大家去困去了，就同我们谈党里的问题，从自己阶级方面谈起，"穷苦人要自己解决没有饭吃、没有房子住、没有土地的问题。将来没有饭吃的有饭吃，没有房子住的有房子住，什么都可以得到，什么都有，只要自己志想〔向〕好，认为自己无产阶级好，只要靠自己坚强。"我们当然不相信，我们农民也只希望这些。他还说共产〈党〉主义是我们的目的。这时的党是秘密活动的。

在夜学班时间不久，因为本地也有几个读书人，知道谭的行动，姓董的到乐安去告（招携人，地主成分），说谭的夜学搞鬼，以后把夜学解散，谭到外面去了。以后大约再过一年毛主席他们从井冈山下来，路过这里，谭回来了，不久吐血病死。

袁振亚也是党员（谭的同学），是支部书记，他经常到这里找谭，也会对我读些党内事情，也读实现共产主义的事，他是二十四团的政治委员，后被【当作】AB 团杀了，这时党还不敢公开活动，党员也不敢露面。

（二）村农民协会的组织

1928 年六、七月间，张英在这里成立村农民协会，他发动搞打土豪、分田地。最初他在这里宣传"穷人应该自己起来，不再受地主压迫了"，以后开了群众大会，组织农协，先由小会十多个人作为干部。

（四）招携革命材料汇集（第二辑）①

主要内容：革命前后群众生活生产情况、打土豪分田地及此前此后情况（包括查田、查阶级）

〈①打土豪分田地前②打土豪分田地③打土豪分田地后〉

革命前，地主剥削很重，一担谷要还三箩。地主把田租给人种，两担谷每年一担，还要分头子。借了五块钱，第二年要还十块，第三年二十块加番。叫地主董玉斋要叫老爷。还要请酒。农民有一半多搞不到吃，有吃〔时〕刚打禾，挑到家就要还人家的，放下镰刀就没有了吃的。

民国十八年就分田，以村为单位，照人数分，招携一个人有五亩，富农分坏田。地主全家都走了。红军家属分好田，由自己拣，别人帮助耕种。

一成立农协就斗地主，抓地主写款。

分田以后，县苏很少掌握生产，农民分到几多就种几多。生产没有现在紧张，因为当时前方的事情多，要组织担架队、运输队、慰劳队等。

（招携港田江裕华）

成立了乡政府就开始分田，每人七斗，以村为单位，田分三等，按片划等②，照顾原耕，若原耕全是好田，就抽一部分坏田同他

---

① 原文缺少"第二辑"，整理时重新排序。
② 应是按产量划等。

换。地主在当时叫土豪，也分田，但坏田多，好田少。

（招携禄元邓才兴）

当时（按：民国十七年下半年）说田要上一百亩〈田〉才是土豪，所以当时土豪也参加群众大会，没有富农，地主就是土豪，还有劣绅。以后地主不能参加农会，农会打土豪，写土豪的款作为农会开支。

从民国十八年起，年年都分田，分了三四年，以村为单位，不以业主为标准，而以佃农为标准，这样【分的】田不会分得很远，有的土豪买田买到外县，就由那边分，土地委员会负责搞分田的事。

民国十八年十二月间就分了田，以斗为单位，是人都分田，手工工人、商人、地主、富农都分田。18、19、20、21〔民国十九、二十、二十一、二十二年〕四年里年年都分了田，因为一下共产党一下国民党又过来，摇摆不定，经常有人跑走，地主都走了。商人分了田给农民种，农民自己有田种，不替商人种，结果也荒了。他们（指商人）也怕一红一白，也有的就跑了，到了明年又要分过，后来一个人就由五斗增加到八斗。

分田以前还有"吃租"，什么人都吃，中农作得自己的田也要出租。吃租是：如这个地主本来要收20担租，分到他只有一担就只能得一担，其余的便分给别人。比如某商人到某某佃农家挑一担租谷，某人到某家去吃租谷，都要由农民协会开条子去挑，吃了租谷再就分田①。

（招携街上谭务七）

1929年分田地，【以】村为单位平均分匀。地主、富【农】分坏田，其余都抽多补少、抽肥补坏，地主财产全部没收，招携有二三十户地主，十几二十户富农。

（招携新街郫文福）

---

① 原文如此。

招携、望仙等地的分田搞得比较彻底。

（乐安刘县长）

1933年查田以前：这里（指招携）大地主邓孝安的东西一点也没动，陈良泽当办事处主任，我家里穷得给地主种田，住他的〔房〕屋，好像农奴一样。我哥哥说："我家是红军家属，应当要分点好田吧。"农协主席李三官（中农）就说我哥哥是富农，说："要把他打下去，不然真的翻身不得了。"当时穷人不敢说话，基本上是小资产阶级的中农、富农专政，有的地方还是地主掌权，以后那些人有的死了，有的杀了，进行查田，实际是查田、查阶级连在一起。

肃反：开始抓到地主、富农，都剪"马路头"（头顶中间剪掉一路头发），走到哪里都认得，以后有的罚苦工，有的罪大的，就杀了。起初没有划富农，都是农民。富农是以后查田、查阶级划出来的，开始就是叫"打土豪分田地"叫得凶，大地主的东西没有动。农民对地主的东西开始也有点怕动，尤其是本姓人更不敢动他。中央政府成立后，搞查田、查阶级，地主、富农埋起东西跑。

农协建立以前：没有田的多，有田的少，交了租不够吃。我作董家十亩田，一年要帮人做两个多月的月工，从栽禾到种豆子、种禾、点头子等零工，弄到吃的再做自己田里的事。一个月四块伪币〔抵担把子谷〕，又没有钱买肥（石灰），没有牛，租人家的牛，一亩田要九斗牛租，种了十亩田合九石谷折二担半少些（少一石）。十亩田要交七担谷田租，田里两次只割得二十三四担毛谷（湿谷）。牛租六七担，就去了八九担，家里三个人（两个大人，一个仔，十几岁在村里读书）。一年要吃18（8）担谷，不够吃就只有借生谷（燥谷），好点的人借一担要还一担一石，不好的借一担要还一箩。借四石还六石，还一石五的息是人人都要的（借四石还五石五斗），有时还要还花息（利上串利）。我欠的债一直没还清，土改时废债，我废了五担多债谷。两担半谷年年串息，串到六担多没还债。

两次是栽一次禾点一次豆子，只有两亩种两次，其余是一次田。

1 担 =2 箩

1 担 =10 石 =100 斗 =1000 升

（招携新街董杨一）

（材料整理人：程寿朋）

（五）招携革命材料汇集（第三辑）①

四、关于革命武装力量的建立和建设情况

〈一〉游击队的创立与活动：

1927 年冬天，红四团到湖坪，捉了几个人到宁都，把张英放回来，张英便在群众中说："红军有很多枪，我们也要买枪，组织武装。"后来地主豪绅买了好几条枪，张英集合了几个人加入靖卫团，在乐安城小南门把团长李德贵打死，张英连夜跑到望仙，回来对部下说："红〔白〕军枪不多，我们去打。"第二天（我们）大家便带好枪，走到望仙，张英便说："我们要革命，我们都是贫雇农，不愿革命的可以发钱回家，安家立业。"大批枪支都给了红四团，留下了十几条枪，便由张英当队长，组成了乐安游击队，和永丰、南丰的游击队都有联系。永丰的金牙子游击队很厉害，这三个队（乐安、永丰、南丰）共有三四十支枪，有时还会联合起来，并且和宁都有联系。

当时敌强我弱，碰到有机会，就干他一下，以后乐安也发展到几十条枪，有编入红四团的。

（刘辉汉）

十八年（民国）冬天就成立县政府，在这以前，张英游击队有五六十个人，七条枪，在【民国】十八年上半年底就成立了革命委

---

① 在原文中，本辑位于"第一辑"之前。根据内容，调整了顺序。

员会，随着游击队跑动，它领导游击队，起初书记是邱钰，张英是里面的一个。

张英游击队是反水过来的，这是【民国】十七年，县里靖卫团五六十个人，才背有 30 多条枪，2 支驳壳枪给了二十四团，留下了七条到地方上，成立了游击队，就是张英靖卫团那些人，后来又在那里搞到枪。

（谭务七）

由于得到党的教育，一个张英，一个叫廖丕文，民国十七年杀了姓李的，把枪带到这路上（招携——访者），二十四团在路上接，分了二十多条枪在当地（指大金竹——访者），在大金竹的地方召集了一些人造梭镖，组织农民协会打土豪。

（雷老万）

民国十九年，记得涨水的那年二月间，张英反水过来了，再过了几个月，张英就【在】招携领导成立了农民协会。在民国十九年十二月间在大金竹开代表大会，选择成立乐安革命委员会，代表有 200 多人，主持人是邱珏，选出张英的主席，组织廖培泯，宣传廖一新，他们三个都是反水过来的，第二年便搬到招携来。当年六月十三日（阴历），革命委员会领导打乐安城，参加打的有张英带的军队和地方赤卫队（18 到 40 岁的人），打了几枪就打开了，住了两夜就搬到招携了。过了一年的闰六月十三日，又打了一次，这一次打得久一些，有个把钟头，就在这年阴历十三月①便成立了县苏维埃。

（邓才兴）

民国十七年八月，是四团从永丰过来缴枪，打开了，保卫团全部投诚过来，有八十几条枪，百把人，张英、廖一新、廖丕文带来的，打了以后就走这里过，张英都到这里交枪……

【民国】十八年六月全区的农民有几千、万数人，望仙也有，

---

① 原文如此。

全是梭镖、鸟枪，游击队有二十几条枪，城里是王兆麟的保安队，也有几十百条枪，人先从城墙底下的坑里（水沟）爬进去，我们队伍一到了，他们（指爬进城的人）就偷开城门。队伍冲进去，东、南、西、小南四个门都有队伍，只有北门无队伍，王兆麟的保卫团就从北门跑了，我们在乐安城只有两三个钟头就出来了，乐安老百姓告诉了王兆麟，就把守望队担①回来了，游击队就带我们走了。

（董杨一）

起初是张英、廖丕文、廖卫成搞了一个十几条枪的游击队，招了些志愿兵，驻在坪塘一个大地主家里，我们经常去看他们出操，只有十几个人，以后活动活动就搞到了十多条枪，编了一个排，以后又编了两排梭镖、锚子，正式成立游击队，县苏区才正式挂出招牌。

招携开群众大会时，放哨放到十里路外的南岭，当时望仙有敌人，县苏很紧张，游击队有时到望仙、湖坪去【打】游击，游击【队】去打土豪。湖坪有匪首王兆麟，当时有十几二十根枪，不断打我们游击队，他虽不是靖卫团，但实际上是国民党的后卫，以后主力红军在这里活动，供给了游击队三五十支枪，就编成了独立团。

（李赤）

（材料整理人：段重农）

---

① 原文如此。

（六）招携革命材料汇集（第四辑）①

五、国民党的暴行

国民党经过的地方大都【被】抢劫、烧房子，烧黄陂、东陂，招携也烧了，招携街上两三百栋房子全部【被】烧〈火〉毁。然后俘虏兵在招携经过，群众非常恨，在到望仙的路上群众准备痛打一顿，有的【被】打死丢到江里去，后来红军为了优待俘虏不准这样做，向群众解释不是士兵要这样做，是官长〔长官〕的命令，群众用镬头、木棍打。

（招携郜文福）

民国二十三年 12 月国民党进攻招携，国民党二十七师、三十师到招携。

（招携港田谭宝森）

谭老三被国民党活活割死。他是乡苏主席，国民党捉到他，在他身上割一块就塞一块棉花，浇一些洋油，又割一块肉塞一些棉花浇一些洋油，又浇上洋油烧。两三天就死了。

（招携乡妇女主任谭中金）

我在抚州坐了一个多月监，那个阎王监里天天都要死七八个人，在南昌、九江坐监，一天吃一干一稀，整天做许多埋人事，挖壕沟、种树等。用枪把我们从九江押回乐安，一路上到哪里就在哪

---

① 原题为"招栖综合素材（第四辑）"。

里坐监。回来后国民党又抓壮丁，我跑了，他们捉了我的儿子去，我在招携借了几个毛边纸把儿子赎出来，以后又被他们捉了去，捉到永丰，我儿子就发了病，现在都还是疯的。

（招携江裕华）

招携的空地都是国民党烧了的，国民党烧了一条街，人都跑到山上去了。国民党在宁都打败了，烧了房子就跑掉了。是张辉瓒的军队。

（招携余菊生）

民国二十三年国民党到处进攻，也进攻了招携……我们被捉到，敌人要我们退出革命，把我们解到区政府，一天吃一碗粥。

民国二十一年烧茅屋后，我就在这里工作（在招携工作）。国民党进攻，我们跑到山里去……国民党兵把我绑在树上，他们就在楼上乱搜，搜米、腊肉、酸菜……都翻出来……五月间国民党又来搜，袜头子都要搜。

（谭中金）

国民党反动派高树勋打了过来。这一年国民党打过来三次，三月一次，五月一次，七月一次，国民党在宁都打了败仗就从宁都经过永新，一路烧到我们这边来。头两次是骚扰，第三次就烧房子，招携、青里、大金竹、坪头都烧了。

（杭村陈老桃）

四、

南丰县革命斗争史
调查访问资料 ①

---

① 出自《南丰县人民革命斗争调查材料》。

（一）洽村人民革命斗争史资料

一、土地革命之前洽村的社会状况

（一）地理环境与经济文化情况

洽村区位于南丰县西南角上，东接白舍区，南靠广昌县，西南与宁都县交界，西北和宜黄为邻，东北边是市山区。全区共辖洽村、明阳、黄砂、朱坊和坊坑五乡。在土地革命前，反动政府为了便于统治，将全区划为九个都（"都"是反动政府的基层组织，专门收粮收税），即坊坑（四十三都）、瞿村（四十四都）、洽村（四十五都）、苦竹（四十六都）、明阳（四十七都）、沙坪（四十八都）、里罗坊（四十九都）、朱坊（五十都）、宝石（五十一都）。去年实现人民公社化后，全区划为两个人民公社，一是洽村人民公社，辖洽村、明阳二乡和坊坑乡的小部分；一是朱坊人民公社，辖朱坊、黄砂二乡。坊坑乡的大部分则划归白舍人民公社。在土地革命时，红军曾在这里建立了革命根据地。

地广人稀是这个区的特点。全区约有 600 平方公里，但人口只有 5730 人（1773 户），平均每平方公里只有 9.55 人。在全区境内，平原很少，几乎全是山区，交通极不方便。在公社化后，全区人民正在大修筑公路。目前，由长陂经洽村经白舍的长白公路，除桥梁外，已基本竣工。

全区盛产竹、木，木材又以松、杉最多。南部长陂和广昌交界地区，还有大片森林，纵横几十里。但解放前由于反动派的压榨，兼之交通不便，劳力分散，森林没有得到大量采伐。全区人民都以耕种为主，稻米是全区的主要农产品。

土地革命前，反动政府只管收捐收税，根本不关心地方治安，不管人民死活，而且经常以"招抚"土匪的办法来增强反动势力，于是土匪越来越多，严重地威胁人民生命财产的安全。同时，全区以胡竹笙为首的豪绅、地主、流氓等人，为了进一步压榨人民，而组织了挨户团，明抢暗夺，横行霸道，无法无天，弄得鸡犬不宁。

由于反动派政府及地主阶级对人民残酷的压迫和剥削，使全区长期处在十分闭塞和落后的状态，绝大多数的农民都无能力供给自己的子弟上学读书，所以全区的农民几乎全是文盲。如明阳乡渣山村共有 72 户人家，但识字的只有一个农民。那时，明阳全乡连一所小学校都没有。

（二）反动政府与地主阶级对农民的压迫和榨取

土地革命前，全区人民受着反动政府和地主阶级的残酷剥削和压迫，过着非人的生活。农民虽然一年到头〈的〉辛勤劳动，但仍然吃不饱、穿不暖。但另一方面，占人口〈是〉少数的剥削阶级，终日游手好闲，不事劳动，都过着奢侈无耻的生活。

1. 土地占有情况

对土地占有情况，我们做了如下的典型调查：

土地革命前明阳乡渣山村土地占有情况表 [①]

成分 % 项目	户数		人口		土地		备注
	户数	%	人口	%	亩数	%	
地主	3	4.17	15	11.6	390	32.57	
贫雇农	69	95.63	114	88.4	207	17.31	
公堂					600	50.12	这些土地都是由地主掌握
合计	72	100	129	100	1197	100	

---

① 两个表格中空缺部分，系照原文。

土地革命前朱坊乡周坊村土地占有情况表

成分 % 项目	户数		土地		山林		备注
	户数	%	亩数	%	亩数	%	
土豪	9	1.53	700	35		60	
富农	5	0.85	100	5			
中贫雇农	575	97.62	600	30		40	
公堂			600	30			因公堂都是由土豪管，这些土地实际上归土豪所有
合计	589	100	2000	100		100	

从上表我们可以看出，占农村户数人口还不到10%的地主、富农，却占有70%以上的土地，而占农村户数人口90%以上的农民，占有的土地还不到30%。那时，大多数的贫苦农民几乎完全没有土地，而不得不租种地主、富农的土地。

2. 地租剥削

由于贫苦农民没有土地，而不得不向地主、富农租种土地，忍受他们的剥削。这种地租剥削是非常残酷的，许多农民被迫将种出来的谷子全部交给地主（那时都是种单季稻），而自己只得在割完禾后种些红薯、豆子、蔬菜等杂粮维持一家生活。有的是采取三七分（收割的粮食，地主要拿70%，农民只有30%）和二八分租（即农民只能得收获物的20%，而地主却要拿走80%）。土地贫瘠地区的地租，最少也是对半分。同时地主还蓄养许多耕畜来剥削农民，租一天牛就要稻谷45斤，或者要三个人工抵换。如果农民缺乏耕牛农具，自己无力耕种，那只有帮地主做长年〔工〕，受着更残酷的剥削。每年的工资不过二三十元，而每天的劳动时间却在12小时以上，而且一年到头没有一天休息。

3. 高利盘剥

地主阶级除了通过地租来剥削农民外，还通过高利贷的方式来对农民进行苛刻的榨取。由于地租苛重，90%以上的农民都缺少口粮，必须要借债才能度日，地主阶级就乘人之危，大放高利贷。高利贷有两种：一种是借谷，一种是借钱，但高利贷榨取的方式却是多种多样的。借谷的利息，最少都是年息50%，即春天借一担谷，到秋后就要还一担半谷。借钱的月息有高达40%以上的（如洽村街土豪李元英老婆）。还不起债的，要息上加息，利上开花。还有的是以无报酬的劳动作为利息，如借一块钱，每月要帮地主做一天无报酬的劳动。剥削更凶的是买青苗。地主在青黄不接的时候，只给〔按〕三分之一的谷价给农民[①]，而秋收后却要按数归还，几个月功夫，利息高出老本几倍。由于这样，农民虽然终年辛勤劳动，但仍然得不到温饱。

4. 苛捐杂税

农民除受地主的各种剥削以外，还得受当时反动政府的种种压榨。那时，反动政府巧设各种苛捐杂税来对农民进行敲骨吸髓。苛捐杂税之多，实在无法计算。除反动政府规定的土地税外（当时10担谷田要交2斗谷税，10担谷田约能产谷300多斤，2斗谷大约有30多斤，即交收成的10%），还有什么附加税。因此，农民一年忙到头，还是四壁皆空，过着牛马般的生活。

由于反动政府和地主阶级残酷的剥削和压榨，绝大多数农民都过着饥寒交迫的痛苦生活。特别是到了春季，几乎所有的贫雇农都是吃稀饭、青菜和野菜度日，有的还被迫讨饭。到了冬天，则有三分之一以上的农民穿着单裤过冬，穿的棉袄也大都千针万补。有的一件棉袄穿了30多年。朱坊乡（土地革命时属明阳乡，下同）贫农唐早生，今年68岁，只是在解放后才穿上新棉袄。还有不少的农民没有棉袄，夜晚卷蓑衣，或者靠火过夜。因此，这里群众烤火

---

① 原文如此。

习惯很普遍。朱坊乡雇农唐满福就由于没衣穿没被卷又没有饭吃而冻死。68岁的雇农唐贵丁，由于受反动政府和地主阶级的重重压迫，而无能力娶亲，打了一世的单身。

（三）患及挨户团的罪恶活动

前面已述，洽村区地理位置比较偏僻，又是山岭地带，政府权力一向很难直接控制到这里，更因当时反动政府只管对农民勤收各种苛捐杂税，而对农民的生活、地方的治安根本不关心。这就为土匪在这里进行肆虐活动提供了有力〔利〕的条件。当时在这里活动的土匪头子的势力虽然不大，但股数却很多，经常带其喽啰来洽村区抢劫的土匪头子有云和师傅（宜黄人，原姓李名云和，是个吃斋道士，人人称他做云和师傅，手下约有100多名喽啰，出没在宜黄、宁都、南丰交界的地方）、李金喜（宜黄人，手下约500名喽啰，大本营扎在南丰）、李怀民（洽村区人，手下约有八九十名喽啰）、唐超群（南堡人，手下约有几百名喽啰）及广昌的吴文荪等。这些土匪一来一去，〈像〉交替轮换的对洽村区居民进行抢劫和勒索，勒索不遂便把人抓走，并且常常杀人放火。因此，这里匪患之多，确实无法统计。

洽村区的封建地主、富农、资本家为了保护自己的财产免遭外来土匪的劫掠，在1925年就推拥管坊村富农兼资本家的胡福笙及其弟弟胡竹笙出来组织挨户团（胡竹笙是当地的流氓、地痞，原先虽在家里种过田和在其二哥胡福笙商店里坐柜台，但后来是搞赌博抽头，并掌管公堂）。挨户团总团是设在洽村，团总是胡福笙，辖七〔三〕个半都，即罗坊（四十二都）、坪上（四十三都）、沙坪（四十八都）和白舍（四十一都）的半个都。挨户团在每都设分团，每个分团都称连，武器是鸟枪、梭镖和木棍等。当时胡竹笙任总团的队长，指挥全团的武装组织，总团部的人除团总和队长外，还有团丁二三十人。挨户团的骨干分子都是豪绅、地主、流氓、地痞，挨户团成立后强迫农民参加。挨户团为了维持它经费的消耗，便巧立各种捐税的名目向农民进行勒索，如要收灶捐（挨户派捐，一年一次）、月捐（一个月一次）、屠税等。如果农民不按时缴交，便要受到挨户团的所谓"处分"。参加挨户团的，每月可领到几块钱作薪饷，但这数目不能满足那些流氓地痞的欲望，他们常常拿着武器在路上拦劫别人的财物，或在晚上偷农民的东西，在当地横行霸道，无恶不作。挨户团与活动在白舍一带的李国英、广昌的吴文荪各霸一方，不准对方管辖区域内的区民到自己区域来，如果抓住了便要钱赎。挨户团捉到别地的人，还施用〔以〕严刑拷打。因此群众对挨户团是非常痛恨，虽然胡竹笙规定 15 岁以上的男子都要参加挨户团，但正直的农民却不愿意参加进去，在他们心目中，挨户团实与土匪没有多大差别。

（四）农民对反动势力的反抗斗争

在土地革命前，洽村区人民有三大灾祸，这就是上面已叙述过的，一是反动政府的横征暴敛，一是地主高利贷的残酷剥削，一是土匪与挨户团的抢劫勒索。而反动政府、封建地主、土匪又是三位一体的，他们常常勾连起来对农民进行压迫和榨取。因此农民对反动政府和地主的憎恨，在一些地方甚至比对土匪的憎恨更为强烈。虽然洽村区的农民在这个时期没有组织起来对反动势力进行斗争，但是阶级仇恨的怒火，却燃烧在农民的脑子里。例如，沙坑村农民在背地里骂地主："吃了你去死，我们流汗，你们坐着吃，吃得你们男盗女娼，我们总有翻身的日子……"从这几句话也可看到农民强烈地要求解放。又如正直的农民不顾各种威胁，坚决不参加封建地主、资本家组织的挨户团。以上这些事实都说明了洽村农民的阶级立场是鲜明的，他们的确是"硬骨头"。这股蕴藏着的革命力量，一旦在条件成熟的时候，便会像火山爆发一样把一切反动腐朽的东西全部埋葬掉。

二、土地革命时期

（一）大革命失败后的洽村

1926 年从广东出发的资产阶级的民主革命，在中途被买办豪绅阶级篡夺了领导权，立即转向了反革命路上，以反革命代替了革命。国民党新军阀的血腥统【治】，依然是城市买办阶级和乡村豪绅阶级的统治，对外投降帝国主义，对内以新军阀代替了旧军阀统治，对全国人民的经济剥削和政治的压迫比以前更加厉害和残酷，广大的工农劳动群众，在反革命军阀的统治下，在激烈的军阀混【战】下，所得到【的】只有饥寒痛苦、流离失所，过着牛马不如的非人生活。

反动统治对广大人民的压迫剥削越厉害，广大人民的反抗斗争也就越来越激烈与高涨。这时"中国迫切需要一个资产阶级的民主革命，这个革命必须由无产阶级领导才能完成"。

大革命失败后，工农阶级及广大革命群众，在共产党领导下的有组织的城市罢工和农村暴动在南北各地发展起来。军阀军队中的士兵，因饥寒而酝酿着很大的不安和反抗。

我们党为了挽救革命的失败，领导全国人民高举着革命的红旗继续前进。1927 年 8 月 1 日我们党在南昌举行了武装起义，建立了自己的武装，开始以革命的武装反抗反革命的武装。

八一起义军于八月□日离开南昌向赣南、福建、广东等地胜利进军。八月中旬，起义军经过南丰县洽村地方，继续向福建长汀前进，起义军在洽村地方过了三天三晚。当时洽村的土豪胡竹笙，在起义军的先头部队接合下，成立了所谓"招待所"（为经过这里的起义军购买各种食用物资）。当起义军大队过后，胡竹笙便生起野心，和同伙（皆是土豪流氓）在洽村附近的杨梅桥地方埋伏，用土炮伏击我起义军掉队的战士（或因其他原因走在后面的）20 余人，当场全部打死，胡劫得枪 20 余支。另外又生俘两名，留下为自己训练反动武装，从此胡竹笙便大肆招兵买马，扩大自己的反动势力。胡的反动武装经过三个月的训练，因此便在 11 月间率领全队武装，前去攻打南丰城里的李金①善土匪，胡竹笙进占了县城，开

---

① 或"全"

设了一个大盐局，进行投机买卖，从中获取高利。

野心勃勃的胡竹笙，占领了南丰后，又想进一步扩大自己的反【动】势力，企图占领广昌，便在1928年正月又率领了自己的全队武装，前去广昌白水（已改赤水）攻打吴文莸土匪，但由于吴文莸早有准备，并联合了李国英等土匪，力量强于胡竹笙，在最后将胡竹笙打败。胡失败后，回来很大不安，企图报仇。因此，不久便派人前去南昌，贿请金汉鼎伪军前来助威，并去再次攻打广昌吴文莸土匪，金汉鼎伪军到了南丰，但又接受了大资本家饶德昌（饶家堡人）的贿赂，在六月间便会同了白舍的李国英、广昌的吴文莸土匪前来洽村攻打胡竹笙，当时胡早已闻风逃跑了。金、李、吴匪军未捉到胡竹笙，便将洽村、管坊、饶家、李家堡、汪家大屋等地房子全部烧毁，将民财洗劫一空，给我百姓造成了极大痛苦，罪恶甚大。

八一南昌起义【部队】经过洽【村】后，给洽村人民带来了极大的影响。起义军经过洽村时，大力向群众宣传革命道理，说："我们是共产党的军队，是工农的子弟兵，我们要打倒国民党反动派，推翻封建统治，建立工农政权。"起义军以严明的军纪来要求着自己，处处爱护着老百姓的利益，他们即使买了一根针也得给钱。当时洽村人民说："我们从来没有看过这样好的军队，你们真是老百姓的好军队。"大军过后，洽村人民非常怀念〈着〉起义军，并希望起义军早日回来。洽村人民经过起义军的影响、宣传和教育，开始知道了共产党，也懂得了革命道理，他们在内心燃烧着熊熊的革命烈火，只要时机一到便〈全〉像火山一样爆发起来，烧尽一切的封建反动势力。

胡竹笙的反动势力被消灭后，曾在山林里躲藏了一冬。在这种无路可走的情况下，被迫地于1929年二、三月间便带领几个同伴到宁都去，乘机混入了我红军队伍，和红军独立二团李韶九取得了联系，并骗得了我宁南广游击队司令职务。在同年5月10日，胡竹笙便与红军独立二团（团长李韶九，政委李文林）到洽村一带来游击建立根据地，扩大革命力量，在各地建立起了农民协会。一方面组织群众，发动群众抗租、抗税、抗债、打土豪、向富农筹款，并建立赤卫军等地方组织，另一方面也积极地筹备，为正式建立苏维埃政权而准备条件。

1929年六月间，胡竹笙又带领着红军独立二团，前去攻打南丰城，打进了城，捉到了一个外国神父及饶德昌兄弟三人和洋油公司的经理杨杏三大资本家。红军又回到了洽村地区，在各地又领导着广大的人民群众，把农民协会改组成村苏维埃政府。当时的洽村、瞿村、新田、长陂、明阳、沙坑、上古等地皆在农民协会的基础上组织了村苏维埃政府。村苏政府继续深入地领导着广大人民群众展开各种革命斗争，推翻封建势力。各地村苏维埃政府为了适应客观形势发展的需要，于九—十月间洽村地区各地在村苏维埃政府的基础上，又组织了乡苏维埃政府。

1929年十一月底，在洽村成立了洽村区苏维埃政府。洽村区苏所辖以下各乡：洽村乡、瞿村乡、长陂乡、古竹乡、明阳乡、江源乡、田东乡、鄱阳乡、潘家广乡、上古乡等十余〔个〕乡。全区地广人多，有一万一千多户，三万多人口，是当时红军主要根据地之一。

区苏维埃政府设有主席、各部部长及各种委员会（工会、妇女会、互济会、反帝拥苏大同盟等）。当时洽村区的组织机构：

主席：严维邦（宁都人），后为李元英、包寿奎、徐和顺等先后担任过主席。

军事部长：江元（湖南人）、李炳奎

裁判部长：罗德辉

土地部长：徐新贵、陈立人

财政部长：徐新材、吴文龙

文化教育部长：陈奎元、谢文坤

肃反委员：罗得贵

工会主任：李芸孙

妇女委员：李秋员

互济会主任：□□□

反帝拥苏大同盟主任：□□□

区政府成立这天，全区人民都欢欣鼓舞，敲锣打鼓，心情愉快前来参加成立大会。会上由红军代表讲了话："同志们，我们成立区政府，更好地领导我们革命，打土豪、分田地，我们要紧紧地团结起来，保卫苏维埃政府……会议进行了示威游行，游行群众喊着'中国共产党万岁！中华苏维埃共和国万岁！打倒帝国主义！打倒蒋介石！打土豪分田地！'等口号。"

1931 年冬，红军扣押了混入革命队伍中的 AB 团分子胡竹笙，接着胡竹笙集团分子罗奎元、唐超群、杨牛等公开叛变，并对我沿村区苏维埃政府及广大群众进行扰乱与围剿，并经常来攻我政府。在这种情况下，我区苏政府为了更好地开展工作，争取主动与敌人作无情斗争，因此在 1932 年五月间，我沿村区苏维埃政府便由沿村搬到长陂办公，并改名为长陂区。1933 年三月间，由于沿村地方的局势稍有好转，我区苏政府又由长陂搬回沿村来。最后于 1934 年初由于白匪军发展第五次对苏区进攻，我沿村区苏维埃政府又搬到长陂—枫沙—汪龙坑—宁都去了。

随着苏维埃政权在各地的建立，党、团组织也在各地筹备并开始建立起来了。区苏维埃政府成立不久，区委会也就随着成立了。

沿村区委员【会】于 1930 年五月间在沿村地方成立，常设机构：

书记：先后由朱招生、廖富新等人担任；

宣传部部长：□□□；

组织部部长：□□□；

少共书记：〈由〉包希元；

儿童书记：官弟门。

区委员〔会〕具体领导区苏维埃的全部工作。区苏各种主要工作皆由党员负责。

各乡苏维埃政府一般设有党支部，各村又设有党小组，具体地领导各乡、村苏的工作。当时明阳乡党支部沙坑小组就有党员十余人，每5—7天（或短一些）开会一次，研究工作，各项工作都指派专人负责。党员在各项工作中都是骨干和突击力量。许多共产党员、党的优秀儿女，他们为党为革命事业贡献了全部力量甚至生命，他们的英雄事迹永远值得我们颂扬的。

（二）洽村区苏、区委领导下所开展的各项工作

土地革命时期的洽村区和所有的苏维埃根据地一样，在政权建立和稳定后就立即开展了各项工作。为苏维埃政权的巩固，为革命根据地的扩大，为人民生活的提高等等方面，起了促进和保证作用。洽村区由于政权建立较早，稳定时期也较长，因之，有些工作，比起附近的根据地，如广昌县，开展得较早些，另外，洽村区的工作也有其许多具体情况和特点。下面，我们将分别述之。

首先开展的【两项】工作就是打土豪、分田地。1929年（民国十八年）古厂〔历〕五月间，洽村地方，各自然村都成立村政府和农民协会，随即开展了抗租税、废债务的工作。明阳乡的佃种户把租谷交给村政府和农民协会统一收拾掌握，按人的需要，分配给各方食用。在这些工作中，由于村政府和农民协会里的工作干部都是贫苦农民，工作〈的〉公正合理，皆大欢喜。而在有些村子，如洽村、沙坑，在这时就开始了打土豪分钱粮，因之，这时候虽然还没有划分【阶】级，但事实很明显，广大的被剥【削】阶级已团结一心，和剥削阶级的斗争已开始了。这样为广泛深入地开展打土豪分田地作好了思想上的准备。

这年11月间，洽村区政府也紧跟着各乡政府的成立而成立，随即在各乡、各村开始了打土豪。当时划分阶级，没有富农、中农之差，只有土豪与贫雇农之分，即有产阶级（剥削阶级）和无产阶级（事实上，这部分还包括有旧产的中农在内，但基本上都是被剥削阶级）之分。打土豪的工作是在乡政府的直接领导下，各村根据贫农团划定的土豪，各村打各村的。明阳村打了李伯林、李冬

龙等好几个土豪，开元村打了五个，最大的是谢祥林，他有 200 多担田，打了他 800 元，打土豪所得的衣服、被絮、家用农具、稻谷米粮皆由村政府掌握，分给没有衣穿被盖、缺粮少吃、无〔没〕有耕具的农民，土豪的房子也要给无屋或少屋的农民住，但一般未把他赶出去，土豪【的】猪鸡家禽，捉来屠杀，公共饱食。对土豪本人，管制生产劳动。以后还到宜黄新丰市一带打过土豪。在打土豪的同时，对一般富有、有些剥削的人家（如果划阶级就是富农）进行筹款，首先由政府提出数字，再由他自己说多少，再讨论决定，如李沅壅的老婆靠放债为生，就罚过她 500 元款。

　　紧接着打土豪之后，即在 1930 年（民国十九年）古厂〔历〕正月，就开始分田地。分田地以乡为单位，分田之前，由每个人将自己的全部家产（田、山、屋、农具）造成册子，送交给政府。政府再根据阶级，按人口平均分配。但本区有一个特点，因所辖范围全是山区，各乡也是如此，自然村分散在各个山间岭腰，土地也是这个山岭一些，那个山岭一些，因之，在同一乡所辖的各村，每人所分得的田地数不是一样的。如明阳乡明阳村每人 8 担，开元渣山约 12 担多，而周坊却只有 5 担上下，每人所分得的田地，是上、中、下三等，好坏掺均。如开元村谢云龙全家共 4 口，分得好田 19 担、中田 12 担、下田 20 担，土豪富农分坏田（并未划富农，但干部心中有数），这个原则是实行了的。另外，有一种情况，同样是由于山区田地分散，土质优劣悬殊，极难掺均，加上个体生产者的绝对平均主义思想的关系，有些地方曾分过四五次田，渣山开源就是这样。"土地还老家"，贫苦人民都分得了田地，生产积极性大为提高，同时政府在分田后就宣传、鼓励"努力生产多下肥，多种多收，自己吃不完公粮不交地，支援红军打敌人"。因此，一般田都增产了，只能收 14 担谷的 20 担田面，现在能收 15—17 担谷，生产得到了发展，生活日益提高。

　　1930 年 10 月间，有些地方进行了查田运动，进行了土地的清册登记工作，同时也查清了一些隐瞒的黑田。把分田地、打土豪的工作进行到底，更加鼓舞了人民生产的积极性。

第三，土地革命时期的三大主要工作之一，就是武装斗争。为了苏区的不断扩大，使红色的火焰燃烧广原，因之，必须经常扩大红军，特别是在国民党对我年轻的红色政权进行接二连三的疯狂的"围剿"的武装斗争极为激烈的时候，只有积极扩大红军，使我们的红军日益壮大，才能有苏维埃政权的存在和巩固。在12年之内，开展了多次的扩红工作。自1930年下半年开始，就成为中心工作，而在1931年和1932年，第三次和第四次反围攻取得胜利后，扩红运动就搞得更为轰轰烈烈，明阳乡一次就有20多人参加红军，洽村有二三十人，周坊一村〈有〉先后就有30余人参加了红军。当时扩大红军的宣传工作是做得很好的，到处出现了空前未有〈过〉的新人新事。宣传鼓动标语很多，"红军是工农的群众！""贫苦工农自动起来当红军！"等等。用开会的办法，宣传苏维埃给人民带来的好处，"只有踊跃参军才能保卫胜利果实"，等等，加上拥军优属，周到十好，党团员带头，干部当先，真正做到了各个自愿，家家欢喜，踊跃参军。兄动员弟，弟动员兄，妻动员夫等，动力〔员〕的事情很多，如周坊谢连孙动员弟谢招生，林寿全和谢润生动员丈夫去参军。

洽村区的翻身了的贫苦工农，为保卫自己的政权和既得的胜利果实及争取更加幸福【的】生活，很多人走上了前线，作出了贡献！

第四，我们的政权是劳苦人民的政权，一切阶级敌人和异己分子都不会甘心的。

在战场上我们一次又一次打败了敌人，而敌人又想从我们政权的内部和对后方的造谣扰乱来瓦解我们。当时在社会上有一些反动的AB团组织及一些反革命分子，对我们的政权及各项工作开展起破坏作用，有的甚至伪装面目，打进了我们政府的内部。在此情况下，除经常进行肃反工作外，并于1933年古历四、五月间至1934年止，开展了一个肃反运动。洽村区各乡〈在〉重点清洗了政府内部的 AB 团分子及反革命分子，如明阳乡有 2 人被清洗出政府。洽村乡的主席罗和尚，系 AB 团分子，不听从上级布置与命令，阳奉阴违，暗中为国民党反动分子出力，做了很多反党工作，在这些运动中也被查出来了，使乡政府内部得到了纯洁，接任的乡主席魏□□就是忠心耿直、积极工作的农民，使洽村乡出现了新面貌。在 1930 年 10 月间的查田运动中，也同时进行了肃反工作，揪出了一些隐蔽的阶级敌人，进一步划清了敌我阶级界限。

但在洽村区，由于爬上了宜南广游击大队司令高职的胡竹笙，是一个打进我政府内部的首要 AB 团分子，他并且将自己的亲信罗奎元（土豪，胡竹笙的表弟）、唐超群（土匪）、揭火生、揭牛（都是挨户团首脑）等人带进革命队伍。胡竹笙勾结这些流氓土匪，革命的敌人，自 1930 年下半年起，就以肃清 AB 团分子为名，大肆屠杀我积极工作的革命干部和红色群众。像 1930 年 9 月胡竹笙逮捕了群众拥护、衷心爱戴的新田村苏维埃委员管负生等许多革命干部，并用肉刑逼供，最后加以杀害。胡走宁都后，罗奎元等继续杀害我革命干部，如省里派来的区干彭奎正，就以 AB 团分子的名义杀害了。罗杀害彭时，召开群众大会，在彭脸上写了"AB 团"三个字，并要彭向群众承认自己的"罪状"，彭在会上对罗说："我不是反革命，是革命干部，你这样无故杀害干部，是真正的反革命，是真正的 AB 团！"像这样的好同志被杀害了，为数达 100 多人，使革命受到很大损失。这点是给了我们一个血的教训。

第五，在紧张剧〔激〕烈的革命战争年代里，苏区的广大人民也以自己的实际行动参加了支援与配合工作，拥军优属，村村为红军家属组织了代耕队，给军属父母、妻子以各种优待与照顾，给家属砍柴火、挑吃水，每逢佳节大年给红军家属送鸡蛋、买毛巾慰劳他们，使他们没有什么感到不便的感觉，家属欢欢喜喜。士兵在前方深受鼓励，安心乐意英勇杀敌。后方不仅组织了各种人民自己的组织，如儿童团、少先队、赤卫军等〈等皆是〉，还积极参加支援前线的工作，妇女为红军打草鞋、洗衣服，同时又组织了担架队、运送队，为前方担〈架〉伤员，为部队运送来粮，我们看过很多这样的标语，"努力支援工农红军粮食"或"帮助红军【运】粮食"，等等。

党和政府号召的每一项工作都得到苏区人民的影响〔响应〕和支持。洽村区共在五年之内发行三次公债，当时公债票有一元、二元、三元、五元四种，在 1931、1932、1933 年三次发行公债中，每次发行公债的任务都是超额完成。开源村买公债积极踊跃，户户认购，一次就买了 500 元，这既表明了人民生活的提高，更表明了苏区人民对自己政权的热爱。

最后，从社会风气来说，由于党和政府对人民关怀备至和照顾人民的身心健康，号召人民戒嫖赌、禁鸦片，并组织了儿童团拿嫖捉赌，严查鸦片，扭转了恶习，新的文化娱乐丰富了人民生活的内容。如李行正同志在土地革命前，年年给地主当长工赚来一些微薄工钱都完全用在赌博上，有时输得精光。他妻子赖桂英无可奈何，制止不住，以和他离婚来吓唬他都不行，结果夫妻间矛盾极为尖锐，临近夫妻离散的境地。但红军来后严禁赌博，李也觉悟了，夫妻重归旧好，生活美好——这位现在 70 多岁的老同志，在向我们叙述他们的往事时，表现了对旧的恶劣社会风气的憎恨和对红色政府无比热爱极为感〈动〉人。号召妇女剪发、放脚，也得到妇女的积极响应，妇女不再为长发梳妆浪费时间，也不必再【受】缠脚受苦的磨难，妇女和男人一样放开步伐，高吭〔亢〕歌唱，得到真正的解放。通过这些工作的开展，基本上改变了旧的、封建的社会风气，振奋了人们的精神。

上述是洽村区苏政权成立后所开展的各项工作的基本概况。

洽村还是在一个群山集结的山窝里，是土地革命时期一个建立较早的革命根据地，在建立政权的几年中，由于四周的土匪很多，活动剧烈，经常来扰乱我红色政权，因此为保卫苏维埃政权武装斗争是一项很重要的工作，这个问题在下面我们将分专题来论述。

（三）武装斗争

洽村区是中央苏区的前沿阵地，国民党反动军队和地方反动武【装】——靖卫团以南丰城和宜黄新丰等地为据点，经常伺机向我苏区进犯，当时驻守在南丰的国民党军队有第八师毛炳文的部队，靖卫团主要是以李国英、李金喜为首，有上千人、七百多支枪。又因洽村是地处南丰、广昌、宜黄、宁都四县交界的山区，大小土匪非常之多，且经常到我苏区骚扰抢劫，是苏区人民的一大威胁。主要土匪有宜黄新丰的李云和，有百余喽啰，又说他有 500 余人、300 多支枪；宜黄南堡的唐超群，有匪徒 700 人，枪四五百支；洽村的李怀民（革命投机分子和叛徒），只有几十支枪；广昌大土匪吴文荪（吴在广昌建立苏维埃前夜曾到过南丰进行抢劫的罪恶活动，广昌建立苏维埃后，曾一度逃到南丰，成为苏区人民主要武装敌人之一）。此外，还有刘家岭的刘广东，朱坊藉塘的甘含之，甘春官、唐教化干[①] 等。

民国十八年六七月间明阳组成村苏维埃后，南丰县的反动政府及地主、资本家极为仇恨，即派掌管南丰县钱粮的叶清云带领靖卫团来袭击明阳。明阳村苏维埃政府闻讯，立刻隐蔽山中，方未遭毒手。叶在明阳扑空后，随即率领其匪军过封石，封石群众误以为是红军到来，前来欢迎，兽无人道的叶清云立即命丁〔令〕其匪军开枪向封石群众射击，当坊〔场〕杀害我农民同志 34 人。

这些土匪还经常到我苏区进行罪恶的抢劫活动，杀害我革命群众，对我苏维埃政府和广大群众生命财产的安全是一极大威胁。因此，抵御敌匪骚扰进犯、保护地方安全和不使苏维埃政府受到袭击，是当时洽村人民和苏维埃政府的〈严〉重【要】任务。当时提出了"保卫苏维埃政权"的口号，九一八事变后又提出了"打回东三省"的斗争口号。但"左"倾机会主义者却提出了"打回南昌、九江去"的错误口号。

---

① 原文如此。

因此，在洽村区苏维埃所辖各乡苏和村苏一成立后，就着手建立地方群众革命武装，不论是儿童也好，青年〈也好〉，和壮年也好，都组织起来了，可谓之组织军事化。10 至 15 岁者参加儿童团，主要是放日哨；15 至 18 岁者参加少先队，主要是放哨，有的也参加打土豪；19 至 45 岁者参加赤卫军，民国二十年左右改称模范营，他们除了参加打土豪、送粮、抬担架、放哨外，还要打土匪和配合红军作战。如新田村的模范营和土匪李金喜、李国英等打过 20 来次仗，每次都要缴获土匪许多枪支，少的一两支，多的十多支。模范营的组织系统是乡成立连，村成立排。所有的地方武装都是不脱产的。

但是单靠这些群众武装，尚不足以抵挡反动派和土匪的进犯骚扰。民国十九年十一月明阳等乡又先后成立了游击队。明阳乡游击队最【初】只有四五十人，五支步枪、一些鸟枪和梭镖等。到民国二十年明阳乡游击队扩编为南广游击大队（其实这支游击队并无广昌人），人数发展到 200 人左右，有步枪 150 多支，大队长谢贵生，大队部设在明阳乡开源村。这支游击队主要活动在宜黄新丰、洽村和广昌一带，经常与土匪和国民党军队打交道，在无数次战斗〈争〉获胜较大的是在宜黄新丰打败土匪李云和，缴获步枪一支，子弹十排；在西坑、沙坪打败土匪李金喜，毙匪 2 人，俘匪 9 人，缴获机枪一挺；在福建黄泥铺缴到土匪 30 余支枪、4 箱子弹。

第二、三次反"围剿"的时候，南丰游击队配合红军第三军团攻打南丰，游击队在战斗中的主要任务是切断国民党的交通运输线，扰乱敌人阵地，牵制敌人力量。后南广游击大队到广昌改编为南广独立第二团。南广游击队队长谢贵生将游击队带到广昌改编后，立即又被派到明阳组织宜南游击队，当时只有明阳本乡的人参加，后宜黄、官溪等地的贫苦农民由于忍受不了国民党暗无天日的统治和地主的残酷剥削，也纷纷跑到开源参加游击队。宜黄游击队约有六七十人（亦说有 150 人）。在收割季节，游击队还得保护农民收获庄稼。

洽村是中央苏区的前哨，大小战斗无法统计，但其中又要算明阳乡的沙坑村打仗最多，这里的群众说，他们没过过三天的安静日子，白天生产，晚上就要到山里去睡。

民国十八年六月，明阳乡游击队、赤卫军配合红军第八、十二军进攻南丰。当时南丰有国民党军第八师、靖卫团等上万人，而我红军和游击队、赤卫军一共只不过四五千人，但南丰仍被我军攻克。但也有的说进攻南丰的红军不是八军和十二军，而是独立二团（团长李韶九，政治委员李文林），〈约〉五六千人。攻克南丰，缴获敌人四五十支枪，敌军退往宜黄新丰等地。我红军进入南丰后，打了土豪，捉到南丰最大资本家煤油公司经理揭杏之和饶德昌兄弟三人。还捉到一外国神父，当时就将他押到黄龙坑，因他不吃大米饭而饿死。揭杏之〔被〕押到长陂时，用钱赎回去了。饶德昌在押回时因畏罪而连索跳到南丰的西门河里淹死了，他大兄【被】押到池渡杀了，二兄放回洽村饶家堡（饶德昌的家里），到民国十九年十月间肃反时，查出是 AB 团分子，被政府镇压了。

由于敌军派来大批增援部队包围南丰，第三天红军就撤回甘坊。

民国十九年五月，沙坑模范营十余人，只有五支枪，在孙家击退了土匪李国英靖卫团二三百人的进攻，李匪被逼退到黄沙。同时，李怀民土匪包围了长陂区苏，当时敌人有 100 余人、40 支枪，而我游击队尚成立不久，只有 40 人、10 余支枪，但我区苏干部和游击队相互配合，仍安全退到山里去了。

七月，红军独立团和土匪李金喜、李云和在沙坑附近的革峰山打了一仗，我红军独立团只有二三百人，而土匪却有上千人，同时敌人占据了山头。我军在冲锋时，连长周志发同志中弹牺牲。我军由于地理位置的失利和力量对比的过于悬殊，就退到甘坊，匪军回到南丰。

同年十月土匪刘广东带 60 余人—70 人来打枫沙，烧了乡政府，杀了我乡干部 2 名，当时我游击队、独立团立刻派 60 余人前去援助，刘匪发现我援军来到，连忙逃跑到几十里路以外去了。

民国二十年三月间我游击队、独立团、模范营300余人、200余支枪，在△△与土匪李金喜、李△△婆打火。敌人有200余人、200支枪，结果我军击毙敌匪等10余人，缴到敌人的枪20余支。在进攻敌人途中，我独立团某连长中弹牺牲。

民国二十二年三月初的一天早上六点钟，李国英、李金喜的靖卫团和土匪李云和共500余人（只有300多支枪）将沙坑包围。当时在沙坑的只有一连警卫营，其实只有一排队的实力（30余人），连长李连发。在此千钧一发的紧要关头，我军由几个熟路的群众带路，分三路登山，各路一班人，一班登雷背山，一路登狗头嵊，一路打掩护，冲出了敌人的包围圈，且击毙敌匪2人，缴枪2支、子弹200来发，打得敌人落花流水，也使敌人退回新丰，我军无一伤亡。

李国英等此次袭击沙坑是因在前一天沙坑的模范营曾到新丰打土豪，并捉回土豪5人。李等为抢回被我模范营捉到沙坑的土豪，并企图抢劫沙坑，以之报复。特在袭击包围沙坑之时带了100多人来运东西，故其500余人只有300多支枪。但结果却被我军打得大败，狼狈而归。

由于洽村战事频繁，故防御亦较严密。就以沙坑为例可见一斑。沙坑一村每天都有十人不分昼夜站岗放哨，每班3人，孙家、游坊、岭头各一人，如发现敌情即刻放土炮。

另配合红军、游击队、模范营作战，当地群众组织了担架运输队、慰劳队、洗衣队。

就是这样，在军民团结一致、共同奋战之下，使我苏维埃政权能维持5年之久。

（四）洽村人民生活的改善

共产党、红军才是洽村劳苦人民的救星，这是洽村人民从亲身经历中所得到的永恒的真理。苏维埃政权在洽村建立以来，就开始了打土豪、分田地的工作，在"打土豪、分田地、平田废债"等口号〈的〉下，各乡均广泛开展了打土豪、分田地的工作，压在人民头上的一座大山——封建势力被打倒。实行"耕者有其田"，这是农民长久以来的愿望，终于在共产党的领导下实现了，因此生产积极性大大提高。当时虽然处于战争状态，青壮年经常离开家园外出打游击，然而产量都有增加，这是因为农【民】自己得到了土地，每人平均都分了 1.5 亩至 3 亩土地，大多数贫雇农也有了耕牛，既不完粮，也不交租，更无苛捐杂税，摆脱了土豪劣绅的剥削和压迫。这时党和政府号召所有的干部都要带头参加生产，广大农民耕作兴趣空前提高。尽管当时很多人参加了红军，由于组织了耕田队，帮助军属耕种，并未荒芜土地，反而精耕细作，多施肥料，产量比土地革命前递增。例如上古村的粮食产量，每亩谷田由过去的 120 斤增加到 250 斤左右。由于生产发展了，洽村人民的生活随着得到改善。如朱坊的唐财伙，红军未来时吃不饱饭，分了土地后，不但够吃，且卖了 3 担谷给红军，又如上古雇农张丑伙以前经常饿饭，冬天盖簑衣加棉絮，穿着不能保暖的棉袄，红军来后，一家 2 口分得了 6 亩田，不但有饭吃，而且常有肉吃，做了新被、新棉衣，有了一头耕牛，每年还有一头猪卖。同时以新田村的官禄伙一家为例，在土地革命前〈后〉，家中有 6 口人（父亲、妻子、2子、1 女），土地革命前家里只有 5 担谷田，租了地主 40—50 担谷田，除交租外，不能供养 6 人的最低生活水平，每年辛勤劳动，还要借债生活，春天因农忙，要吃 3 餐，早上吃干饭，午间、晚上吃菜饭（多菜少饭），冬天只能勉强吃两餐，早上吃水样的稀饭，晚上吃干饭，有时间去种菜，每餐有点菜吃，否则，就是光吃盐水。每亩田最高产量不【过】300 斤谷，最低产量是 70—80 斤，平常多为 200 斤左右，根本无钱做衣服，能穿上打补丁的衣服已经是心满意足了。土地革命时，民国十九年冬天分了田，每人分到 6 担谷田，全家 6 人共分到了 36 担谷田。由于分了田，生产积极性提高了，做到了多翻田、多施肥，拔草以后还要耘 3 次，当时他还参加了模范营，经常在外打土匪，可是每亩田的产量还是增加了，每亩最高产量有 350 斤，最低产量有 200 斤，平常有 300 斤左右，产量较土地革命前提高了三分之一〈倍强〉。当时，既不交租，也不完粮，土地税很轻，以户为单位，每户只要收 20—30 斤谷，全家人不仅够吃，而且有剩余，将余粮卖了后，家里新添了一床 8 斤重的棉絮、两床被单。管禄�自己及两个儿子各添了一件新棉衣。民国二十一、二十二两年中，他自动购买了十多块钱的公债，每天都是三餐，一稀两干，很少吃两餐，没有喝过盐水送饭，每餐都有菜，有时一个月还能吃上五六次猪肉。

党和苏维埃政府，对于失去了劳动力的孤寡更是特别照顾，尊敬老年人的风气正在形成，每年除发给固定的六担谷以外，过年过节还要发猪肉和豆腐。如洽村罗家堡罗定万的老婆有 60 多岁，只有一个人，不能参加劳动，红军未来前她是依靠讨饭为生，红军来后，每年发给她六担谷，实际吃谷只要四担，其余两担用于买油盐。打土豪时分了衣服给她，生活过得不差，每年过年过节时，政府还送给她两斤猪肉和豆腐。过节时发一斤猪肉、一斤豆腐。红军的到来从此结束了她悲惨的讨饭生涯。

共产党、红军是劳苦人民的救命恩人，这是劳动人民永远也不会忘记的，正如喝水不忘挖井人一样，洽村区的劳苦群众就是如此。分到了田地，日子过好了，洽村人民一刻也没有忘记红军，战时自动组织起来，为战士送饭，还把余粮运送到王龙坑、沙坑、新田、尧山、古竹一带，保证红军的给养。1931 年正是敌人疯狂的发动了向苏区三次围攻的时候，红军在前线英勇反攻敌人，也就在这一年，是洽村朱坊人民送粮最多的一年，仅一次就送了 1200 余斤，由 20 多个人送去的，这不仅说明了军民关系的密切，也说明了人民生活的改善。

苏维埃政府成立以来，打了土豪，分了土地，洽村人民生活大为改善，在经济上摆脱了残酷的剥削，政治上推翻了土豪劣绅的血腥统治，劳动人民成为苏维埃政府的主人，尽管生活得到了改善，但洽村人民继承了祖国人民所特有的艰苦朴素的生活作用〔风〕，生活仍然是艰苦朴实的。当时洽村的土匪也多，战争也多，群众白天种田，晚上均睡在山里，加之国民党反动派对苏区进行经济封锁，食盐、布匹尤其缺乏，这一切都不足以威胁洽村人民，没有盐吃就吃淡的或吃硝盐，没有布匹就穿破的，因为洽村人民有一个共同的、坚定不移的信念——红军必胜，白军必败，只有红军才是人民翻身的保证。

（五）第五次反"围攻〔剿〕"的失利，区苏的迁移

1933年冬，敌人发起了第五次"围剿"，出动了100万兵力，向中央苏区进攻。敌人以堡垒主义的新战略前进，首先占领了黎川，我军由于"左"倾单纯军事路线的错误，在"中国两条道路的决战"和所谓"不放弃根据地一寸土地"的错误口号下，军事平均主义已经发展到了顶点，为了〔因为〕害怕丧失土地，当时以为"六路分兵""舍钱抵御"可以抵制敌人，结果是完全陷于被动地位。红军是人民的子弟兵，有高度的觉悟水平，在战场上英勇善战，狠狠地反击敌人，使得国民党军队不能顺利的前进，每前进一步，就要付出数十倍的代价，这样牵制了敌人一年多的时间，最后由于"左"倾路线的错误，敌众我少，子弹又缺乏，不得不离开江西根据地。

白军节节逼进【近】，1934年7月进攻洽村。区苏组织群众做坚壁清野工作，把粮食、锅等一切所需食用品全部搬到山上去了，没有留下一个人，想方设法断绝白军的供应。各乡的群众在上山前把树砍倒拦路、挖路、拆墙，工作就绪后，洽村区苏在长陂会同南丰县苏，分两路转入游击：一路有30多人、10余支枪，从长陂到宁都的洛口、马田，八月敌人进攻马田，由于敌我力量悬殊，我游击队在马田失散了；另一路到广昌甘竹，武器不足，也被冲散了。到此时，在洽村的苏维埃政权虽然暂时停止了革命活动，但是洽村人民深信红军一定会回来，白军失败的命运是注定了的，白军越疯狂，所隐藏的失败的危险性就越大。

三、红军北上后，洽村人民反抗国民党的迫害和压榨及迎接解放的斗争

（一）国民党对革命干部疯狂地迫害和对人民残酷地剥削

1. 国民党军队对革命干部和无辜人民大肆屠杀及其种种兽行

红军北上抗日前后，洽村各乡先后被国民党占领，匪军每到一地，烧杀奸掠无恶不作，有些村庄被洗劫一空，耕牛亦被拉走，明阳乡开源村的耕牛绝大部分被抢走，洽村乡上古村被匪军肆意破坏，纵火烧去房子十多家，匪军更对革命干部和无辜人民进行惨无人道、灭绝人性的屠杀，明阳乡开源村曾在苏维埃政府工作过的谢书云、谢奀仔、谢俄龙、李爱香等和几个群众在山上被匪军捉到，当场全部【被】枪毙。徐水乡贫农团主席段来仪和赤卫军队员巴水生躲在山上，被坏分子陈长生（流氓）报告国民党匪军，二人遂被捉去，二人坚强不屈，被迫死在狱中。妇女遭遇更惨，明阳乡开源村李连孙的老婆和连秀伙等三人，由于躲避不及被攻山的国民党第七十五队匪军捉到并当场进行轮奸，当时李连孙老婆还怀孕在身，被轮奸后小孩流产，自己受惊，不久也死了。

2. 地主恶霸的反攻倒算及对革命干部进行种种迫害

国民党到来，逃亡地主、恶霸、官僚等也随之回到村中，他们非但没有接受以前的教训，反而变本加厉，进行反攻倒算，将以前苏维埃政府分给农民的土地、牲畜全部夺走，还要农民清算旧债，补交数年之地租。明阳乡开源村农民李云生之父在土地革命前借了地主□□□ 30 多元，红军北上后其父已病死，地主回来，迫还旧债，结果家中仅有 2 只小猪都被地主抢走了。明阳乡农民李细良在土地革命前借了地主谢财生 13 元光洋，土地革命时废了债，红军北上后谢财生连本带利，利上加利要还他 90 元，迫得卖去了一只大母猪和一些衣服才够还给他。如果当时农民无力偿还，则强迫农民写借条，迫令其分期还清。对革命干部迫害更是疯狂，设私刑，吊打拷问，朱坊乡周坊村的党小组【组】长曾桂化被地主捉去

吊在梁上，打得出了屎屎，差点死了。洽村乡上古村赖长寿、曾金龙等10多个革命干部被吊打，并踩杠子，弄得遍体鳞伤，半死不活，还要每人给款60元才释放。并建【立】保甲制度，清查户口，实行所谓连环保，每个革命干部要4人担保，每张保书要五—数十元。强迫革命干部自新，从中搜刮。朱坊乡谢连生等20多人被逮捕，后给钱取保才释放，还限制革命干部自由行动，外出要向保长、甲长请假，不准革命干部在一起谈话，并经常诬之为"土匪"，对革命干部进行人格上的侮辱。各种繁重的劳役也是派他们去做，并经常威胁说："你们以前当红军，今天都跑不了。"

3. 国民党和地主、恶霸等地方封建势力对人民残酷的剥削

在国民党统治下，绝大部分土地由地主掌握，农民无田，忍受着残酷的地租剥削，地主恶霸还乘农民困难之际进行高利贷盘剥，此外还巧立名目收取各种的苛捐杂税，公开对农民勒索。

（1）地租：一般好田每担田要收租80斤，坏田40斤，有的要全部谷的产量交给地主，自己只落得一些杂粮而已。

（2）高利贷：利息不等，看农民的需要而定，一般为年息50%，即借一担还三箩，如果急需利息就更重，如明阳乡农民□□□借了地主陆百林一元钱，一年之间利上加利，息上加息，还了12桶谷，也有借一元钱，每月替地主做一天白工作为利息的。

（3）苛捐杂税：

①月捐：每月一次，每户最少五角，多者达四元。

②灶捐：每年一次，分二等，一等的要交10至20元，二等的要交10元左右。

③壮丁费：这是地主向农民勒索最厉害的一种方法，数目由保长摊派，家中独丁、甚至无壮丁的也要出钱，连五六十岁的老头亦不例外，有的一年要交几次，每少〔次〕最少要几十元，多者达千元。

④保学费（谷）：这是地主、保长借学校之名向农【民】搜刮，空有学校之名，其实无人上课。每年每户要给谷二至三担，也有要

钱的，每户十多〔至〕二十元。

⑤保甲谷：保长每年24担的薪水，要农民按户分摊。

⑥强迫送礼：借红白婚丧之名，要农民送礼，如明阳乡开源村大地主（兼保长）李奎生借小女满月之名，强迫全村每户送礼二元。其他还有区丁费、枪捐、电话捐、屠税、修路费、草鞋费，捉人还要放索钱、开销费等。名目繁多，不胜枚举。

（4）国民党的政治腐败及人民生活十分困苦

地主、官僚、恶霸用各种方法搜刮大量财富，乡长、保长之流又层层加派捐税，收了钱不给收据，从中大肆贪污，并利用刮剥农民的血腥钱来花天酒地，过着奢侈腐化的生活，如土匪李怀民当区长时要十几人侍候他：两个轿夫，一个马弁，十多个区丁，一出门前呼后拥，十多人持枪保护，连上厕所也要人带枪跟去。每天吃四五餐，每餐最少十个菜，且都是鸡鸭鱼蛋，外出上轿前也要大吃点心。吃饱后就躺在床上抽大烟。更凭借其政治势力任意派壮丁，每年最少派40—50个，更多的是买壮丁，每个壮丁多者要1000元，少者亦要300元，如无钱则将人捉走。一般地主生活也非常铺张腐化，如明阳乡开源村地主李奎生小女满月就做了40多桌酒。

在国民党的高压下，农民毫无政治权利，被剥夺民主，被剥夺自由，农民从来没有选举权，地主官僚只顾营私舞弊，终日盘算如何剥削农民，自然谈不到办教育，全区各乡差不多都无学校，98%农民【是】文盲。他们还引诱农民赌钱和吸食鸦片，以从中取利。

地主、恶霸除用沉重的地租、高利贷及各种苛捐杂税外，还任意写税，随时可以勒索农民钱财，如明阳乡渣山村保长李桂生，看到某家有何产业和副业可卖就写税条要之，农民吴浩生杀了一只猪，被他看中，写了税条，结果将猪给了他不够，连茶壶都卖了。使得人民收入毫无保障。

在国民党残酷的剥削与摧残下，人民生活十分痛苦。如明阳乡渣山村有几十户人家，一年之中有一个月要吃野菜、番薯渣、杂马（一种野菜）等猪吃的东西有四户，讨饭的有一户，只有两户仅够维持最低生活，其余各户均要借债才能过日子。

农民交不起捐税，被迫卖牲畜、卖田地的很多，有的则被迫卖儿卖女，甚至全家外出讨饭，更惨的是被迫自杀。

明阳乡开源村农民谢添孙无钱交壮丁费，迫得将田牛及两只小牛卖去，无牛耕田，只好用人去拉。王道坤卖了20多担田交壮丁费，坊坑村（现属朱坊大队）的中农廖兰英将仅有的三亩三分田低价估给保长廖裁禾，作为抵偿捐款。有的农民牲畜、田地都卖光了，只好卖儿卖女，迫得女离子散。坊坑村贫农廖长佽借了土豪廖长桂两担谷，利上加利，累进到98担之多，无力偿还，迫得将第二个儿子廖九江卖去。明阳乡渣山村农民吴龙生被保长李桂生派以壮丁费及各种捐款，借了110元的债，无力偿还，家中已无别物可卖，卖女儿又无人要，一家三口（还有老婆及一个女儿）被迫到处漂流，到外面讨饭。最惨的是上古乡农民曾大阳的娘廖□□欠下捐款无法还清，保长吴保生又死逼，弄得走向绝路投河自杀。

人民为逃避捐税外迁的很多，加上在国民党统治与摧残下，疫病流行，一死就是十几个到几十个，因之，人口大为减少。大片肥田变为荒地。以明阳乡为例，全乡在土地革命时共400多户，至解放时只剩下200来户，减少了一半多。开源村更甚，由180多人成为80多人。坊坑村（以前属明阳乡）原有土地2000余亩，到解放时仅剩下800多亩。农民在繁重的捐税下大部分都破了产，农村面临崩溃的境地。

（二）反抗国民党的反动统治和人民盼望解放

红军北上后，反革命政权和为这一政权效劳的走狗们——恶霸、地主又在农民群众的头上张牙舞爪，大肆摧残革命同志，残酷压迫和剥削人民群众。任凭如此，〈但是〉受过红色政权教育和培养的洽村人民，清楚地知道一条真理：敌人越猖狂，越残酷，他们的末日就来得越快。反动派一定会垮台，我们一定会胜利！"坚持斗争，红军一定会回来！"这是洽村人民的革命斗志和坚定信念。在白色恐怖下的洽村人民，虽然敌人压迫得厉害，但是人们和反动派的斗争并没有停止，各种不同形式的反压迫斗争仍在继续进行。人们准备随时拿起武器推翻反动统治，迎接解放。

1. 不向敌人屈服

红军北上后，国民党进入苏区，大肆捕捉和拷打我革命同志，但是在疯狂的敌人面前没有一个人屈服，仍然昂首挺胸，宁愿忍受肉体上的痛苦，不向敌人低头。共产党员、洽村区党支部书记黄林仔同志不幸于1934年十月在洽村区黄麻铺被俘。敌人就凭在他身上搜出的一个图章，肯定他是红军，进行审问，要他说出做了什么工作，还留下了哪些共产党员。但是他始终只说："我什么也没有做，要打要杀随你们的便。"敌人一无所得，于是使用了法西斯手段，用扁担毒打，打断了一根又接上一根，黄林仔同志被打得遍体鳞伤，死去活来，但是他并没有说出一点敌人所需要的东西。后来他妹妹设法把他保出才逃脱虎口。回家后，他经常进行宣传工作，有些贫雇农探问他红军会不会回来？他说："我肯定地告诉你们，只要我们活着，红军是一定会回来的！"像这样的英雄事迹是数不胜数的。

2. 三抗一打一骂

所谓三抗，就是抗兵、抗捐、抗债，所谓一打一骂，就是打骂地方恶势力。这样的事件在洽村地区经常发生着。1936年底，匪首李怀民派他的走狗尧绍风到明阳乡开源村收捐，群众无力缴交，他硬逼着要，并说要扣人。在这种情况下，曾任过明阳乡党支部书记的李长芳同志带领了李动孙、谢兴国等10余人，将尧痛打了一顿。当李怀民派人来抓他们时，他们已经逃得影无踪迹了。1937年国民党强迫曾任过洽村区的土地部长李连孙同志当甲长，要他派收捐税时，他不向农民收捐，并帮群众说好话，受到群众的拥护。伪乡公所有一次硬要他向群众派捐，他还是不去，伪乡公所就派人来捉他，李连孙同志又把他们打了一顿，并因此摆脱了伪甲长的职务。群众为了反抗抓兵，常在一起商量抗兵的办法，他们晚上聚在一起，如果闻讯，便集体逃走，如果来不及逃，就和敌人搏斗。1949

年南丰迫近解放，国民党加重苛捐什税，地主加紧逼债逼租。农民群众得知解放军快来，采软拖硬抗的办法，拖延时间，有的上山不见他们的面，使他们的捐税无法收上。辱骂国民党的官僚、地主们更是常事。上古、沙坑等地的群众说："国民党压迫我们太厉害了，我们虽然不敢公开骂他们，三三两两背后骂他们那是经常的，我们是这样骂他们的：'你这班婊子仔（指地主恶势力）的天下总不会长久，以后你们总是死个！'"

3. 为死者报仇

1949 年七月间，匪首葛正和率领匪徒到周坊村捉去贫农唐龙生夫妻二人，用火焚烧他们全身，结果女的被活活烧死，男的烧成重伤。这一血的事件激起了全村人民的极大愤怒，他们组织起来，拿起梭镖，拼着生命危险去捉匪首葛正和，为死者报仇。葛闻风逃走，没有捉到。

4. 到处打听情报

国民党对于红军的消息封锁得非常严密，不让〈被〉农民群众知道红军的去向，但是农民群众想方设法到处打探。1937 年有些农民群众打听到红军在东北抗日，并且改为八路军，当即在群众中传开了，从此〈从〉经常议论说："八路军现在在东北，可能会到南方来。"日本投降时，国民党吹嘘是他们打败的，他们探到消息并不是国民党打败的，而是共产党打败的，他们说："国民党是不抗日的卖国贼，现在又来欺骗我们。"有些群众去苦竹赶圩，看到那里钨矿人多，有不少是外省人，谢连生等人就在群众中议论说："里面一定有共产党员，以后一定要好好打听一下，打听到了，就想办法。"

5. 日盼解放，夜梦红军

"日盼解放，夜梦红军"，这是沿村人民群众的普遍心理状态。他们经常暗地里谈论着土地革命时期的情况，和红军在这里的好处。曾任过少先队长的渣山村吴浩生同志在敌人经常搜查的情况下，冒着生命危险保存了苏区的债券、少先队的红手袖和一些重要文件，他说："我保存这些东西，就是相信红军一定会回来，我时刻都在盼望着，只要〔是〕由于反动势力压迫得厉害，我们没有说话权力，只好□藏在内心。"上古村张丑伙说："红军走了，我难过，肚里和断肠一样，以后会经常眠梦到红军来了，快活得梦中跳起来，又能够分到田，不要交租还债，不受迫压〔迫〕，生活又会过得好起来。"

6. 锣鼓鞭炮迎解放

解放军南下以后，节节胜利的消息传到洽村地区〈后〉，洽村人民无不欢欣鼓舞，特别是南丰县城解放后，更是趾高气扬。洽村的人民群众听说解放军到了苦竹，便各自买好炮〔爆〕竹，几天后，解放军来到此地，他们徒步鸣炮，迎接解放军，解放军无论路过哪一乡哪一村都是如此。

东方升起了太阳，黑色恐怖一去不复返了，从此洽村人民和全国人民一样，走上了光明、自由、幸福、美好的社会主义大道。

（二）鄱阳乡人民革命斗争史资料 [①]

一、大革命时期的鄱阳乡

1. 概况

鄱阳乡位于南丰县的东南边，和广昌县交界的地方。这个乡，在土地革命时期，辖有【鄱阳】陈家、郭桥、李家、新屋下、阵石、白洲坑、上山岭、朱石头、罗家岭、屋梅、后坑、赵家滩、连家滩、屋株下等15个自然村 [②]，其中以鄱阳村为最大，故名之。那个时候，全乡有户数将近400〈户〉，人口达1200人之多。鄱阳村地势较为平坦，展望村前是一片很平坦土地，其他各村就在鄱阳村的四周，都是背依着不很高大的山建立的。这里以栽种水稻为主，蔗糖、花生、芝麻、大豆等经济作物也是较为重要的。但自然条件较差的是土质多系沙质，同时从流其境内的盱江，沙土淤积成滩，冬季〈既〉不可以行船，只有很少的木筏、竹排勉强可走，而春夏水涨之时，极易形成水灾。交通也不方便，那个时候，还没有公路经过。在不顾人民贫苦死活的反动统治时期，人民生活是更为痛苦的。在这种情况下，土地革命时期，我们党曾在这里建立了根据地，广大的人民都积极地〈参〉加【入】了这个火热的〔而〕紧张的革命斗争中。这一段时期曾过康乐富裕的生活。但自1934年红

---

① 此标题之上还有一个标题及编者信息：《鄱阳乡斗争史（初稿）》，中共南丰县委党史调查工作队、中共江西省委党史调查工作组，一九五九年一月二十三日。

② 原文只列出14个，应该还包括鄱阳村。

军北上后，又遭受到了国民党反动派的摧残和蹂躏，过着牛马般的痛苦生活。当地人民经过 15 年多的斗争，终于盼得了 1949 年的解放。9 年来在党的正确领导和亲切关怀下，政府采取了各种有效措施，帮助鄱阳人民恢复和发展了生产，重建了家园，过着幸福的生活。特别是在近年来，党领导下的老苏区人民发扬了优良的革命传统，实现了各方面的大跃进，生活得到了显著的提高。去年办起的人民公社，至今虽为期不长，但人民公社的优越性，在这里充分表现了出来，共产主义的曙光放出了万道光芒，人民开始了人间天堂的生活。鄱阳人民又以更大的革命干劲，向着共产主义前进。

2. 鄱阳人民在大革命时期所受的重重灾难

土地革命前的鄱阳乡和其他各地区一样，受着封建势力的沉重压迫和剥削，在此情况下，【人民】过着非人的生活。

首先，从人民生活最根本的生产资料——土地的占有情况来看，占户口最大多数的贫雇农，只占全部土地的一小部分，而大部分土地，都被只占总户口的极小部分地主、富农占去了。鄱阳乡有总农户约 400 户，土地约 5130 担。据此我们还计数了各阶级户口、土地的占有百分比，大致如下表所列（人口因范围大，时间久远，老同志难以计算，故缺之。）

鄱阳乡户数、各阶级土地占有百分比表 [①]

成分 % 目别	户数		土地		备注
	户数	百分比	亩数	百分比	
地主	14	3.5%	2240	43.66%	
富农	6	1.5%	300	5.84%	
中农	35	8.75%	875	17.3%	
贫雇农	345	86.25%	1715	33.2%	
合计	400	100%	5130	100%	

① 表中空缺部分系原表如此。

从上表我们就可以知道，广大贫苦农民要维持最低限度的生活，就必须是逼迫得不得不租种地主、富农的土地来耕种，而地租剥削极重，又必是摆脱不了当地高利贷的〈高利〉剥削。下面，就分别把这些问题，我们从鄱阳乡调查到的具体情况，记录下来。

第二，我们再从地租剥削来说，鄱阳乡也和其他各地一样，种数极多，佃种者只能得到自己劳动所得收获量的极少部分。这里的议定地租的办法最多，四六分租、三七分租不多，而对半分租是当地人民认为较轻的一种，只有在地质贫瘠或水旱严重，经过向地主多次说好，才有可能。议定地租办法多，是因为这种办法，地主可以向农民索取更高租额的缘故。这种交租办法，一般只能收到 4 桶谷的一担田，交给地主的租谷却要 3 桶。还有牛租、种子都要由佃种者在所得的一桶谷内支出。牛租是 12 担田为一担，即六桶，也就是一担田要牛租 1/2 桶，种子一担田需要 5 升至 7 升。因此，剩下的就不达半桶谷了。虽然有时也能收到 4 桶多或者 5 桶，可以多得一点（这一点常带来加租的危险），但是，当歉收只有 3 桶或多一点【时】，租谷不可减，那就只有白种一年田了。鄱阳乡的人民，还佃种了坐落在附近的而【且】是广昌县人的田，则在收租的时候，还要设置酒席给地主吃，要是地主吃得不满意，就有当场挨骂或者夺佃的危险，这样一顿或者一天的酒席，往往花费很多的钱。另外"大租小订"的地租剥削，在鄱阳也同样地存在。

第三，从高利贷的剥削来说，当时主要有借谷和借钱两种。借谷的利息，有一担还两担，也有一担还【一】担半的。前者较多。鄱阳乡的地主，放谷债有一个特点，在年底十一、【十】二月很少出借，一般在上半年二三月，多数是在青黄不接的时候，才肯出借。出借约两三个月就以年利计，还有一点得说明的，有些地主一方面想获得倍数高利，另一方面，也想顾到一点人道，常利用贫苦无法的时候，以几倍于本的利息，暗中放剥。据说这种办法很多，但无法统计。借钱的息率，却有多种：年息百分之二十为多，月息百分之二十常有，最厉害的是圩息，三天一圩，百分之二十为利率，变利为本，常有借一元银洋，几个月之后就得还几十元。

此外，打典租、点青苗等，是一种更为高利的凶暗剥削方式了。这里打典租的方法，比如说，打典租一石，合钱五元，担谷利息一年未还，利变典租，就要两担的利息。因此，有一担典租当年未还，就得还四担。在贫苦人民无吃或急用时，地主还以点青苗来获取高【利】，青苗在长，以低价买定，到收割时，价格几倍于典苗之时，甚为厉害！

第四，上述重重剥削与榨取，使得鄱阳人民过着痛苦不堪的如牛如马的生活，家破人亡，卖儿女、卖老婆的事常常发生。鄱阳人民终年劳动，吃的都是糠菜加稀饭，衣衫褴褛，□和尚一般，棉袄穿了四十年，旧棉四处，□万块千张，□不能新做一件①，棉被盖三代四世，还迫得不能继续使用，冬寒夜长，薄命难存。鄱阳村有叫饶前景的高利贷者，他出借银钱，利息甚高，而且每次都是想降低价格买回你的家产。如叶香珠，借了他五元钱，结果还不起，他就要叶卖田还，三担多田，就按他压低的价格买去了，当时一担田，一般都能卖 20 元，饶却只花 15 元一担买了过去。瞿国保借了瞿细毛伕等的钱 30 余元，还不起，只好把第二个儿子卖了 70 余元，偿还债务。

鄱阳乡人民，在土地革命前，所受的封建剥削与压迫的事实，所过的痛苦不堪的生活，这里仅是其中的一些，但他们并不是忍受了这些度命，自发的反抗斗争也多乘机而起！

3. 自发的反抗封建势力的斗争

不断逼来的封建剥削与压迫，鄱阳乡的人民在残酷的统治下，用多种巧妙的反抗回答了它。抗租、毁田以及农民协会、乡苏政府在这里很早就建立，正是这样的表明了。早在民国十六年，大红军还没有来到这里的时候，他们听到和红军接上了关系的胡菊生所组织的农会。他们打土豪，劫富济贫，代表了贫苦人民的利益，就派

---

① 语句不畅，原文如此。

瞿合生去洽村联系，随即组织农民协会。不久之后，又成立了乡苏政府，组织了自己的武装和封建势力及土匪强盗进行了斗争。在反动统治得极为严紧的情况【下】，不能组织起来，但他们心里的反抗怒火是熊熊【燃烧】的。也进行了很多的反抗，如瞿恶贼，他种了广昌饶家堡一个姓魏的田，交不起租，被捉去坐了十多天班房，他说："坐班房我也交不起！"结果地主魏□□也没办法。鄱阳村，有很多人佃种了广昌饶家堡这个大村子的田。一年，久旱无雨，稻谷歉收，饶家堡的人照数收租，颗粒无获，后请了些武士来，强硬逼租，这并未吓倒鄱阳的人民，和他们打了起来。后饶家堡向县政府告状，捉去了很多人，仍然无效，结果还是答应减租并放了他们。另外，一种"毁田"的事实，常有发生，穷凶极恶的地主看到自己租给贫苦人佃种的田，多收了一些谷子，就提出加租的要求，甚至以夺佃作威胁，当时就有很不少些人①，就□□给于加租，于是撒上石灰作为肥料，这样本年就可以多收粮食，而石灰又有一种结土成沙的性质，因之第二年田地变瘦，再也好不起来。上述各列事实，使我们得利，贫苦的人民并不甘受压迫剥削，随时都在向封建统治进行斗争。这种斗争的规模，看来是很小的，但是，当他一有了领导自己组织起来进行斗争的政党，也就能无尽地发挥起来，把大地翻转，把世界变新。我们党和毛主席，正是看透了这一点，把革命之火熊熊燃烧起来，使全国人民永远做国家的主人！

二、土地革命时期的鄱阳

南丰县白舍人民公社鄱阳村是老革命根据地之一。土地革命时期，这里的人民很早就建立了自己的政权，与封建势力国民党反动派展开了无情的斗争。

当时鄱阳人民受到洽村人民革命的影响，派出了自己的代表前去接头联系，组织革命力量，发展革命组织，展开了轰轰烈烈的革

---

① 原文如此。

命活动。

（一）红色政权〈的建立〉及党组织的建立

民国十六年（即 1927 年），洽村的胡菊生受到了红军的影响和教育，组织了农民协会，并进行打土豪的工作。民国十八年二三月，胡菊生带了几个人到宁都与红军李韶九接头取得联系。不久，李韶九率领着红军到了洽村，建立了苏维埃政府。胡菊生被令〔任〕命为赣东办事处司令。同年【到】鄱阳来把土豪瞿三贼等人捉去，5 月间，把他杀了。这件事当时对鄱阳影响很大。随后，鄱阳的瞿和生便在 9—10 月间到洽村去和胡菊生接头取得联系，回来后就成立了农民协会，当时有会员 20 余人。农民协会主席瞿和生，还有几个委员。

农民协会成立之后就进行打土豪的工作，鄱阳当时就打了黄草仔等三个土豪。

1929 年七月（民国十八年七月），红军到洽村（由胡菊生到东固联系）。七月底八月初，李三恶婆和瞿和生到洽村和胡菊生接头取得联系。八月间，胡菊生部队的赵世嘉、罗磨仔等率领两三百红军到了鄱阳并帮助鄱阳，人民把农民协会改编成苏维埃政府。当时鄱阳□东在红白交界的前线，白匪军经常来扰乱围剿，在这种情况下，政府也就只有用打游击的方式和方法坚持斗争，匪军一来就搬到山里去，匪军一走就下山来，就这样一直到 1931 年 1 月。红军在第一次反"围剿"中取得了大胜，在龙岗活捉了敌首张辉瓒后，便由宜黄、广昌来到了南丰境内，红军到了鄱阳，就重新把鄱阳的苏维埃政府整顿与扩大。红军在这里驻了两个多月，苏维埃政府也就日益巩固和壮大起来。政府组织机构也随之健全起来了，顺利地展开了各种工作和斗争。

1931 年鄱阳苏维埃政府的组织机构及其工作人员如下，设有：主席：由李先鼎担任（注：鄱阳乡苏维埃政府第一个主席瞿和生在 1930 年 12 月间被白匪军及当地的土匪武装杀害了，主席便由李先鼎接任。）〈及各个委员：〉

财政委员：瞿瑞桃

宣传委员：□□□

组织委员：曾群生

调查委员：□□□

土地委员：黄水生

监察委员：□□□

分田委员：瞿木生

肃反委员：瞿安珠

苏维埃政府的主席、各个委员都是那些曾为人民服务，积极地参加革命斗争的优秀的工农分子，都是在群众大会上经过工农群众自由提名，用举手表决选举出来的，他们都是劳动人民的优秀代表。

1931年以后，鄱阳苏维埃政府已进一步地稳定下来了，政府的各种组织机构健全后，立即就展开了各项工作，严重地打击了封建地【主】、买办豪绅及其代表者——国民党反动派。

1932年初鄱阳成立了党支部，支部书记叶文生，有党员八九人，党员每月得交2角5分的党费，吸收新党员要经过严格的考察，新党员入党需有三个党员作介绍，还〔要〕举行宣誓仪式。当时党的组织活动是公开的。政府的一切工作都要在党支部的领导下进行。

（二）苏维埃政府的各种主要工作及其措施

"一切苏维埃工作服从革命战争的要求"，这是当时苏维埃政府的特点，也是当时形势所决定的。鄱阳苏维埃政府与各地苏维埃政府一样，在党和上级苏维埃政府的领导下，在各个阶段和运动中，顺利地展开了轰轰烈烈的革命斗争。

1. 打土豪分田地

红军到了鄱阳以后，建立了苏维埃政权，当时红军和政府为了发动群众进来〔行〕革命，就与封建势力展开斗争，给予〈了〉封建势力以严重的打击。当时鄱阳苏维埃政府在红军的大力协助下，发动〈了〉群众进行了打土豪分田地。罗全生等七八个土豪被群众斗争过，其中的□东狗等罪大恶极的三个土豪，被我政府杀了，解了群众之恨。

打土豪的工作在进行之前，首先就要在党内和政府机关干部中召开会议，进行讨论、研究，最后作出决定：谁是土豪，准备在什么时间打，怎样进行，需要达到什么样的目的，等等。然后再【由】政府干部、赤卫军及群众一起去执行。打土豪的方式很多，罪大恶极的枪杀。此外，罚款、扣押、没有〔收〕其全部财产，等等。打土豪的财产一律归政府统一掌握，金、银及光洋（货币）便由基层政府上缴或交给红军队伍，做各种经费开支。其他各种衣物、用具、猪肉等由政府在各种群众大会上发给贫苦工农。群众【中】特别困难的农民便由政府个别重点的补助与救济。贫苦的工农群众都能享受到革命的果实。

1931年以后，鄱阳苏维埃政府，由于日益巩固与壮大起来了，在1932年4—5月间就领导了广大人民开始了分田，彻底地消灭着封建势力，进一步地巩固苏维埃政权，提高苏维埃人民的生活【水平】。

1932年4—5月间，鄱阳乡开始分田工作，分了两个多月，到6-7月间就分完了，大家分的都是〈分的〉青苗。当时的田不分等，以乡为单位，首先划好阶级——土豪、富农、中农（还有富裕中农）、贫农、雇农，登记人口造成册子，然后按人口好坏搭匀，平均分配。当时每人平均大约分到土地10担谷田。当时分田的原则是抽多补少。贫苦农民分好田，中农一般是不动，田多了的抽出来，分给他人，富农分坏田，地主也可以分到一些坏田耕种。

当时苏维埃政府在分田时划分阶级的标准：

①地主——田地多，自己不劳动，专门靠田租、高利贷剥削为生者。

②富农——田多于一般人，部分出租，也放些债，但自己参加劳动者。

③中农——自己有田，不出租、不放债，一般能自给自足者。

④贫农——无田或少田，自【己】稍有点〈把〉工具者。

⑤雇农——一无所有，专门出卖自己的劳动力为生者。

当时的广大人民在党和政府的领导下，划分了阶级，分清了敌我。贫苦的无产者都团结起来，与封建的土豪劣绅、国民党反动势力展开了无情的斗争，对土豪劣绅严厉地管制与监督，参加劳动，不让他们乱说乱动。

2. 扩大红军和各种武装及其斗争

鄱阳人民和广大的苏区人民一样，为了捍卫苏维埃政权，保卫自己的家乡，保卫胜利的果实，积极地响应了党和政府的号召，许多优秀的青年走上斗争的最前线。

在党和政府的领导下，大力宣传和动员青年人参加红军，走上捍卫家乡的最前线。当时宣传的方式是多种多样的，挨家挨户的个别宣传，在各种大小的群众会上，集体的进行宣传。还有口号、标语等，"我们是贫苦工农无产阶级，我们是一家人，参加红军、国际师是我们苏区青年的光荣的权利，也是我们光荣的任务和义务。红军是我们自己的子弟兵，是保卫工农利益的武装，我们要团结起来，消灭反动派，保卫苏维埃，只有这样，我们才有出路，才能过好日子……""贫苦工农自动起来当红军！"

鄱阳人民和青年自愿参加红军的就有 10 余人，参加游击队的有 30—40 人，参加模范营的有 30 余人，赤卫军的有 47 人，从这些数字就可〈概〉见当时鄱阳人民对革命所作出的贡献。

随着苏维埃政府的成立，立即组成了赤卫军，不久又成立了模范营等武装组织。鄱阳苏维埃政府及广大人民有了自己的武装后，便与周围的土匪、反动势力展开了无情的坚决的斗争。鄱阳附近的李国英、李细俚、李细火、李云仔、李云罗仔等土匪、守望队。他们经常来扰乱我苏维埃政府，危害苏区人民生命财产的安全。1930年 4 月间，在鄱阳村对面的山岭上，与李红英土匪打了一仗……民国十九年（即 1930 年）8 月间我赤卫军、模范营与土匪李细俚在罗坊打了一仗，当时在群众的配合下，用各种办法把敌人打垮了。【民国】二十一年（1932年）在杨冬坑与土匪打了火。同年十一月间与土匪赵安长打了一仗，他有30余支枪，我们有20余支枪，我【们】胜，把敌追赶几里路。【民国】二十二年（1933年）10月间，我赤卫军、模范营与土匪李云罗仔在△坑打了火，他当时有70—80支枪，我们这边有60余支枪，捉到敌守望队【队】长曾□□，缴到枪一支，追敌十余里。这些事实说明了当时敌我斗争的激烈及敌人的可耻失败，红色政权能存在的原因……

3. 发展生产及人民生活【水平】的提高

苏维埃政府领导人民积极地创造条件发展生产，来〈为〉不断地改善人民的生活。广大的苏区人民在党和政府的领导下，自己分得了土地，废除了地主恶霸的一切债务。"红军做事有主张，不交租税不完粮"，大家的生产特别积极，精耕细作，多积肥，收入年年增加。当时鄱阳村门口大片土地一般较革命前丰收，因此，生活日益改善。雇农瞿丑伢，土地革命前为地主打长工，经常饿饭，老婆也讨不起。红军来了，他与大家一样分得了土地和财产，又废除了一切债务，收入日益增多，不仅不饿饭了，反而有余粮，而且也自由【地】与一个姑娘结了婚，并且参加了革命工作，当了土地部长。这个事实说明了当时的一般情况，是人民生活普遍提高的例证。

4. 支援红军消灭敌人

红军是自己的子弟兵，自己的武装，工农利益的捍卫者。这是每一个苏区人民都懂得的道理，因此广大〈的〉人民踊跃、积极、主动地支援红军消灭敌人。许多老百姓宁愿自己少吃一餐，省下来送给红军吃。鄱阳在1931年春有一个60多岁的老同志冒着生命危险去送饭给在附近打火的红军和游击队吃，结果被国民党土匪打死了。这充分说明了广大苏区人民与红军的关系正如鱼与水的关系那样亲密。苏区的广大人民送自己的子女，妇女送自己的丈夫去参加红军，奔赴前线保卫家乡。每年过年过节，政府都要组织广大的人民为红军送布、草鞋、鸡蛋、花生、豆子、猪肉等各种慰劳品给红军战士。

在后方生产的人们自动组织代耕队为红军、游击队家属耕田、砍柴火、挑水等。当时鄱阳人民每人每月都为红军家属无代价的工作2—3日。

苏区人民支前工作之一，大家踊跃购买公债，当时鄱阳【人民】买过两次公债（第一次1932年冬，第二次1933年），每次都完成了任务，如第二次鄱阳的公债任务是600元，结果还超额完成了。

5.反封锁斗争及其胜利

1932年开始，国民党反动派对我苏区人民进行了封锁，严禁许多物品运进苏区，食盐、布匹、医药及日用品等是特别严禁，当时给予我苏区人民生产、生活上一定的困难和影响。苏区人民没有盐吃就吃硝盐，广大的苏区人民在党和政府的领导下，克服了各种困难，并对国民党反动派实行了反封锁的斗争，我们不把粮食和农产品、猪肉等卖给他们，这一行动对反动派是一个严厉的打击。他们没有粮食是不行的，加上当时国民党统治区域内一些投机者为了换取高利，他们打开了国民党的禁运，偷偷地把食盐、布匹、医药及各种日用品运进苏区。另外，当时在白区的广大人民发挥了阶级友爱：有的冒着各种危险克服各种困难，有的以亲朋关系为名，送盐、送布到苏【区】。由于苏区的广大人民展开了反封锁的斗争，国民党的封锁政策终于遭到了可耻的失败。

（三）红军第五次反"围剿"的失利及鄱阳苏维埃政府的迁移

1933年7—8月间，国民党的百万大军向我苏区展开了第五次"围剿"，大举向我红军、苏区进犯，我广大苏区人民配合红军展开了第五次反"围剿"的斗争。第五次反"围剿"斗争，由于在"左"倾机会主义单纯军事路线的指导下，最后失败了。红军为了保存实力，加上当时中国社会的主要矛盾已逐渐由国内阶级矛盾转为民族矛盾了。"九一八"以后，日本帝国主义更猖狂地大举向我国进犯，企图吞灭中国。中国共产党及其领导下的红军，为了挽救中华民族的危亡，消灭日本帝国主义。因此，在 1934 年 10 月间主力红军离开江西根据地，突围北上抗日，开始了举世闻名的二万五千里长征。

1934 年正月间，我红军第三军团 20000 余人与白匪军 12 个师，在鄱阳村对面的山岭上展开了激烈的战斗。当时鄱阳的赤卫军、模范营及广大人民都积极地行动起来配合红军作战，坚壁清野，凡是能用能吃的一点一滴东西都藏起来，帮红军带路、做工事，去破坏敌人的交通（电话、马路），送粮、送菜给红军吃，担任各种运输、担架等工作。赤卫军、模范营拿起了枪杆与红军并肩作战，当场有好几个同志牺牲了，跟到红军去的也不少。

由于敌我力量的悬殊，红军又在单纯"左"倾军事路线的指导下，红军打不过敌人，因此边打边退往广昌去了。二月间白匪军占领了鄱阳，当时鄱阳乡苏维埃政府便向洽村、古竹方面撤退，政府工作人员有的编入武装队伍跟随红军去【了】。

白匪军占领了鄱阳，反动势力又抬头了，鄱阳人民又遭到了摧残和蹂躏，过着非人的、牛马不如的生活。

五、

广昌县革命斗争史
调查访问资料①

① 本编主要出自《广昌县新安、水南、头陂、驿前、赤水等乡人民革命斗争和保卫中央苏区北大门战役史等调查材料》。

（一）广昌县新增加六个老根据地重点乡材料

一、一区新安乡

1929 年 11 月 29 日，工农红军到达此地，组织农民协会 9 人，妇女会 3 人，成立苏维埃政府，选举主席，有委员 3 人，进行打土豪、分田地，至 1930 年 4 月间，国民党进攻苏区。同年 5 月间，我军克复该乡，重新建立政权，成立苏维埃政府，选举主席和区委等，下有工作人员 20 余人，进行土地改革，没收地主土地 3000 余亩，分给贫苦农民，并发动群众进行拥军优属宣传工作。响应毛主席号召，青年自愿组织赤卫队〈军〉300 余人，少年先锋队 100 余人，儿童团 60 余人，游击队 60 余人，警卫连 120 余人。1931 年二月初八日，出发到黄洪村竹子岩洞里，活捉匪首吴李梅夫妻二人，召开人民大会，执行枪决。响应毛主席号召【，】群众自愿购买爱国公债票 2600 余万元，妇女慰劳前方战士们军鞋 1000 余双。同年 6 月，该乡模范营、游击队、警卫连、赤卫队等六百余人，配合南广独立团。本县长桥千善、石嘴与①与匪部吴文孙战争〔斗〕，缴到 1 匹马、步枪 12 支，俘敌 10 余人，后到宁都又与匪首吴文孙队伍打了一仗，夺回人民毛猪 18 头，在南丰董家店分给穷人。同年 9 月间又配合南广独立团，打垮匪首吴文孙，退往南丰去了。1933 年 7 月间，配合一、三、五军团往南丰打垮反动派第八师毛炳文部

---

① 1931 年 1 月，广昌县革命委员会成立，饶福林任主席，黄水生任副主席。3 月，广昌县苏维埃政府成立，黄水生任主席，吴冬生任副主席。见《中央革命根据地词典》，档案出版社 1993 年版，第 189 页。

队，当即败退，缴获敌人不少的枪弹。同年十二月配合一、三、五军团，在广昌消灭国民党第五师师长胡祖玉，敌队败退南丰。1932年1月至3月先后到石梁、大株、中小窠复打大刀会，4次，消灭大刀会60余人，缴获枪支90余根及鬼符等，活捉大刀会头子揭九文当即枪决。1934年4月间，该师模范营、模范少队共200余人编入三军团，随同毛主席北上抗日，离开苏区。

反动派摧残情况：1933年3月间，杀害政府干部同志9人、群众6名，烧毁房屋30余间。1934年伪敌机进行轰炸10余天，炸毁民房计70余间，死伤10余人。白军进入该乡革命干部3人，【对】当过红军及代表的人，勒索每人〈要〉自新费银洋9元，分得的土地财产被地主夺回去，倒算连年积谷，迫得人民生活苦不堪言，尤其是烈军属欺压最严重（有40余户），如揭传香被迫逃往他乡19年，于1952年才重新回本乡。

二、三区水南乡

1929年间，红军到达该乡，成立苏区政府，选举主席等7人。同年5月间，有〔土〕匪恶霸揭火生、揭小木、廖大祥，枪杀干部奈大禾同志。1932年又被匪军吴文孙部队侵入该乡，人民群众枪杀惨重，终于坚持斗争。1933年3月重新解放，建立政权。同年四月间匪霸揭火生、廖其祥等攻打苏区政府，匪患连续抢掠烧杀，人民遭受摧残非常严重。

反动派摧残情况：1932年吴文孙部抢去农民耕牛54头，杀害我革命同志26名，其他农具、鸡、鸭、猪、狗无法统计，人民〈生活迫得〉无法生存。

三、四区东山乡

1930年11月间红军到达该乡，建立人民政权，成立苏区政府及党委等组织，组织自己队伍——游击队、赤卫队，积极支援红军。1931年5月27日阻击蒋匪军的追击，掩护毛主席安全地向大株撤退，赤卫【队】队长遭受惨杀，政府组织被解散，人民没有被吓倒，重新建立苏维埃政权，选举主席与赤卫【队】队长继续掀起了革命热潮，先后与土匪吴文孙、揭小木等进行艰苦的革命斗争，至 1934 年北上抗日。

反动派摧残情况：被残杀的〔了〕25 人，烧了房屋 3 间，抢去耕牛 28 只〔头〕，家物牲畜与农具家具无法统计，勒索银洋 1000 余元。

四、六区贯桥乡

1931 年间成立政府，进行土地改革，组织游击队、少年先锋队、赤卫军等，与匪军先后数十次战争〔斗〕，最大的规模在 1933 年冬在大富脑，消灭国民党军三万余人，1934 年间为了抗日离开苏区。

被残杀 10 人（内有共产党 1 名，青年团员 2 人，干部 2 人，群众 5 人），杀了耕牛 9 只〔头〕，烧了房屋 3 间，勒索去银洋 20 余元，其余家务农具无法统计，群众遭受摧残。

五、七区石梁乡

1932 年 11 月间成立了石梁乡政府，由冯学贵、冯克林任主席，符先明为游击队队长，吴发生赤卫队【队】长，曾礼梁乡政府通讯员，代表吴仁庞，共计干部 20 余人。原来本乡是一山沟，与宁都毗连，偏僻地区，1932 年由宁都曾匪宪元反动守望队 30 余人，勾结肆前郑禄兴、赖海仔等 4 人，组织大刀会袭击该乡苏地区。1933 年 6 月间由国民党反动军进攻该乡，群众曾作坚决斗争。1934 年红军北上，苏区被敌人占领。

被反动派残杀游击队员 14 名，打土豪时被大刀会杀死的队员 6 人及群众符蔓尧之妻及杀死乡代表符学连、带茂华等 2 人，活打死群众吴泰彬，并把家财消灭一空。1934 年 5 月 22 日，国民党飞机前来该乡轰炸，炸了民房 7 间，炸死群众 2 名。据不完全统计，

杀死干部 22 名，群众很多，损失农具数百〈余〉件、宰杀耕牛 3
头，猪鸡杀光，牵去耕牛 19 头。

六、八区双西乡

土地革命时期称上西乡，建立过政权，组织模范营，配合三军
团打大刀会，战争〔斗〕数十次，打散股匪大刀会，缴获很多的胜
利战果（枪弹等）。县政府财政、组织在该乡住了 3 个余〔多〕月，
模范营进行保卫工作，扩大革命运动高潮，群众积极支援红军，解
放新安，供给三军团的军粮 2980 余斤，及其他慰劳品众多。

杀害 15 人（被大刀会杀害乡干【部】11 人、少共书记 2 人、
区委军事部长 1 人、三军团班长 1 人、政府秘书 2 人），其余勒索
银洋及家具、农务、农具、牲畜等无法统计，数字不详。

（二）头陂区调查访问小结

第一部分 ①

一、土地革命前头陂区社会的"一穷二百" ②

户口 土地 成分	户数		人口		土地	
	户数	百分比	人数	百分比	亩数	百分比
地主	1	5.88%	3	4.54%	24	65.44%
贫农	16	94.12%	63	95.46%	12.5	34.56%

当时的租额一般是对分制，较差的田地则为四六分，地主收租40%。此外，尚有事先设定租额的办法，租额经议定后，虽遇凶年，收成很坏或没有收成，农民也要照交田租。据此地从前的陋习，地主收租时，佃户还得请他吃"收租饭"。"收租饭"分三餐一点——两顿便餐，一顿正餐，还有一顿点心。这所谓"三餐"还有一定的规矩，那就是便餐须有八个菜，鱼肉必备，还得有酒；正餐须有十个菜，鸡鸭鱼肉俱全，酒更不消说了。总之，地主要求吃得满意，否则就要夺佃，或当场发脾气，掀掉桌席，打烂盘碗。

地主除了收租剥削农民以外，还向农民放高利贷。高利贷有两种：一种是出借粮食（谷子），另一种是出借银钱。借谷要有抵押，否则根本借不到。谷债的利息高低不一，有借一担还一担一桶（一

---

① 原文不见"第一部分"字样，此为编者所加。

② 此标题为编者所加。

石 = 四桶 =25% 的利息），有借一担还担半，甚至有还两担或三担的。剥削更凶的是按旧谷的价钱还新谷的办法。例如，有在春天青黄不接的时候向地主借谷，这时候谷的价钱很贵，有一担值三块多者，到了新谷上场的时候，谷价很贱，一担仅值七角多钱，可是借债的人必须按借谷时的价钱去买新谷来还债，因此借一担谷得还四担多谷子。例如当时符岭嘴恶霸廖养山就【是】以这【种】办法来剥削穷人的。

穷人向地主借银钱更不容易，太穷的人根本没有资格开口借钱。借钱的利息也高低不同，有的加一，有的加二，甚至有加三的高利息。最残酷的剥削办法便是"九到加三"的高利贷。那就是借十块钱，借钱的时候实际上只能拿到九块钱，一个月就得还十三元〈（所谓叫做"九到加三"）〉，假如还不起则"变本加利〔厉〕"逐月计算下去，到了一年就得还本连利一百三十多块钱。前面所提的符岭嘴恶霸廖养山就用这个"名堂"来剥削穷人的。当时有一位柯树乡的贫农吴连革向他借了十块钱，到了年底躲在外面不敢还家，但仍被逼把大女儿出卖给吴家弯得到 120 元还了债。

贫苦农民受到这种种剥削，往往被搞到无地可耕，还不起债，以至于家破人亡的地步。例如，土地革命前，头陂的大土豪吴乐山，有两千多担谷田出租，租额达到 30% 之高，农民向他借债还不起的，往往被逼出嫁老婆来还债。又如，东港乡的贫农李桂崇，在土地革命前，家里有四人吃饭，自己仅有田六分，不够吃，租种地主八亩田，地租对分，每年收谷 30 担，交 15 担，还要除去乐（注一：当时乐租是耕田放田要付租份一担谷子，也有租价一桶谷子的）、梁、种籽〔子〕钱三担，仅剩下 12 担谷子。因此名义上虽是对分，但实际上却是地主收六成，佃户收四成。这样一来，当然还不够吃，除靠砍柴补贴外，每年还得借谷 15 担才得过活，每借一担谷，到新谷上场时须还一担米。结果是老还不清债，老债未还，新债又加，直到土地革命前夕，他共欠地主一百几十元现洋和将近 40 担谷子，假如不是红军来了，他当然也免不了要家破人亡的。

贫苦农民除了受地主土豪的欺凌剥削以外，还得受国民党政府的种种榨取。当时国民党政府征收捐税的名目繁多，有屠宰税（每口〔头〕猪四角钱）、盐税、烟酒税、牌照税、户口税（一月二角）、出口税（税率是10%）、百货捐、灶捐和"月费"（税额各乡保、甲长自行规定，高低不同）。此外还得完粮，完粮有两种：一为军粮，一为民粮。军粮是"公田"的田租，收多少就要交多少，折算为现钱来缴纳。民粮亦用货币缴纳，税率和折算后有明确的规定，因此完粮时还得多花钱请人折算。当时国民党的县衙门专门设有算粮的机构，收费代人折算，有完粮五角钱还得交付二角折算费的事实。贫苦农民最伤脑筋的是自己已经把田地卖掉了，可是地主"买田不买粮"，于是虽没有田地也还得完粮。

〈土豪恶霸的事实〉

农民受上述种种苛捐杂税的榨压，感到喘不过气来，因此有时他们便自发地对地主土豪进行斗争。例如上面提到的恶霸廖养山使用银钱沟通官吏，仗势欺人，家里养活了许多狗腿子，到穷人家去上门索债，还不起债往往要挨痛打。他置有一个水碓不许别人借用，有人不知底细借水碓，把米放进去的话，他便把人打出去，石碓中的米就变成他的米了。有一次因为霸占人家一块田地，有一些农民忍无可忍，便联合起来把他杀死。还有当时每遇歉年粮食缺乏，而地主土豪都把粮米运到外地去出售的时候，往往就有农民半途拦阻运米出口的事件发生，有时也发生了一些"吃大户"的现象。这些事实说明，当时头陂一带的农民已经发生了小规模自发性的斗争，并也说明后来头陂区的农民为什么那末〔么〕热烈参加土地革命〈的原因〉。

以上是土地革命前头陂区人民的物质生活概况，至于文化生活方面，也可怜得很。据调查当时的情况，穷人家的小孩根本读不起书。一个小孩受发蒙教育，每年要老师薪金三块钱左右，此外还要供老师月米和月钱——月米每月三至五升，月钱每月两三角钱。因此，穷人差不多全部不能读书，偶然有个别穷人小孩读书，顶多也只能读两三年，便无法继续读下去了。

以上说明了当时头陂区社会的"一穷二白"的真实情形。

二、土地革命开始的情形

就一般的情形来讲，目前头陂区这一带的土地革命是通过下列两个方式发动起来的：

【一种方式是，】当时接邻宁都县的边界地区，或原属宁都县管辖的地区，土地革命大部分是受宁都、宜黄等地土地革命巨潮的影响而发动起来的。例如，塘背乡早在1928年八月即由农民自动派人前往宁都县的大布区苏维埃政府联系，由大布区派〈来〉了一个工作组来塘背，在陈田开了一个群众大会，成立了农民协会，展开了打土豪的斗争。同年也差不多同时，并成立了炉斜和交界（地名）的乡政府，均归宁都大布区领导。这时候头陂还是白区。比较典型的是柯树乡。柯树乡很早就受到宁都边界土地革命的影响。1928年初，宁都边界地区的一些乡农协、党组织工作组进入柯树乡来打土豪。当地柯树乡有一个土豪叫作吴来为，他占有三百多担谷田，家里经常有几百担谷上楼，雇有长工三人，并在头陂开设一间夏布坊和其他商店，很殷富。宁都方面的工作组来柯树打土豪，捉到吴来为的儿子吴有财，予以惩罚。这许多事实教育了柯树乡的农民。

于是他们也起来组织了农民协会，并发动了打土豪分田地的斗争，并于1929年的七月间成立了乡政府，由李宏波任乡主席，同时〈并〉成立了赤卫军，参加者有一百多人，而且接着他们也派人到南丰、赤水和头陂等地去打土豪。

另一种发动土地革命的方式便是由红军到达一地后，直接召开群众大会，建立红色政权与农民协会，接着就发动打土豪分田地的斗争。头陂区政府的建立便是一个显著的例子。1929年三月间曾有红军部队百余人，一度来到头陂开了一次群众大会，但几天后便开走了，因此头陂当时成立了红色政权。1930年十一月十二日红四军一部分部队从宁都来到头陂，他们一来到后，马上就领导组织农民协会，成立了区政府，并进行打土豪的工作。不过，这一次区政府成立后不久，红军又开走，而且接着因为国民党军队路经头陂向宁都反攻的缘故，便无形解散了，这正是敌人进行第一次"围剿"的时候。

在土地革命开始时，阶级斗争是非常激烈的，地主土豪〈们〉不甘放弃剥削和统治农民的权力地位，便纷纷组织靖卫团的反动武装部队，企图顽抗，并向农民进行报复仇杀。当时有宁都边界东山坝一带地方，就有地主劣绅所组织的靖卫团，在头陂尚未成立区政府以前，也有一个恶霸地主吴生煌组织了一个靖卫团。同时在广昌县城方面尚有吴文孙所率领的靖卫团。他们都常到头陂区来骚扰，焚烧房屋，牵走耕牛，仇杀农民，使人民蒙受了很大【损失】。

当时吴生煌盘踞头陂，有红色地区的农民到头陂去赶集者被他捉住要加【以】杀害，当地农民说这些农民是好人，并不是红军。他大声骂道："捉不到坏人，好人也要杀！"结果还是杀了。由此可以看出，当时地主对农民仇恨之深。这些地主武装在1930年经红军的扫荡，才把他们最后消灭了。

三、敌我军事行动形成拉锯状态和红色政权的消长情形

除了地主所组织的地方武装对红色地区进行骚扰以外，国民党的军队也经常进犯。在1930年底以前，广昌县大部分地方的统治权仍掌握在国民党反动派的手里，他们经常调兵遣将企图消灭红色政权，尤其是在1930年底至1931年冬（第一次至第二次反"围剿"的时期）敌我双方军事行动形成了拉锯状态。

在拉锯状态中，这一地方的乡政权呈现了时隐时现的现象——当敌人进攻时，所在各乡政府工作人员即躲开，工作暂时停止；当敌人被打击引兵退却时，各乡苏维埃政府立即恢复，工作亦即继续进行。另一方面，已成立有红色政权的乡村，也积极建立地方人民武装（赤卫军、模范营、游击队等），除竭力防止敌人进犯外，并力图扩大红色区域面积。在1930年七八月间，广昌地主武装吴文孙所率领的靖卫团，打算进攻苦竹、里下。消息传至前山区（注：

包括炉斜、交界等乡，当时仍属宁都县管辖），区政府马上就派遣了炉斜、坳背、前山、塘背等乡的赤卫军和模范营共 200 多人，与敌人激战于潘田的山顶上，终于击败了吴文孙的部队，保全了前山区的红色政权。

在第一次反"围剿"的战争〔斗〕中，广昌县东关乡苏维埃政府曾迁到塘背的芋地窠，同时柯树、丁坊、前山、塘背的乡政府都迁到宁都县的李山和杭家山一带地方去了，直到第一次反"围剿"胜利结束后，这些政府都迁回原地，同时又恢复了头陂区的区政府。在第一次反"围剿"后不久，头陂区七〔六〕个乡（信善、山头、龙虎、上西、横田、山下，当时前山、吴坊乡仍属宁都管辖）都已成立了苏维埃政府，而且力图把红色区域向东扩展到新安、石梁、回辛、木禾等地，不过，当时这一带地方（如沙长、中寺、西港下）因受大刀会的骚扰，地方政府尚未能巩固、安定下来。

第一次反"围剿"以后，敌我双方军事行动的拉锯状态并未停止。1931 年二、三月间，敌军毛炳文部队又曾通过头陂区向宁都县的洛口和黄陂等地进犯，致各区政府工作一度陷于停顿，各乡政府亦有迁移到外地者。这一年五月间，红军主力反攻，在广昌击毙敌军师长胡祖玉，收复了广昌县城，并胜利地结束了。第二次反"围攻〔剿〕"后，头陂区和前山区的全部政权才又恢复起来，并把红色区域向东扩展到新安、下湖、中田、安田、回辛、木禾一带地方上去。

第三次反"围剿"的军事行动，对头陂区的影响比较不大，不过直到这次反""围剿"（1931【年】七月—九月）取得胜利后，宁都洛口以东和广昌境内的敌军已站不住脚全部撤退，因此头陂区的苏维埃政权才进一步的巩固起来，才能够进一步深入地展开打土豪分田地的工作，进了稳定的时期。

第二部分　广昌县头陂区苏维埃政权组织及其机构

1930 年（民国十九年）春头陂成立了各乡政府，当时是不稳定的，国民党一来就散了。自民国十九年到民国二十年十月经过了一、二、三次反"围剿"的胜利，头陂区进入了稳定期。

1931 年（民国二十年）11 月 11 日晚，头陂的吴生煌、吴文孙仓皇逃走。12 日红军从宁都方面来到了头陂，并且建立了头陂区苏维埃政府（地址：劈柴场，现在的税务所）。

第一任区苏主席——揭维享（头陂人）

第二任区苏主席——陈嗣贞（宁都人）

第三任区苏主席——李珍柏（前山人）

第四任区苏主席——曾祥林（宁都人）

区苏维埃下设十个部：

①财政部：部长最早是符国享（【作为】AB 团员被镇压），王良栋继任，工作人员五人，后七人。

管理政府财政开支、互济会的款项，收集各乡打土豪的款项，征收土地累征税、屠宰税（杀猪），一头猪大约收税五毛，收工产税，推销公债，一年发行 1—2 次，8 年还本。

②土地部：部长第一任李珍柏，第二任王客政，工作人员有三人。负责划分阶级、打土豪分田地，贫农每人平均可以分到 8 担谷子，还负责查田。

③裁判部：部长吴崇恩（被国民党杀害），游全洪继任。此部有部长一人，文书一人，看守二人，共四人。管制土豪劣绅，管刑事、民事，有审判权（等于现在的法院）。

④军事部：部长头任吴发生，二任李益誏，三任杨钧，直接领导赤卫军、模范营、少先队、儿童团、少年共青团、模范少队、游击队、担架队，专门管打土豪劣绅及消灭大刀会。

赤卫军：25 岁—45 岁，每乡都有，不脱产的，配合主力红军作战的地方武装。当时枪支少，多数用梭镖。

模范营：18 岁—25 岁，为全县的组织，乡乡都有，有事才脱产，由县领导，多数是共青团员。

少先队：15 岁—18 岁，站岗放哨、检查路条、宣传、募捐、发动做草鞋等慰问品，抓土豪、地主、赌博、抽鸦片及嫖客的人。

少年共青团：18 岁—25 岁，协助党配合党做各项中心工作，发展团员，动员青年参加红军。

模范少队：15—19 岁，不是共青团员，工作和少先队相同。

少共国际师：是正规军队，红军骨干，脱产的，归少共领导。

另外，还有头陂区警卫连和头陂区游击队。

⑤劳动部：部长符光祖，工作人员三人，负责地方劳动力的调配，组织耕田队、红军家属代耕，组织妇女参加劳动。

⑥文化部：部长头任陈远龙，第二任符天宾，有三人负责，管理扫盲识字、农村学校、文化娱乐（唱歌、演戏）。区设有俱乐部。

⑦内务部：部长头任黄宗明，二任陈伯胜，三人负责管理修桥铺路、拥军优属、户口、打离婚结婚证明、卫生工作。动员群众卖粮，信善乡（现建设乡），一次卖粮七千多斤。动员妇女做慰劳品，组织担架队、运输队。

⑧检查部：部长头任吴祖望，二任周恒兴，工作人员两人，检查违法乱纪。解决区内干部的一些纠纷，对干部进行批评，检查成分，有无划漏了地主富农，开启控告箱，检查部只检查搜集，不作处理。

⑨国民经济部：部长刘益南，工作人员三个，救济鳏寡孤独、婚丧无钱者。

⑩粮食部：做征粮工作，收累征税，管粮仓。

此外，有收发处，工作人员三人，其中两个交通员，做打路条子的工作及收发公文、信件、报纸等工作。

区苏主席团：设有正、副主席，正主席由区苏主席担任，少共书记、中共书记及各部部长参加、处理重大问题（相当现在常务会）。

乡的组织机构：先有农会，设农会主任一人、财政一人、秘书一人、伙夫一人。后来成立乡政府，设乡主席一人，秘书、财政、伙夫各一人，伙夫兼交通，有的乡没有财政，山里的乡【建】立了村政府，主席、文书、秘书三人脱产，村代表也同时有。不久村政府解散，村代表担任全村工作。

1931年（民国二十年）冬天，朱德从宁都来到东港乡塘下岗上，开群众大会。会上很热闹，群众送了很多慰劳品给红军，有青菜、鸡蛋、猪肉，草鞋几千双，橘子几担，吹吹打打送去。头陂区附近群众连妇女儿童都去了。朱德在会上讲了话，并把中国画成一个西瓜，各个帝国主义都要瓜分，接着台上喊"打倒帝国主义！"台下也跟着喊"打倒帝国主义！"当时场面很热闹，会后演文明戏。

1934年（民国二十三年）3月，朱德在吴坊乡对面土坝上开军人大【会】，有一万多人参加。

1932年（民国二十一年）2月成立区委，成立区委才有各乡的乡支部，上西乡支部在成立区委以前就有。1931年冬天，各乡才有乡支部，区委管辖九个乡支部（即上西乡、罗田乡、信善乡、大维乡、横田乡、前山乡、吴坊乡、东港乡、龙虎乡）及区委支部、区苏支部（最早乡支部不上十人）。

当时第一任区委书记——杨瑞霞（兴国人，任两年多）。

第二任区委书记——陈苑茂（兴国人），此时乡乡都有支部。

第三任区委书记——刘□□。

第四任区委书记——蓝瑞崇。

区委设有：

组织部：部长刘□□（兴国人）

宣传部：部长唐达礼

中共书记：李登证

区委领导下的群众团体：

①少共：书记邱堪云（查田运动时变为地主分子）。

②妇委：〈妇委〉书记李运春，第二任邓菊秀，第三任罗远珠，区设妇女主任，乡设妇女代表，每乡好几个，大村两个，小村一个。区设妇女主任，乡设妇女代表，每乡好几个，大村两个，小村

一个。妇女工作当时扩展到前山、罗田、吴坊、龙虎、信善、东港、横田等七个乡。工作范围：宣传扩大红军，不准虐待童养媳，招待伤员，慰劳红军，募捐、募鞋，组织洗衣队，宣传妇女放脚、剪发。当时有一首《剪发歌》，其内容如下：

> 革命高潮大家来剪发，
> 我劝你青年妹，
> 剪了发样样好，梳妆外面跑，
> 省得梳妆来打扮，前照又后照。
> 剪了发几椿好事情，
> 省得金，省得银，我们受苦人，
> 跌光了，寻不到，心里乱子躁，
> 倘若大人知道了就是不好。
> 封建女子真正大不好，差不多梳个脑要个天光早。
> 曾记得散了发，发打结，
> 越梳越法越发认，心里刁躁，
> 打破界线〔限〕，男女来端正。
> 新社会真光明，买卖公平，妇女们记在心，
> 剪了发真革命，不剪发，妇女们认她是仇人。

在这〔当〕时这个歌很流行，唱了这首歌以后，很多妇女开始剪掉了长发。

③儿童团：有儿童书记，乡也有儿童书记，儿童团的职务是站岗、放哨。

④工会：有店员工会、手工业工会，参加者发工会证，加入了工会可以做工，不参加者要种田，每天工作 8 小时，星期天休息。

1932 年 3 月，在头陂白骨田祠堂上开了党代表大会，每乡来两个代表，共 50 多人，开了一星期，中央首长讲了话，区委书记也讲了话，内容是"创造百万铁的红军"。

1932 年冬天，头陂各乡的建立。

大红军来到头陂先后成立乡政府，当时有龙虎乡、上西乡、罗

田乡、山头乡、信善乡、大维乡、横田乡、东港乡、山下乡，还有前山乡、吴坊乡，这两乡成立于民国十八年。那时头陂还没有政府，这两个乡归宁都大布区管，后来〈头陂成立，各乡政府〉成立头陂区，才把这两乡划归头陂区管。

1930 年 12 月到 1931 年 9 月，国民党对苏区连续三次"围剿"被粉碎后，广昌县各级政府先后建立。1931 年 11 月，广昌头陂区苏和各级苏维埃政府先后恢复，形势进入了一个稳定时期。这个稳定时期从 1931 年 11 月起到 1934 年 5 月止。在这一时期内，各种工作先后开展。

（一）打土豪分田地

早在 1931 年 11 月以前，红军曾领导头陂、东港一带贫苦群众打过土豪。柯树一带红色政府建立后，也在头陂一带打过土豪，因之〔此〕，一些大的土豪有的下了南丰，有的过了福建。到了稳定时期，除打一些没有逃走的大土豪以外，主要是打土豪崽子，以及一些逃亡被抓的土豪。当时打土豪得来的东西，政府规定：谷子、衣服、耕牛都分给贫苦农民，打得的款子要上交，区、乡政府只能留下一部分，作为工作人员的伙食费。

打土豪以后，便接着分田地。民国二十一年二月，头陂各乡普遍开始分田。在这以前，头陂区有的乡已经分了田。【民国】十八年七月，芦斜、高界两乡（当时属宁都大布区）分过一次。【民国】十九年正月，吴坊分了一次。【民国】二十年春，头陂山处各乡也分过一次，但贫苦农不敢要。到【民国】二十一年二月分田以后查田运动以前，各村个别户也有过调换。

分田的一般步骤和做法是先划分阶级。其政策标准是：

地主：不劳动，靠剥削收入生活。

富农：雇长工或放债，剥削收入占整个生活来源很大一部分，但自己参加劳动。

中农：不欠债，不放债，够吃够用。

贫农：自有小部分土地，需租种别人一部分土地，受人剥削，食用不够，要帮人做工、砍柴或借债。

雇农：无田无地，帮人做长工。

起初分田的时候，只划了这五个阶级。

阶级划分以后，即没收地主的全部土地和祠堂庙宇、公堂会重〔社〕的土地，征收富农出租的土地进行分配。同时，分配地主的农具和房屋。分配的原则是，红属和贫雇农得好田，中农多一点土地不出，少的可以补进。地主分坏田。富农分其出租的部分，但如果出租的尽是坏田，必须抽出一部分未出租的好田来分。分田时，男女老少每人一份，每份按各村应分土地的多少而定，数目不等，头陂区各乡一般是七八担。分田以后发了土地证。

（二）发展农业生产和改善人民生活

在稳定时期，农业生产有了很大的发展。1931、1932两年，除边界地区受国民党骚扰破坏影响了收成以外，没有什么水旱虫灾，年成很好，向宁都卖出了很多谷子。这主要是农民分得了田地，分得了耕牛和农具，解放了生产力，农民在自己的土地上耕种，多劳多得，生产分外起劲。至于军属和干属，乡苏维埃政府则组织耕田队，帮助他们代耕，耕田队自带农具、耕牛，自带伙食，帮助军干属耕田，使军干属不致因参加革命影响生产和生活。

苏维埃政府发展了生产，给苏区人民带来了幸福的生活，表现在以下几方面：

政治上，打倒了土豪劣绅的政府，建立了农民自己的政府。

经济上，分到了土地，废除了地主豪绅的租债，没有了苛捐什税。当时，苏维埃政府只收土地累征税，每人的田约征收稻谷30—40斤，没有其他捐税，但有一些自愿性的募捐、买公债。组织了消费合作社，免除了商人的剥削，合作社买油盐。县有总社，区也有，有的乡也有。消费合作社由群众合股组成，每股出一元，每人可以几股。售货的办法是：红军、红军家属只能按利润1%出售，革命干部2%出售，社员2.5%出售，非社员一般不售，遇货物充足，按市价出售。同时，成立了互济会，生活困难的得到救济。民国二十二年二月间，县、区、乡成立互济会，设主任一人，互济会成员自愿参加，参加者每人出铜板两枚，作为救济遇难烈士安葬费和救济天灾人祸之用。

下面是两个老同志在土地革命时翻身的例子。

李美璋：雇农，三个人吃饭，土地革命前无田无地，帮助人家打长工，欠地主 19 担典租、六十多块银洋，自己没有房屋，住地主吴来为两间房子，每年出〔交〕租两担，如一年不交租，就得被赶走。土地革命后，他参加了革命，起先在柯树任赤卫军班长，因工作积极、立场坚定，不久（1930 年）入党，1931 年升任柯树乡党支部书记，真正从政治上翻了身。另外，三个人分得了 40 石谷好田，两间房子，还分得了一些衣服。他参加工作后，政府帮代耕，每年收谷 3000 多斤，三个人生活过得很好。

揭维南：贫农，七口人，土地革命前只有三石谷田，种地主 100 石谷田，每年交租 50 石（对分）。土地革命时，分田 100 石，1932 年收谷 100 石，除去交粮 15 石外，剩下 85 石，七个人吃饭要 50 石，还剩下 35 石。这一年做了衣服，置了棉被，修了房子，生活过得很幸福。

在苏维埃政府建立时期，像李美璋、揭维南这样的翻身农民占 60%【。】

除了政治上、经济上翻身以外，文化上也大翻身。土地革命时期，小孩读书不要钱，老师照原分田，由政府组织耕田队代耕，家长不出钱。当时，头陂区共有列宁小学 24 个，每村有夜学。有一个剧团，经常到各乡去演文明戏。

下面是前山乡在土地革命前后教育情况的对比。

土地革命前，私塾 4 个，30 多个学生。

土地革命后，列宁小学 5 个，有五六十个人。

但是，第一，土地革命前，读书的全是有钱人，穷人孩子无钱读书。土地革命后，贫雇农小孩进了学校。第二，土地革命前，虽然有 30 多个学生，但有些是外地的，不全是本村的，土地革命后，都是本地的小孩。第三，土地革命前，女孩没有机会读书，土地革命后，男女平等，女孩子有同男孩子一样受教育的机会。

文化上翻了身，婚姻问题上也翻了身。这主要是废除了封建买卖婚姻，开始了自由结婚，贫苦农民讨得起老婆。

广昌同各地一样，土地革命前，买卖婚姻相当严重。计头陂柯树村调查，最穷的人家讨一次亲，要一百四五十元，一般要二三百元。需要的东西很多，分三次送。计：

一、订婚

1. 银洋七八十块

2. 猪肉十二斤或六斤

3. 豆子十二斤

二、送下饭（抬回来头天）

1. 猪肉五十斤

2. 鸡三十斤

3. 鸭二十斤

三、娶亲

1. 布八扎到十二扎（每扎二丈）

2. 拜堂衣一件，用布一丈或一丈二尺

3. 银手镯一对（银四两）

4. 链带一副（银二两）

5. 吊牌一副

6. 颈箍一个（要五块银洋）

7. 手镯一对（二三两银子）

8. 耳坠一对

9. 戒指一对（一元）

10. 头上银器多种（需二十多元）

11. 请酒，穷的三四桌，富的吃三天

土地革命后，结婚不要钱，双方自愿就结婚。

（三）与大刀会作斗争

区乡政府建立后，反动大刀会即在头陂一带骚扰与破坏，特别是民【国】二十二【年】查田运动以后。大刀会是一种反动会道门组织，从福建进入广昌的中寺、石梁一带，当时叫"一心会"。作战时，为首的匪徒执五色旗，有的吹起海螺口喊"冲""杀"，大部分手执梭镖和枪支，头戴"金镶帽"，胸前系一黄布肚兜，肚兜上划了"八卦图"。这种反动组织曾杀害我头陂区妇女主任罗远珠（苦竹人）、唐达礼等人。区乡干部不敢在家里住，开了会必须马上搬动地方。大刀会严重地影响了我革命政权的巩固和革命工作的开展，不与他们作严重斗争，不能进行工作。当时主力红军和县、区、乡武装与他们作战多次，其中重要的有以下几次：

民【国】二十二年上半年，宁都独立营和广昌政治保卫队联合在宁都赵家庄与大刀会打了一次，结果将其击溃，后复聚拢。

民国二十二年七月，广昌政治保卫队、宁都政治保卫队、赤水游击队、头陂游击队和宁都湛田游击队，总共1000多人，经新安、赤水、毫岭、中寺到谢岭下，与大刀会打了一仗。大刀会有300多人，聚集于谢岭下对面的大山上，与我队伍之隔一条港〔江〕。湛田游击队向他们宣传，说："你们藏在山里好苦，下山来跟我们一道打土豪分田地，不要跟着豪绅地主走。"可是大刀会匪徒不听，双方开火，从早上七点打起，打到十二点，结果他们退到驿前去了，我们回到头陂。

民【国】二十三年正月，大刀会从上面，唐家边进攻头陂。区里事先得着消息，前山区模范营、赤卫军、游击队七百多人在头陂大围上埋伏等候。当大刀会冲来的时候，我方游击队即开枪射击，但开了几次没有打响，我们即往后退，大刀会匪徒占领了头陂区，追到唐家湾，杀了我前山裁判部看守所长李迟里崽。

（四）扩大红军

第一、二、三、四次反"围剿"胜利后，苏维埃运动有了新的发展，红色区域有了进一步的扩大。但是，第一、二、三次"围剿"被粉碎后，蒋介石必然对我苏区进行新的围攻〔剿〕，这是可以预料得到的。为了适应这种新的形势，中央提出了"创造百万铁的红军"的号召。民国二十二年三月，就进行了猛烈扩红工作。扩红的方法，首先是宣传动员。说明好男儿要当红军。当时群众歌唱当红军的光荣。唱道：

> 当兵就要当红军，处处工农来欢迎，官长士兵都一样，没有人来压迫人。

> 当兵就要当红军，帮助工农打敌人，买办豪绅和地主，杀他一个不留情。

> 当兵就要当红军，队伍下来不愁贫，会做工来有工做，会耕田来有田耕。

> 当兵就要当红军，冲锋杀敌好为人，消灭反动国民党，治国民欢好欢心。

的确，当红军是十分光荣的。欢送入伍时热闹非常，打锣打鼓，爆竹连天，乡送到区，区送到县。送了许多慰劳品：香皂、毛巾、袜子、布草鞋等，临走前开茶话会。欢送入伍时，妇背了男的包袱，妻送夫，妹送哥。妻唱"十送郎"，夫唱"十欢妹"。当时强调党团员带头，干部带头。能带动一班人就当班长，【带动】一排人就当排长。头陂区少共书记王克绳带了80多个青年编进广昌补充师，柯树乡支书李美璋带了100多青年参加红军。民【国】二十二年三月头陂区模范营、少先队全部集中于西港受训一个月，受训后编进一、三、五军团。此外，猛烈扩红以前也有许多青年参军，每村有六七个、七八个不等。

（五）查田运动

猛烈扩红告一段落以后，广昌即进行了轰轰烈烈的查田运动，这个工作从民国二十二年七月开始到十月结束。

查田以前，广昌县苏维埃召开了查田会，会议在广昌城永兴祠召开，出席会议有1000多人，区苏区委各部长以上干部参加，会议开了一天两夜。会议结束后，区、乡干部学习了文件，明确了政策和做法，然后召开群众大会进行宣传。查田主要是查富农、中农的田，贫农报得不确实也要查。他们自报土地亩数，经过乡政府开会核实，重新确定其阶级成分，报区审查，区经过检查，报县批准，县批准后，乡召开群众大会宣布其新成分后，如果是地主，及时将其财产没收，房屋封闭，分他的田地。

查田运动有很大意义，第一是比较彻底地打击了封建势力，查出了一批漏网地富分子。头陂区这次查出了漏网地富分子五十多名。例如，头陂开豆腐店的彭福昌，分田时，隐瞒了六十多担田，隐瞒了许多剥削债，查田时把他划为地主。第二，清查出了革命干部中的阶级异己分子，纯洁了革命队伍。当时，查出了混入革命队伍中阶级异己分子多名。如头陂区原少共书记邱堪兴，分田时划为贫农，查田时才发现是地主分子，结果清理并送县劳役队劳役。第一次分田时，则划分了地主、富农、富裕中农、中农、贫农、雇农、贫民（不分土地）、手工业工人、苦力、流氓、地痞，更便于分别对待。

（六）归队运动

民国二十二年三月，猛烈扩红以后，千千万万的革命青年，为了保卫苏维埃政权和革命的胜利果实，为了父母兄弟的和平生活，为了消灭国民党反动派而参加了红军。

但是，当时也有一部分青年，经不起革命战争的考验而开了小差回来。在这种情况下，中央苏区各地于民国二十二年十一月，第五次反"围剿"开始的后一个月，即开展了一个轰轰烈烈的归队运动，积极动员这部分红军战士归队。这个运动到民国二十三年二月才结束。

归队运动的步骤和做法是先进行宣传动员，然后展开辩论。辩论的内容是：青年人要不要当红军？要不要保国保家？国民党来了，没有红军行不行？辩论同时，是算细账，即革命后，得到多少好处，参军后政府对其家属的照顾等。干部动员，家属动员。个别人硬不归队的，则按第二十五条命令处理，即执行枪决。

（七）镇压反革命

第五次"围剿"开始后，即在民国二十二年十二月，广昌进行了镇反，杀 AB 团。这次镇反运动，杀了一些反革命分子，打击了反革命凶焰，巩固了后方。但镇反政策与干部政策中的宗派主义结合在一块，使之扩大了打击面，杀害了一些革命同志。有些同志工作积极，立场坚定，结果被错误的肃反政策所害，含冤而死。

总之，在稳定时期，主要革命活动有如上述，这些工作有的是同时进行的，有些是单独进行的。其他如搞粮食、组织运输队也是当时一个经常性的工作。当时，县区设有粮食部，乡村有仓库，保存了粮食。粮食来源：农民交的土地累征税、发行公债和寺庙公产收的谷，农民卖给政府的谷子。当第四次、第五次反"围剿"时，广昌运送了大量的粮食给红军，还组织了大量的长期随军的和短期的担架队、运输队，保证了战争的需要。

民国二十三年三月十五【日】，广昌县城被国民党反动派占领后，头陂区党和政府还坚持了一个时期，到 5 月底，国民党进攻头陂，头陂党和政府才迁移到富平。这以后，头陂即进入了白色恐怖阶段。

第三部分 【第】五次反"围剿"失败后的广昌、头陂区

一、县苏的迁移与军事行动

1934 年（即民国二十三年）3 月 15 日，广昌城被国民党占领。县苏政府退出广昌城，搬至大坑。约一个多月后，即五月初的时候，我红五军团在大坑五岭山的一仗中失利，退到廖源，县苏又从大坑搬至赤水的杨坊港，并合〔和〕赤水县苏政府合并，继续领导人民进行反抗国民党的斗争。在六月间，我县苏政府在当时国民党的进犯下，又迁移至上西。这月的下旬又搬移至驿前。适于〔应〕当时革命形势的要求，解散了县苏县委，成立了县工作团，由刘士威任主任。八月初县工作团又转移至和尚坑，合并了头陂区工作组。头陂区是五月底陷于国民党的统治下，区苏当时搬至

富车①（即龙港），这时又迁移和尚坑，组成头陂区工作组。广昌县工作团合并头陂区工作团以后，又随即解散而成立宁广游击队，由刘士威担任队长。这支游击队经常和国民党军打仗。九月间国民党分两路进攻城上，一路由朱喜埠撸石岭嘴后路，一路直攻城上。我红五军团河沅师部有一连人守在城上，当时河沅师部在前一天就知道这个消息，晚上搬走了，并且通知宁广游击队不要走符岭嘴，而要靠西家山走。因此退出和尚坑。十月间国民党进攻宁都，宁广游击队已由新田、湛田来到李村，在这里住了两夜，冲过了敌人的封锁线，到达安福，编入博生独立营。这个独立营，当时有几百人，在莲花山上住了很久，由于国民党的包围，在这里战斗了两个多月，伤亡很大（刘士威同志在此下落不明）。在过湖北街时，只剩下一排人，最后被阻止在一个小山上，既找不到老百姓，又找不到房屋，粮尽无吃。国民党靖卫团又来搜山，结果一营人只剩下一两【个】。宁广游击队的活动随此消失。

二、国民党统治下苏区人民的苦难

一向与我党有不共戴天之仇的国民党，对于忠【心】参加土地革命的同志及群众，是视于〔为〕眼中钉。特别是在几次的"围剿"中，在我党的领导下，一向以少胜多、以劣胜优，在力量弱小的情况下，把自嘘〔诩〕为"强大"的国民党，打得大败，这些无不是无数的革命同志英勇斗争、广大人民支持的结果。因此，国民党一占领苏区后，就对我革命同志进行无情迫害、残酷地屠杀。头陂区被占领后，迫害逼问很多的同志，【致其】长期流落在山中、林野，不敢回家。在这里，我们可以找到无数的例子，很多的革命同志一回家就被捉去，受尽各种各样的磨难，被杀害的人数，真令人毛骨吃惊〔悚然〕，龙虎乡在土地革命时有60多个党员，因受国民党打死、杀死，或下落不明，只剩下两人。像这样的例子，在老

---

① "富车"应为"付车"，后文写作"付车"。见《江西省广昌县地名志》（内部资料），1984年版，第93页。

革命地区里到处可以听到。在平时的日子里，用尽了折磨的能事对待我革命同志。国民党到苏区后，走路外出要有符号，凡参加过红军的一律不发〔符号〕，实骂于"土匪"。赶墟的日子，不准【其】上墟。要参加过红军的同志请了3—5人担保，才发给符号。〈③〉要革命同志写"自新书"，不写的就〈要〉严加拷打与作难，弄得非死非活。而〈写〉"自新书"一律要由保长写，得给保长2—7元的手续费。民国二十四年，强迫凡是参加过红军的同志或在红色政权里工作过的同志到甘竹修坝两个月。革命同志除受尽广大人民受尽的压榨外，还给以更加沉重的压榨。李横波，是为革命出过力的一个同志，欠李时光25元的"债"，被逼得把大儿子李九锡卖了30元。李九锡也就是因为他是我革命同志的儿子，自己年少也参加革命，一次派他的夫去宁都，吃饭、大便都不准出来，后逃走，被国民党九十一师捉到打得屎屎晕去。一而三、再而三地派他的壮丁费，第一次100元，结果只得卖耕牛和农具；第二年又写上120元，逼得借谷借债；第三次又要壮丁费200元，结果李横波又把第三个儿子李桂生卖给东山坝陈□，得150元，又典三间房屋得50元，交清才脱身。这里我们不仅看到国民党的壮丁费之重，而且可以看到国民党是怎样以"壮丁费"来敲诈人民，更可以看到国民党是怎样逼迫我革命的同志。从上述一些事实里，可以看出国民党是怎样对我革命同志进行迫害与残杀的。

而苏区一般的人民群众，又是怎样一种生活呢？还是看看事实。

轰轰烈烈的土地革命，贫苦的广大人民都分得了田地，在自己的土地上积极地耕种劳动，过着安饱温暖的日子。可是国民党一来后，则完全陷入痛苦极尽的境况中。分得的土地都被地主、豪绅、恶霸夺回去了，而且受着逼补租谷的苦难！地主抢回的土地，这时有80%的面积荒芜了，在那些土地上，没有人种，很多的人都流落在外，有的则是地主"宁荒不租"，有的是租额太高，佃种就几乎等于给地主做无工资的长工；种了的百分之二十的土地，也是无人耕耘，如荒芜了一样。这时生产遭到了严重的破坏。而数不清的压迫剥削则重重加到人民的身上，过去一切废除了的债务，地主都来逼还了，他们拿着债券之外的欠租单子，指着"欠债人"的财产家业，以至土地革命时期添置的家具也都被抢走了。在平时，地主看到你有点什么，就借着"还债"，任意抢走，地租和高利贷是更加苛刻了。当时，不仅有对分的地租，而且有"六四""七三"之分的（后来因劳动力的异常缺乏，也有"四六"分租的）。在每年交租谷的时候，为了能够继续佃租，收租那天，还要花费 10—20 元来招待地主。在前山、吴坊一带的农民，佃种了宁都地主的很多田，每年收租时，要给地主一天"三餐一点"的招待，餐餐酒肉鱼鸭不可少，便餐两顿，每顿得 8 个菜，正餐一顿，得 10 个菜；如有口味不合地主的心意，则桌椅碗菜被当场摔掉，或者是夺佃；一点也是最好的东西，穷人种获的谷子，一担担囤积在地主的仓库里，在青黄不接、肚饿命危之际，向地主借不到一粒稻米。只有在高价面前拿出钱来，才能买到。高利贷的利息当时很高，一担还六桶（四桶一担）普遍皆是，七桶、八桶或者更多些，也不是稀有之现象。而借债还必须有"面债"经过屡屡哀求，请保证如期交还的保人担保，才可借的。广大人民终日劳动，不得一饱。

这还不算，在如此艰苦的日子里，更多的苛捐杂税，是朝不知夕能否生活的重要原因。当时名目巧多，主要有以下 10 种：

1. 月费——名为月费，却不是一月一次，而是一月多次，有每月达三四次之多，每一次最穷苦的也要三四元，甚至有的地方，达到 9—10 元，等于四担谷子。

2. 壮丁税——每年至少有四五次，其实次数是不能统计的，随时随地要壮丁，随时随地就要壮丁税。当时一般每个壮丁每次要出 6—40 元不等，有的地方是按户摊派。还有的像我们在前面举到的例子，李横波就是因为一而再再而三的壮丁税，而不得不把大儿、三儿都出卖，耕牛房屋出卖，家具出卖。像这样的例子是数不清的。

3. 夫子费——国民党每年都要成千【上】万的人为它挑担、送武器、运粮食、抬轿子、挑行李。很多的人被随意拉去，为他做牛马，工钱不说，饭也吃不上。而国民党保甲却以夫要工钱为借口，向广大人民收取夫子费。这种税期不定，每年每户至少都是五六次，每次都是二三元，以至更多。

4. 积谷费——名堂难说，就是要这么一单税，每年每户硬要交150—300 斤不可，并且要送到屯谷的地点。

5. 征粮——不论田地多少、产量多少或年成好坏，收到没有，也不论人口多少，一律按 20% 的征率。而这个征率，实际上只对贫人有效，而贫苦的老百姓实际征粮，远不至〔止〕如此，以至达到 20—30%。而地主富财者，名义上也是按 12% 的征率，这本来就不合理，地主的田多收入多，人口少，而究竟完多少，则是无人知的秘密。有的地主就根本不完粮，即使要他完，他也可以转载〔嫁〕到贫苦人民的身上，加重佃种的租子。这样一来，百姓的征粮率就更高了。

6. 现役税——独生子，一贯都可以免除服兵役的义务，可是国民党并不如此，要你当兵就得去。不去要交税。在独生子有刚出生的小弟弟时，即为现役，要交现役费，一次 5 元—10 元不等。

7. 屠宰税——这种税收对腐化至尽的豪绅地主并无很大作用，他们终日不离酒肉，养了很多的大猪，杀猪是常事，并不一定要税，要完也不是很高。而贫苦的百姓，为了寻找生存，在山野田圳搜取饲料，偶尔养大了一头猪，宰杀时，都要完六七元的税，不论大小都一样。

诸〔如〕此等等，造成人民生活的极端痛苦，衣食住行皆如牛马，加上天灾人祸、疾病荒年及国民党的随意屠杀，造成苏区人口的大量减少。头陂区东港乡村前村，土地革命时期有 150 多户，1949 年解放时只有 50 余户。罗田乡社背村土地革命时期有 38 户，解放时只有十余户，前山村在土地革命时期有 84 户，1949 年解放时，只有 30 余户了。从这几个村的户数减少的情况，我们可以知道整个苏区人口减少的情况，我们可以知道整个头陂区人口减少的情况。户数减少在 60%—70% 之间。像这几个村子的人口减少情况就更厉害，因为在这些已存的户数中，每户的人口数比土地革命时要少得多。因此，我们可以得出，头陂苏区人口减少的一个大概。而这个大概，是令人吃惊的。〔后注〕

现在我们再来看看以下的情况：

地富豪绅有一夫多妻的自由，贫苦百姓的女子可以随意劫取为妾，肆意糟蹋，而广大人民一夫一妻的自由也没有。在买卖婚姻的情况下，很多的人终身没有伴侣。就是在土地革命时期自由结婚的，国民党也加以干涉，逼迫拆散，他们诬蔑自由结婚的为"霸占"。塘背村在土地革命时有五对男女青年自由结婚，国民党来了以后，有两对被拆散，有两对因夫被国民党抓去当兵，妻子为国民党军队带走了，剩下的一对，虽然夫妻和好亲爱至尽，也被他们经常的侮辱。有一个叫谢祖动的，当过红军，土地革命时结了婚，国民党统治该地后，强把其妻夺回，夫妇痛苦了很久。东港乡李朝昇在土地革命时自由结婚，这时被原夫陈开才硬捉回去。多么惨无人道！

在文化生活方面，广大人民在物质生活上，得不到最低程度的享受，精神生活也谈不上，文化生活上更不用谈。90%以上的人民都是一字不识。在土地革命时期，建立的星罗棋布的列宁小学、成人夜校、识字班，这时都被解散，成群成批的劳动人民的子女，身无衣，饿无食，很小就跟着父母在田地里终日做着牛马般的活儿。他们就是这样做牛做马般地成长起来。只有到了今天，他们才有享受文化生活的幸福，更有享受人类一切幸福的权利。要问今天苏区人民的格外冲天的干劲，以空前未有的气势建设社会主义，这是源动力之一。

（易宗礼整理）

头陂区了解关于部队战役等方面零星材料

广昌县的范围包括：新安、巴乔、头陂、长桥、水南、尖锋、甘竹、大珠、唐坊、城关、赤色十一区。

民国二十二年冬，县苏副主席张炳炎，主席包维贤，以后包维贤调任政治保卫局局长，张炳炎升任区主席。【民国】二十二年冬张炳炎叛变，换廖同兴为正主席。（詹茂兴）（李珍伯说"廖承英接张炳炎的位，包维贤是最后一个县苏主席"，冯羽金说换的是宁都人姓黄的）土地部长是廖□□，以后是刘□□。民国二十二年冬，政治保卫局局长是熊□□（湖南人），（包维贤当政治保卫局局长是接谁的位？）民国二十二年冬县委书记是王炳央。

民国二十二年十二月，在博生县开省苏维埃代表大会，讨论了：发行公债的问题；开展归队运动的问题，还〔凡〕参加过军队的一律动员返回部队；扩大一百万铁的红军的问题；复查各地划分成分情况。（内容空泛，务须补充，特别是方针政策）

民国二十二年一月召开了县党代表大会。民国二十二年三月，又召开了党代表大会。（次数不明，内容没有，需要补充）①

---

① 原文此处的中缝还有几十字，但无法阅读。

（三）驿前区综合材料

省委调查队、广昌县委会　编

（一）大革命时期的驿前

1.政治经济情况

在大革命时期，驿前完全由封建势力统治着。当时的政治统治机构沿袭了旧时的绅士、乡保、粮差等一套。绅士是地主封建势力头子，乡保是其爪牙，粮差是专事，直接征收苛捐杂税，摧捐派款。

当时驿前属田厂里，行方里。

当时，广大人民在各方面都受到压迫，在文化上，根本没有条件受到教育，没有机会也没有权利；在政治上，没有可能参加政权的管理，受到封建统治的束缚与压迫，陷于奴役地位；在经济上，亦是悲惨凄凉，土地大部分被土豪劣绅恶霸占有。

因此，广大农民陷于水深火热之中。

在横路乡，当时竟有95%的农民（贫农、中农、雇农）只有213亩田，本村的5个土豪、富农、庵却占有113亩田，更可怕的是，驿前街上〈和〉甚至石城的土豪劣绅，他们的血爪却伸到了这块贫穷的地方。

驿前有下面这么多土豪在横路乡占有土地情况：

赖国华　　　占田　　500担
邱帝辉　　　〃〃　　65〃
彭信公　　　〃〃　　80〃
义河公　　　〃〃　　20〃

□□公	占田	70 担
赖文生	占田	80 担
赖博张	〃〃	45 〃
赖信店	〃〃	5 〃
洪羽邱	〃〃	12 〃

石城的土豪在横路乡占田情况：

胡饯公	占田	50 担
辉海公	占田	55 担
客雇〃	〃〃	30 〃
介航〃	〃〃	100 〃
□□公	〃〃	15 〃

本地的土豪、富农占田情况：

晓敏公	占田	80 担
赖继叔	占田	50 担
平亿〃	〃〃	45 〃
赖荣名	〃〃	70 〃
赖夫弯	〃〃	60 〃
清华小巷	〃〃	100 〃
尖石巷	〃〃	20 〃

这是一个骇人听闻的数字：在这伸展着吃人膏脂的魔爪下，令横路有 30% 的雇农打长工过日子；60% 的打短工度日。真如当地人民一句心酸俚语，农民过的是"田昌一桶，粮昌一撮，打湿脚的地都冒得"的日子。真是地主土豪田连阡陌，农民无立锥之地的惨相。

驿前街上，是本地方土豪劣绅聚集的巢穴。街上的百姓自然一样受盘剥。有个赖寿其，时人称为寿其老爷，他家三代的"功名"，儿子还在德安做县长。平日，一家就能收到数千担的谷租。他有一间房子，竟楼上楼下各五十间。[①]

---

① 原文第 55 页未整理。

2. 人民的反抗斗争

自然，对于处于艰苦、穷苦境地的广大人民，是决不甘愿的。他们心中永远蕴藏着对土豪等吸血鬼的怒火。

当然，由于没有先进政党的领导，没有工人阶级的领导，大多数是自发的、个别的斗争。

横路乡农民赖海周，欠土豪李海中现洋十几块还不起，李海中便要掳走他的被子。当时赖海周恼羞成怒，拿起把刀，大声喝道："你敢拿走我的被子，老子便剁掉你的脚骨！"土豪也就乖乖地溜走了。

农民杜家宾的儿，租了地主赖永贵20担田，每年要交12担谷，这还不算，还得把谷在风车里播两次。有一回地主的狗腿子来播租谷，他把风车摇得过重，连谷子也吹掉了，当时杜的儿便说："不要摇得这么重，连谷子都弄掉了，你们自己要照算的！"狗腿子一听，破口大骂，竟拿起扁担要打人。杜家宾之儿也不甘示弱，大声叫道："你们欺人太甚，老子不租你家的田了！"

广大的农民就是这样在一言一语、一举一动里，表露了他们对土豪刻骨的仇恨。

民国十二年〈革命〉，驿前大土豪赖国发囤积了大批粮食，高价出售，而且一月数变价目，且故意不出卖米给百姓。因此激起了附近农民的愤怒，几十人带着扁担来抢了一顿，把赖国发都吓死了！

这就是富有反抗精神的农民革命壮举。虽然这一次是流氓带的头，可是基本群众是农民，是出于义愤填膺的农民。

（二）土地革命时期【的释前】

1. 大革命失败后的情况

在轰轰烈烈的北伐失败后，当地情况变化不很大，农民们受着重重压迫。但在1927年8月贺龙军队的来到，却给人民指引了方向，在黑暗窒闷的反动统治中，点起了一个〔朵〕小花。

1927 年 8 月贺龙军队从广昌→赤水→贯桥→驿前，贺军一到驿前，印大报、标语"打倒土豪劣绅""保护小商"。当时地方上有赖宝邦等有钱有势的 8 大商家（实则许多是土豪）出面招待贺军。

在贺军中有个黄雨龄，原是〈本地〉镇凤波的布染店徒弟，后在广昌加入贺军。因为他熟悉本地情况，所以把当地土豪劣绅等情况告诉了贺龙，因此贺龙便决【定】在驿前打土豪。

当天晚上，贺龙对绅士们说："你们辛苦了，花了很多钱招待我们，我们很高兴，因此明天我们就开走，希望各位明天早上来开个大会……"当时土豪们听了不知是计，第二天一早便有 20 多个来到七冬里大屋子里开会。贺龙便对他们说〔话〕。当贺龙说到要他们筹款时，当场就有十来个溜掉了（从小门），因此在场的就全部被抓起（有十来个），当天就枪毙了赖瑞凡等，并出了布告，列述他们的罪行，其他几个土豪便带着跟〔银两〕同部队走，在路上有些土豪用钱赎出了自己，其中有赖保宝，虽然也用了钱赎，但仍在龙岗【被】毙了。

贺军走后，对广大人民一个大大的鼓舞，大家都觉得贺军是专搞有钱有势头的人的。

2. 周围红色政权的影响

福建、宁都等地成立了红色政权，对当地人民有一定影响。因为当时有许多人在福建等地做工，他们便把福建成立政权的情况告诉大家。因此成了义务的革命宣传人。如【民国】十八年春，贯桥有个邱尚才，从福建回到广昌来，就把红色政权情况向大家介绍，说在福建"要田有田，要钱有钱""欠债不还"。群众听了，非常向往。因此，给红军来到前，作了一次思想动员与准备。如红军到赤水时，大家就推邱尚才、邱嗣五、邱嗣信等组织去赤水迎接红军。

3. 苏维埃政权与党组织的开始建立及巩固

1929 年 11 月，红军从赤水来到驿前后，开始发动了群众打土豪，一场如火如荼的革命斗争展开了。

红军来到驿前的时间有如下几种说法：

①1930 年 11 月 红军从赤水来到驿前住了两三个月，开去石城，当时组织了区苏。主席赖梦来。

②1930 年 7—8 月，石城、高田已成立了红色政权，那边经常有游击队来打土豪，以便帮助成立苏维埃，如□月，有十几个人的工作组来到驿前组织区政府，因大刀会活动厉害，未组成。后因宁广石指挥部就地驻扎，苏维埃政权才得建立。这是 1932 年下半年的事了。当时：

主席：李南、孙炳凡、朱贵生、姜道明、莫仲民、洪桂生、赖志福、孔鼎香

裁判：李一乾、赖文喜

财政：梁陶生、李目章（正）、赖佰祥（副）、赖明林

军事部：廖□□（石城【人】）、刘怀鼎

民政局长：李□□（石城人）、赖凤章

劳动部：姜道明、赖志福

经济部：赖林保

教育部：姚显民

区苏成立同时不久，成立区委。

书记：李南

少共书记：赖□□

③1931 年冬末，从新坊、石城来，1932 年正月十五，成立了乡苏（二乡）。

4.党领导下的各项革命工作的开展

①打土豪、分田地、查田运动

红军一来，就发动了广大农民群众投入了打土豪的轰轰烈烈的阶级斗争中，像暴风骤雨般的猛烈。多少年来受压迫剥削的农民伸直了腰板。在政治上已经大大翻身了，在经济上并分得过去被土豪剥削的东西。

打土豪的具体情况是这样的：由乡里贫农团来调查了解，由支部书记批准。当时它没有什么成文法，但大家一致都有共同的意

识，还〔凡〕是有几十担谷田和几百元债的，都是土豪。因此还是过去欺压过百姓的土豪，都逃不了应受的惩罚。

但有些地方打土豪标准过低，以致打了不可打的，侵犯了富农的利益，因而有时中农发生动摇，但这是极少数现象。

另外，在打土豪时，由于物质利益的关系，有时互相跑到别的地区打土豪。有时候驿前三乡的人员，在黄连长带领【下】到石城小松打土豪，当地的人便请他们到一个祠堂里吃饭，中途突然发现门关死了。原来当地的土豪利用同姓关系组织反动组织，企图迫使〔阻止〕我政府打土豪的工作。幸好黄连长和他的一班战士都来了，并带了枪，黄连长以开枪为警告，祠堂门才打开。这是因为事先不熟悉当地情况的结果。

另有一次，三乡的人去出庄打土豪，适逢苦竹亦来人打土豪，两下发生争执，苦竹来的人竟抓起了三乡去打土豪的四个人，后经交涉才放出来。

上述现象亦是斗争中的个别情况，事实上农民打土豪是有组织、有计划、有调查的，大都合乎标准。如当时各乡对土豪进行罚款，都是先经过贫农团、乡苏和党支部的缜密考虑调查再决定的。如当时负责打土豪工作的区财政部便是经常下到乡里进行调查后，回来与区委研究，再决定打哪个土豪。区财政部长赖百祥便如此进行过工作〈的〉。

对于土豪的财物，最初是召开群众大会，散发给群众，后来则登名造册，照顾军烈属、雇农；最后两年，东西都归政府（区里有仓库保管），供政府公用；借款则交给县里去。

另外应该讲到，土豪自然是不甘心灭亡的，他们必定会想方设法进行反攻，事实也如此，土豪一部分直接武装反革命，如大刀会的组织，以及倚仗大刀会势力回来收租收债。

另外，许多土豪反革命是表现在隐瞒、分散财产，或拒绝缴交罚款。因此，〈往往不得不〉对这些顽固的土豪〈便不得不〉用严厉的手段对付。如第一乡有个土豪叫赖绍其，拒不交出罚款，农民便不得不把他吊打一顿，结果他便把钱交出来，甚至埋起来的金镯头之类的东西都乖乖交出来了。

在打土豪的同时，区、乡政权也在巩固中，特别是在三次【反】"围剿"后，政权进入巩固时期。于是，在打土豪基础上开始了分田工作。

分田的步骤一般是：先成立分田委员会，委员由贫农团里选出来，负责丈量登记土地；在有些乡（如三乡）分田代表是由一支〔只〕屋子选出一个。一般都是以乡为单位统一分配土地；中农则大分，有的不进不出，有的（如三乡）中农亦和贫雇农一样，统一平均分配土地。

分田工作都经过两次。第一次【在】1931年冬。这次分田时，群众觉悟尚不高，不愿意要分得的土地或谷子；加上大刀会骚扰厉害，有的农民暗中送□，因此未分彻底。

1932年3月（一说9月）进行第二次分田，各乡均同时进行。这一次因政权巩固，大刀会活动受到打击，因此基本上把田分彻底了，还颁发了土地证。这一次分田与第一次基本相同，如第三乡就与1931年底兴国颁布的土地法大都相符，只有几点稍有出入：①妇女出嫁，土地归本人，但嫁到外地，则田收回，妇女到男方后另分土地；②对分得了田的人实行"生给死收"的办法；③留公田20担，未按照标准，因田少人多。

第二次分田后五六个月，即1932年8月间，开始了查田运动，目的就是清查出分田中工作中的存在问题，特别是阶级路线问题。同时也调整了自己之间的土地搭配。通过查田，区【苏】的确发现了问题。如三乡通过查田就查出赖国南、廖金张、廖耀廷等人，本是地主成分，却当作了贫农，分得好田，现在便重新搞过，把他们划为地主，没收田地，分给坏田，每人五担。

通过查田，更加巩固了分田胜利，也进一步巩固了苏维埃政权。因为通过查田，还查出许多混入我政府机关的异己分子。如三乡乡主席赖永怀本是地主分子，过去没有发现，现在被揪出来清除了。

　　造成上述问题的原因固然是敌人的狡猾毒辣，另一方面是我们经验不足，但还有一点原因，便是我们政府部门有些不纯分子，他们被地主勾引，便成了地主的通风报信者，泄露秘密或是讲情、改成分。如区代表何钟怀就是因为生了儿子，一个地主给他送礼（金手镯等）拉拢了他，以后便被地主利用，后经政府查出枪毙了。

　　②扩大红军与募捐

　　扩大红军是一个经常性的中心工作。

　　当时规定每个代表和〈共〉【产】党员都要动员三名以上的人参加红军，而且规定绝对不能拉夫〔伕〕，各个部门都要进行宣传动员工作，如驿前街上开过一次动员入军会，会上提出"打到南昌、九江去！""红军万岁！"当场就有赖和保、赖水金、赖傅福等十二三人【参军】。①

――――――――

① 此后待补充。

（四）新【安】区调查访问小结

　　1930 年冬初，在结束了第一次反"围剿"后，红军即从宁都洛口方面向广昌县城挺进。约在这一年十一月二十五日（古历，下同）到达新安，当时即着手组织和发动群众，成立了革命委员会与农民协会，组织地方人民武装，并分别在各乡成立了乡苏维埃政府（最先成立的是下坪、鹭鸶【鸬鹚】和彭田等三乡）。革命委员会的主席是李发标；地方武装——赤卫队队【长】是陈和兴。各乡政府由七至九位代表组成（每村选出代表一人），并由代表中互推一人为乡主席。接着，在新安及其附近地区即展开了打土豪的工作。

　　第二年春，第二次反"围剿"战事发生，国民党军队于二月间又占领了新安，新安乡政府搬到前山的厚周去，工作暂时停顿下来。第三次反"围剿"胜利〈结束〉后，红军又于民国二十一年二月间进入新安，恢复各乡政府。当时区政府的负责人（及其继任者）是：

　　区苏主席——李发标（继任人是谢宗和、杨克和、邓文让、曾成才）；

　　军事部部长——杨钧（继任人：揭传香）；

　　裁判部部长——邓子球（继任人：陈和雍、曾正保）；

　　检查部部长——邓文让（继任人：陈和顺、邓夫球）；

　　土地部部长——陈和顺（继任人：曾遇禄、邓夫球）；

　　财政部部长——易成名（不久由祝钦名继任，并增设副部长一人，由揭兰玉担任）；

　　教育部部长——曾遇禄（继任人：李清兰、符学周）。

　　开始时只有以上六个部，国民经济部是以后才成立的。新安区政府成立后，领导石梁、下坪、小港、彭溪（即彭田）、新安、鹭鸶〔鹚〕、吉祥、下西、贺南等15个乡。

新安区政府成立不久后，于四月公开建立了区委会，其领导人姓名如下：

区委书记：邓培才，兼宣传部长（继任人杨永弟，邓培才以后叛变）；

妇女部长：王月英（继任人程佩、廖贵珍）。

同时〈并〉成立了少共（少共书记杨厚顺）。在区委成立的前夕，下湖乡即〈曾〉成立了党支部。这一年五月间新安乡支部成立，由李茂才担任书记，开始时有党员五人，此后其他乡支部亦〈先后〉相继建立。但是，这并不是说当时红色政权已经巩固了，因为在当时江西省的苏维埃区域内，广昌县可以说是与敌人进行武装斗争的前方，而且许多土豪地主在国民党军队败退后，纷纷互相勾结，组织反动武装力量，企图消灭红色政权。如吴文孙所率领的靖卫团曾继续在南丰、南赣和广昌北部一小部分地方骚扰，直至1932年春天，才最后被消灭，即为一例。即以新安区来讲，当时它存在有地主土豪的反动武装，也称为靖卫团，以土豪周玉松为团长，不过经红军的扫荡后即往南城退却，不敢再来骚扰了。可是还有些潜伏在苏区里面的土豪、地主和一些富农，也联合起来，以迷信的方式吸收和欺骗许多流氓和一些落后农民，组织了"大刀会"，在苏区内进行扰乱，〈由〉驿前、赤水直至新安一带受害较为严重。为了拱卫〔固〕红色政权和保护地方安全，新安区政府成立后即很注意建立地方人民武装的工作。新安区的地方武装除少先队、模范营、警卫连和赤卫军以外，还有游击队的组织。男孩子年龄在18至25岁者编为少先队，主要担任白天的放哨工作，从25至35岁编为模范营，35岁〈以上〉至50岁编为赤卫军，平时均不脱产，有事故发生即应召出发执行任务。警卫连（乡有警卫排）主要是维护地方治安的武装，游击队人数不多，但都是脱产者，归县苏军事部指挥。以上各种武装，均负有保卫政权和地方安全的责任，并

〔必〕须的任务是：保护地方安全，在本区或进入附近白区协助当地农民进行打土豪工作，〈和〉协助或配合红军与国民党军队作战。

1931 年五月（在第二次反"围剿"时期），新安的模范营和游击队几百人，在县苏维埃政府军事部部长封正吾的率领下，曾配合红军向南丰进攻。不过，当这些地方武装部队到达南丰时，红军已事先击败敌人，并在白舍建立了南丰县苏维埃政府，因此他们便在南丰南部协助当地农民进行了打土豪的工作。这一年冬天，新安区的游击队、模范营和赤卫军曾再度协助红军在南丰作战，把红色区域再向北推进了几十里地。1933 年四月间，国民党第八师毛炳文的部队进入白舍，企图进犯甘竹，广昌县军事部即集合了县警卫连、南广独立团和头陂以及新安区的赤卫军和游击队前往应敌，作战三天，击败毛炳文部队，迫使他们向南丰县城撤退，恢复了南丰南部的红色区域。以上这些事实说明了当时红色区域波浪式地逐渐扩展的情形。

此外，新安区地方武装对扫荡大刀会的任务也曾建立了相当大的功绩。新安区东南与赤水区相接，当时大刀会从赤水、驿前一带向西蔓延，石梁、中寺等地成为大刀会的巢穴，使当地的乡政府无法正式成立和展开工作。早在 1932 年的上半年，大刀会即曾在新安区大肆骚扰，杀害区、乡政府干部和地方人民，抢劫人民财产等事件经常发生，给新安区人民的安全以相当大的威胁。1932 年十一月新安曾派遣游击队 40 多人进驻石梁的井头地方，准备出发去清除当地大刀会头子吴老三和吴新罗所率领的一群大刀会匪徒，但〈当未〉找到大刀会的踪迹前，反被他们所包围，游击队战士被杀者有 12 人之多，包括队长王金凤在内。三天后，县军事部指示新安游击队、模范营会同县警卫连，共 300 多人，开进石梁乡驻防，迫使大刀会向前山区的坳下逃窜，这样才使石梁乡的苏维埃政府稳定下来（在此以前，石梁虽已建乡政府，但只是形式上的，只挂上一块招牌，未曾进行实际工作），并进行了打土豪分田地的工作。不过，不久之后，大刀会又窜入中寺一带。新安区游击队此时在中寺曾捉到大刀会匪谍一名，不幸在当夜被其脱逃。几天后，由这个匪谍带路，引导一伙大刀会匪徒袭击新安区，把区政府包围起来，杀死区财政部部长易新民、特派员马□□等干部六人，另有一人受了重伤，真猖獗如此！

1933 年八月县苏军事部曾集合新安区的游击队、模范营士兵共 200 多人，会同县警卫连前往大株的东斜去打大刀会，由县苏军事部部长封正吾率领。当时，江西省委方面也有负责同志来参加指挥，并带来了两架机关枪。这一次进剿有很好的准备，包围了大刀会，打死他们 70 多人，余 20【人】多脱逃。经这次扫荡后，大刀会的气焰才稍微平息下来。

1934 年第五次反"围剿"战事发生，红军从广昌北边福建和宁都的方向撤退。这年三月十五日广昌城弃守，新安立即受到敌人的威胁。在广昌城失守前不久，毛主席和朱德同志曾带了红军两团人（随军有合作社、医疗队等组织），路过新安向广昌县东南进发，在新安住了一夜，并曾召集区、乡干部开了一个会，指示应如何坚壁清野，破坏道路，如何将存谷运往后方，并破坏水碓，并叮嘱军政干部准备撤退。这一年五月 28 日敌人进入新安，区政府已于事先迁往下西，不久又迁到禾上坑，随即再迁到头陂区的风带岭。在风带岭驻了十几天后，又迁到宁都的小布地方（池布？）。在小布地方解散了区委和区政府组织，干部身体好的编为游击队，有病的即留在宁都的徐埠（池布？）。在迁移时，干部家属和一些红色群众即组织了难民团，由以陶杰云为主任的难民委员会领导，从头陂大道走到宁都。难民团中每个人都有一种临时的工作，有的用城墙土熬煮硝盐，有的挑米，有的做卷烟，把赚得的钱用来改善大家的生活。难民团的伙食开始时由县苏发给食米，但后来与县苏失去联系，只好自己解决。这样过着很艰苦的生活，他们向西北走到永丰县境，被国民党匪军所包围。

苏区政府撤退时，红军五军团曾于五月底在新安下坪乡附近的天符山、马脑顶和鸡笼冈一带，与国民党第八、十一、十八和八十八师部队发生了遭遇战，双方激战了两天，我军往大寨脑方面撤退。当时新安区的游击队 50 多人撤至坳下，与潜伏在该地的大刀会打了一仗，打死他们十几个人，并活捉到三人。在同年六月间，县苏调遣新安游击队从坳下撤退，驻往大寨脑增援作战。但是，当游击队到达大桠枝岭时，我军军事已被敌人所毁坏，因此未曾加入作战，即向杨家排和木兰等地撤退，并〈转〉向福建方向转移。1934 年十一月，在福建被编入闽浙赣司令部，不久又改编入第五军团，但并未与刘伯承同志的部队取得联系，只与国民党匪军接了几次仗，即退回江西。在这一年年底在尖峰又与国民党军队打了一仗，又折回福建，在新华阜地方被敌人所包围。在坳下出发时，新安游击队有 50 多人，至被包围后脱逃回来的却只有十几个人了。

一、新安调查小结[①]

1.打土豪、分田地
政权建立前后，进行打土豪。

新安乡土豪吴领梅、李炳章、揭超民、廖民安、周廷松、张明安、高尚明等人，【当】红军一来，吓得东逃西窜。吴领梅躲在江家坑的竹子寨，李炳章逃到下坪的龙塘，揭超民、廖民安跑到南丰。周廷松、张明安逃去参加大刀会。红军三军团三【十】二团蓝金辉同志，就在新安组织农会，选出李发标、揭传香、李安普、李茂才、李桂生、黄旭照、万顺生、揭福建、李旭照等九人为委员，选出李发标为主席，并成立了 18 个人的赤卫队。红军一来，这些土豪吓跑了。赤卫队在农会和蓝金辉的领导下，杀了土豪的猪，给贫苦农民食，拿了衣服给贫苦农民穿，担了谷子分给贫苦农民吃，每家分一担。事后，〈并〉把大土豪吴领梅抓来枪决了，在龙塘抓到李炳章，把他活活打死了。除了大害，人心大快。

---

① 和前文标题近似，但内容不同。照录原文，以供对照。

1931 年春，新安各乡进行分田，但不久国民党来了，田未分好。到十一月，才正式动手分田，到 1932 年正月，才分妥。当时每人分到〈田〉八担谷田。分田以前，要确定阶级。

打土豪到分田地中间发生过这些大事。

1930 年 11 月 25 日红军来新安建立政府。到 1931 年 2 月，国民党进攻，新安各乡政府迁移，新安乡搬到前山的鸟土。过了一个月左右，主力红军来，乡政府也跟着来，打死胡祖玉。不久国民党又进攻，乡政府搬到了九寨。

2. 发展生产，改善生活

当时党和政府非常重视生产。区干部带头积肥，设立肥料所、厕所，积蓄肥料。并经常开会，号召农民要做到三犁三耙。在新安高眼地方，由政府出资，打开石眼，引水灌田，这一工程能灌溉田地一千多亩。工程完毕后，评选了杨金发为劳模，并在新安召开了全县劳模大会，到会有七八百人〈参加〉，在会上赏了杨金发〈的〉银质五星，县委书记叶绍良[1]、县主席饶福林也都在会上作了报告，号召全县人民向杨金发看齐。对于军属的生产，除组织耕田队代耕外，区干部于星期天也下去与军属做事，帮助栽割、砍柴、买米、担米等。

至于苏区人民的生活也是好的。除头陂材料已总结以外，还补充两点：第一，文化生活十分活跃。当时苏区人民一般能唱出几十个歌子，开会前后、生产都要唱歌。苏区人民从各方面翻了身，得到了解放，谁都要放开喉咙歌唱幸福的生活。第二，社会风气大大好转。赌博、抽鸦片烟、嫖妇娘的严格禁止，被儿童团抓住，不罚红领巾、儿童帽，就罚做苦工几日。

3. 扩大红军

1933 年正月，新安乡去了 20 多人，由少共书记杨厚顺带领。

---

[1] 1931 年 1 月 13 日，中共广昌县委成立，县委书记由红四军派杨成武担任。见《中央革命根据地词典》，档案出版社 1993 年版，第 159–160 页。

小港少共书记刘天爵带了 12 人参军。

新安区也开展了归队运动。当时，红军〈的〉开小差的不多。归队运动时，各乡演完戏，召开宣传，开展了辩论，进行了讨论。当时有个"归队歌"：

> 开小差的士兵，无缘无故回家证。
>
> 父母妻子有优待，分到土地有人耕。
>
> 快快归队当红军，打倒反动国民党，
>
> 消灭土豪和劣绅……

4. 查田运动

1933 年 9 月开始查田，由各村代表担任委员。在查田运动时，才明确地划分了阶级，查出了土豪、富农。下湖原有土豪 10 个，劣绅 1 个，富农 11 户，查田时，查出富农 6 户，他们都有 50 至 80 担谷田，出租很大一部分，并有 40 至 100 多元的放债。小港原有 3 个土豪，查田时查出富农 11 个，土豪 1 个。查田以后，土豪的东西要没收，田地要分。查出的富农要分出多余土地，要向他筹款。

（五）水南公社史料汇集

一、水南区的划分

包括官溪、水南、张坊、陈庆、严荣、东家坪等六乡。

1931 年九月因为土匪很多，区政府迁到官溪，遂称官溪区。

二、土地革命前的情况

1. 在民国八九年时，福建与江西交界处就有"桶仔会"和"铁叉会"。民国十一二年又有以王小、王德舟为首的"红光会"，约有枪百余条，数百人结伙为匪，出条子到水南等地要款，否则将人捉去。

他们都是一些好吃懒做的二流子、赌棍等。赌钱输光了，便结伙为匪，成立很多"七七会"，打伙劫掠，伤害良民。当时掠得人心惶惶，恐惧万状，从下列看出：

一天，一个小孩吴英月好玩，吹了一声哨子（平时只有土匪才吹），老百姓听后以为土匪到来，吓得四处奔逃，结果没有土匪来，弄清楚了是小孩吹的，于是将小孩吊在树上打了一顿。

民国十一二年，北兵张连长带了几千人从沿【村】来攻打福建的红光会，并将其消灭。

2. 吴文孙、廖其祥对人民的掠夺

（详见单独整理出来的材料）

3. 地主对农村残酷的掠夺

当时地主占有大片土地。张坊乡的大地主杨赤有七八百担□田（每四担一亩），雇了三个长工耕五六百担田。水南为山区，有大量的山地，公、私山各一半，私山 99%。农民到私山上捡柴都被地主所阻。剥削方法：

收租：收亩产量 50%——按收成好的产量计算，如果遇天灾，歉收仍要交规定的数目。

放债：年息二到三分。

交不起租、还不了债者，则被地主夺去房屋及田地，或变卖其他财务抵偿。

还有其他的名目和反动政府的剥削（具体情况不详）。

三、红军的来住，政权的建立及各项工作

①民国十九年十二月初八，红军两百多人，从广昌、长桥来水南，成立了水南区苏维埃（一说民国二十年成立区苏维埃），区主席为尧番孙（后为罗明仔）。

红军打土豪，正准备分田地，因为【过】年春节，故于 12 月 13 日回广昌去了。红军来时写标语，有"活捉鲁胖子（鲁涤平）""打倒蒋介石"等。因当地土匪□火生被赶跑了，故区政府照常办公。

②民国二十年正月初九，红军第二次从广昌来水南，由区乡政府打土豪分田地，并组织了游击队，约五十余人，四十多支枪，队长揭火生（1932 年七、八月间反水），后游击队扩展到 100 多人，100 多条枪（游击队长为北方人），并成立了模范营，有 40 余人，武器为梭镖、鸟枪等。

由于国民党第八师的进攻，红军于 1931 年 5 月退到瑞金，揭火生带游击队跟红军退走。

③民国二十年九月，红军再度由瑞金方向来，由于当时土匪很多，水南区政府又迁至官溪。

各项工作：

a. 打土豪、分田地

当时最大的土豪为朱其昌、朱德茂，都有 800 余石农田。

民国十九年十二月已开始打土豪，由红军打，但未分田。

民国二十年正月开始由乡政府继续打土豪，并分田地。

b. 土地税（民国二十一年开始征收）

一般很轻，用钱缴纳，每亩税 1—2 角（光洋）。

c. 肃反工作

1933 年开始大规模地清剿 AB 团，仅官溪一处就杀了丘早仔等六七人。他们原先都是游击队员，暗中加入 AB 团后，企图拖枪逃跑，被发现而被政府所杀。大规模肃清 AB 团便开始了。

d. 猛烈扩大红军

1932 年官溪区游击连长杨逢牛带了 40 多人参加赣东独立师。

陈庄乡的戈家山只有 11 户人家，51 人，也有 4 人参加了红军。

e. 发行公债

1932 年发行公债，群众自愿购买。

四、红军北上后，苏区人民的苦难及国民党和地方封建势力对革命同【志】的迫害

1. 红军北上后，苏区人民受到了国民党及封建势力残酷地剥削和压迫，人民生活痛苦万分。除地主要亩产量 2/3 的地租外，还有其他名目繁多的苛捐杂税：

高利贷——利息很高，缓还的利上加利。如张坊乡的丘水保借了恶霸杨阴桥三元钱（光洋），不过一年零八九个月就还了 40 多元，还是卖了仅有的两间房子，才还清这笔账。

（1）壮丁费——一般是一月交一次，也有两月交一次的（张坊乡），每次几元——几十元不等。上面只要几名壮丁，保长为了敲诈勒索，捉去了十几个，然后要拿【钱】来赎，这样保长便从中捞了一把。

（2）购枪费——名为购枪，实落地方土豪与保长腰包，数目日期不定。

（3）安家费——名为给壮丁的家属，实落保长腰包。

（4）解兵费——押壮丁费用，亦多落保长腰包。

（5）月捐——每月一次，如乡政府派下几十元或100元，则保长加派到几百元，以便从中自肥。

（6）赌捐——每赌场要出10元光洋，否则赌钱就受到更大的敲诈。

（7）屠宰税——最初杀头猪一两元，慢慢增至六七元、十几元，以至要整个猪值40%。

（8）人丁谷——似人头税，按人口交，一年一次，每人交几十至200斤不等（只在陈庄乡的戈家山听说，其他地方没有说过）。

说明：陈庄乡的戈家山，处在闽赣交界线上的山顶上。天气寒冷，野兽出没，土地贫瘦。只有11户，51人。没有地主、富农，中农亦少，多为贫雇农。是国民党都未到过的山村，但廖其祥对这样的地方也不放过。在这里抓去了两个壮丁，各种捐税和其他地方一样，还加了其他地方没有的人丁税（谷）（见上），今年55岁的老大娘罗桂英有两个儿子，一个9岁，一个年纪幼小，为了缴交壮丁费和葬夫，将小儿子卖去，得钱交给保长，大儿子才未被抓走。上述又说明了土匪廖其祥对人民残害面之广。

〈4、〉戈家山只有11个，但在土地革命时有四人参加了红军（其中两人参加过二万五千里长征，现在湖北工作），可见群众对苏维埃政权的拥护。

在各种捐税重压下，人民生活十分困难，终年劳动不得温饱，一年四季吃菜饭，一件衣服穿几代人。更谈不上文化教育了，如当时官溪乡没有学校，农民100%文盲。

具体例子：

水南乡王水生，因无钱交月钱，只得将自己的一个5岁女儿卖给余科生，得37元，交了34元月捐，只剩3元。

水南乡聂竹仔，有五兄弟，一次要出壮丁费100余元，家中无钱，只得将最小的弟弟卖掉，得70元，全部给了保长罗求保，才过了一关。

地主恶霸的狗腿子，占穷人的老婆，如张坊乡廖其祥的狗腿子廖期生，霸占贫农戈毛伢的老婆罗禾庆伢。当时戈毛伢反对，狗腿子就把他杀害了。戈的老婆还是被夺走了。

张坊乡的保长余永福霸占了段金定的老婆细园仔。

2.红军北上后国民党及地方封建势力对革命同志的摧残及迫害：

红军北上抗日后，不但干过革命工作的人员具结（费用六元），且各种捐税倍于他人，并对他们进行敲诈勒索，更惨的是有许多革命同志被地主恶霸杀害。

红军北上后，张坊乡恶霸从南丰回来，将官溪区的土地部长杨南生（党员）、赤卫军主席吴水宝（党员）、财政部长吴淞的〔等〕人捉去，并将张坊官溪等地人民赶到张坊的杨家祠堂开会，进行反共、反红军的宣传和恫吓后，用木棍将三人打昏，弄得半死不活，就活埋了。

王万金（女）同志在苏区时担任过县妇女部宣传员。红军北上后，被当地（尖峰）的反动势力所逼，强【迫】嫁到水南的一个比自己大22岁的老头子（当时王同志只有20多岁），并经常受到辱骂"土匪婆"。

罗衣知（男，现年43岁，水南公社）原为官溪区的儿童团参谋长。国民党来后除交3元赎身费外，因为有三个兄弟，每月要出壮丁费30余元，月捐很多，弄得家中一无所有，无法生活下去，只得跑到南丰湖坊帮地主放牛为生。但家中的人无法生活，只得回来，当晚就被保长捉去，押到乡政府，后来借了18担谷给保长，才放回来。每月给保【长】做十天无偿的劳动，老婆还要每月给保长做一双鞋子，并且仅有的一头毛猪也被保长夺去。有一次孩子病了，到水南买半斤牛肉，在回来的途中被保长的【狗】腿子野蛮夺走了。

官溪乡的黄桃芳（老党员）同志原为官溪区代表，国民党来后被捉去，罚钱百余元，拿不出钱，将亲生的8岁【孩子】卖去得30元，给了保长余永福才了事。